Karin Welters

Die Töchter der Schwarzen Mamba

Karin Welters

Die Töchter der Schwarzen Mamba

Polit-Thriller

Lit*Art*-World

Published by Lit*Art*-World © 2018
ISBN-13: 978-3-948078-14-0

Die Töchter der Schwarzen Mamba

Die Hauptpersonen

Richard McCormack
Wortführer *der Organisation*

Louise McCormack
seine Tochter

Mark Richter
Motivationstrainer

Sarah Birgen
seine Verlobte

Konrad Seiffert
Agent für Spezialeinsätze

Elisabeth Brinkmann
seine Assistentin

John, Jack, George, Joe, Lucas
Handlanger *der Organisation*

Teil I – Wie alles begann

**14. März 2010 – Mallorca (Spanien)*

Wie jedes Jahr im März begann auch 2010 die Promi-Saison auf Mallorca im zeitigen, europäischen Frühling. Auf dem Flughafen von Palma landeten ebenso viele Cessnas, Pipers und Learjets wie auf den vielen, kleinen Landepisten, die auf der Insel verstreut die Privatsphäre der Reichen und Schönen garantieren sollten.

Richard McCormack kletterte aus seiner Learjet Bombardier und reckte sich ausgiebig, nachdem er spanischen Boden betreten hatte. Dick, wie er von seinen engsten Freunden genannt wurde, war ein drahtiger Mittfünfziger. Er hatte, wie immer, seinen Strohhut auf. Der Hut war nicht, wie die meisten seiner Zeitgenossen glaubten, der verschrobene Tic eines exzentrischen Milliardärs. Niemand ahnte, dass Richard mit der Kopfbedeckung seit Jahrzehnten den einzig wunden Punkt in seinem Leben zu kaschieren versuchte: seine leuchtend roten Haare – das verfluchte Erbe seiner schottischen Vorfahren.

Richard McCormack wusste genau, wie er auf andere wirkte: sportlich, durchtrainiert und dynamisch. Dass er sich dafür täglich mindestens eine Stunde abrackerte, bis seine Sportkleidung schweißdurchtränkt war, ging niemanden etwas an. Dass er gleichfalls schon seit Jahren auf jeglichen Alkoholkonsum verzichtete, hatte sich herumgesprochen. Es war ihm gleichgültig. Für ihn gab es nur ein einziges Gesetz: seinen Willen.

Auf dem kurzen Flug von Zürich nach Mallorca hatte er auf seine sonst obligatorische Seidenkrawatte verzichtet und hielt das Jackett seines maßgeschneiderten Anzugs lässig über der Schulter. Richard McCormack war der reichste Mann in den USA, obwohl er das niemanden wissen ließ. Der Aufmerksamkeit der Medien entging er aufgrund seines zurückgezogenen Lebensstils. Nein, die Schlagzeilen überließ er gern denen, die es aus seiner Sicht offensichtlich nötiger hatten.

Richard McCormack war stolz auf sein Lebenswerk. Als Nachkomme armer, schottischer Einwanderer, die Ende des 19. Jahrhunderts in New York an Land gegangen waren, hatte er buchstäblich aus dem Nichts ein mächtiges Imperium aufgebaut: Öl, Finanzgeschäfte, Immobilien, Computer, Handelsketten. Seine diversen Berater und Direktoren versorgten ihn einmal wöchentlich mit Zahlen und Unterlagen, die er genauestens prüfte. Jede Unregelmäßigkeit wäre ihm sofort aufgefallen. Seine Mitarbeiter wagten es nicht, ihn übers Ohr zu hauen. Richard hatte den Ruf, ein skrupelloser, eiskalter und gnadenloser Geschäftsmann zu sein.

Natürlich hatte der eine oder andere in der Vergangenheit versucht, ihn zu betrügen. Derartige ‚Subjekte' erinnerten ihn an die Zeit, als er sich in den Slums von New York gegen die Ratten der Street-Gangs wehren musste. Wurde einer dieser ‚Kakerlaken', wie Richard sie nannte, erwischt, fand dieser Abschaum sich in der Regel in einen Unfall verwickelt, der für ihn meist tödlich endete.

Ja, er hatte sich einen Namen gemacht, der an Klarheit nicht zu überbieten war. Aber je älter er wurde, desto mehr beherrschte er seinen Jähzorn, seine Wut und seine übereilten Handlungen. Er hatte im Laufe seines Lebens gelernt, seine Augen, seine Blicke unter Kontrolle zu halten. Die braunen Augen wirkten heute meist offen und vertrauenerweckend. Nur selten ließ er seine wahren Gefühle durchblicken. Ja, seine Augen verrieten ihn nicht mehr.

In aller Ruhe schlenderte er zum bereitstehenden, dunklen Mercedes, der von seinem amerikanischen Chauffeur in seiner Abwesenheit stets einsatzbereit gehalten wurde.

„Hallo Ben!", begrüßte er ihn. „Alles okay?"

„Jawohl, Sir", erwiderte der Mann in Livree und mit Schirmmütze, die er zur Begrüßung vom Kopf nahm. Er öffnete die rückwärtige Tür. „Alles bestens, Sir. Ihr Drink wartet schon auf Sie."

„Prima!“, meinte Richard und stieg ein.

Fast lautlos schloss Ben die Tür, setzte sich ans Steuer und fragte: „Zur Hazienda, Sir?“

„Ja, Ben. Bring mich so schnell wie möglich zu meiner Finca. Ist Dorothy schon da?“

Ben stellte die Automatik auf „D“ und der Wagen setzte sich kaum merklich in Bewegung. „Ja, Sir. Ihre Gattin ist gestern pünktlich angekommen. Ich habe sie selbst abgeholt und zur Hazienda gebracht.“

„Fein.“ Richard trank von seinem frischgepressten Orangensaft, den Ben für ihn schon vor seinem Eintreffen bereitgestellt hatte.

„Und?“, fragte er, „wie geht's ihr?“

„Ich glaube, es geht ihr gut, Sir.“

„Sind Michael und Louise auch schon da?“

„Ja, Sir.“

„Und haben Dorothy und Louise schon ihre Shoppingtour gemacht?“

„Nein, Sir. Soviel ich weiß, fühlte sich Ihre Tochter heute früh nicht wohl.“

„Was macht Michael?“

„Er hat sich, soviel ich weiß, heute Morgen mit seinen Freunden im Yachthafen getroffen.“

Richard McCormack ließ sich von Ben genau erzählen, was seine Frau und seine beiden Kinder bisher unternommen hatten. Er wollte über alle Aktivitäten seiner Familie Bescheid wissen, damit er sich entsprechend auf sie einstellen konnte. Er hasste es, in eine Situation zu geraten, die unerkannte Fettnäpfchen enthielt. Dorothy konnte manchmal sehr unangenehm werden. Und das konnte er nicht gebrauchen. Nein. Er wollte wenigstens in seiner Familie keine unerquicklichen Auseinandersetzungen. Die hatte er genug im Beruf zu führen.

Kurz vor der Ankunft auf der Hazienda, wie Richard seine Finca getauft hatte, bat er Ben, um 15:30 Uhr erneut zum Airstrip zu fahren und seine beiden Freunde Julian Allister und Donovan Stratford abzuholen.

„Die beiden kommen getrennt. Ich nehme an, ihre Maschinen landen im Abstand von nur fünfzehn Minuten. Wenn beide da sind, fahren Sie sie bitte zu ihren Fincas."

„Selbstverständlich, Sir."

*

*

*

21. März 2010 – Mallorca (Spanien)

Richard McCormack war als Erster in der großen Villa, die er für drei Tage gemietet hatte. Sie lag nur wenige Kilometer von seiner Finca entfernt. Von der Straße aus uneinsehbar lag das exklusive Domizil auf einem Felsrücken in der Nähe von Port de Sa Calobra. Die gesamte Rückfront des Hauses bot durch seine verglaste Fassade einen spektakulären Blick über das stahlblaue Mittelmeer. Richard stand eine Weile am Fenster und ließ seinen Blick schweifen. Die leichte Brise brachte nur wenige Schaumkronen auf der ebenen, blauen Fläche zuwege. Die Bucht selbst lag weitgehend noch im Schatten der Klippen. Auf der gegenüberliegenden Seite beobachtete er die heranrollenden Wellen, die sich in Kaskaden weißer Gischt über die Felsen ergossen. Eine dichte Anpflanzung von Zypressen auf der rechten Seite des Hauses versperrte den Blick auf den kleinen Hafen von Port de Sa Calobra. Nur wenige Boote, kleine Fährschiffe oder Yachten passierten die Klippen und steuerten den Hafen an. Der Eindruck der vollkommenen Abgeschiedenheit, Zurückgezogenheit und Weite empfand Richard als wohltuend und gab ihm das Gefühl der Sicherheit. Keine fremden Blicke, keine neugierigen Touristen und auch keine sensationslüsternen Pressefotografen konnten die Privatsphäre der Bewohner und Besucher verletzen. Kein optisches

Hindernis versperrte den Ausblick über die Weite des Meeres. Selbst auf seinem Anwesen in Florida oder von seiner Hazienda aus, erlebte er dieses Gefühl der schützenden Abschirmung und gleichzeitigen Unbegrenztheit derart intensiv.

Gern hätte er dieses Haus gekauft, aber es war im Besitz der *Organisation*, die einige Sicherheitsvorkehrungen beim Bau des Hauses getroffen hatte, die er für seine eigene Finca nicht für notwendig erachtete. Der engagierte Wachdienst wusste zwar um die Besonderheiten und Richard hätte sich über die Details informieren können, hielt es aber für nicht wichtig genug, seine Zeit dafür zu vergeuden.

Er prüfte die Räumlichkeiten, die Getränkevorräte und die Küche. Die Vorratsschränke waren prall gefüllt und in spätestens dreißig Minuten würde das Personal von seiner Hazienda herüberkommen und mit den Essensvorbereitungen beginnen. Nein, Richard McCormack überließ nichts dem Zufall.

Ben wusste, wann Mr. Xi-Jiong aus Peking am Airstrip eintreffen würde, wann Mr. Giles aus London am Anlegesteg in Port de Sa Calobra abzuholen war und wann er Ibn Tahim und Mr. Smith aus Riad im Hafen von Palma zu begrüßen hatte. Die anderen *Organisatoren* wollten auf eigene Faust anreisen und pünktlich um zwölf Uhr mittags anwesend sein.

Der Tisch im großen Saal war für vierzehn Personen gedeckt. Der Platz am Kopfende des riesigen Tisches war leer. Anstelle von Tellern, Gläsern und Besteck stand ein Foto in einem Silberrahmen an dem Platz – mit einer kleinen, schwarzen Schleife umkränzt.

Richard seufzte. Schlimm, dass ausgerechnet William Miller nicht mehr kommen würde. Ein Herzinfarkt vor drei Wochen hatte *die Organisation* auf dreizehn Personen schrumpfen lassen.

Ist das ein Omen? Dreizehn bei Tisch?, fragte sich Richard, schüttelte den Gedanken jedoch sogleich ab. *Blödsinn!*

Millers Sohn Chris würde in vier Wochen zur *Organisation* stoßen. Bis dahin dürfte er alle Hände voll zu tun haben, die internen Veränderungen im Konsortium seines verstorbenen Vaters zu regeln.

Ob Michael, mein verwöhnter Herr Sohn, das auch in so einer kurzen Zeit schaffen würde?, fragte sich Richard. Er genehmigte sich ein kaltes Sprudelwasser, stand eine Weile am Fenster mit dem fantastischen Ausblick und dachte: *Louise wäre viel besser geeignet, meine Nachfolge anzutreten.* Ja, seine Tochter hatte mehr Mumm in den Knochen als Michael. Sie wäre eine hervorragende *Organisatorin.*

In ihren Genen steckte viel mehr Material von den McCormacks als in denen seines Sohnes.

Er seufzte erneut. Aber die Statuten der *Organisation* erlaubten keine weiblichen Mitglieder. *Was für ein Jammer*, schoss es ihm durch den Kopf. *Vielleicht sollte ich das Thema heute mal anschneiden.*

Doch er wusste genau, dass er mit einem solchen Ansinnen bei seinen ‚Kollegen' aus Saudi Arabien, Kolumbien und Russland auf Granit beißen würde. Wollte er seine Premiere als Wortführer der *Organisation* gefährden?

Nach Williams Tod war Richard automatisch zum Wortführer der *Organisation* aufgestiegen. Sollte ihm etwas passieren, wäre Julian Allister sein Nachfolger. Julian. Ausgerechnet der wortkarge Julian.

Bisher hatten die Amerikaner immer noch die Oberhand bei allen Absprachen behalten. *Hoffentlich bleibt das auch so*, dachte er. Er mochte sich nicht ausmalen, was auf der Welt passierte, wenn die Saudis oder die Chinesen die Führung übernahmen.

*

Nach und nach trafen die Mitglieder der *Organisation* ein. Als letzter erschien Piet van der Merwe aus Südafrika – wie immer im weißen Anzug. *Wie ein Mafiosi*, dachte Richard und schüttelte insgeheim den Kopf. Er hielt Piet van der Merwe für einen selbstgefälligen Pfau, aufgeblasenen Gernegroß und anmaßenden Angeber. Aber er war reich. Gold, Titan, Kupfer, Uran und Diamanten waren seine Quellen, die unermüdlich Geld ausspuckten.

Wie bei allen bisherigen Treffen wurde bis nach dem Mittagessen nicht über Geschäftliches gesprochen. Man wollte die Mahlzeit ohne jede Beeinträchtigung einnehmen. Keine Meinungsverschiedenheiten. Keine Konflikte. Keine Differenzen. Und schon gar keine Wortgefechte.

Zu Beginn der Zusammenkunft hielt Richard eine kleine Ansprache den verstorbenen William betreffend und bat um eine Schweigeminute.

Das exzellente Menü wurde in Harmonie und mit Small Talk begangen. Nachdem alles Geschirr abgeräumt und Kaffee, Cognac, Whiskey und Portwein auf dem Tisch standen, verabschiedete Richard seine Bediensteten und verschloss die Tür. Nur die Bodyguards der Anwesenden befanden sich noch auf dem Grundstück, das von einer hohen Mauer umgeben war. Kein Vorübergehender, kein Spaziergänger wäre auf die Idee gekommen, dass es sich bei diesem Anwesen um etwas anderes handeln könnte als bei allen anderen entlang der Küste: die Finca eines Promis, der Ruhe und Erholung suchte. Der Name am schmiedeeisernen Tor untermauerte diesen Eindruck: *San Pedro* war in einfachem Schriftzug zu lesen. Ein Name wie viele andere. Durch einen dichten Olivenhain vor unerwünschten Blicken geschützt, war das Haus vom Tor aus nicht zu sehen.

„Gentlemen“, begann Richard das offizielle Treffen, „Sie hatten ein halbes Jahr Zeit, über unser Projekt nachzudenken. Ein Projekt, das alles bisher Dagewesene in den Schatten stellen wird: eine einzige Währung für alle Länder der Erde. Ich darf Sie bitten, sich jetzt einer nach dem anderen dazu zu äußern. Aber – bitte – halten Sie sich kurz, denn wir wollen heute noch zu einem einstimmigen Ergebnis kommen.“

Er hatte seine Mappe vor sich liegen und notierte alle Beiträge in Stichworten.

Am Ende der Runde waren sich die *Organisatoren* einig: Das gemeinsame Ziel sollte umgesetzt werden.

„Mr. McCormack“, meldete sich der Chinese mit Fistelstimme. „Wie wollen Sie das Projekt angehen?“

Richard lächelte. „Jetzt, nachdem wir einstimmig dieses Vorhaben beschlossen haben, kann ich Ihnen den amerikanischen Plan vorlegen.“ Er zögerte – ganz gezielt, um die Aufmerksamkeit aller zu gewinnen. „Aber wir wollen niemanden vor den Kopf stoßen. Vielleicht hat jemand von Ihnen eine Idee, die er uns zuerst vorstellen möchte.“

„Lassen Sie uns keine Zeit verschwenden, Mr. McCormack“, ließ sich der saudische Mr. Smith kalt vernehmen. „Ihr Amerikaner seid uns meist einen Schritt voraus – zumindest wenn man euren Nachrichtendiensten Glauben schenkt.“

„Okay“, erwiderte Richard. „Meiner Meinung nach geht das mit folgendem Vorgehen. Wir rauben die EZB in Brüssel aus, legen alle wesentlichen Börsen lahm und kassieren ohne Limit.“

Allgemeines Gelächter erfüllte den Raum. Nur der russische *Organisator* lachte nicht. „Und wie wollen Sie diese… irrsinnige Idee umsetzen? Wie wollen Sie die EZB berauben? Mit Maschinenpistolen? Mit Bomben? Oder mit Anthrax?“

„Und wie wollen Sie es logistisch hinbekommen, alle wichtigen Börsen zur selben Zeit lahmzulegen?“, grinste der Schwede.

„Wissen Sie, meine Herren“, sagt Richard und beugte sich vor. „Das ist so einfach, dass es schon fast weh tut.“ Als er sicher war, die volle Konzentration aller Anwesenden auf sich gezogen zu haben, erläuterte er seinen Plan.

*

Den gesamten Nachmittag verbrachte die *Organisation* damit, die wesentlichen Eckpunkte des amerikanischen Konzepts durchzusprechen.

„Das Wichtigste, so scheint mir, ist das Timing“, warf der britische *Organisator* Lester Giles ein. „Das Timing muss stimmen. Ohne einen genauen Zeitplan wird es niemals funktionieren.“

Richard nickte. „Ja, ich bedaure sehr, dass wir keinen deutschen *Organisator* mehr in unseren Reihen haben. Der würde sich um das Timing kümmern können wie kein zweiter. Pünktlichkeit ist nun einmal eine typisch deutsche Tugend.“

Am Ende des Treffens waren alle Besonderheiten, Schwerpunkte und Kernmerkmale geklärt.

„Nun“, meldete sich der englische *Organisator* erneut. „Bleibt nur noch die Frage offen – wann soll das Projekt starten?“

Julian Allister meldete sich zu Wort. „Ich bin der Meinung, dass wir nicht mehr als drei oder vier Jahre für die Vorbereitung benötigen werden.“

„Das bedeutet“, sagte der schweizerische *Organisator*, „das Projekt startet im Frühjahr 2014?“

„Ich würde den Herbst 2013 bevorzugen“, wandte der Russe ein.

„Warum?“, fragte der schwedische *Organisator*. „Frühjahr 2014 reicht doch.“

„Nein!“, donnerte Joannis Mustakios aus Athen. „Kann mir mal einer erklären, wieso ihr so lange für eine Vorbereitung braucht, die genauso gut in ein paar Wochen oder Monaten erledigt sein kann? Ende dieses Jahres, also Herbst 2010, finde ich entschieden besser.“

„Geht's noch?“, empörte sich Piet van der Merwe lautstark. „Sag mal, Joannis, hast du eine Ahnung, was für eine Aufgabe allein von der logistischen Seite her zu stemmen ist?“

„Mach dich nicht wichtiger, als du bist“, mischte sich Donovan Stratford verächtlich ein. „Was wir im Outback locker hinkriegen, ist für euch Buren ein Grund, sich wieder einmal aufzuplustern?“

„Fängst du schon wieder mit dem Mist an? Ausgerechnet du, als Nachfahre eines Strafgefangenen, der in die hinterletzte Kolonie des Königreichs abgeschoben wurde? Wir Buren…"

Richard schlug mit der Faust auf den Tisch. „Meine Herren!", rief er volltönend. „Wir sollten uns persönliche Animositäten ersparen. Wir sind zusammengekommen, um die Weltordnung auf stabilere Füße zu stellen und um eine Vereinfachung des Welthandels zu erreichen. Darf ich um Ihre Vorschläge bitten, wann das Projekt in die aktive Phase treten soll?"

Nach der ersten Stimmabgabe sammelte Richard die Zettel ein und sortierte sie nach den Datenvorschlägen. Ihm wurde klar, dass ein Kompromiss nicht einfach sein würde.

„Ich würde uns eine kurze Kaffeepause empfehlen."

Die meisten der Anwesenden nickten. Blitzschnell teilte Richard die *Organisatoren* gedanklich in drei Gruppen auf. „Wladimir, Piet, Xi und Gunnar – ihr sammelt eure Argumente für eure Vorschläge. Donovan, Joannis, John und Ibn Tahim – ihr fasst eure Begründungen zusammen. Wir anderen beraten, warum wir unsere Zeitplanung für optimal halten. Einverstanden?"

Umgehend fanden sich die Genannten in Gruppen zusammen.

Richard, Julian, Lester, Samuel und Juan waren sich rasch einig, dass die Qualität der Vorbereitung allergrößte Sorgfalt verlangte, ohne dass man sich allzu sehr in Details verlieren durfte.

Nach etwa einer Stunde brachte jede Gruppe ihre Argumente vor.

Die Zögerlichen, wie Richard sie in Gedanken nannte, ließen Gunnar zu Wort kommen. „Wir können unsere Entscheidung, den Zeitpunkt auf frühestens Frühjahr 2014 festzusetzen, mit einem einzigen Satz begründen: Unzureichende und damit oberflächliche Vorbereitung des Vorhabens würde nicht nur das gesamte Projekt gefährden, sondern die *Organisation* selbst um Jahre zurückwerfen."

Joannis Mustakios präsentierte die Meinung der Übereilten, wie Richard diese Gruppe in Gedanken getauft hatte. „Wir sollten uns hüten, uns als *Organisation* mit den Einzelheiten des Projektes zu beschäftigen. Diese Aufgaben haben wir bisher unseren... Zwischenhändlern überlassen, die wiederum ihren Mitarbeiterstab selbstverantwortlich steuern. Dieses Vorgehen hat sich bewährt und deshalb sollten wir es auch dabei belassen. Wir plädieren deshalb dafür, noch in diesem Jahr mit dem Projekt zu beginnen."

„Und wir", resümierte Lester Giles für die dritte Strömung in der *Organisation*, „können sowohl die Argumente der einen wie die Zeitwahl der anderen nachvollziehen. Um also beide unter einen Hut zu bekommen, könnten wir uns auf einen Mittelweg einigen. Das Wichtigste scheint uns zu sein, dass die Geheimhaltung des Projektes absolut gewährleistet sein muss. Es darf keine Sicherheitslücke geben. Wenn die Geheimdienste auch nur die leiseste Andeutung erfahren, können wir es gleich bleiben lassen. Deshalb unser Vorschlag: Was ist mit Herbst 2012? Sollten wir erkennen, dass die Zeit zu kurz gewählt ist, können wir uns erneut zusammensetzen. Das gleiche gilt, wenn wir sehen, dass die Vorbereitungen früher als erwartet abgeschlossen sind."

„Hat jemand Einwände gegen den Herbst 2012?", fragte Richard. Keiner meldete sich zu Wort. „Dann, Gentlemen." Richard erhob sich. „Einstimmig beschlossen, dass das Projekt „Schwarze Mamba" im Herbst 2012 beginnt?"

Ein dreimaliges „Hai!" wurde von allen Anwesenden in den Raum gerufen.

Richard ließ sich in seinen Sessel fallen und konnte endlich entspannen. Sein erstes Treffen als Wortführer war vorbei. Er hatte es überstanden – und gemeistert. Erleichtert stand er auf, holte sich ein weiteres Glas Mineralwasser und gesellte sich zu seinen ‚Kollegen', die sich noch über Einzelheiten des Projektes unterhielten.

Als Donovan Stratford sich als einer der Letzten von Richard verabschiedete, fragte er: „Wie bist du auf den Projektnamen ‚Schwarze Mamba' gekommen?"

„Ganz einfach“, erwiderte der Amerikaner und grinste. „Die schwarze Mamba gilt als die gefährlichste Giftschlange der Welt. Im Gegensatz zu anderen Schlangenarten ist sie aggressiv und weicht vor Gegnern nicht zurück. Ihr Biss ist in der Regel tödlich für diejenigen, die sich ihr in den Weg stellen. Passt das nicht ganz hervorragend zu den Eigenschaften, die die Organisation verkörpert? Und passt der Name nicht ganz ausgezeichnet zu unserem Vorhaben? Kann sich uns jemand in den Weg stellen, ohne dass wir darauf sehr effektiv zu reagieren wissen? Und vergiss nicht, wo das Ganze stattfindet.“

*

Nachdem sich alle *Organisatoren* verabschiedet hatten, saß Richard mit seinem Landsmann Julian Allister auf der Terrasse der Villa.

„Was meinst du, Julian“, fragte Richard. „Hältst du Piet für kompetent genug?

Julian schaute aufs Meer und schien über die Frage nachzudenken. Richard beobachtete ihn und kam zu dem Schluss, dass sein Freund müde und erschöpft aussah. Er hatte eine ungesunde, graue Gesichtsfarbe. Seine Wangen waren eingefallen und seine ganze Körperhaltung sprach von Resignation.

„Weißt du, Richard“, erwiderte der Freund mit müdem Blick, „ich werde nicht mehr erfahren, ob Piet van der Merwe kompetent genug ist, das Projekt in seiner Heimat Südafrika zum Erfolg zu führen.“ Er lächelte müde. „Auch wenn der derzeitige Präsident in Korruptionsskandale verwickelt zu sein scheint wie kein anderer zuvor.“ Er zögerte kurz. „ Dick… ich habe höchstens noch ein Jahr zu leben.“

Richard war wie vom Blitz getroffen. „Das heißt“, erwiderte er ungläubig, „der Krebs ist zurückgekommen?“

Julian nickte. „Ja. Und jetzt ist er nicht mehr aufzuhalten.“

„Scheiße!“, fluchte Richard und sprang auf. „So eine verdammte Scheiße!“

„Reg dich nicht auf“, entgegnete der Freund. „Irgendwann sind wir alle dran.“

Blitzschnell drehte sich Richard um. „Ja, aber nicht du! Und schon gar nicht jetzt!“

Er sah das gequälte Lächeln seines langjährigen Weggefährten. „Tja, mein Lieber“, erwiderte Julian. „Hier ist die Macht der *Organisation* zu Ende.“

„Erst William und jetzt du.“ Richard konnte sich kaum beruhigen. „So eine verfluchte Scheiße. Und jetzt? Was willst du machen?“

Auch Julian stand auf. Er legte seine Hand auf Richards Schulter. „Was schon? Abtreten. Was sonst?“

„Und wer wird dein Nachfolger?“

„Das ist das Problem, mein Lieber. Du weißt, dass ich drei wunderbare Töchter habe. Und Brenda wäre eine Nachfolgerin, die frischen Wind in diesen angestaubten Männerclub bringen würde.“

„Geht ja nicht“, wehrte Richard ab. „Weibliche *Organisatoren* sind nun einmal nicht erlaubt. Und du glaubst doch nicht im Ernst, dass Ibn Tahim, Wladimir oder Xi einen derartigen Vorschlag auch nur in Erwägung ziehen, oder?“

*

*

*

**19. Oktober 2012 – Köln (Deutschland)*

„Gibt es noch Wortmeldungen?“, fragte Sarah Birgen, die Vertriebsleiterin der World-Travel AG in der Innenstadt von Köln. Als sich keine Hand erhob, beendete sie das Meeting der Außendienstmitarbeiter. „Danke für eure Mitarbeit. Ich wünsche euch ein schönes Wochenende.“

Sie lehnte sich zurück in ihren Sessel und schloss für einen Moment die Augen. Stühle rücken, Papierrascheln, allgemeines Gemurmel der Kollegen im Hinausgehen, Stille.

Für einen Augenblick blieb sie mit geschlossenen Augen sitzen und ließ ihren Gedanken freien Lauf. *Wieder eins von den unnötigen Meetings! Immer wieder dieselbe Leier: Es geht nicht, weil... und dann Myriaden von Begründungen, warum die Zahlen nicht stimmten. Immer dieselben Argumente. Immer dieselben Erklärungen und immer wieder dieselben Ausflüchte.*

Sarah holte tief Luft, packte ihre Akten zusammen und verließ den Konferenzraum. *Das Mittlere Management hat immer die Arschkarte*, sinnierte sie weiter. *Von oben der Druck, dass die Verkaufszahlen unbedingt steigen müssen. Von unten der Vorwurf, dass ‚die da oben' nicht wüssten, wie es an der Basis zugeht.*

In ihrem Büro, während sie ihre Papiere sortierte und mit Büroklammern nach Themen trennte, fühlte sie ihre Frustration deutlicher denn je. Die Umsatzzahlen waren tatsächlich weit hinter den Erwartungen der Geschäftsleitung zurückgeblieben. Die Drei-Monats-Auswertung war nicht fehlzuinterpretieren. Gleichsam war nicht zu übersehen, dass die Firmenkunden ihre Geschäftsreisen zunehmend online buchten, statt den Fachleuten im Reisebüro den Vorzug zu geben. Die klassische Vertriebsschiene Reisebüro hatte ihren Höhepunkt ohne Frage überschritten.

Vielleicht sollte ich mir einen anderen Job suchen, dachte Sarah und schaute auf ihre Uhr. Viertel nach sieben. Ihr Handy klingelte.

„Hallo?“, meldete sie sich.

„Hallo, Schatz.“

„Mark! Ich habe mich gerade gefragt, ob du wohl fertig bist.“

„Ja. Die letzten sind gerade raus. Sag, sollen wir uns nicht bei Gino treffen? Ich habe keine Lust mehr, in der Küche zu stehen und zu kochen.“

„Fantastisch! Ich brauche noch etwa zehn Minuten. Ich bin in zwanzig Minuten da.“

„Ich komme etwas später.“

„Kein Problem. Dann bis gleich.“

Sie beendete das Gespräch.

Auf der Toilette wusch sie sich gründlich die Hände und betrachtete kritisch ihr Spiegelbild. Das kurz geschnittene, dunkelblonde Haar saß noch immer perfekt. Augen-Make-up und Lippenstift waren tadellos. Die Müdigkeit hatte sie bisher gut hinter der Maske der dynamischen Vertriebsleiterin verbergen können. Doch jetzt, unbeobachtet, fielen ihr die kleinen Fältchen an den Augenwinkeln auf, die ihre Abgespanntheit widerspiegelten. Auch das Strahlen in ihren bernsteinfarbenen Augen hatte sich weitestgehend verabschiedet. Während sie die Hände mit den Papierhandtüchern trocknete, die sie aus dem Metallkasten herausgezogen hatte, dachte sie erneut: *Vielleicht sollte ich mir wirklich einen neuen Job suchen. Am besten in einer Branche, die noch auf Zuwächse hoffen kann.*

Zurück in ihrem Büro packte sie die Notizen des Meetings in ihren Aktenkoffer. Am Sonntagabend würde sie die Zusammenfassung schreiben. Die Geschäftsleitung wollte Antworten haben. Und Vorschläge. Vorschläge, wie der Umsatz nachhaltig gesteigert werden konnte. Ideen waren gefragt.

Sarah schlüpfte in ihren Mantel, hängte sich die Tasche über den Arm, schnappte den Aktenkoffer und verließ das Büro. Während der Fahrt mit dem Aufzug in die Tiefgarage des Bürogebäudes dachte sie: *Ich sollte mit Mark reden. Vielleicht hat er ja eine Idee*.

Immer, wenn sie nicht weiterkam, hatte der Gedankenaustauch mit ihrem Verlobten sie auf Ideen gebracht, die ihr halfen, wirklich gute Problemlösungen zu finden. *Ja, er ist verdammt gut in seinem Job als Coach*, dachte sie. Als sie in ihren kleinen Flitzer einstieg, ein unscheinbarer Golf, dem niemand ansah, dass er mit über 180 PS aufgemotzt war, lächelte sie. *Bei Gino haben wir schon so manches Problem gelöst. Warum nicht auch heute Abend?*

*

Sarah war froh, dass sie bei dem trüben Nieselwetter einen freien Parkplatz in der Nähe des Restaurants fand. Sie griff nach dem

Schirm hinter dem Beifahrersitz, den sie immer bei sich hatte, und rannte zum Eingang. *Sowas Blödes*, schimpfte sie leise vor sich hin. *Ausgerechnet hier!* Die Straßenbeleuchtung direkt vor der Trattoria war ausgefallen. Prompt trat sie in eine der großen Pfützen. Immer noch leise fluchend, betrat sie das Restaurant.

Gino kam sofort auf sie zu. „Ciao, Bella. Sie waren lange nicht hier. Alles in Ordnung?"

„Danke, Gino." Er half ihr aus dem Mantel und stellte den Schirm in den Ständer.

„Ihr Lieblingsplatz ist frei, Signora." Er schaute sich um. „Wo ist Signore Mark?"

„Er kommt gleich, Gino."

Sarah setzte sich an ihren Lieblingsplatz unmittelbar neben dem großen Kachelofen.

„Wollen Sie schon etwas trinken? Oder wollen Sie warten?"

„Nun ja… ich glaube, ich werde mir einen schönen, kalten Pinot Grigio genehmigen. Dann muss Mark eben heute fahren." Sie lächelte.

„Pinot Grigio kommt sofort. Ein Glas?"

„Nein. Bring mir eine Karaffe."

„Ein halber Liter?"

„Ja. Ich weiß nicht, ob Mark lieber ein Bier haben will."

Nur kurze Zeit später tauchte ihr Verlobter auf. Auch er stellte den Schirm in den Ständer und hängte seinen nassen Mantel an den Haken.

„Hallo Gino!", rief er dem Wirt zu, während er auf den Tisch am Kachelofen zusteuerte.

„Ah! Signore Mark. Buona Sera. Schön, Sie zu sehen. Geht es Ihnen gut?"

„Es ginge mir besser, wenn die Laterne vor deiner Tür funktionierte. Diese große Pfütze hat mir richtig nasse Füße beschert."

„Oh, das tut mir leid. Ich habe gestern schon das dritte Mal bei der Stadt angerufen. Man hat mir gesagt, dass man sich darum kümmern würde. Aber – Sie wissen wie Behörden sind. Man weiß nie, wann das sein wird.“

„Lass gut sein, Gino. Bring mir ein schönes, frischgezapftes Kölsch.“

„Naturalmente.“

Mark umarmte seine Verlobte. „Entschuldige bitte die Verspätung, mein Schatz.“ Er setzte sich ihr gegenüber und ergriff ihre Hand. „Da hat mich so ein Hirni doch glatt zugeparkt. Ich musste geschlagene fünf Minuten warten, bis dieser Sonntagsfahrer zurückkam und ich losfahren konnte.“

Gino trat an den Tisch. „Ihr Bier, Signore Mark.“ Er hielt die Speisekarten unter dem Arm. „Wollen Sie wählen?“

„Ich glaube, das ist nicht nötig, Gino“, erwiderte Mark und sah Sarah an. „Wie immer?“

Sarah nickte. „Siehst du, Gino. Wie immer.“

„Perfettamente“, sagte der Wirt, lächelte und verschwand in der Küche.

„Wie war dein Tag, mein Schatz“, wollte Mark wissen. Sarah erzählte von ihrem Meeting und ihrem Wunsch, er möge sie am Wochenende coachen, damit sie der Geschäftsleitung am Montag ein paar gute Vorschläge unterbreiten konnte.

„Das kriegen wir schon hin“, erwiderte er. „Dein Oberstübchen ist voller guter Ideen, auch wenn du das noch nicht weißt.“ Er drückte ihre Hand. „Vielleicht sind deine Ideen so gut, dass man dich ganz nach oben hievt.“

„Du meinst… in die Geschäftsleitung?“

„Warum nicht?“

Sie schüttelte den Kopf. „Ich weiß nicht, ob ich das überhaupt will. Im Gegenteil. Ich hatte heute sogar mehrfach den Gedanken, den Job zu wechseln.“

„Auch nicht schlecht“, bestätigte er. „Mit 34 bist du im richtigen Alter für einen Wechsel.“

Sie nahm einen Schluck aus ihrem Glas und meinte: „Hast du Neuigkeiten von Nils?“

„Nein.“ Er schüttelte den Kopf. „Er liegt immer noch im Koma.“

„Das sind jetzt fast zwei Wochen. Hat die Polizei wenigstens den Unfallfahrer geschnappt?“

„Auch nicht. Sie haben keinen Hinweis, keine Zeugen, keine Spuren.“ Er zögerte. „Dir liegt immer noch viel an ihm, nicht wahr?“

„Ja“, erwiderte sie. „Dir nicht? Er ist doch dein bester Freund und Kollege.“

„Das ist wohl wahr, aber du warst fünf Jahre mit ihm zusammen.“

Sie lächelte. „Und dann kamst du. Ich mag Nils immer noch sehr. Aber mit dir, mein Schatz, hat sich in meinem Leben alles verändert.“ Wieder lächelte sie. „Du hast mein Leben verändert.“

Die Vorspeise, der beste Antipasti-Teller der Stadt, wie Sarah meinte, war rasch geleert.

„Zurück zum Jobwechsel“, knüpfte Mark an das vorige Thema an. „Die Frage ist, in welcher Branche du arbeiten willst.“

„Nun ja… Vertriebsleiter werden überall händeringend gesucht. Ich glaube, da spielt das Produkt eine untergeordnete Rolle.“ Sarah lachte auf. „Wer in einer aussterbenden Zunft wie den Reisebüros noch Erfolge vorweist – und seien sie auch noch so gering – hat auf jeden Fall bessere Chancen auf einem Gebiet, in dem noch Expansionsmöglichkeiten bestehen.“

„Lass uns am Wochenende darüber reden“, erwiderte er.

„Und was macht deine Gruppe?“

Mark winkte ab. „Die Jungs sind ein echt harter Brocken.“

“Inwiefern?“

Er lächelte. „Wenn ich mir ansehe, was unter diesen Nerds für Zombies rumlaufen, bin ich Gott auf Knien dankbar, dass ich einen anderen Lebensweg gegangen bin. Vor fünfzehn Jahren stand ich vor der Entscheidung: Computer oder Coach. Weißt du, vor fünfzehn Jahren waren Computerfreaks ja noch die Ausnahme. Es waren echte Exoten. Und die Vorstellung, dazu zu gehören, hatte mich schon gereizt. Aber nach den ersten Gehversuchen musste ich feststellen, dass ich für Computer, Programmierungen oder gar Manipulationen daran absolut nicht geeignet war. Nein, das waren für mich böhmische Dörfer, die Kuh am Sonntag oder die Welt von Aliens aus dem Sternennebel der Nachbargalaxis. Aber heute? Die Jungs sind intelligent. Sogar hochintelligent. Aber auf der emotionalen und sozialen Ebene? Absolute Nieten. Die leben in einer Welt, die nicht existiert. Und daraus soll ich ein Team machen. Ich sag dir – es ist der Wahnsinn!"

Gino kam, um die Teller abzuräumen.

„War alles in Ordnung?", erkundigte er sich.

Sarah strahlte ihn an. „Fantastisch, Gino. Und deshalb möchte ich als i-Tüpfelchen dein selbstgemachtes Tiramisu."

„Aber gern, Signora. Und für Sie, Signore Mark?

„Nein, danke. Für mich nicht. Aber ich trink noch ein Bier."

Er griff nach Sarahs Hand. „Du, ich hab heute gedacht, dass wir jetzt lange genug verlobt sind. Meinst du nicht, dass wir heiraten sollten?"

Sarah fiel beinahe das Glas aus der Hand. „Meinst du das ernst?"

Er strahlte. „Ja. Ich meine es absolut und total und uneingeschränkt und kategorisch ernst."

Sarah war sprachlos. Sie hatte mit Vielem gerechnet, aber dass er ausgerechnet an diesem Abend von Hochzeit sprach – nein, das war wahrhaft überraschend für sie.

Mark stand auf und meinte: „Ich brauch jetzt eine Zigarette. Und während ich vor die Tür gehe, kannst du darüber nachdenken." Er grinste erneut. „Und dann, meine Liebe, erwarte ich von dir ein klares, deutliches Ja. Etwas anderes wird nicht akzeptiert."

Bevor Sarah reagieren konnte, zog er sich den Mantel über und trat vor die Tür.

Gino zuckte mit den Schultern und entschuldigte sich. „Ich habe das neue Gesetz nicht gemacht."

Sarah ließ sich den Nachtisch schmecken. Mit einem genüsslichen Seufzer lehnte sie sich zurück. Ja. Sie würde ihn heiraten. Sie brauchten nur noch den Termin festzulegen.

Wo bleibt er? Das ist aber mehr als nur eine Zigarette, dachte sie. Ein wenig verärgert stand sie auf, trat durch die Eingangstür und wollte ihn holen. Doch vor der Tür war niemand zu sehen. *Wo ist er hin*?, fragte sie sich. Es war kalt geworden und der Asphalt glänzte im Lichtschein der Laternen. Sarah konnte niemanden entdecken. Die Straße war verwaist. Rasch kehrte sie zurück an den Kachelofen und wärmte sich. *Verflixt! Wo ist er hin?*

„Du, Gino. Tu mir einen Gefallen. Schau mal auf der Herrentoilette nach, ob Mark dort ist."

„Si, Signora."

Kaum war Gino die Treppe zu den Waschräumen heruntergelaufen, als die Tür aufging. Statt Mark erblickte Sarah einen von den Blumenverkäufern, wie sie so oft in Restaurants aufkreuzten. Der alte Mann im nassen Mantel kam schnurstracks auf Sarah zu und hielt ihr eine Rose entgegen.

„Sind Sie Sarah Birgen?", fragte er.

„Ja." Sarah war überrascht. „Warum?"

Er reichte ihr eine Rose und einen kleinen Umschlag. „Das soll ich Ihnen geben."

Der Fremde verschwand, bevor Sarah reagieren konnte.

Verwundert drehte sie die Rose und den Brief in der Hand, als Gino erschien.

„Tut mir leid, Signora. Im Waschraum ist er nicht."

„Danke, Gino", erwiderte sie. „Ich glaube, Mark hat eine Überraschung für mich."

Sie öffnete den Umschlag und entfaltete den Brief.

*

Liebe Sarah,

ich habe einen Anruf bekommen und muss ganz dringend ins Büro.

Da ist irgendwas schief gelaufen.

Mach dir keine Sorgen. Ich bin so gegen Mitternacht zu Hause.

Dann erkläre ich dir alles.

Bis gleich

Mark

*

Im ersten Moment war Sarah stinksauer. Er hätte ihr ja wenigstens schnell Bescheid sagen können. Nein! Das war unmöglich. Im nächsten Moment stutze sie. Nein, das passte überhaupt nicht zu ihm. Ganz und gar nicht. Na… der würde ihr eine sehr gute, eine verdammt gute Erklärung geben müssen. *Das sollte er sich besser noch vor der Hochzeit abgewöhnen. Ansonsten überleg ich es mir noch.*

Frustriert bestellte sie eine weitere Karaffe Wein. Sie würde ohnehin nicht mehr Autor fahren. Also konnte sie genauso gut noch einen schönen, kalten Pinot Grigio trinken.

Kurz nach elf Uhr zahlte sie, ließ sich ein Taxi kommen und betrat alsbald den kleinen Bungalow, den sie mit Mark bewohnte.

Er war nicht da. Kurzerhand brachte sie sein Bettzeug ins Gästezimmer und legte sich ins Bett. *Soll er sehen, wie er das wieder geradegebügelt kriegt*. Binnen weniger Minuten schlief sie ein.

*

*

*

* 19. Oktober 2012 – Köln (Deutschland)

In seinen Mantel eingehüllt kramte Mark nach seiner Zigarettenschachtel in der Tasche. Das ungemütliche Oktoberwetter zerrte an ihm und die Feuchtigkeit kroch durch alle Nähte. *Diese verdammten Großtuer und Obergescheiten*, fluchte er vor sich hin. *Meinen immer, alles regulieren zu müssen. Raucher werden regelrecht diskriminiert.*

Demnächst gibt's auch noch ein Furzverbot. Diese Scheiß-Politiker glauben, das Volk erziehen zu müssen! Behandeln uns wie kleine Kinder!

Er zündete sich eine Zigarette an und sog den Rauch ein. *Wenigstens hat Gino eine Überdachung vor dem Restaurant anbringen lassen.* Hastig knöpfte er seinen Mantel zu.

Er sah, wie drei weitere Gäste das Restaurant ansteuerten. Mark trat ein wenig zur Seite, damit die Männer problemlos an ihm vorbeikamen.

Einer blieb stehen. „He, Jungs. Ich rauche auch noch eine, bevor wir reingehen."

„Gute Idee", erwiderte ein anderer. „Ich auch."

Der erste, ein breitschultriger, junger Mann, hielt eine Zigarette in der Hand und kramte in seiner Tasche. Schließlich fragte er Mark: „Hast du mal Feuer?"

Bevor Mark begriff, hatte einer der beiden anderen ihm den Arm umgedreht. Der dritte hielt ihm den Mund zu. Der erste zischte. „Pass auf, Kumpel. Du gibst jetzt keinen Ton von dir. Verstanden? Du willst doch nicht, dass deiner Verlobten was passiert, oder?"

Mark nickte. Er spürte den heftigen Schmerz in der Schulter. „Du gehst jetzt ganz gemütlich mit uns zum Auto." Was blieb ihm anderes übrig? Der, der ihm den Arm festhielt, stieß ihn in den Fond des dunklen Wagens und quetschte sich neben ihn. *Ein fetter Mercedes*, registrierte Mark. Blitzschnell stiegen die anderen ebenfalls ein und der breitschultrige, junge Mann auf dem Beifahrersitz hielt ihm eine Pistole vor die Nase. „Hör zu!" Er warf ihm einen Schreibblock und eine Stift auf den Schoß. „Ich diktiere dir jetzt was und du schreibst. Kapiert?"

Mark hatte keine Zeit zum Nachdenken und reagierte mechanisch. Wie eine gut geölte Maschine. Er kritzelte das, was ihm diktiert wurde, auf den Block. Der junge Mann auf der Beifahrerseite, dessen Gesichtszüge im Halbdunkel blieben, riss das Blatt ab und steckte es in einen Umschlag. „Zieh deinen Mantel und dein Jackett aus“, befahl sein Begleiter neben ihm. Der Manschettenknopf seines Hemdes riss ab, als der Mann den Ärmel mit Gewalt nach oben zog. Mark spürte den Einstich und innerhalb von wenigen Augenblicken wurde es schwarz vor seinen Augen.

*

*

*

20. Oktober 2012 – Köln (Deutschland)

Als Sarah erwachte, schaute sie auf ihren Wecker. 10:27 Uhr. Ihr Schädel brummte. War wohl ein bisschen zuviel Pinot Grigio gewesen gestern Abend. Im Badezimmerschank fand sie die Schachtel mit Aspirin und schluckte zwei der weißen Pillen. *Mark schläft offenbar noch*, dachte sie. *Erst mal einen Kaffee.* Auf dem Weg in die Küche sah sie, dass der Postbote schon da gewesen war. Sie hob die Briefe auf und wunderte sich über einen großen, braunen Umschlag, der weder eine Anschrift noch eine Absenderadresse besaß.

Mechanisch stellte sie die Kaffeemaschine an und öffnete den Umschlag. Den Inhalt schüttete sie auf den Küchentisch, auf dem noch die Tassen vom gestrigen Frühstück standen. Sie hatte keine Zeit gehabt, sie wegzuräumen, wie es sonst ihre Gewohnheit war.

Fassungslos starrte sie auf den Inhalt des Briefes. Fotos von Mark. Er lag auf dem Rücksitz eines Autos und hatte die Augen geschlossen. Es sah so aus, als würde er schlafen. Aber irgendetwas stimmte nicht. Sarah betrachtete die Bilder genau. Nein. Es war eine unnatürliche Körperhaltung. Und dann entdeckte sie die Handschellen. Er war gefesselt. Sarah merkte, wie ihre Knie zu zittern begannen und ließ sich rasch auf dem Stuhl nieder. Es rauschte in ihren Ohren und Übelkeit machte sich bemerkbar. Vorsichtshalber ließ sie sich auf den Boden gleiten, denn ihr wollte schwarz vor Augen werden. Mark! Sarah zwang sich zum tiefen Durchatmen. Nach einigen

Atemzügen ging es ihr etwas besser. Schon wollte sie zum Telefon greifen, als sie den kleineren Brief zwischen den Fotos entdeckte.

Mit zitternden Händen riss sie den Umschlag auf, faltete den Bogen auseinander und las:

*

Wenn Sie sich an unsere Anweisungen halten, wird Ihrem Verlobten nichts geschehen.

KEINE POLIZEI! Sonst muss Mark Richter sterben.

*

Wie betäubt saß Sarah auf dem Küchenfußboden und war keines klaren Gedankens fähig.

Was wollten diese Leute? Von ihrem Gehalt konnte sie die Miete bezahlen und monatlich einen kleinen Betrag an die Seite legen. Nein, Geld hatte sie keins. Darum konnte es den Entführern nicht gehen. Sarah bemerkte, dass ihre Nerven zu überdrehen drohten. Sie kannte die Symptome nur zu gut. Ihre Mutter hatte zu deren Lebzeiten oft genug der Tochter gezeigt, was passierte, wenn man nicht rechtzeitig etwas dagegen unternahm. Soweit wollte sie es auf keinen Fall kommen lassen.

Sarah hangelte sich am Stuhl hoch, stolperte am Geländer die Treppe hinauf und öffnete erneut den Spiegelschrank im Bad. Das Zittern ihrer Hände verstärkte sich. Wieder zwang sie sich, ein paar tiefe Atemzüge zu machen. *Nur nicht zu schnell atmen. Bloß nicht hyperventilieren*, schoss es ihr durch den Kopf. Sie griff nach der Schachtel mit Diazepam. Es waren die 5mg Tabletten. Sie schluckte drei davon. *15mg Valium müssten ausreichen*, dachte sie und setzte sich stöhnend auf den WC-Deckel.

Kurz darauf schwankte sie an der Wand entlang bis zu ihrem Schlafzimmer. Noch immer krampfte sich ihre Hand um die Fotos und den Brief. Rücklings ließ sie sich aufs Bett fallen. Nein. Sie würde nicht eher aufstehen, bis sie die Wirkung der Tabletten deutlich fühlte.

In ihrem Kopf kreisten ununterbrochen die Gedanken: Wo ist Mark? Was haben sie mit ihm gemacht? Was wollen sie von uns?

Nach einer knappen halben Stunde merkte Sarah, wie die Tabletten langsam ihre Wirkung entfalteten. Sie wurde ruhiger. Nach einer weiteren halben Stunde gelang es ihr, wieder zu denken. Was sollte sie tun? Nein, die Polizei würde sie garantiert nicht einschalten. Sie konnte Marks Leben nicht gefährden. Aber sie musste irgendetwas tun!

Oh Gott! Aber was?

Wieder griff sie nach den Fotos.

Marks liebes Gesicht wirkte ganz entspannt. Seine blonden Haare waren durcheinander. Wie immer standen sie ihm wie Stoppeln senkrecht vom Kopf ab. Von seinen tiefblauen Augen war nichts zu sehen, denn die Augenlider waren geschlossen. Wie ein zusammengeklapptes Taschenmesser lag er da. Und er trug keine Schuhe. Hose und Hemd sahen reichlich zerknittert aus. Nein, Verletzungen waren nicht erkennbar.

Sarah merkte, wie ihr die Tränen in die Augen schossen. *Jetzt bloß nicht heulen*, ermahnte sie sich. *Denken, Sarah. Denken!*

*

*

*

*20. Oktober 2014 – ???

Als Mark erwachte und aufstehen wollte, bemerkte er als Erstes seinen Brummschädel. Auch gelang es ihm nicht, sich aufzurichten oder auf die Seite zu drehen. Er ließ sich zurückfallen. Er strengte sich an, seine Gedanken zu ordnen. *Was ist mit meinem Kopf los?* Hatte er zu viel getrunken? Sein Denkvermögen schien irgendwie eingerostet zu sein. Es klappte nicht richtig. Er versuchte erneut, sich zu konzentrieren. Dennoch dauerte es eine Weile, bevor er sich allmählich erinnerte. Die Bilder in seinem Inneren blitzten auf wie Flashs, wie Blitzlichter. Der dunkle Wagen vor Ginos Trattoria. Die drei brutalen Gestalten. Der Stich in den Arm. Danach nur noch… nichts. *Wo zur Hölle bin ich?* Es schaukelte, aber nicht besonders heftig. Nein, in einem Auto lag er nicht. Diese verdammte Augenbinde! Er spürte die Handschellen beim Tasten. Was sollte das? Dieser Brummschädel! Mark fluchte in Gedanken. Wieder bemühte er sich, genauer zu hören. Und dann wurde ihm klar… er befand sich in einem Flugzeug. Das pfeifende Geräusch kam von Düsentriebwerken. Mit jedem Moment kehrte die Klarheit in seinen Kopf zurück. Man hatte ihn entführt. Aber wozu? Warum zum Teufel? Was konnte er ihnen schon anbieten? Was wollten die von ihm? Dem kleinen Angestellten bei der Söder GmbH? Oder spielte ihm irgendjemand gerade einen Streich?

Die Eintönigkeit der Geräusche ließ Mark immer wieder in einen Zustand des Dösens abgleiten. Was sollte er auch machen? Es würde sich alles aufklären. Dessen war er sicher. Die hatten ihn mit jemandem verwechselt. Ganz eindeutig!

*

Weil er immer wieder einnickte, hätte Mark nicht sagen können, wie lange das Flugzeug in der Luft gewesen war. Er erwachte, weil das pfeifende Geräusch lauter und unregelmäßiger geworden war. Und er merkte, dass sich die Maschine im Sinkflug befand. Also würden sie bald landen. Nur wenige Augenblicke später setzte der Flieger hart auf der Landepiste auf und Mark war froh, dass er Augenbinde und Handschellen bald los war. Er hörte, wie die Tür geöffnet wurde und wunderte sich. Irgendetwas stimmte nicht. Irgendetwas fehlte. Aber was? Wie ein Blitz traf ihn die Erkenntnis: Die üblichen Geräusche auf Flughäfen fehlten. Nachdem die Triebwerke ausgeschaltet waren, herrschte Stille. Absolute Stille. Niemand sagte etwas. Niemand kümmerte sich um ihn. Keiner, der lachte. Nichts. Und dann erwischten ihn die Luftfeuchtigkeit und die Hitze wie eine Keule. Er schnappte nach Luft. Verdammt! Wo war er? Und wie spät mochte es sein? Welcher Tag war es überhaupt?

Er lauschte angestrengt. Aber kein Ton war zu hören. Und dann vernahm er… das Blöken von Schafen.

Schafe?

Schritte näherten sich und eine Tür wurde geöffnet.

„Na? Ausgeschlafen?“, hörte er die harte und kalte Stimme eines unbekannten Mannes. „Pass auf, Freundchen. Ich mach dir jetzt die Handschellen und die Augenbinde los. Versuch gar nicht erst, irgendwas Dummes zu tun. Da draußen laufen ein halbes Dutzend Männer rum. Die knallen dich ohne zu zögern ab. Also – wenn du noch ein bisschen leben willst, dann bist zu ganz artig. Verstanden?“

„Ja“, krächzte Mark.

Der Unbekannte lachte. „Ja, das sagen sie alle. Und dann halten sie sich nicht dran und sind kurz darauf mausetot. Weißt du was? Ich geb dir lieber noch mal eine kleine Auszeit. Aus irgendeinem Grund wollen die dich lebend.“

Mark spürte den Einstich im Arm und war innerhalb von wenigen Augenblicken wieder in die Schwärze eingetaucht.

*

Als er erwachte, fand er sich auf einem großen Bett wieder. Unter der dünnen Bettdecke war er nackt. Und wieder brummte sein Schädel, als hätte er drei Nächte hintereinander Junggesellenparty gefeiert. Benommen richtete er sich auf und sah sich um. Wie hinter einem Schleier entdeckte er ein Fenster, das partout nicht an seinem Platz bleiben wollte. Auch der Türrahmen gegenüber dem Bett schwankte hin und her. Er ließ sich zurück auf das Bett fallen. Dieses Dröhnen und Hämmern in seinem Kopf!

Mark wusste nicht, wie lange er zwischen den sich bewegenden Gegenständen um sich herum und dem Zurückgleiten in einen traumähnlichen Zustand pendelte. Irgendwann erwachte er und merkte, dass sich der Schwindel in seinem Kopf allmählich zurückzog. Auch das Dröhnen in seinem Schädel nahm ab. Er rollte sich auf die Seite und setzte sich ganz langsam auf die Bettkante. Immer wieder rieb er mit beiden Handflächen über sein Gesicht und strich über seine Augen, als könnte er auf diese Weise auch die letzten Nebelschwaden in seinem Hirn vertreiben. Unwillkürlich tauchten die Fragen wieder auf. Wo war er? Was machte er hier? Wie war er hierhergekommen?

Sein Blick wanderte durch das Zimmer. Auf dem Nachttisch stand eine Flasche Wasser. Daneben ein Glas. Alles schien sauber zu sein. Er goss sich das Glas voll und leerte es in einem Zug. *Und wenn da wieder dieses Knipsaus-Mittel drin ist?* Es war ihm egal. Sein Durst war größer. Wieder und wieder trank er, bis er gleich die Flasche ansetzte. Es schien, als würde mit jedem Schluck ein Stück Klarheit in seinen Kopf zurückkriechen. Als er die leere Flasche zurück auf den Nachttisch stellte, atmete er tief aus und glaubte sich stabil genug, sich im Zimmer umzusehen.

Natürlich versuchte er zuerst, die Tür zu öffnen. Und natürlich war sie verschlossen. Das Gitter vor dem Fenster sagte alles. Aber das Fenster ließ sich öffnen, wie er feststellte. Die Schwüle und Hitze, die ihm entgegenschlug, ließ ihn das Fenster allerdings sofort wieder verschließen. *Also ist der Raum klimatisiert*, stellte Mark fest.

Die zweite Tür ließ sich leicht öffnen. Ein Badezimmer. Endlich konnte er pinkeln. Auf der Ablage fand er alles, was ein Mann brauchte. Rasierapparat, Rasierwasser, Deo, Zahnpasta, Zahnbürste, Duschgel, Seife. Nein, es fehlte nichts. Frische Handtücher, Badetücher und Waschlappen stapelten sich auf einem Glasregal in einer Nische. Böden und Wände waren mit Marmorplatten gefliest. *Alles vom Feinsten*, dachte Mark.

Schließlich öffnete er den Kleiderschrank und die Kommodenschubladen. Er fand eine vollständige Herrengarderobe vor. Frische Unterwäsche, Socken, Shorts, T-Shirts – alles was er brauchte. Und die Größe? Er probierte einige Kleidungsstücke an. Sie saßen wie angegossen. Als wären sie für ihn angefertigt worden. Auch die Schuhgrößen entsprachen exakt denen, die ihm passten. Die Klamotten entsprachen zwar nicht seinem Geschmack, aber immer noch besser als nackt rumzurennen. Was hatten sie mit seinen Sachen gemacht?

Er öffnete die Schublade des Schreibtischs und fand Papier, Stifte, Umschläge. Und er entdeckte einen braunen, großen Umschlag. Sein Name stand in Druckbuchstaben darauf. Neugierig und verblüfft zugleich öffnete er das Kuvert. Heraus kamen Fotos und ein zweiter, kleinerer Umschlag. Für einen Moment glaubte er, sein Herz bliebe stehen. Auf den Fotos war Sarah. Sarah!

Sarah in Jeans und Pullover beim Shopping. Sarah im dunkelblauen Kostüm. Sarah beim Bäcker. Sarah beim Rasenmähen.

Oh Gott! Die haben sie beobachtet und auf Schritt und Tritt verfolgt.

Hastig riss er den kleineren Umschlag auf.

*

Wenn Sie vernünftig sind, Mark Richter, wird Ihrer Verlobten nichts passieren. Sollten Sie auf dumme Gedanken kommen, wird sie leider ihren nächsten Geburtstag nicht mehr erleben.

*

Wer waren „die“?

Marks Hirn arbeitete auf Hochtouren. Er befand sich in einem Land, in dem es schwül und heiß war. Im Oktober. Das bedeutete, er musste auf der südlichen Halbkugel sein. Wo gab es solch einen Luxus? Das könnte überall sein.

Er ging zum Fenster und schaute hinaus. Das Meer leuchtete tiefblau mit ein paar türkisfarbenen Stellen. Südsee? Australien? Neuseeland? Afrika? Hawaii? Südamerika? Oder näher am Äquator? Polynesien?

Die Felsen passten nicht zu einem Wüstenstaat wie Saudi Arabien. Da war es auch nicht so schwül. Gab es solche Felsen in Kenia?

Nein, es hatte keinen Sinn, sich den Kopf zu zerbrechen. Der Brief bewies, dass alles, was er bis hierher erlebt hatte, von langer

Hand geplant war. Von sehr langer Hand. Sarahs Rasenmähen in Shorts konnte nur im Sommer gewesen sein. Man hatte sie also observiert. Aber wozu? Er hatte keine Ahnung, was „die" von ihm wollten. Ganz egal, wie sehr er sich bemühte, die Antwort in seinem Kopf zu finden. Da war sie nicht.

Er schaute sich um. Der Raum war etwa dreißig Quadratmeter groß, mit Terrakotta-Fliesen ausgelegt und mit dunkelbraunem Mobiliar ausgestattet. Weiß getünchte Wände, schlichte Lampen mit Milchglasgehäusen und ein beige-brauner Wollteppich. *Eigentlich gemütlich und geschmackvoll*, dachte er. Das Bett erinnerte ihn an Hotelbetten – ein großes, zwei Meter breites Boxspringbett. Doch es befanden sich weder ein Fernseher noch ein Radio, geschweige denn ein Computer oder ein Telefon im Zimmer. Somit gab es keinen Kontakt zur Außenwelt. Ratlos saß Mark auf der Bettkante. *Und jetzt?*, dachte er.

Seufzend stand er auf. *Dann kann ich genauso gut duschen gehen.*

Während das heiße Wasser über seinen Körper rann, kehrten seine Gedanken immer wieder zu Sarah zurück. Ihm war klar, dass sie sich große Sorgen machen musste. Vielleicht war sie sogar wütend auf ihn. Woher sollte sie wissen, was mit ihm passiert war? Er hatte ja selbst keine Ahnung.

Nach der Dusche fühlte er sich erheblich besser. Das Brummen in seinem Schädel hatte sich endgültig verabschiedet und er verspürte Hunger – ein gutes Zeichen.

Als er zurück in das große Zimmer trat, fand er auf dem Schreibtisch ein Tablett mit Obst und zwei Flaschen Wasser – gut gekühlt. Und seine Armbanduhr lag auf dem Tablett neben dem Obstkorb.

Rasch griff er zur Uhr und befestigte sie am linken Handgelenk. Es war 15:26 Uhr – zumindest laut der Anzeige auf seiner Uhr.

Ob dies aber die Zeit war, die mit der deutschen übereinstimmte oder ob sie der Ortszeit angepasst worden war, vermochte er nicht zu sagen. Durch die lange Bewusstlosigkeit hätte es jede Uhrzeit sein können.

Mark suchte sich ein paar Kleidungsstücke aus und zog sich an.

Dann inspizierte er den Korb. Apfelsinen, Äpfel, Grapefruit, Pfirsiche, Weintrauben und Papayas. Mark stutze. Wenn er auf der südlichen Halbkugel war – dann war dort jetzt Frühling. Und Papayas wurden da erst im Februar geerntet. Wo kamen die Früchte her? Oder war er doch näher am Äquator als gedacht?

Unwillig schüttelte er den Kopf. *Früchte sind heute zu jeder Jahreszeit weltweit zu kriegen.*

Unwillkürlich musste er grinsen. Nie würde er den Tag vergessen, an dem er diese köstlichen Früchte, diese Papayas, zum ersten Mal gegessen hatte. Drei Tage lang lag er mit hohem Fieber, Erbrechen und Durchfall im Bett. Gott sei Dank stellte der Arzt rasch fest, dass Mark nur unter einer Allergie gegen Papayas litt. Nein, die würde er garantiert nie, nie wieder anrühren.

Er griff nach der Flasche Wasser und stillte erneut seinen Durst. Sein Körper verlangte unmissverständlich nach Flüssigkeit. Kaum, dass er die Flasche abgesetzt hatte, hörte er, wie sich ein Schlüssel drehte.

Erwartungsvoll starrte er zur Tür. Doch nichts geschah.

Vorsichtig näherte er sich ihr, drückte die Klinke herunter und… geräuschlos öffnete sie sich nach innen.

Er steckte den Kopf durch den Türrahmen und sah einen mit hellbeigem Teppichläufer ausgelegten Gang, der sich rechts und links von seinem Zimmer etwa sechs oder sieben Meter ausdehnte, bevor er in einem Winkel von 90 Grad abknickte.

Er betrat den Flur und entschied sich für den Weg, der nach rechts führte.

Hinter der Biegung führte der Gang noch etwa zehn Meter weiter und endete an einem Ausgang mit Glaseinsatz. Auf dem Weg dorthin reihte sich ein Zimmer an das andere – wie in einem Hotel. Durch das strukturierte Glas am Ende des Gangs konnte er nicht erkennen, was sich dahinter befand. Seine Schritte wurden vom dicken Teppichläufer geschluckt und er erreichte das Ende des Flurs, ohne gehört oder gestört zu werden.

Wieder steckte er vorsichtig seinen Kopf durch den Türspalt und sah vor sich einen großen Raum, der mit Konferenzmöbeln ausgestattet war. Er zählte die Stühle – zwölf an der Zahl. An jedem Arbeitsplatz stand ein Computer. Mark schlenderte an den Tischen vorbei und spürte plötzlich, dass er nicht mehr allein im Raum war. Betont langsam schaute er sich um und entdeckte einen jungen Mann, der am anderen Ende des Raums durch eine Tür kam, die den gleichen strukturierten Glaseinsatz besaß wie die, durch die er gerade selbst eingetreten war.

„Hi", sagte der junge Mann, den Mark auf Anfang zwanzig schätzte. Er war mittelgroß, schlank und hatte lange Haare, die er zu einem Pferdeschwanz zusammengebunden trug. Dem Tonfall nach zu urteilen, war der Fremde Amerikaner und Mark sprach ihn auf Englisch an.

„Hallo", erwiderte er. „Wie geht's? Gehörst du hierzu?"

„Ich weiß nicht", erwiderte der Fremde und Mark hörte die Unsicherheit in dessen Stimme. „Und du?"

„Also ich…" Mark zögerte. „Ich weiß nicht einmal, wo ich hier bin. Kannst du mir das sagen?"

Der junge Mann schüttelte den Kopf. „Ich weiß auch nicht, wie ich hier her gekommen bin."

Wieder öffnete sich die Tür mit dem Glaseinsatz und ein weiterer junger Mann schaute in die Runde. Der junge Chinese oder Japaner – Mark wusste nur, dass er asiatischen Ursprungs sein musste – fragte prompt: „Wisst ihr, wo wir hier sind?"

Mark dämmerte langsam, dass sie alle das gleiche Schicksal erfahren hatten. „Offensichtlich weiß das keiner von uns."

Nach und nach betraten drei weitere junge Männer den Raum und man stellte fest, dass tatsächlich alle das gleiche Erlebnis zu verdauen hatten. Mark erkannte, dass sie alle unter den Nachwirkungen ihrer jeweiligen Entführung litten. Weder Körpersprache noch Mimik noch der Tonfall in den Stimmen ließen einen anderen Schluss zu.

„Na ja“, ließ sich der Amerikaner mit dem Pferdeschwanz vernehmen, „sicherlich wird uns bald jemand erklären, was das soll. Ich bin sicher, dass meine Freundin Carol schon die halbe Nationalgarde in Bewegung gesetzt hat, um mich zu finden.“

„Bist du da sicher?“, hakte der Chinese vorsichtig nach.

Der Amerikaner lachte. „Du kennst Carol nicht.“

„Hattest du keinen Umschlag in deinem Schreibtisch?“, fragte ein Halbwüchsiger mit ausgeprägtem britischem Akzent.

Der Amerikaner streckte dem Burschen die Hand entgegen. „Ich bin Marvin. Meine Freunde nennen mich *Laser*.“

Der Brite ergriff die Hand und erwiderte: „Mein Name ist Stephen. Und meine Freunde nennen mich „Bug“. Am besten schaust du mal in deinem Schreibtisch nach. Ich jedenfalls habe einen Umschlag gefunden mit einem ganz besonderen Inhalt. Meine Freundin Jennifer wird garantiert niemandem von meinem Verschwinden erzählen.“

Ohne ein Wort zu sagen, drehte sich Marvin auf dem Absatz um und verschwand hinter der Glastür.

Als er kurze Zeit später wieder auftauchte, war er weiß wie ein frisch zubereiteter Joghurt. Ächzend ließ er sich auf einen der Stühle fallen und schaute in die Runde. „Habt ihr alle einen solchen… solchen Umschlag bekommen?“ Mittlerweile waren sechs Männer im Raum versammelt. Einer nach dem anderen nickte stumm.

„Ach du heilige Scheiße!“, stöhnte Marvin. „Was geht denn hier ab? Was wollen die von uns?“

Das nachfolgende Schweigen war beredter als jedes gesprochene Wort.

Keiner von uns hat auch nur den blassesten Schimmer, dachte Mark.

In diese Grabesstille stürmten zwei Typen herein. „Hört zu, Jungs“, sagte ein hagerer Mittdreißiger in zerknitterter Khaki-Hose und schmuddeligem Khaki-Hemd. „Wir haben ein paar Informationen für euch. Aber zuerst gehen wir jetzt alle mal nach draußen und ich zeig euch euer Zuhause für die nächsten paar Wochen.“

Der untersetzte Typ, der Khaki-Hose begleitete, mit weißer Baumwollhose und weißem Poloshirt bekleidet, grinste und fügte hinzu: „Ihr habt gehört, was George gesagt hat. Also… raus mit euch!“

Mark erkannte die Stimme. Es war dieselbe, die ihm das Knipsaus-Mittel nach der Landung verpasst hatte. Die feuchte Hitze traf Mark wieder mit voller Wucht. „So, Jungs“, meinte Khaki-George und schien sich zu amüsieren. Das süffisante Lächeln um seinen Mund ekelte Mark an. „Seht ihr dort den Liegestuhl? Ihr werdet es euch jetzt nacheinander schön bequem auf diesem Stuhl machen. Wir wollen euren Liebsten nämlich die Nachricht übermitteln, dass es euch richtig, richtig gut geht.“ Er zeigte auf seine Kamera. „Die liebe Verwandtschaft braucht von Zeit zu Zeit die Gewissheit, dass sie besser nicht die Polizei einschaltet. Und sie sollen wissen, dass die Bilder tagesaktuell sind.“ Er drehte sich zu dem Dicken in Weiß um. „Hast du die Tageszeitung, Joe?“

„Na klar.“ Der Dicke reichte sie ihm.

„Du da, Schlitzauge, mit dir fang ich an. Also – mach es dir bequem und halte die Zeitung so, dass man das Datum gut lesen kann.“

Zuerst machte George ein Bild, das den jungen Asiaten komplett auf dem Liegestuhl zeigte. Das zweite Bild war eine Nahaufnahme – nur mit dem Kopf der fotografierten Person und der Tageszeitung auf der Brust.

Alle sechs wurden auf diese Weise fotografiert. „Mit dem Meer dahinter seht ihr aus wie auf einer entspannten Urlaubsreise“, grinste

Khaki-George. „Eure Herzensdamen werden bestimmt gut schlafen, wenn sie die Fotos gesehen haben."

„Nun ja", wollte George fortfahren, als das Blöken von Schafen zu hören war. Ärgerlich drehte er sich zu Joe um. „Können diese Kaffer ihre verdammten Viecher nicht von unserem Grundstück fern halten?" Joe zuckte mit den Schultern. „Die kümmern sich nicht darum. Die Viecher büchsen sowieso immer wieder aus."

„Geh in diesen verflixten Kraal und sag dem Häuptling, dass ich seine Schafe höchstpersönlich abmurkse und zu Irish Stew verarbeite, wenn sie sich noch einmal in unsere Nähe wagen."

Der Dicke grinste. „Ich sag Lucas Bescheid."

Doch George hörte schon nicht mehr zu. „Ich hab ne Nachricht für euch – von unserm Boss. Auf eurem Schreibtisch findet ihr einen Brief von ihm persönlich. Darin steht, was ihr hier macht, warum ihr hier seid und was wir von euch wollen."

Die Gruppe rührte sich nicht vom Fleck. George brüllte: „Worauf wartet ihr noch?"

Wortlos drehten sich die Sechs um und Mark sah, wie jeder in seinem jeweiligen Zimmer verschwand. Als er seine Unterkunft betrat, entdeckte er den Brief sofort. In dicken Druckbuchstaben prangte sein Name auf dem Umschlag, der unübersehbar am Obstkorb lehnte.

Mark nahm das Obstmesser und schlitzte das Kuvert auf.

*

Lieber Mark Richter,

wir entschuldigen uns bei dir in aller Form für eventuelle Unannehmlichkeiten, die du durch deine plötzliche Abreise erfahren musstest.

Sei gewiss, dass du von nun an keine weiteren Ärgernisse mehr zu erwarten hast – sofern du unser Vorhaben nicht zu sabotieren versuchst. Wir versichern dir, dass du nicht mehr als vier Wochen unsere Gastfreundschaft genießen wirst. Betrachte diese vier Wochen als einen Luxusurlaub, bei dem du auf keine Annehmlichkeit verzichten musst – abgesehen von der Gesellschaft deiner Freundin Sarah.

Doch auch hier können wir dir versichern, dass sie von unseren Mitarbeitern sehr gut betreut wird, ohne sich belästigt zu fühlen.

Wenn du uns deine Fähigkeiten uneingeschränkt für höchstens vier Wochen zur Verfügung stellst, wirst du bei deiner Rückkehr 500.000 Euro als Dankeschön auf deinem Bankkonto gutgeschrieben vorfinden.

Die Dauer deines Aufenthaltes kannst du natürlich erheblich verkürzen. Das hängt einzig und allein von deinem Einsatz, deinem Engagement und deiner Leidenschaft ab.

Wir würden es sehr begrüßen, wenn du dich mit den jungen Leuten austauschst und ihr eine gemeinsame Ausgangsposition für das Projekt „Geldbörse" findet. Denke daran – es ist eure Zeit, euer Einsatz und euer Interesse. Du sorgst dafür, dass die Kräfte und Fähigkeiten der jungen Leute gebündelt werden. Es ist deine Aufgabe, aus den Einzelgängern ein Team zu machen. Morgen erfährst du Näheres. Und du wirst eine Nachricht von Sarah bekommen.

Lass es dir gut gehen.

Beste Grüße

Dein Projekt-Team

*

Bei Mark schrillten sämtliche Alarmglocken. Für einen Moment schloss er die Augen und sah Sarah im Geiste vor sich. Sie hatte keine Ahnung, dass sie beschattet und auf Schritt und Tritt verfolgt wurde. *Oh Gott*, flehte er. *Ihr darf nichts passieren.*

Er schaute auf seine Uhr. 18:05 Uhr. Draußen hatte die Dämmerung eingesetzt und er ließ noch einmal den Nachmittag an seinem geistigen Auge vorbeiziehen. Plötzlich sprang er auf. *Kaffer*, hatte George gesagt. Kaffer! Dieser Ausdruck wurde nur in Südafrika benutzt – und zwar als Beleidigung für die Schwarzen. Und auch nur von denen, die sich mit dem Ende der Apartheid nicht abfinden konnten.

Mark kramte in seinem Gedächtnis. Wie war das mit Südafrika? Es war zwar schon Jahre her, dass er mit einem Typen namens Sam im Internet gechattet hatte, aber dieser Sam wohnte in der Nähe von Durban. Oder war es Port Elizabeth? Derart schwül und heiß war es nicht am Kap. Und auch nicht im Landesinneren. Nein. Da war es zwar heiß, aber es war eine trockene Hitze. Und an der Atlantikküste konnte es schon gar nicht sein. Nein! Solch hohe Luftfeuchtigkeit kombiniert mit dieser Hitze gab es nur am Indischen Ozean. *Ich glaube, es war wirklich Durban*, dachte er. *Oder in der Nähe irgendwo.*

Und dann diese Schafe!

Sam hatte ihm damals erzählt, dass die Schwarzen ihren Reichtum nach Schafen, Ziegen und Rindern bemaßen. Ja… je mehr Viecher – desto reicher war ein Clan, eine Familie.

Hatte George nicht was von einem Häuptling gesagt? Nein. Das passte nicht. Durban war eine sehr große Stadt. Da gab es garantiert keine Viecher. Das konnte also nicht sein. Und dann – ein *Kraal!* War das nicht diese Ansammlung von Rundhütten, in denen die Familien lebten?

Mark wurde aus seinen Gedanken gerissen. Ein Gong ertönte. Sein Blick wanderte zum Fenster. Es war stockfinster geworden. Ein Blick auf die Uhr zeigte ihm, dass gerade mal eine halbe Stunde vergangen war. *Na, die haben aber eine kurze Dämmerung*, wunderte er sich.

Der Gong ertönte zum zweiten Mal. *Wahrscheinlich Abendessen.*

Mark kehrte zurück in den Konferenzraum, wo er in fünf erwartungsvolle Gesichter schaute. Bevor er etwas sagen konnte, betrat ein Schwarzer den Raum. „Gentlemen“, sagte er in akzentfreiem Englisch. „Kommen Sie bitte in den Speiseraum. Das Dinner wird in wenigen Minuten serviert. Ich bin Lucas, der während Ihres Aufenthaltes für Ihr Wohlbefinden sorgen darf." Er grinste. „Darf ich vorausgehen?" Ganz offensichtlich hatte er einen Heidenspaß daran, den schwarzen Butler zu spielen. *Die Onkel-Tom-Masche*, dachte Mark. Der Schwarze drehte sich um und die Gruppe folgte ihm wie eine Meute gut abgerichteter Hunde. Mark erreichte den prächtig gedeckten Tisch als Letzter.

Ein blütenweißes Tischtuch. Edles Geschirr. Silberbesteck, Kristallgläser. Geschmackvoller Blumenschmuck. Stoffservietten in Silberringen. Und Namenschilder!

„Donnerwetter!", entfuhr es ihm. „Das nenne ich stilvoll."

Was geht hier ab? Warum tun die so, als spendierten die uns einen Luxusurlaub?

Was ist das für ein mieser Trick? Mark konnte die Gefahr förmlich greifen.

„So! Jetzt reicht's mir aber!", wetterte Marvin. „Jetzt haben die uns genug Honig um den Bart geschmiert. Jetzt will ich endlich wissen, was die von mir wollen. Glauben die, sie können uns nach Strich und Faden verarschen?"

Der junge Mann sprang auf und stürmte in Richtung Ausgang.

Kaum, dass er die Tür aufgerissen hatte, flog er quer durch den Raum. Zurück bis zum großen Esstisch. Die anderen waren im Nu auf den Beinen.

Khaki-George stapfte auf Marvin zu, der sich die blutende Lippe abwischte. Der Aufpasser packte ihn am Shirt und schlug ihm mit der flachen Hand links und rechts ins Gesicht, dass der Kopf des Jungen zur Seite flog. An den Haaren zog er ihn hoch, bis er auf den Füßen stand. „Hör mir gut zu, du Klugscheißer. Du bist ein Nichts. Ein absolutes Gar Nichts. Machst du noch einmal dein Maul auf, stopf ich es dir." Er zog ihn mit der linken Hand nah an sein Gesicht heran und zischte „Hast du das kapiert? Du Wichser?" Ohne die Antwort abzuwarten, verpasste er dem jungen Mann einen Faustschlag in die Magengrube und zog gleichzeitig mit einem Ruck das

Knie an, das zwischen den Lenden des Burschen landete. Marvin klappte zusammen wie ein Haufen Bauklötze, die ein Kleinkind vom Tisch gefegt hatte.

Khaki-George schaute in die Runde. „Noch jemand? Das passiert mit denen, die aufmüpfig werden. Habt ihr das geschnallt?“ Er warf einen verächtlichen Blick auf Marvin. „Seht zu, dass er morgen früh wieder fit ist.“ Er drehte sich um und stapfte hinaus.

*

*

*

20. Oktober 2012 – Tampa (Florida/USA)

Richard McCormack legte den Hörer auf und lächelte, als Dorothy sein Arbeitszimmer betrat. „Gute Nachrichten?“, fragte sie.

„Ja, meine Liebe.“

Sie stellte ein Tablett auf seinen aufgeräumten Schreibtisch.

„Ich hab dir noch eine Kanne Tee gemacht.“

„Pfefferminz oder Kamille?“

„Natürlich Pfefferminz.“

Er sah sie an, konnte aber in ihrem Gesicht nicht lesen.

„Na, komm schon. Rück raus, was du hast. Was kann ich für dich tun, meine Liebe?“

„Louise“, sagte sie.

„Oh je“, stöhnte er. „Und was ist es diesmal? Ein neues Cabrio? Eine Weltreise? Oder ein neuer Tennisplatz?“

Dorothy schüttelte den Kopf. „Nichts dergleichen, Dick.“ Sie zögerte. „Es ist viel schlimmer.“

Er grinste. „Schlimmer? Was kann es Schlimmeres geben als eine nicht gemachte Weltreise?“

Sie sah ihn lange an, bevor sie sagte: „Eine Hochzeit.“

Die Tasse fiel ihm aus der Hand und er ließ sich langsam in seinem Sessel nieder. „Hochzeit?“, fragte er ungläubig. Nein, das konnte nicht sein. Nicht Louise.

„Ja, Richard. Sie hat angekündigt, den jungen Carlyle zu heiraten."

„Was? Arnie Carlyle? Diesen Spinner?" Richard sprang auf. Er starrte seine Frau an. „Das meint sie nicht ernst, Dorothy. Das kann sie nicht ernst gemeint haben."

„Ich fürchte – doch."

„Das können wir nicht erlauben, Dotty."

Er ging im Zimmer auf und ab.

Sie lächelte verhalten. „Du vergisst, dass sie auf die dreißig zugeht, mein Lieber. Wir können ihr nichts mehr verbieten."

Abrupt blieb er vor ihr stehen.

„Wir können es ihr zwar nicht verbieten, aber wir können sie daran hindern."

„Ach ja?" Dorothy lachte. „Und wie willst du das machen, ohne sie zu verlieren?"

„Dorothy. Wir müssen sie zur Vernunft bringen. Die Ehe mit Arnie wäre die größte Katastrophe ihres Lebens. Der Typ hat doch keine Eier in der Hose. Sie wird aus ihm einen Hampelmann, einen Pantoffelhelden machen. Der blamiert die ganze Sippe. Nein. Das kann sie uns nicht antun."

„Du weißt, dass sie auf mich schon lange nicht mehr hört. Du kennst ihren Dickkopf. Wenn sie jemand davon abhalten kann, dann du. Auch Michael ist gescheitert. Nein, Richard. Du wirst selbst mit ihr sprechen müssen. Obwohl – ich glaube, dass sie es diesmal wirklich ernst meint."

Richard ging zum Fenster und blieb mit verschränkten Händen auf dem Rücken stehen. Sein Blick fiel auf die Yacht am Anlegesteg und er hatte eine Idee.

Abrupt drehte er sich um. „Sag ihr, dass ich mit ihr rausfahren will. Wir drehen eine Runde um die Keys. Dabei möchte ich von ihr hören, warum sie unbedingt Arnie Carlyle heiraten will."

„Gut, mein Lieber. Wann willst du los? Ich sag Alfred Bescheid."

Er überlegte einen Augenblick. „Nein. Alfred kann hier bleiben. Heute fahre ich selbst. Sag Louise – in einer halben Stunde am Steg."

*

Kurz nachdem sie die offene See erreicht hatten, überließ Richard seiner Tochter das Ruder und setzte sich auf den Sitz neben ihr. In aller Ruhe betrachtete er sie. Ihre langen, roten Haare hatte sie von ihm geerbt. Bei ihr sahen sie sehr attraktiv aus. Männer mochten meist Frauen mit roten Haaren. Das schottische Erbe hatte Richard für sich selbst verflucht. Schon von klein an hatte er die schlimmsten Hänseleien über sich ergehen lassen müssen. Egal, wie seriös er sich kleidete und auftrat – die roten Haare machten alle Anstrengungen zunichte.

Ihr reizendes Profil mit dem energischen, kecken Kinn. Ihre schlanke Figur mit den ausgesprochen weiblichen Rundungen, ihre stets leicht herausfordernde Körperhaltung – ja, sie war eine Frau wie man sie heute selten antraf. Sie hatte Rasse, Klasse und… sie war intelligent und ehrgeizig. Richard McCormack war stolz auf seine Tochter. Sie und Arnie? Was steckte dahinter? Er kannte seine Louise viel zu gut, als dass er nicht wusste – sie führte etwas im Schilde. Sie war eine Strategin – wie ihr Vater. Er lächelte. Ja. Eine echte McCormack.

Er zeigte auf eine kleine Bucht und Louise steuerte sie an. Kurze Zeit später drosselte sie die Maschinen und die Yacht schaukelte ein wenig auf den leisen Wellen des Golfs von Mexico.

Richard lächelte sie an. „Komm her, Liebes. Lass dich umarmen."

Louise lächelte zurück und nahm ihren Vater in den Arm. Nachdem sie sich wieder gelöst hatte, fragte sie: „Einen Drink?"

„Ja, gern."

„Eistee oder O-Saft?"

„Lieber Eistee."

Sie kam mit zwei Gläsern aus der Kombüse zurück und drückte ihm den Tee in die Hand. Sie selbst genehmigte sich ein Glas Champagner.

„Und?“, fragte sie. „Was bietest du mir an?“

„Wofür?“, fragte er verblüfft.

Ihre grünen Augen blitzten. „Dass ich Arnie nicht heirate.“

Für einen Augenblick war er perplex, um im nächsten Moment in schallendes Gelächter auszubrechen.

„Oh, Louise. Du raffiniertes Weibsbild.“

Sie grinste. „Überrascht?“

„Nein.“ Er schüttelte den Kopf. „Ich hätte es mir denken können. Du bist mir einfach viel zu ähnlich. Also? Was willst du, meine Kleine?“

Sie schaute ihm sehr ernst direkt in die Augen. „Macht, Vater. Ich will Macht.“

„An welche Art von Macht hast du dabei gedacht?“

„An dieselbe, die du darunter verstehst.“

„Bist du mit der Macht, die ich dir durch die Leitung der Drake-Oils überschrieben habe, noch nicht zufrieden?“

„Nein.“

„Okay. Was willst du also noch?“

„Ich will deine Nachfolgerin werden – und zwar ohne jede Einschränkung.“

„Das lässt sich machen. Ich kann das Testament dahingehend ändern. Michael wird nichts einzuwenden haben, solange er finanziell versorgt ist.“

„Du verstehst mich nicht, Dad. Ich will nicht nur deine Nachfolge im Konsortium antreten, ich will deine Nachfolge auch in der *Organisation*.“

Er schnappte nach Luft. „In der *Organisation*? Tja, Louise, das dürfte ziemlich ausgeschlossen sein. Du weißt, dass die Statuten das verbieten.“

Ihr Blick schien ihn zu durchbohren. „Statuten können geändert werden.“

„Ja, aber nur einstimmig. Alle Mitglieder müssen jedem gestellten Antrag zustimmen, sonst gilt er als abgelehnt.“

Ein feines Lächeln spielte um ihren Mund. „Da scheinst du etwas zu verwechseln, mein Lieber. Die Einstimmigkeit gilt nur für Anträge irgendwelche Aktivitäten im Außen betreffend. Für die Veränderung der Statuten gilt – die absolute Mehrheit reicht.“

„Ja. Und genau die gibt es zurzeit in der *Organisation* nicht.“

„Dann sorge dafür.“ Sie war für kein Argument offen.

„Ich glaube, da überschätzt du den Einfluss deines Vaters.“

„Tatsächlich?“ Sie biss sich auf die Unterlippe. „Und ich dachte, der Wortführer der *Organisation* hätte eine besondere Stellung.“

„Nun ja, das hat er auch. Aber die Saudis, Südamerikaner, Russen und Chinesen werden dieser Veränderung nicht zustimmen. Du kennst ihre Einstellung, wenn es um Frauen geht.“

„Eben.“ Sie zögerte. „Eben! Es wird allerhöchste Zeit, dass die verknöcherten Vorstellungen der Herren… sagen wir mal… ein wenig aufgeweicht werden.“

„Ich halte das für verfrüht, meine Liebe. Wenn die Zeit reif ist und die nachfolgende Generation an der Reihe ist, dann dürfte es möglich sein. Aber noch sind die Jüngeren in der zweiten Reihe. Ihre Zeit kommt erst noch.“

Er sah die Entschlossenheit in den Augen seiner Tochter und fügte hinzu: „Unterschätze nie deine Gegner, auch wenn sie als deine Verbündeten auftreten.

Sie schaute sehr lange über das Meer, bevor sie reagierte. „Und was passiert, wenn die *Organisation* auseinanderbricht? Oder eine gleich starke Konkurrenz bekommt?“

Daran hatte Richard noch nie einen Gedanken verschwendet. Er zuckte mit den Schultern. „Konkurrenz? Wo sollte die herkommen? Es gibt auf der ganzen Welt nichts Vergleichbares und schon gar keine Konkurrenz.“ Er schüttelte den Kopf. „Wenn die Organisation auseinanderbricht? Keine Ahnung, was dann passiert. Aber ich könnte mir vorstellen, dass es dann wieder chaotische Zustände gibt, die mit dem kalten Krieg von vor fünfzig, sechzig Jahren vergleichbar wären. Jeder kochte sein ureigenstes Süppchen und die Nationen würden wieder kräftig Kriege gegeneinander führen.“

Sie zog eine Braue hoch. „Ach. Tun sie das gerade nicht? Dann hast du wohl schon sehr lange keine Nachrichten mehr gehört.“

Er seufzte. „Ach, Schätzchen. Diese Kriege drehen sich doch alle nur ums Geld. Und genau deswegen würde eine einzige Währung – für alle Nationen – das ein für alle Mal beenden. Stell dir vor, es gäbe nur noch eine einzige Währung auf der ganzen Welt. Wie einfach wäre es dann, die Märkte zu kontrollieren.“

„Und wozu?“

„Um den Mob in Schach zu halten. Es gäbe keine Geldwäsche mehr, alle würden Steuern bezahlen und könnten sie nicht mehr ungesehen auf irgendwelche Konten auf irgendwelchen Inseln verstecken.“

Er sah den Blick, den seine Tochter ihm zuwarf. Ein Blick voller Unglauben, Erstaunen und Fassungslosigkeit.

„Wie bitte?“, sagte sie. „Den Mob und die bösen, bösen Steuerhinterzieher in Schach halten? Sag mal, wovon träumst du? Niemand kann den Mob in Schach halten – auch nicht die *Organisation*.“

„Und was lässt dich das bezweifeln?“

„Zum einen, die Historie der Menschheit – denk nur an die Französische Revolution. Zum anderen die neuesten wissenschaftlichen Erkenntnisse. Die jüngsten Ergebnisse der Hirnforschung und der Zellbiologie. Und Ausnahmen in der Steuergesetzgebung für die Reichen sind ja wohl eine der leichtesten Übungen. Für wie blöd hältst du mich? Du bist wohl nicht mehr ganz auf der Höhe, lieber Vater.“

„Dann klär mich auf.“

„Nein!“

Er zuckte zusammen. Diesen Tonfall kannte er von seiner Tochter noch nicht. Das war neu.

Zum ersten Mal stellte sie sich offen gegen ihn.

„Louise. Was ist los mit dir?“, versuchte er erneut, seine Kleine zu erreichen.

Ihre Augen sprühten und ihre Stimme überschlug sich fast, als sie ihn ansah. „Weißt du was, lieber Vater? Das Dominanzgehabe der arroganten… überheblichen und… und… und unsäglich aufgeplusterten Patriarchen geht mir sowas von gegen den Strich, dass ich nur noch kotzen könnte. Das Zeitalter der von Unwissenheit und Hochmut strotzenden Horde von Paschas ist vorbei! Die haben es nur noch nicht kapiert! Die glauben immer noch, man müsste nur ein bisschen Gewalt, ein bisschen Unterdrückung, ein bisschen Angstmacherei und ein bisschen Vergewaltigung anwenden – und schwupps! – ist die Welt der Tyrannen, Despoten und Diktatoren wieder im Gleichgewicht.“

Sie war offensichtlich noch nicht fertig. „Der Mob? Wen meint ihr damit? Das sind für euch doch nur die, die ihr zu Marionetten in eurem Machtspielchen abstempelt. Die, auf denen ihr ganz besonders rumtrampelt. Hauptsächlich auf den Frauen. Nein, mein Lieber. Hör auf, mir den Wohltäter der Welt vorzuspielen. Das seid ihr nie gewesen. Die *Organisation* schert sich einen Dreck um die Menschen. Der geht's nur um die Kontrolle, um das, was sie Macht nennt. Was seid ihr doch für armselige Kreaturen. Ihr macht euch in die Hosen, wenn ihr nicht die Kontrolle über alles und jeden ausüben könnt. Ihr verwechselt Macht mit Geld und Geld mit Sicherheit. Und das heißt für euch: so viel zusammenzuraffen, bis ihr alles kahlgefressen habt. Ihr habt schon jetzt so viel Geld zusammengerafft, den von euch so genannten Mob ausgeplündert, die Frauen ausgebeutet und die Ressourcen der Erde in einen Selbstbedienungsladen für die *Organisati-*

on umfunktioniert – ja pervertiert – dass es bis in den letzten Winkel des Himmels stinkt."

Sie holte tief Luft, kam mit ihrem Gesicht seinem sehr nahe und flüsterte. „Ihr kriegt den Hals nie voll. Selbst wenn ihr alles Geld der Welt in euren zitternden Händen hättet, ihr würdet euch immer noch vor Angst die Hosen voll machen. Das, mein lieber Vater, ist kein Ausdruck von Macht, sondern von Angst und Ohnmacht – oder bodenloser Dummheit. Ich will, dass sich auf dieser Welt etwas verändert. Ich will, dass diese verdammten, alten Säcke, diese Vorzeigemachos, die sich das Mäntelchen der Wohltätigkeit und des ‚Wir meinen es ja nur gut mit euch' umhängen, als das entlarvt werden, was sie sind: Feiglinge, Jammerlappen und Wichtigtuer. Sie sind geistige Primitivlinge geblieben, die ihre einstigen Keulen und Steinschleudern nur durch Kanonen, Panzer und Bomben ersetzt haben. Und diese Primitivlinge werden nur noch von denen übertroffen, die sich in ihrem Wahn als Höhlenmenschen bedrohliche Dinosaurier zusammenbasteln, um ein Alibi zu haben, sie ganz legal umbringen zu dürfen. Und die bedrohlichsten aller neuzeitlichen Dinosaurier sind für sie – denkende Frauen. Die, die sich den Geboten der Primitivlinge nicht mehr bedingungslos unterwerfen wollen. Was sind diese Egomanen für ein Abschaum? Was für eine Beleidigung für die menschlichen Spezies? Psychopathen, die nur ihren Wahn, ihren Tötungstrieb als selbsternannte Leithammel ausagieren. Und der Rest der Welt? Weil dieses System global aufrecht gehalten wird, in erster Linie von den großen Weltreligionen mit kräftiger Unterstützung von der *Organisation*, sind es genau diese Institutionen, in denen eine Veränderung der Weltordnung in Gang gesetzt werden muss. Du weiß ja – der Fisch fault vom Kopf her."

Abrupt drehte sie sich um, startete den Motor, setzte die Yacht in Bewegung und steuerte in Richtung Anlegesteg.

Richard McCormack hatte ihr schweigend zugehört. Er ging unter Deck, holte sich ein kaltes Wasser aus dem Kühlschrank und setzte sich in einen der großen Loungesessel.

Noch vor ein paar Monaten hätte er ihr den Marsch geblasen. Kurz und knapp hätte er sie in ihre Schranken gewiesen. Hätte ihr – wie immer – gezeigt, wer das Sagen hatte. Was war mit ihm passiert? Wieso ließ es sich ein solches Verhalten, eine derartige Dreistigkeit, eine offene Kriegserklärung von seiner eigenen Tochter gefallen?

Was – verdammt nochmal – war mit ihm los?

Hatte es mit Julians Tod zu tun? Oder hing es damit zusammen, dass es keinen Nachfolger für seinen besten Freund in der *Organisation* gab? Julian hatte drei Töchter, aber keinen Sohn. Oder lag der Grund in seiner zunehmenden Müdigkeit? Ja, er gestand sich ein, dass er sich immer häufiger nach Harmonie, nach Frieden und Ruhe sehnte. Er war diese ununterbrochene Wachsamkeit, die ständige Vorsicht und unausgesetzt auf der Hut sein zu müssen satt.

Auch seine zunehmende Schlaflosigkeit machte ihm ernsthaft zu schaffen. Viel zu oft tigerte er einige Stunden des Nachts herum und fand keine Ruhe mehr.

Oder hatte das etwas mit dem Alter zu tun? Schließlich ging er auf die sechzig zu.

Er liebte Louise mehr als alles andere in seinem Leben. In ihr fand er sich selbst wieder. So wie sie wollte er immer sein. Sie war echt, authentisch und kompromisslos ehrlich und strahlte eine natürliche, selbstverständliche Kraft aus, die er bewunderte. Ihre offen gezeigte Kompromisslosigkeit, gestand sich Richard ein, basierte nicht auf Machtgelüsten. Ihre Dickköpfigkeit war gepaart mit einem Altruismus, den er nie teilte und auch niemals teilen würde. Für ihn war Altruismus ein Hirngespinst, eine Illusion, ein völlig realitätsfremdes Wunschbild. Nein, Menschen waren nicht selbstlos, gutmütig oder uneigennützig. Sie waren wie eine Herde von Kreaturen, die ein starkes Leittier brauchten. Eine Horde unterbelichteter Drohnen, die unorganisiert ihr Dasein als Taugenichtse verbrachten. Der Mob! Die Mehrheit der Weltbevölkerung beschäftigte sich nur mit ihrem Paarungstrieb, wollte einen vollen Bauch haben und fürs Nichtstun auch noch bezahlt werden. Die Rolle der Frau in diesem System war doch klar. Sie hatte für den Bestand der Herde zu sorgen, indem sie möglichst viele Kinder in die Welt setzte. Und diese Rolle war bei den Clans, aus denen die Leittiere hervorgingen, nicht viel anders. Auch sie hatten dafür zu sorgen, dass Nachfolger geboren wurden, die in die Fußstapfen ihrer Väter treten konnten.

Warum war Louise so anders? Er hatte ihr genau die Werte vermittelt, die er hochhielt. Wieso torpedierte sie ihn derartig? Was war aus seiner Kleinen geworden?

Ja, es waren Frauen wie seine Tochter, die die Welt auf den Kopf stellen wollten. Aber warum? Wieso wollten sie ein funktionierendes System außer Kraft setzen? Die Louises der Neuzeit waren viel gefährlicher für die bestehende Weltordnung als der Mob. Der Mob war leicht zu lenken, zu beeinflussen und zu manipulieren. Nein. Es waren die Louises dieser Welt, die man nicht mehr in den Griff bekam.

Und ausgerechnet seine Tochter wollte Macht? Seine süße, kleine Louise? Sie gegen den Rest der Welt? War sie wahnsinnig geworden?

*

*

*

21. Oktober 2012 – Wanlo (Deutschland)

Wie jeden Morgen war Konrad Seiffert um 06:00 Uhr aufgestanden und überprüfte als Erstes seine Ausrüstung. Seine kugelsichere Weste, sein Survivalmesser mit Kompass, Angelschnur und Haken, Feuerstein und die wasserdicht verpackten Streichhölzer, seine Walther PPK, Munition und seine Notfalltasche mit allen Kleidungsstücken und sonstigen Utensilien, die er für einen Soforteinsatz benötigte. Selbst im Halbschlaf hätte er die Handgriffe ausführen können. Sie waren ihm in Fleisch und Blut übergegangen.

Nachdem er sich seinen Vitamincocktail zubereitet und getrunken hatte, suchte er seinen Fitnessraum im Keller auf. Fahrradfahren, einhundert Liegestütze, die er in Gedanken mitzählte, Gewichtheben, Beintraining und Laufband dauerten wie immer weitere anderthalb Stunden. Verschwitzt und hellwach ließ er das heiße Nass über seinen Körper rinnen und beendete sein Duschvergnügen mit eiskaltem Wasser, das auch den allerletzten Rest einer eventuell übrig gebliebenen Müdigkeit verjagte.

Während er sich rasierte, prüfte er die Wunde an seiner Stirn. Bald würde sich die Schorfkruste lösen und er wäre wieder wie neu. Seine buschigen Augenbrauen über den dunkelbraunen, fast schwarzen Augen bearbeitete er mit einer Schere und ärgerte sich zum X-ten Mal über seine schiefe Nase. *Die sollte ich mir wirklich bald richten lassen*, dachte er. *Ich seh aus wie ein Boxer, der eine Niederlage eingesteckt hat.*

Der Nasenbeinbruch, den er sich vor ein paar Monaten bei einer Schlägerei eingeheimst hatte, war nicht rechtzeitig behandelt worden. Er gedachte, das in der kommenden Woche nachzuholen. Mit einer Bürste ordnete er sein kurz geschnittenes Haar und plante für das Wochenende bereits einen Schnitt ein. *Warum warten?*, fragte er sich, holte seinen elektrischen Haarschneider aus der Schublade und war mit dem Ergebnis zufrieden. Die Bürste würde er vorläufig nicht mehr benötigen.

Sein Mobiltelefon klingelte. Er schaute auf seine Uhr. 08:40 Uhr.

„Ja?“, sagte er kurz.

„Hast du an die Blumenzwiebeln gedacht?“, wollte eine Männerstimme wissen.

„Danke, dass du mich erinnerst“, antwortete er und legte auf.

Er löste das Handtuch von seinen Hüften, schlüpfte in Unterwäsche, Jeans und Shirt, griff in die unterste Schublade seiner Kommode und holte eines der Handys heraus, die mit einer Prepaidkarte ausgestattet war. Er wählte die Nummer.

„Okay. Was ist los?“, wollte er wissen.

„Ich wollte vorbeikommen, um mit dir über die Herbstbepflanzung zu reden. Geht es heute so gegen drei?“

„Das geht. Ich bin um elf beim Gärtner, um über die Bewässerung des Gartens zu reden.“

„Gut. Dann also bis um drei.“

Wortlos legte Konrad auf, entfernte die Prepaidkarte und zwängte das Handy in den Aktenvernichter, der ganze Ordner kleinhacken konnte. Er zerschnitt die Karte in kleine Stücke, öffnete die Kühlschranktür und warf die Schnipsel in eine Glasflasche mit Salzsäure.

Also würde er Lou, seinen Kontakt zum BND, gleich im Schwimmbad treffen. Der Verbindungsmann würde, wie immer, mit einem als Rettungshubschrauber getarnten Helikopter auf dem Dach des Elisabeth-Krankenhauses landen. Von dort bis zum Schwimmbad waren es nur wenige Kilometer. Lou würde pünktlich sein.

*

Konrad hatte bereits einige Bahnen absolviert, als er mit Lou zusammenstieß. Die beiden entschuldigten sich gegenseitig, falls ein zufälliger Beobachter Zeuge geworden war, und schwammen an die Seitenlinie.

„Also? Was gibt's?“, wollte Konrad wissen.

„Wir haben einen Hinweis bekommen, dass ein Mann spurlos verschwunden ist.“

„Woher wisst ihr das?“

„Ein anonymer Anrufer in Köln hat am Freitagabend eine Beobachtung gemeldet. Das Ganze hat sich vor einem italienischen Restaurant namens ‚Ginos Trattoria' abgespielt. Die Beamten haben dort nachgefragt und es ist tatsächlich etwas Ungewöhnliches vorgefallen. Kurz und knapp: Die Verlobte hat bei der Befragung den Eindruck erweckt, dass etwas nicht stimmt. Sie hat ihren Partner nicht als vermisst gemeldet."

„Ja und? Was habt ihr damit zu tun?"

„Einer der Beamten, der die Frau aufgesucht hat, ist ein alter Hase mit einem guten Draht zum LKA, der wiederum zum BKA und so bin ich an die Information gekommen. Vor einiger Zeit haben wir alle LKAs gebeten, uns umgehend zu informieren, wenn Leute verschwinden, ohne dass eine Vermisstenmeldung aufgegeben wird. Wir haben von verschiedenen Geheimdiensten den Tipp gekriegt, dass sich solche Entführungen, wie sie sie vermuten, auffällig häufen."

„Habt ihr einen Verdacht?"

„Nicht den geringsten. Und genau das macht uns Sorgen. Wir brauchen unbedingt Hinweise. Bisher ist es keinem der Geheimdienstleute gelungen, aus den Familien irgendwas rauszukriegen. Aber alle zeigen die typischen Reaktionen bei entführten Angehörigen."

„Habt ihr die Geldflüsse überprüft?"

„Sind wir Anfänger?"

„Okay. Was willst du von mir?"

„Wenn sich solche Entführungen häufen und es eindeutig keine persönliche Verbindung zwischen den Entführten gibt, steckt ein Plan hinter der Sache, den wir rauskriegen müssen. Du bist einer, der gerade solche Aufträge immer erfolgreich ausgeführt hat. Wir wollen, dass du für uns aktiv wirst."

Die beiden schwammen ein paar Bahnen und Konrad ließ sich die Informationen derweil durch den Kopf gehen. Erneut am Beckenrand pausierend, fragte er: „Wenn ein Plan dahintersteckt, haben wir es mit Profis zu tun. Profis, die weltweit operieren. Wer kommt in Frage?"

„Die Mafia ist es nicht. Weder die amerikanische noch die russische oder chinesische. Das wüssten wir. Wir haben allerdings Wind davon gekriegt, dass es eine Gruppe von Männern geben soll, die sich *die Organisation* nennt. Wer dahintersteckt, wissen wir nicht. Es kann aber auch sein, dass es sich nur um ein Gerücht handelt. Fakt ist, dass alle Entführten männlich sind. Es gibt keine beruflichen Verbindungen. Jeder von ihnen macht was anderes. Die meisten sind Studenten, aber mit den unterschiedlichsten Studiengängen. Andere machen eine Ausbildung. Auch auf sportlicher Ebene gibt's keine Verbindung."

„Netzwerke? Chatrooms?"

Lou schüttelte den Kopf. „Nein. Keine erkennbaren Verbindungen."

„Querverbindung zwischen Familienangehörigen?"

„Auch das nicht. Hör zu, Konny. Wir wollen, dass du Kontakt zu dieser Frau in Köln aufnimmst und versuchst rauszufinden, was los ist."

„Ich überleg mir was. Aber wenn das Profis sind, haben die deren Hütte verwanzt."

„Davon kann man ausgehen. Ich bin sicher, dir fällt was ein."

Konrad grinste. „Das war bisher immer so. Warum sollte es diesmal anders sein?"

„Wenn du was brauchst, melde dich. Auch sollst du wissen, dass du weder finanziell noch personell eingeschränkt bist. Du findest alle Informationen – wie immer – auf deinem Spezialcomputer."

„Alles klar. Ich melde mich."

Konrad schwamm noch ein paar Bahnen, während Lou das Schwimmbad verließ.

*

Wieder zu Hause ging Konrad schnurstracks in sein Schlafzimmer, ließ mit einem Knopfdruck eine Wand zur Seite gleiten und betrat sein Geheimbüro. Der mehrfach kryptologisch verschlüsselte Computer war schnell hochgefahren und Konrad las alle Informationen, die Lou zusammengestellt hatte. Er prägte sich sämtliche Einzelheiten ein und druckte die Informationen samt Foto von Sarah Birgen aus. Anschließend löschte er die Daten und formatierte die Festplatte neu. Danach ersetzte er sie durch eine völlig neue und überschrieb auf seinem zweiten PC die alte mit belanglosen Daten, die die gesamte Festplatte ausfüllen würde. Noch während er sich an den Platten zu schaffen machte, blitzte es in seinem Hirn auf: *Computerspiele!* Konnte es sein, dass hier die Verbindung zwischen den entführten jungen Männern war? Gab es deshalb keine offensichtliche Verbindung? Die Computerspiele-Szene war weltumspannend und, wenn es ein geschlossener Zirkel war, kaum aufzudecken. Die Jungs waren einfach zu clever. Aber wie passte Mark Richter in dieses Profil? Nein, der passte nicht dazu.

Vermutungen bringen mich nicht weiter, dachte er. *Ich kümmere mich erst einmal um diese Frau, diese Sarah Birgen.*

*

Im Empfangsbereich seiner Firma mit dem Namen KonSec, die Türsteher, Personenschutz für Promis und Wachdienste für Firmen organisierte und anbot, traf er auf Elisabeth, seine rechte Hand, wie er sie nannte. „Gut, dass du Wochenenddienst hast“, sagte er. „Komm mit“, setzte er hinzu und betrat sein Büro.

Die 37jährige, dunkelhaarige, schlanke Frau schloss die Tür hinter sich. „Was gibt's?“

„Hast du in den nächsten Wochen irgendwelche Pläne? Willst du in Urlaub fahren? Hat dein Opa seinen hundertsten Geburtstag? Oder kriegt deine Schwester ein Kind?“

Elly lachte. „Also einer von den Spezialaufträgen?“

Er legte das Foto von Sarah auf den Tisch. „Ich will, dass du alles über diese Frau rausfindest, was du kriegen kannst. Meinetwegen bewerbe dich bei der Firma, in der sie arbeitet. Versuche alles, um mit ihr ins Gespräch zu kommen.“ Konrad informierte sie umfassend über das, was er von Lou erfahren hatte. „Besorg dir die üblichen Papiere. Diplom, Zeugnisse, Referenzen – du weißt schon.“

„Und als was soll ich mich bewerben?"

„Sie ist Vertriebsleiterin in einem Reiseunternehmen."

„Okay. Hast du etwas Besonderes, das du wissen willst?"

„Mein Ziel ist, dass du einen engen Kontakt herstellst. So in die Richtung – beste Freundin. Geht zusammen shoppen, zum Friseur, in den Fitnessclub oder ins Kino. Gewinne ihr Vertrauen. Lass sie reden und hör gut zu. Ich muss erfahren, ob sie unter Druck gesetzt wird. Ich muss herausfinden, was mit ihrem Verlobten passiert ist."

„Das kann aber dauern", gab sie zu bedenken."

„Das kommt drauf am, wie schnell du ihr Vertrauen gewinnst. Wir sollten nicht zuviel Zeit verlieren. Versuch dein Bestes."

„Hab verstanden", erwiderte Elly und zögerte.

„Ist noch was?", fragte Konrad verwundert.

„Ich bin mir nicht sicher, aber irgendwie kommt mir ihr Name bekannt vor. Sarah Birgen. Ich bin absolut sicher, dass ich diesen Namen schon einmal gehört habe. Aber ich weiß beim besten Willen nicht, wo." Gedankenverloren schüttelte sie den Kopf und verließ Konrads Büro.

Er griff zum Hörer und rief seinen Freund Erik an, der bei der Telekom arbeitete.

„Hallo Erik", begrüßte er seinen Kumpel. „Ich hab gehört, dass auf der Rotwildstraße in Köln was mit den Anschlüssen nicht stimmt. Kannst du deinen Kollegen mal sagen, dass sie das morgen prüfen?"

„Wer hat sich denn beschwert?", wollte Erik wissen.

„Na ja, der ganze Straßenzug. Besonders betroffen sollen die Anwohner im Haus 22 sein."

„Ich kümmere mich drum."

Konrad wählte die nächste Nummer. „Hallo, Oskar. Alles klar bei dir?"

„Wie immer", kam die knappe Antwort.

„Sag mal, sind nicht bald die Abgasmessungen der Heizungsanlagen fällig?"

„Ja. Immer ab Herbst.“

„Kannst du deinen Kollegen in Köln mal sagen, dass sie morgen früh mit der Rotwildstraße anfangen sollen?“

„Bei wieviel Prozent der überschrittenen Werte sollen wir eingreifen?“

„Bei 22.“

Erneut wählte Konrad eine Nummer.

„Na, Jürgen? Wie sieht's aus bei dir?“

„Alles bestens. Viel zu tun.“

„Du, ich hab da eben einen Anruf von einem Bekannten gekriegt. In der Rotwildstraße in Köln hat mein Kumpel Gasgeruch moniert.“

„Da muss umgehend eingegriffen werden. Ich sag sofort meinen Kollegen Bescheid. Hat dein Bekannter gesagt, wo ungefähr er das Gas gerochen hat?“

„Ich glaube, er hat was vom Haus Nummer 22 gesagt, aber ich glaube, ihr solltet vorsichtshalber alle Hausanschlüsse überprüfen. Meinst du nicht?“

„Kannst du Gift drauf nehmen.“

Konrad ging in Gedanken seine Liste durch: Zeitungszustellung, Brötchenlieferant, Postbote, Straßenreinigung, Müllabfuhr, Stromversorger, Paketdienste, Spendensammler, Altkleiderdienste, Prospektverteiler. Hatte er jemanden vergessen? Ja. Die Wasserversorgung.

Nach ein paar weiteren Telefonaten schnappte er seine Lederjacke und fuhr zurück nach Hause.

*

*

*

*21. Oktober 2012 - ???

Mark und die Jungs hatten am Vorabend alle Hände voll zu tun gehabt, Marvin einigermaßen aufzurichten. Die körperlichen Blessuren sahen zwar schlimm aus, waren aber nur oberflächlich. Viel schlimmer war Marvins Reaktion auf das Erlebte. Mark sah das Feuer der Wut und der Rachegelüste in seinen Augen. Das war gefährlich, wusste er. Sehr gefährlich. Offenbar hatte der Junge die Botschaft nicht verstanden.

An diesem Morgen erschien der junge Amerikaner pünktlich zum Frühstück und saß genauso rechtzeitig am Computer im Konferenzraum. Gerade wollte Mark mit der Gruppe über die Zusammenarbeit reden, als Lucas den Raum betrat. „Mark? Kommen Sie bitte in die Lounge."

Mark schlenderte in den Salon, wo er Kaffee und Tee auf der Anrichte vorfand. Er goss sich eine Tasse Kaffee ein, als die Tür aufging und ein Mann den Raum betrat, den er vorher noch nicht zu Gesicht bekommen hatte.

„Darf ich mich dazusetzen?", fragte der Fremde. Mark musterte ihn. Höchstens 1,70m, untersetzt, strohblondes, kurzgeschnittenes Haar und in Khakishorts und Khakihose. Verdutzt schaute Mark erneut hin. Khaki-Hose mit Bügelfalte. Mit Bügelfalte?

Er riss sich zusammen.

„Warum nicht? Ich bin hier nicht der Gastgeber." Er zuckte mit den Schultern.

Er spürte, wie ihn der Fremde taxierte, tat jedoch so, als bemerkte er es nicht.

„Die sind nicht einfach, die Kids, nicht wahr?", hörte er ihn fragen.

„Sind ja nicht meine", erwiderte Mark knapp und betont gleichgültig.

„So sollten Sie sie aber betrachten", reagierte der Fremde.

„Ach ja?" Mark tat unwissend. „Warum sollte ich das, Mister…?"

„Smith. John Smith."

„Nun, Mister Smith. Warum sollte ich diese Brut als meine Kinder ansehen?"

Bügelfalte grinste. „Sie wollen doch so schnell wie möglich wieder zu Ihrer Verlobten, oder?"

Mark hielt die Luft an, fühlte, wie die Wut aus seinen Eingeweiden emporkroch und wie das Blut in seinen Schläfen hämmerte. Es kostete ihn enorme Selbstbeherrschung, nicht auf den Dicken loszugehen.

Langsam drehte er sich um und spürte förmlich den Blick des unsympathischen Fremden zwischen den Schulterblättern. Er sah wie seine Hand beim Füllen der Tasse leicht zitterte.

Jetzt bloß nicht ausrasten, befahl er sich.

„Was erwarten Sie von mir… Mister Smith?"

Er wandte sich wieder um.

Der feiste Kerl grinste. „Sie sind doch der… Trainer, oder? Dann beweisen Sie mal, dass Sie der Häuptling, der Anführer in diesem Kindergarten sind."

Es ratterte in Marks Gehirn. Ganz langsam setzte er sich Bügelfalten-John gegenüber in den Sessel. „Nun, dabei brauche ich aber Unterstützung."

„Die haben Sie. Wahrscheinlich mehr, als Sie denken." Der Dicke hievte sich aus dem Sessel, drehte sich um und ergänzte. „Kommen Sie in fünfzehn Minuten in den Garten – mit Ihren Kids." Er grinste und verließ den Raum.

Wie angewiesen fand sich die Gruppe eine Viertelstunde später im Garten ein.

Ein Blick in die Gesichter zeigte Mark, dass sich Khaki-George Mühe gab, locker und entspannt zu wirken. Sein geübtes Auge registrierte die Angst unter der aufgesetzten Munterkeit. Lucas stand abseits und der Schreck in seinen weit aufgerissenen Augen war unübersehbar. Nur Joe blickte teilnahmslos auf Bügelfalten-John, der eine sich windende Schlange in einer Schlinge hielt, die an einer langen Stange befestigt war. Nachdem Bügelfalten-John sich vergewissert hatte, dass alle Jungs der Gruppe anwesend waren, ging er langsam mit der Schlange auf ein festgebundenes Schaf zu, das die Gefahr witterte. Es blökte voller Panik und versuchte verzweifelt, zu entkommen. Bügelfalte bugsierte die Schlange geschickt, bis sie auf dem Rücken des Schafes landete. Sofort biss sie zu. Zweimal.

Ebenso langsam wie zuvor kehrte Bügelfalte zurück zu einem viereckigen Gefäß und deponierte das Reptil in den Glasbehälter. Er stellte sich vor der Gruppe auf. „Liebe Freunde“, begann er seine Rede mit amüsiertem Gesichtsausdruck und einem süffisanten Grinsen. „Ihr werdet jetzt hautnah erleben, wie schnell dieses Schaf, das sich partout nicht an unsere Anweisung halten wollte, in den Schäfchenhimmel hinübergeht. Der Biss der Schwarzen Mamba ist absolut tödlich. Wir hatten den Kaffern geraten, ihre Schafe nicht mehr in die Nähe unseres Hauses kommen zu lassen. In etwa fünfzehn Minuten ist dieses bedauernswerte Tierchen mausetot.“

Er trat näher an die Jungs heran. Mit schneidender Stimme zischte er: „Schaut ganz genau hin. Jedem, der sich nicht an unsere Anweisungen hält, wird dasselbe Schicksal widerfahren. Glaubt ja nicht, dass ich scherze.“

Mit diesen Worten verschwand er im Haus. Mark und die jungen Männer mussten zusehen, wie das Schaf verendete. Anschließend scheuchte George die Gruppe zurück in den Konferenzraum. Mark wusste – er musste aus diesen eingefleischten Einzelgängern ein Team machen. Und zwar so schnell wie möglich. Diese Leute spaßten nicht.

Ja, er wusste: Jetzt hatte er ein Problem. Und zwar ein großes Problem. *Man kann nur Menschen helfen, die sich helfen lassen wollen*, dachte er. Und diese Nerds machten auf ihn nicht den Eindruck, dass sie begriffen hatten, wie ernst ihre Lage war. Wie sollte er sie packen? Wo sollte er ansetzen? Und zwar schnell!

*

*

*

*22. Oktober 2012 – Wanlo (Germany)

Nach seinem morgendlichen Programm griff Konrad nach Nadelstreifenanzug, Hemd und Krawatte und fuhr nach Köln. Auf der Website der Söder GmbH hatte er nachlesen können, dass sie Seminare, Schulungen und Workshops für Persönlichkeits- und Motivationstrainings, Verkaufsschulungen und Kundenkommunikation anboten. Beim Arbeitgeber des verschwundenen Mark Richter wollte er selbst recherchieren. Er würde als seriöser Businessmann und geschniegelter Manager auftreten, der seine Mitarbeiter schulen lassen wollte. Die versteckte Kamera in seiner Krawattennadel war für Uneingeweihte nicht erkennbar. Dass einer seiner Kugelschreiber ein perfektes Instrument war, um Abhörgeräte aufzuspüren, konnte niemand ahnen.

Er wollte wissen: Wer war Mark Richter? Welche Funktion hatte er bei Söder? Was machte ihn zu einem ganz besonderen Mitarbeiter? Zu wem hatte er einen guten Draht? Gab es Kollegen, mit denen er bevorzugt zusammengearbeitet hatte? Gab es Feinde? Beschwerden?

Konrad wies sich als Unternehmensberater aus, eine Bezeichnung, die ihm schon so manches Mal Türen geöffnet hatte, die einem normalen Besucher verschlossen blieben. Natürlich witterten viele Geschäftsführer in ihm einen Multiplikator, der ihnen weitere solvente Kunden zuführen konnte.

Das Gespräch mit dem Geschäftsführer Lothar Neumann dauerte mehr als drei Stunden und Konrad erfuhr das, was er von einer Unternehmensleitung erfahren konnte. Er würde die Informationen erst zu Hause analysieren.

Zurück im Büro kontaktierte er Lou und berichtete von Nils Wagner, einem Kollegen von Mark Richter, der seit einem Unfall mit Fahrerflucht vor zwei Wochen im Koma lag. „Das, mein Lieber, ist garantiert kein Zufall.“

„In unserer Branche gibt es solche Zufälle nicht. Ich seh mal zu, was die Polizeiprotokolle dazu sagen und geb dir Bescheid“, versprach Lou.

„Noch was“, fügte Konrad an, „mir ist da eine Idee gekommen. Prüf mal, ob die entführten Jungs Computerfreaks sind, die über verschlüsselte Kanäle irgendwelche Spiele spielen, die auf irgendeiner dunklen Liste stehen, die vielleicht auch euch bisher noch verborgen geblieben sind.“ Er zögerte kurz. „Weißt du, ich hab mich gefragt, wie dieser Mark Richter in das Profil der Entführer passt. Er ist eine Trainer. Ein Motivationstrainer. Die anderen sind alle etwa im gleichen Alter. Und ein Trainer passt nur dann in das Profil, wenn er diese Gruppe zu etwas motivieren soll. Aber wozu?“ Wieder zögerte er. „Was ist, wenn Richter diese Jungs dazu bringen soll, ein Spiel zu erfinden, das von einem realen Angriff durch eine Nation nicht zu unterscheiden wäre?“

„Ach du Scheiße!“, stöhnte Lou. „Das wäre ein echter Super-GAU.“

„Das kannst du laut sagen. Durch die weltweite Vernetzung und dem GPS können die auf einer klitzekleinen Insel im Pazifik hocken und von dort zu irgendeiner Schweinerei gezwungen werden.“

„Verdammte Scheiße!“, hörte Konrad seinen Kontaktmann erneut fluchen.

„Ja, da stimme ich dir zu. Interessant dürfte für dich auch noch sein, dass die Söder Büros verwanzt sind.“

„Also haben wir es mit echten Profis zu tun.“

„Sieht ganz so aus. Heute Abend weiß ich, ob die Wohnung oder das Haus dieser Sarah Birgen genauso wanzenverseucht ist.“

„Und dann, mein Lieber, müssen wir uns was einfallen lassen. Die werden sie mit Sicherheit auch beschatten. Wetten?“

„Ich wette nicht, wenn ich weiß, dass ich verliere.“

*

Teil II – gefährliche Strömungen

*22. Oktober 2012 – Wanlo (Deutschland)

Niemand wusste, dass Elisabeth Brinkmann, offiziell die Assistentin des Chefs der KonSec Security, in Wirklichkeit seine Partnerin war. Und dieser Anschein sollte auch gewahrt bleiben. Sie hatte Konrad auf so manchen seiner Spezialaufträge begleitet. Mit einem schwarzen Gürtel in Karate, als austrainierte Kickboxerin und ausgebildete Scharfschützin fürchtete sie keine persönliche Auseinandersetzung mit einem Gegner. Egal mit welchem.

An diesem Montagmorgen klingelte es sehr früh an ihrer Haustür. Ein Bote in UPS-Kleidung übergab ihr einen dicken, braunen Umschlag, ließ sich den Empfang quittieren und verschwand wieder. Eine Express-Sendung. Für einen Beobachter eine unverfängliche Situation, aber Elly kannte das Gesicht des Boten. Die Tarnung als UPS-Fahrer war perfekt.

Im Umschlag fand sie eine mustergültig zusammengestellte Bewerbungsmappe: Zeugnisse, Referenzen und ein Diplom in BWL mit Schwerpunkt Vertrieb und Marketing. Außerdem ein Schlüsselbund, die Adresse ihrer Wohnung in Köln, in der sie laut Unterlagen bereits seit fünf Jahren lebte, die Kundenkarte eines Fitnessclubs, in dem sie ebenfalls seit fünf Jahren Mitglied war und Papiere, die sie als Marianne Schmitz auswiesen. Auf dem Foto in Pass und Personalausweis war sie mit einer blonden Perücke mit mittellangem Haar abgebildet. Das Geburtsdatum war um ein Jahr nach vorne verlegt. Das hieß, sie war nicht mehr 36 Jahre alt, sondern 35. Selbst das Monatsticket für die öffentlichen Verkehrsmittel fehlte nicht. Auf dem Konto dieser Marianne Schmitz, die das Konto bereits seit vier Jahren bei der Deutschen Bank besaß, befanden sich 13.578,34 Euro Guthaben. Sie war Vertriebsleiterin der Firma Trietscher, die in drei Monaten endgültig ihre Tore schließen würde. Der Inhaber Hubert Trietscher war 74jährig verstorben und es fand sich kein Firmennachfolger.

Lou hat mal wieder ganze Arbeit geleistet, dachte Elly und begann, ihre Tasche zu packen. Sie wusste, sie würde alles in der voll eingerichteten Wohnung vorfinden, was sie brauchte: Kleidung, Schuhe, Lebensmittel, Getränke. Selbst ein paar Topfpflanzen würden auf der Fensterbank stehen. Elly grinste. Ihre neue Identität konnte jederzeit überprüft werden. Niemand würde auch nur die Spur einer Lücke entdecken oder einen Verdacht schöpfen.

Dennoch gab es ein paar persönliche Sachen, die sie mitnehmen würde. Eine Sporttasche fiel nie auf. Vor allen Dingen nicht, wenn sie in einem Trainingsanzug unterwegs war. Sie hatte dieselbe Notausrüstung wie Konrad und konnte genauso gut mit einem Survivalmesser umgehen wie er.

Jetzt musste sie nur noch ihren Lebenslauf auswendig lernen, damit ihr beim Vorstellungsgespräch bei der World-Travel AG kein Fehler passierte. Nein, Schnitzer dieser Art würden ihr nicht unterlaufen.

Elly trug ihr dunkles Haar sehr kurz geschnitten. Das ermöglichte ihr, jederzeit andersfarbige Perücken zu benutzen. Sie stiefelte in ihren Keller, kramte die Kiste mit der Aufschrift *Weihnachtsdekoration* heraus und entnahm ihr eine zum Passfoto passende Perücke aus einer der durchsichtigen Plastiktüten. In dem Karton *Schrauben und Nägel* fand sich schnell die dazu passende Schminktasche, mit deren Inhalt sie ihre Augenbrauen, Makeup- und Lippenstiftfarben dem Typ anpassen konnte. Jetzt fehlten nur noch die farbigen Kontaktlinsen und sie war perfekt vorbereitet, in die Person der Marianne Schmitz zu schlüpfen. Ihre katzengrünen Augen würden sich in ein warmes Braun wandeln.

Um 08:15 Uhr verließ Elly das Haus, stieg in das Taxi und ließ sich zum Bahnhof nach Rheydt bringen. Von dort nahm sie den Regionalexpress nach Köln, wo sie um kurz nach halb zehn eintraf. Erneut nahm sie ein Taxi und fuhr zu der Adresse, die ihr neues Zuhause sein würde.

Sie hatte reichlich Zeit, sich umzusehen, ihre Garderobe zu inspizieren und sich auf das Interview vorzubereiten. Das Vorstellungsgespräch war für 15:00 Uhr angesetzt. Nachdem sie den Fahrplan des Öffentlichen Nahverkehrs ausgiebig studiert hatte, widmete sie sich dem Lebenslauf.

*

Im anthrazitfarbenen Kostüm mit weißer Bluse und High Heels betrat Elly um zehn Minuten vor drei das große Bürogebäude. Es war eines von diesen modernen, unpersönlichen und kalten Häusern, in denen es nur um Business, Zahlen und Gewinnmaximierung ging. Sie steuerte auf den Empfangscounter zu und ließ sich sagen, auf welcher Etage sie die World-Travel AG finden würde. Der gutaussehende Mann am Empfang schaute sie mit kühlem Blick an. „Einen Moment, bitte“, meinte er. „Ich melde Sie an.“

Als sie aus dem Fahrstuhl in der siebten Etage ausstieg, wurde sie bereits von einer jungen Frau erwartet. „Frau Schmitz?“

„Ja.“

„Kommen Sie, Frau Birgen erwartet Sie schon.“

Elly folgte der jungen Frau einen langen Gang entlang. Trotz der echten Gemälde, die die Wände des Ganges zierten, wirkte auch der Flur kalt und funktionell.

Die Empfangsdame klopfte an eine Tür, vor der Elly das Schild lesen konnte: Sarah Birgen, Verkaufsleiterin. Das *Herein* hörte sie kaum. Elly betrat den Raum. „Frau Birgen?“

„Ja. Kommen Sie herein, Frau Schmitz. Nehmen Sie Platz“, sagte die Verkaufsleiterin und zeigte auf eine kleine Sitzecke bestehend aus drei Ledersesseln. Elly sah die dunklen Ränder unter den Augen der Frau. Der Kugelschreiber in Ellys Jackeninnentasche vibrierte, ein untrügliches Zeichen, dass es im Büro dieser Frau eine oder mehrere Wanzen gab. Man hörte also alles mit, was Sarah Birgen sagte.

Nach dem Austausch einiger oberflächlicher Floskeln begann das Interview.

„Bitte entschuldigen Sie, Frau Schmitz. Normalerweise führt unser Personalchef diese Interviews. Aber er bat mich, das Erstgespräch mit Ihnen zu führen. Zuerst möchte die Geschäftsleitung wissen, ob die fachlichen Voraussetzungen für die Stelle gegeben sind. Deshalb sind Sie bei mir gelandet."

Elly zeigte Verständnis. „Das kann ich gut nachvollziehen." Sie sah, dass sich ihr Gegenüber anstrengen musste, konzentriert zu bleiben. *Kein Wunder*, dachte sie. *Bei dem, was sie verkraften muss.*

Sarah Birgen blätterte in den Bewerbungsunterlagen, während Elly aus ihrem Leben als Marianne Schmitz erzählte. Gegen Ende des Gesprächs erkannte Elly, dass die Frau ihr gegenüber nur noch mühsam ihre Rolle als dynamische Verkaufsleiterin aufrecht halten konnte.

„Bitte entschuldigen Sie, Frau Birgen. Ist Ihnen nicht gut? Sie sind bleich wie eine Wand. Soll ich Ihnen einen Kaffee besorgen?"

„Verzeihen Sie, Frau Schmitz, dass ich Ihnen noch keinen angeboten habe." Sie griff zum Telefon und bestellte zwei Tassen, die kurze Zeit später gebracht wurden.

In der Zwischenzeit hatte Elly auf ihren Block geschrieben: *Können wir uns außerhalb des Büros weiter unterhalten? Es geht um Mark. NICHT ERSCHRECKEN! Tun Sie so, als würden Sie mich zu einem kleinen Imbiss einladen. Ich erkläre Ihnen alles – aber NICHT hier!*

Elly fing einen dankbaren und gleichzeitig furchtsamen Blick auf. Sarah erhob sich. „Ich würde Ihnen gern noch ein paar Fragen stellen. Aber, ich habe noch nichts gegessen. Würde es Ihnen etwas ausmachen, mit mir eine Kleinigkeit essen zu gehen? Dann könnten wir uns weiter unterhalten. Ihre Zeugnisse sind wirklich ausgezeichnet."

Erneut traf Elly ein ungläubiger und ängstlicher Blick. Sie legte den Zeigefinger senkrecht über ihre Lippen. Sanft schob sie Sarah Birgen aus der Tür. Am Empfang erklärte Sarah kurz: „Ich geh mit Frau Schmitz eine Kleinigkeit essen. Ich weiß nicht, wann wir zurück sind."

Bevor die Empfangsdame reagieren konnte, waren Elly und Sarah im Aufzug verschwunden. Jetzt wollte Sarah Birgen etwas sagen, doch Elly machte ihr durch Handzeichen klar, dass sie still bleiben sollte. Auch im Aufzug spürte Elly das Vibrieren ihres Kugelschreibers in der Jackentasche.

Als die beiden Frauen auf dem Bürgersteig standen, hörte das Vibrieren auf. „Bitte wundern Sie sich nicht, Frau Birgen", sagte Elly. „Ich erkläre Ihnen gleich alles. Wo ist hier ein Café oder Bistro?"

„Gleich gegenüber", erwiderte Sarah. Elly sah, dass die Frau kalkweiß im Gesicht war.

„Halten Sie durch, Frau Birgen", ermunterte Elly sie. „Gleich geht's Ihnen besser. Glauben Sie mir. Und vertrauen Sie mir. Tun Sie jetzt so, als würden Sie mit mir weiter über World-Travel reden."

Elly sah, wie es in Sarah arbeitete. Erleichtert hörte sie sie sagen: „Ja, bei World-Travel können wir gute Außendienstler gebrauchen und Ihre Qualifikationen sind wirklich ausgezeichnet."

„Danke, Frau Birgen. Ich würde mich sehr freuen, wenn ich Ihnen beweisen dürfte, dass Ihr in mich gesetztes Vertrauen gerechtfertigt ist."

Sie hatten das kleine Bistro erreicht. Ein Gefühl der Vorsicht meldete sich bei Elly. Sie hielt an. „Gibt es noch ein anderes Café oder Bistro in der Nähe?", wollte sie wissen.

„Ja", erwiderte Sarah. „Allerdings ein paar Straßen weiter. Warum?"

„Sind Sie öfters hier? In diesem Bistro?"

„Fast täglich", bestätigte Sarah.

„Kommen Sie. Wir gehen in das andere Café. Ich folge Ihnen einfach.“

Als sie das etwas weiter gelegene Bistro erreichten und in einer Ecke Platz genommen hatten, schaltete Elly ihr Handy aus und bedeutete Sarah, das gleiche zu tun. Sie holte ihren Kugelschreiber heraus und vergewisserte sich, dass ihr Gespräch nicht abgehört wurde.

„So“, begann Elly. „Jetzt kann ich Ihnen erklären, worum es geht, Frau Birgen. Sie haben sehr gut reagiert. Prima! Also... sowohl Ihr Büro als auch der Fahrstuhl sind verwanzt. Und ich vermute, dass auch im Bistro gegenüber jedes Gespräch abgehört werden kann.“

Sarah Birgen sah sie fassungslos an. „Aber... aber... wieso denn?“

„Ich vermute“, erwiderte Elly, „dass man Sie bereits seit einiger Zeit beschattet und überwacht. Wer immer diese Wanzen in Ihrem Umfeld angebracht hat, hat mit Sicherheit etwas mit Marks Verschwinden zu tun.“

Elly sah, dass Sarahs Augen sich mit Tränen füllten. „Wer sind Sie? Und was wissen Sie von Mark?“

„Sie kennen mich als Marianne Schmitz. Und dabei sollten wir es auch belassen. Es geht darum, dass ich von Ihnen erfahren muss, was mit Mark passiert ist. Und dazu wäre es am besten, wenn ich in Ihrer Abteilung einen Job bekäme.“ Elly zögerte und log: „Es gibt einen Plan, wie wir Ihren Verlobten aus den Händen der Entführer befreien können.“

Auch wenn dieser Plan erst im Entstehen war, wusste Elly, dass sie die Informationen von Sarah Birgen nur bekommen würde, wenn sie die Angst der Frau in Hoffnung umdrehen konnte.

„Meinen Sie das ernst?“, fragte die Verkaufsleiterin ungläubig. „Einen Plan? Was denn für einen Plan? Wo ist Mark? Geht' s ihm gut?“

Mit wenigen Worten weihte Elly die Frau in das Nötigste ein. Nur gerade so viel, dass sie der Verlobten von Mark Richter glaubhaft machen konnte, dass sie Hilfe bekam.

Als hätte Sarah nur auf diesen Moment gewartet, sprudelte sie alles aus, was ihr seit dem vorigen Freitag widerfahren war. Nun ließ sie auch die Tränen zu, die sie bisher nicht geweint hatte.

„Frau Birgen", tröstete Elly die Frau, „bitte versuchen Sie, Ihren Schmerz noch ein klein wenig zurückzuhalten. Ich möchte mit Ihnen in ein Restaurant fahren, von dem ich weiß, dass wir wirklich vollkommen ungestört reden können. Meinen Sie, das geht?"

Elly sah, wie die Frau schluckte und sich bemühte, ihre Fassung zurückzugewinnen.

„Rufen Sie im Büro an", fuhr Elly fort. „Sagen Sie, dass Sie heute nicht mehr ins Büro kommen werden. Ist das Okay?"

Sarah folgte der Empfehlung und schaltete anschließend ihr Handy wieder ab. Das vom Bistrobesitzer angeforderte Taxi erschien und brachte die Frauen zum „Olympia", einem Restaurant, in dem abhörsichere Gesellschaftsräume zur Verfügung standen. Es war eines der 'Insider-Restaurants', wie Konrad diese Treffpunkte nannte.

Als Elly mit Sarah den Gesellschaftsraum *Rhodos* betrat, wartete Konrad Seiffert bereits auf die beiden.

*

„Ist euch jemand gefolgt?", war seine erste Frage.

„Ich hab zwar aufgepasst", erwiderte Elly, „aber ich kann es nicht mit Bestimmtheit sagen."

Sie zögerte. „Mir ist jedenfalls nichts aufgefallen."

Konrad schüttelte Sarah Birgen die Hand und erläuterte in kurzen Worten, welche Aufgabe er und Elly übernommen hatten.

„Er ist also wirklich entführt worden?" Sarah konnte es offensichtlich noch immer nicht fassen. „Aber warum?"

„Wir vermuten", erklärte Konrad, „dass sein Job etwas damit zu tun hat."

„Was können Sie uns dazu sagen?", hakte Elly nach.

„Nicht allzu viel. Mark ist einer der besten Trainer, den ich kenne. Die Söder GmbH bekommt europaweit Anfragen für ihn. Außer seinem Kumpel Nils, der ihm absolut ebenbürtig ist, gibt es keinen, der Mark als Motivationstrainer das Wasser reichen kann."

„Was war sein letzter Auftrag?", wollte Konrad wissen.

„Er hat noch am Freitagabend gestöhnt, dass er eine Gruppe von Computerfreaks zu einem Team zusammenschweißen soll. Er meinte, das sei der reinste Wahnsinn."

Konrad nickte. „Genau wie ich vermutet habe."

Sarah brach in Tränen aus. Elly setzte sich neben sie und legte den Arm um die schluchzende Frau.

Konrad ging zur Bar des Raums, der nur für geschlossene Gesellschaften reserviert war, und goss einen doppelten Cognac in einen der Schwenker. Er reichte ihn Sarah. „Hier, trinken Sie. Es beruhigt ein wenig die Nerven."

Nach einer Weile wirkte der Cognac bei Sarah und Elly fragte: „Können Sie sich vorstellen, dass auch Ihr Haus verwanzt, Ihr Computer angezapft und Ihr Telefon überwacht wird?"

„Nachdem, was ich jetzt weiß, kann ich mir das gut vorstellen."

„Und nun haben wir eine ziemlich schwierige Aufgabe, Frau Birgen", sagte Konrad und beugte sich vor. „Wir müssen Sie von der Überwachung freibekommen, ohne dass die Überwacher etwas merken."

„Wie soll das denn gehen?" Sarah schaute von ihm zu Elly.

„Kurzfristig", antwortete Elly, „können wir auf einen Kurztrip gehen. Nach Korsika oder Mallorca. Wir könnten in dieser Zeit über alle weiteren Details reden, ohne dass irgendjemand Verdacht schöpft. Kurztrips dieser Art gehören zu Ihrem Job, oder?"

Konrads Handy brummte. „Ja?", fragte er knapp.

Kurz darauf legte er wortlos auf. „Ich muss verschwinden. Draußen steht ein grauer Audi. Vier Männer. Licht aus. Motor aus. Ich gehe unten raus. Ihr wartet noch eine halbe Stunde und fahrt mit dem Taxi zu deiner Wohnung, Elly."

„Das fällt auf."

„Aber nicht, wenn Sarah die Betrunkene mimt."

„Okay", antwortete Elly.

Konrad verschwand durch den Keller, der über einen unterirdischen Gang mit einem Nebengebäude, außerhalb der Sichtweite des Restaurants, verbunden war. Vorsichtig pirschte er sich an das geparkte Auto heran. Dabei blieb er immer in Deckung. Er beobachtete, wie einer der Männer ausstieg. Der Fremde überquerte die Straße, betrat das Restaurant. Den Moment nutzte Konrad, um hinter das Auto zu huschen, das unmittelbar hinter dem Audi parkte. Vorsichtig schaute er durch die Rückscheibe des dunkelroten Fiestas, der ihn von dem grauen Audi trennte. Auch wenn es unwahrscheinlich war, dass das Kennzeichen echt war, prägte er sich die Buchstaben und Ziffernfolge ein und duckte sich wieder.

Nach zehn Minuten kehrte der Mann zurück. Er öffnete die Beifahrertür und schimpfte. Seine Bass-Stimmte dröhnte. „Mann! Das ist ja im Wagen wie in einer Kneipe! Alfred, mach das Fenster auf. Der Qualm beißt einem ja in die Augen! Könnt ihr nicht mal eine Stunde ohne diese Scheiß-Glimmstengel auskommen?"

„Moment!", zischte er, drehte sich um und kam langsam auf Konrad zu, der sich auf den Boden setzte und den Kopf auf die Knie fallen ließ.

„He! Du! Was machst du da?", fragte Bass-Stimme. Konrad lallte etwas Unverständliches und tat so, als müsste er sich übergeben. Er zog sich an der Stoßstange des Fiestas hoch und versuchte, mit seinem Schlüssel den Kofferraum zu öffnen. Dabei lallte er weiterhin unverständliche Sätze vor sich hin, ohne den Kopf zu heben. „Das muss doch... wieso geht... Verdammich! Das soll stehen bleiben... Du verdammtes Biest... Scheiße..."

„Wohl zuviel gehabt, wie?", hörte er den Mann sagen. „Soll ich dir helfen?"

„Lass mich in Ruhe... das Biest schaff ich noch allein... sollste mal sehen..." Er schob den Mann weg, ohne sich umzudrehen.

Der Mann machte eine wegwerfende Handbewegung und Konrad ließ sich wieder auf den Boden fallen. Der Mann drehte sich um, murmelte „Dann nicht!“ und kehrte zurück zum Audi.

Konrad hörte, wie eines der Fenster des Audis quietschte. Er konnte hören, was im Audi gesprochen wurde.

„Und?“, fragte jemand mit einer nasalen Stimme.

„Nur ein Besoffener, der seinen Schlüssel nicht mehr kontrollieren kann.“

„Und die beiden Weiber?“

„Nix. Die beiden sitzen allein in einem Nebenraum und lassen sich volllaufen“, erwiderte der Mann mit der Bass-Stimme.

„Woher weißt du das?“, wollte jemand wissen.

„Wenn man mal pissen muss, kann man sich doch auch mal in der Tür irren, oder?“

„Sonst nix?“

„Die Blonde scheint noch einigermaßen okay zu sein. Aber die andere? Diese Birgen? Ich sag euch, die hat die Hacken voll bis oben hin.“

„Kein Wunder. Die Kleine hat ja auch ganz schön zu knacken. Klaut ihr doch jemand den Liebsten!“ Er kicherte.

Ein vierter Mann mit Fistelstimme und eindeutigem Lispeln meldete sich zu Wort. „Hoffentlich quatscht die nicht.“

Nach einer kurzen Pause fragte der Mann mit der Bass-Stimme: „Kennt ihr die Blonde?“

„Nee. Aber es dürfte kein großes Problem sein, das herauszufinden. Ich frag morgen mal den Empfangschef am Eingang. Der schuldet mir noch einen.“

„Was ist mit der Kleinen bei World-Travel?“, wollte Fistelstimme wissen. „Die Süße in der Buchhaltung? Hast du die abserviert?“

„Nee. Das nicht, aber die will ich mir aufsparen. Für später, wenn’s mal dringend ist.“

„Achtung“, zischte der Mann mit der Bass-Stimme. „Geht zu eurem Auto. Vielleicht müssen wir uns aufteilen.“

Konrad hörte wie sich zwei Autotüren öffneten und wieder zugeschlagen wurden. Schritte entfernten sich.

Ein Taxi hielt vor dem Restaurant und Elly stützte Sarah, die mehr stolperte als ging. Konrad grinste. *Die macht ihre Sache gut*, dachte er. Er hörte, wie Sarah lallte. „Gehn wir noch inne Altstadt? Noch'n Absacker?“

Elly schob die schwankende Sarah in den Fond des Taxis und zog die Tür hinter sich zu.

Der Motor des Audis startete und der Wagen folgte dem sich entfernenden Taxi. Ein weiterer Motor startete und folgte den beiden anderen.

Als alle Autos außer Sichtweite waren, schlenderte Konrad zu seinem getunten Opel und fuhr zurück nach Wanlo. Er wusste, dass Dieter, Bernd und Sven, seine drei besten Mitarbeiter bei KonSec, ihm gleich Bericht erstatten würden, wohin der Audi sich abgesetzt hatte.

*

*

*

22. Oktober – Tampa (Florida/USA)

Richard McCormack lag auf dem Liegestuhl unter der großen Palme in seinem Garten. Gedankenverloren drehte er sein Glas und ließ die Eiswürfel in dem Orangensaft klirren. Noch einmal ließ er sich die Vorstellungen seiner Tochter durch den Kopf gehen.

Louise hatte recht. Es gab weder einen logischen noch einen plausiblen Grund, dass Frauen die Aufnahme in der *Organisation* verwehrt blieb. Die Statuten der *Organisation* mussten geändert werden. Das hatte auch Julian gewollt. Julian Allister, der vor knapp einem Jahr beerdigt worden war, hatte bis zum Schluss gehofft, dass sein Freund Richard eine Änderung der Statuten aktiv herbeiführen würde. Aber Richard hatte es nicht getan. Er fühlte sich miserabel. Er hatte seinen besten Freund hängenlassen.

Seit wann leiste ich mir derartige Gefühle, wunderte er sich. *Gefühle machen einen Mann verwundbar.* Nein! Das durfte er sich nicht erlauben. *Und was ist, wenn ich morgen tot umfalle? Wer nimmt dann meinen Platz in der Organisation ein? Michael?*

Michael, das wusste Richard zu genau, war von Beruf 'reicher Sohn'. Ein Sonnyboy. Ein Strahlemann. Nun ja, vielleicht gelang es seiner zukünftigen Frau, aus ihm einen Mann zu machen. Aber noch schien Michael nicht daran zu denken, den Hafen der Ehe auch nur anzusteuern. Dabei war er bereits 35 Jahre alt – also im richtigen Heiratsalter. Und Bewerberinnen, davon war Richard überzeugt, gab es genug. Michael war das, was man gemeinhin als 'gute Partie' bezeichnete.

Er sah wie seine Frau Dorothy aus der Verandatür trat und auf ihn zukam und schob den zweiten Liegestuhl näher heran. „Komm, Dotty, setz dich zu mir."

„Stör ich dich auch nicht?", fragte sie.

„Nein, Darling. Ich dachte nur gerade, dass Michael eigentlich im heiratsfähigen Alter ist."

„Na, das ist ja ein Ding!", rief Dorothy aus. „Ich habe soeben mit Sue Wynberg telefoniert."

„Sue? Sue Wynberg?" Er verstand nicht. „Was wollte sie denn? Von denen haben wir seit ewigen Zeiten nichts gehört."

Sie strahlte. „Stell dir vor, Dick, Helen und Michael wollen sich verloben."

Ihm fiel das Glas aus der Hand. Die Eiswürfel breiteten sich auf dem gepflegten Rasen aus und der Saft versickerte im Boden. Er stand abrupt auf. „Verloben? Helen und Mike?" Dann grinste er. „Aber das ist ja großartig!" Er ließ sich wieder auf den Liegestuhl fallen. „Helen ist das Beste, was Mike passieren kann. Sie ist gebildet, schön und eine standesgemäße Partie."

„Deshalb habe ich Sue, Helen und Tim für morgen um sieben zum Dinner eingeladen. Passt dir das?“

„Na und ob!“

Sie nahm seine Hand. „Du, ich muss dich warnen. Helen ist auf derselben Wellenlänge wie Louise.“

„Was heißt das?“

„Sie hat ihren eigenen Kopf und unterwirft sich keinem Mann. Wie ich sagte – dieselbe Wellenlänge, dieselbe Einstellung und dasselbe Temperament wie unsere Tochter.“

„Ja, aber das ist doch gut, oder?“

„Ich weiß nicht.“ Sie zögerte. „Denk mal an vorgestern. Du kommst mit deinen Vorstellungen bei Louise nicht mehr an. Sie wird sich dir in den Weg stellen.“

„Meinst du nicht, dass es nur eine vorübergehende Laune ist? Glaubst du, sie meint es tatsächlich ernst?“

„Wenn du sie jetzt unterschätzt, Dick“, mahnte sie, „wirst du einen Gegner haben, den du dir mit Sicherheit nicht wünschst.“

„Louise? Mein Gegner?“ Diese Vorstellung war für ihn derart ungeheuerlich, dass er unwillkürlich den Kopf schüttelte. „Das wird sie nie wagen, Dotty. Nicht gegen ihren eigenen Vater!“

„Dick!“ Er sah ihren Blick. Ein Blick, der ihn stets in Alarmbereitschaft versetzte. „Richard, deine Tochter ist eine ebenso knallharte Geschäftsfrau wie du ein knallharter Geschäftsmann bist. Und was sie sich in ihren Schädel gesetzt hat, ist deinem Sturkopf absolut ebenbürtig. Ich kann dir nur raten, alles zu versuchen, um die Statuten *der Organisation* zu ändern.“

„Wenn es nach mir ginge“, entgegnete er, „würde ich sofort diese verdammten Statuten ändern. Aber ich werde keine Mehrheit haben. Und die ist nun einmal erforderlich. Daran kann auch ich nichts ändern. Und Louise schon gar nicht.“

„Ich rate dir, Richard, dass du alles tust, was nötig ist, um Louise zu zeigen, dass du dich wenigstens ernsthaft bemühst.“

„Und was empfiehlst du mir, Dotty?“

„Rede mit den *Organisatoren.* Rufe eine Sondersitzung zusammen. Telefoniere. Aber tu etwas, das Louise überzeugt.“

„Ich denke darüber nach“, sagte er und sah ihr nach, wie sie zurück zum Haus ging.

Ja, er musste noch einmal mit seiner Tochter reden.

*

*

*

***22. Oktober 2012 – Wild Coast (Südafrika)**

Seit dem Vorabend wusste Mark, dass das Haus, in dem er unfreiwillig wohnte, an der südafrikanischen Küste lag. Er hatte richtig gelegen – in der Nähe von Durban. Er hatte ein wenig mit Lucas geplaudert und ihm durch kleine Zwischenbemerkungen die Informationen entlockt, ohne dass der Schwarze es bemerkt hatte. Und dabei hatte Lucas die Wild Coast genannt. Er hatte aus den Beschreibungen und Andeutungen herausgehört, dass die Gegend südlich von Durban gelegen war.

An diesem Morgen wollte er noch einmal mit Marvin sprechen. Der Junge hatte immer noch diesen zornigen, aufmüpfigen Gesichtsausdruck und seine Stimme den gereizten Unterton. Der Junge bereitete ihm Sorgen. Der Hitzkopf hatte einfach nicht begriffen, dass die Leute, die das Projekt organisierten und finanzierten, garantiert keine Abweichler duldeten. Und die bühnenreife Vorstellung mit dem Schaf und der Mamba war mit Sicherheit keine Unterhaltungsshow gewesen. Die Botschaft war allzu deutlich.

Nach dem Frühstück betrat er den Konferenzraum und fand Marvin allein an seinem Rechner – genau wie die anderen vier. Jeder stierte schweigend auf seinen Monitor. Sie tauschten sich nicht aus.

„Hallo Jungs!“, begrüßte er die Truppe.

Keiner von ihnen beachtete ihn.

„He!“, brüllte Mark. „Kann ich mal eure bildhübschen Pupillen haben?“

Die Jungs fuhren herum und starrten ihn an. „Was willst du, Alter?“, blaffte Marvin. „Was machst du überhaupt hier? Du passt in unsere Clique wie ein Furunkel am Hintern.“

Mark grinste. „Du Schlaumeier. Hat dir die Abreibung noch nicht gezeigt, was hier abgeht? Und meinst du, die Mamba hat das arme Schäfchen nur aus Versehen gebissen? Dass das Ganze nur eine kleine Abwechslung zu eurer persönlichen Belustigung war?“

„Du gehst mir auf den Sack, Alter. Halt doch einfach die Klappe.“ Marvin wollte sich wieder seinem Rechner zuwenden. Mark griff nach der Lehne des Drehstuhls und kippte den Sessel. Marvin landete auf dem Boden. „He! Was fällt dir ein?“

„Pass auf, du Hosenscheißer. Ich bin genauso entführt worden wie du. Spiel dich nicht so auf, als wärst du hier der große Macker. Der Boss in dieser Gruppe, du Hirni, bin *ich*! Und je eher du das frisst, desto besser für dich und den Rest von uns.“

Mark sah in hasserfüllte Augen und fuhr fort: „Und je eher du deine Wut in den Griff kriegst, Freundchen, desto größer sind deine Überlebenschancen.“

„Ach ja?“, spottete Marvin. „Die werden nicht so bescheuert sein und uns zuerst mit einem riesengroßen Aufwand kidnappen, um uns dann umzubringen.“

Mark packte den Jungen am Arm und zerrte ihn mit in den Garten. Er zog einen zweiten Liegestuhl heran und setzte sich dem jungen Amerikaner gegenüber.

„Was willst du von mir?“, brauste Marvin auf. „Ich hab keinen Bock auf deine Laberei. Du gehst mit auf’n Keks.“

„Pass auf, Marvin“, erwiderte Mark, „ich bin nicht dein alter Herr, aber…“

„Dann spiel dich auch nicht so auf“, unterbrach ihn der Junge mit dem Pferdeschwanz.

„Sag mal… raffst du nix? Wenn du dich nicht an die Spielregeln hältst, dann kriegst du…“

Wieder unterbrach ihn Marvin. „Was krieg ich dann? He? Noch ne Tracht Prügel?“

„Marvin. Bist du wirklich so bescheuert?“

Der junge Mann sprang auf. „Leck mich am Arsch.“ Er drehte sich um und ging zurück in Richtung Eingangstür.

Kaum, dass er sie erreicht hatte, kamen Bügelfalten-Khaki, George und Joe heraus und versperrten ihm den Weg.

„Hallo, Marvin“, sagte Bügelfalte grimmig. „Hast du ein Problem? Fehlt dir was?“

„Nee“, reagierte der Junge genervt. „Der da“, – er zeigte auf Mark – „geht mir nur auf den Sack. Mir fehlt also nix, sondern der ist zuviel.“

Marvin wollte sich an den Männern vorbeidrücken. Joe hielt ihn fest.

Bügelfalte schüttelte den Kopf. „Der da“, – er zeigte ebenfalls auf Mark – „ist der Boss von euch Grünschnäbeln. Hast du das nicht gehört?“ Seine Stimme klang bedrohlich leise und beängstigend überfreundlich. Aber das bekam Marvin offenbar nicht mit.

„Der kann mich mal!“, widersprach er ärgerlich. Kaum hatte er ausgesprochen, verpasste ihm Joe eine schallende Ohrfeige. Er knallte mit dem Kopf gegen den Türrahmen. George rammte ihm die Faust in den Magen, so dass er nach vorn knickte, direkt in Joes rechten Haken. Marvin klappte zusammen wie ein Taschenmesser.

George und Joe schleppten ihn ins Hausinnere.

Bügelfalte setzte sich Mark gegenüber, seufzte und schüttelte den Kopf. „Was machen wir nur mit ihm?“

Mark dachte nach. „Also… ich glaube, wenn ich mal mit ihm reden könnte, wenn er mir zuhört, dann könnte er zur Vernunft kommen. Ich würde es jedenfalls versuchen. Vielleicht braucht er nur ein oder zwei Einzelgespräche, bevor er in der Gruppe arbeiten kann.

Wenn er kooperiert, wird er ein gutes Vorbild für die anderen Jungs sein. Er ist ein Führungstyp. Und solche Typen sind meist schwerer zu integrieren als andere."

„Es wäre wünschenswert. Denn… wenn nicht, werden wir ihn ersetzen müssen."

Obwohl Mark ahnte, was damit gemeint war, mochte er nicht darüber nachdenken. Bügelfalte stand auf. „Ich stoppe George und Joe besser jetzt, sonst müssen wir uns heute schon um einen Ersatz für ihn kümmern." Er verschwand im Haus.

Als Marvin zum Abendessen erschien, glaubte Mark seinen Augen nicht zu trauen. Das Gesicht des jungen Mannes war nur noch eine einzige Fratze. Sein linkes Auge war zugequollen, das T-Shirt voller Blut, das offensichtlich aus seinem Mund gelaufen war und ein eingetrocknetes Rinnsal am Kinn hinterlassen hatte, eine Platzwunde an der Stirn wurde mit einem dürftigen Pflaster zusammengehalten, die nackten Arme prangten voller blauer Flecken. Sie hatten ihn wirklich übel zugerichtet. Er konnte kaum sprechen, denn auch an seiner Oberlippe hatte er eine Risswunde.

Die anderen Burschen schauten ihn entgeistert an. Sie standen regelrecht unter Schock. Genau das hatte Mark befürchtet. Eine Horde verängstigter Hacker konnte er nicht gebrauchen. Nach außen hin machten alle einen auf 'dicke Hose', aber Mark wusste, dass mancher im Inneren auf dem Niveau von einem naiven, trotzigen Kind stehengeblieben war. Durch Marvins sichtbare Blessuren würde die Konzentration der ganzen Truppe für mindestens zwei Tage zurückfallen. Was Mark jedoch wirklich beunruhigte, war der Ausdruck in Marvins intaktem Auge. Blanke Wut und schierer Hass spiegelten sich darin.

Oh Gott!, dachte er und setzte sich neben den Amerikaner. „Hör zu, Marvin", begann er, doch bevor er weitersprechen konnte, war der junge Mann aufgestanden, hatte sich wortlos umgedreht und den Speiseraum verlassen.

Mark sah die Panik in den Augen einiger Burschen. „Hört mal zu“, sagte er. „Wir werden uns von Marvins Verhalten nicht beeinflussen lassen. Ihr wart bis jetzt vernünftig. Deshalb macht so weiter. Ihr seht, dass es besser ist, die Aufgabe zu erfüllen, als sich dagegen zu stellen.“ Er sah in ängstliche Gesichter. „Ihr habt nichts zu befürchten, solange ihr das Ziel nicht aus den Augen verliert.“

Seine Worte schienen zu wirken. Einige der jungen Männer griffen zum Besteck und begannen zu essen.

Mark suchte Marvins Zimmer auf und betrat es, ohne anzuklopfen.

Er setzte sich auf den Stuhl und schaute auf den jungen Mann, der auf dem Bett lag und keine Regung zeigte.

„Pass auf, Marvin. Was ich dir jetzt sage, sag ich nur einmal. Wenn du so weitermachst, bist du bald tot.“

Der Junge richtete sich auf. „Hau ab, du Schleimscheißer. Du kannst mich nicht beeindrucken. Du nicht!“

„Was macht dich so wütend?“, fragte Mark. Er wusste nur zu gut, dass er den Jungen da abholen musste, wo dieser sich emotional befand.

„Das fragst du noch?“ Marvins intaktes Auge sprühte vor Zorn. „Das sind Gangster der übelsten Sorte. Und ich bin Amerikaner. Glaubst du, dass sich ein amerikanischer Staatsbürger solchem Abschaum beugt? Du hast ja wohl nicht mehr alle Tassen im Schrank!“

„Du bist stolz auf dein Land, nicht wahr?“, fasste Mark zusammen.

„Da kannst du Gift drauf nehmen!“

Jetzt nur nicht nachlassen, dachte Mark. „Ja, das kann ich gut verstehen. Amerika ist ein tolles Land. Ich war schon ein paar Mal da. Hat mir echt gut gefallen.“

„Und wo warst du?“

Hatte er ihn am Haken? „Beim ersten Mal die üblichen Touristenstrecken. New York, Boston, Washington Chicago, San Francisco und Los Angeles.“

„Wie ätzend“, warf Marvin ihm vor die Füße.

„Stimmt“, bestätigte Mark. „Beim zweiten Mal bin ich mit dem Auto von New York bis Los Angeles gefahren. Einmal quer durch.“

Marvin schien interessiert. „Und dann?“

„Ein andermal von L.A. bis Mexico. Und wieder ein anderes Mal von Frisco bis Vancouver. Du siehst, ich hab dein Land wirklich bereist. Und ich muss sagen, ihr Amis habt' n tolles Land. Ich hab Klasse-Leute kennengelernt. Ich kann nur zu gut verstehen, dass dich das hier wütend macht.“

„Weißt du was, großer Häuptling, du hast keinen blassen Schimmer!“

„Okay, Apachenkönig. Dann klär mich alten Sack mal auf.“

„Geh zum Teufel!“

„Da wirst du zuerst sein, wenn du weiterhin mit dem Kopf durch die Wand willst. Bügelfalten-Khaki hat mir gesteckt, dass man sich schon nach einem Ersatz für dich umschaut. Glaub ja nicht, dass du nicht ersetzbar bist. Für die bist du nur eine kleine Ameise in einem großen Haufen.“

Marvin schwieg eine ganze Weile. Schließlich schwang er seine Beine vom Bett, sah Mark durch das intakte Auge an und knurrte: „Dann sollen sie mich ersetzen. Sollen sie doch mal sehen, wo sie jemanden wie mich auftreiben. Ich jedenfalls mach bei der Schweinerei, die die hier vorhaben, nicht mit.“

„Mensch, Marvin!“, appellierte Mark. „Das ist es doch nicht wert. Du hast dein ganzes Leben noch vor dir. Mach keinen Scheiß!“

Marvins Gesicht verzog sich zu einer Fratze. „Is ja gut, Alter. Hör auf, mich bekehren zu wollen. Ich hab alles gesagt. Also – hau ab!“

Er warf sich aufs Bett und drehte Mark den Rücken zu.

Mark wusste, wenn jemand sich gegen das Offensichtliche derart mit Händen und Füßen wehrte, konnte kein Trainer der Welt ihn vor dem Abgrund retten.

*

*

*

23. Oktober 2012 – Köln (Deutschland)

Sarah Birgen hatte sich krankgemeldet. Sie hockte auf Ellys Couch. „Marianne?“, rief sie. „Machst du uns einen Kaffee?“ Die beiden Frauen hatten die ganze Nacht geredet, wobei Sarah meist redete und Elly zuhörte. Sarah war erst um kurz vor fünf in einen unruhigen Schlaf gefallen. Elly schaute auf ihre Uhr. Kurz nach zwölf Uhr mittags.

Elly betrat das Wohnzimmer und trug ein großes Tablett mit zwei Bechern Kaffee, Milch, Zucker und ein paar belegten Broten. „Das sollte ausreichen, uns wieder auf die Beine zu bringen“, grinste sie.

Nachdem alles wieder abgeräumt und der nächste Becher Kaffee vor ihnen stand, erzählte sie.

„Ich hab heute früh mit meinem Partner gesprochen. Vor meinem Haus parkt ein grauer Audi. Da drin sitzen vier Typen, die dich eindeutig ständig im Auge haben. Du wirst regelrecht observiert. Wir haben durch Mittelsmänner auch rausgefunden, dass dein ganzes Haus verwanzt ist. Auch dein Computer dürfte angezapft sein. Das bedeutet, dass Marks Entführung von sehr langer Hand geplant und vorbereitet wurde.“

Sarah riss die Augen weit auf. „Ich werd verrückt!“ Sie sprang auf, kramte in ihrer Tasche und übergab Elly die Fotos, die am Tag nach Marks Verschwinden in ihrem Briefkasten gelandet waren und die, die sie von ihrem Rechner heruntergeladen und ausgedruckt hatte. Elly sah sich die Fotos an, stand auf und meinte: „Bleib sitzen. Ich bin gleich zurück.“

Sie ging in ihr Schlafzimmer, räumte die Klamotten von der dort stehenden Nähmaschine, drückte einen verdeckten Knopf und klappte den Deckel zur Seite. Ein Rechner, ein Scanner und ein Drucker kamen zum Vorschein. Rasch scannte sie die Bilder mit der höchstmöglichen Auflösung ein und schickte sie über eine mehrfach gesicherte SSL-Verbindung auf den Computer in Konrads Büro. Zurück im Wohnzimmer meinte sie: „Wir müssen jetzt ganz schnell einen Plan machen. Wir haben ja gestern schon davon gesprochen. Wie schnell kannst du einen Kurztrip organisieren, antreten und rechtfertigen?“, wollte Elly wissen.

„Das ist ganz einfach. Ich hab Unmengen von Einladungen auf meinem Tisch liegen. Die Leistungsträger, also Hotels, Leihwagenfirmen und Rundreise-Anbieter, reißen sich darum, mich zu einem Besuch zu bewegen. Solche Kurztrips sind Teil meines Jobs und gang und gäbe.“

„Ist auch was von Malta, Zypern oder Kreta dabei?“

„Mit Sicherheit. Kreta und Zypern garantiert. Malta? Da bin ich im Moment überfragt. Aber warum?“

„Ich möchte, dass du im Büro in einem weiteren Interview mit mir sagst, dass du mich testen willst – sozusagen Test-on-the-Job, bevor du mich einstellst. Dann fahren wir mit dem Intercity nach Frankfurt und fliegen meinetwegen nach Kreta. Dort haben wir Zeit genug, uns über ein paar Dinge zu unterhalten, die wir unbedingt wissen müssen und die du wissen musst. Hier können wir das nicht machen, ohne aufzufallen. Mein Partner meint, dass wir allerspätestens Anfang kommender Woche aktiv werden müssen, um deinen Verlobten zu befreien.“

Sarah schwieg eine ganze Weile, bevor sie reagierte. „Irgendwie habe ich das Gefühl, in einem Albtraum zu sein, aus dem ich hoffentlich bald erwache.“

„Sarah. Reiß dich zusammen. Das ist definitiv kein Traum. Und wir dürfen keine Zeit vergeuden. Also? Wie sieht's aus?“

„Wann sollen wir fliegen?“

„Ich würde sagen am Donnerstag.“

„Soviel ich weiß“, erwiderte Sarah, „müssen wir dann über Athen fliegen.“

„Das macht nichts. Du fährst jetzt mit einem Taxi nach Hause und packst für drei Tage. Du tust so, als wüsstest du nichts von den Wanzen in deiner Hütte und auch nichts von dem Anzapfen deines Computers oder dem Abhören deines Telefons. Schaffst du das?“

„Ich glaub schon.“

„Okay. Ich komme am Mittwoch so gegen 11 Uhr in dein Büro. Dann machen wir das zweite Interview und du lädst mich zu dem Kreta-Trip ein. Brauchst du dafür die Genehmigung von irgendjemandem?“

„Nein. Das kann ich allein entscheiden. Ich habe ein eigenes Budget für solche Trips.“

„Bis wir im Hotel in Kreta sind, reden wir ausschließlich über meine Aufgabe als neue Außendienstmitarbeiterin. Klar?“

„Ja, in Ordnung.“

*

Am späteren Nachmittag langte Konrad zu seinem abhörsicheren Telefon und rief seinen Kontakt beim BND an.

„Hast du die Auswertung der Bilder, Lou?“

„Ja. Die sind wahrscheinlich in Südafrika aufgenommen. Unsere Spezialisten sind anhand der Pflanzen und der Umgebung ziemlich sicher. Außerdem ist die Zeitung in iXhosa. Und die wird hauptsächlich um Durban herum verkauft.“

„Gut. Hör zu. Ich will dann am Sonntagabend nach Südafrika fliegen. Ich nehme vier von meinen Leuten mit, der Rest kommt von dir. Ich brauche mindestens fünf Frauen und fünf Männer von deinen Leuten. Und, Lou, ich brauch die besten, die du auftreiben kannst.“

„Kein Problem. Was ist dein Plan?“

Bis ins Detail erläuterte Konrad sein Vorhaben und Lou stimmte zu, alles vorzubereiten.

*

*

*

23. Oktober 2012 – Tampa (Florida/USA)

So wie Dorothy es am Mittag noch einmal ausdrücklich betont hatte, konnte Richard McCormack den Termin nicht vergessen. Zeitig war er vom Golfplatz zurückgekehrt, hatte geduscht und sich angemessen gekleidet. Louise war noch nicht aufgekreuzt und Michael war nervös. *Kein Wunder*, dachte Richard, *heute kündigen die beiden Turteltauben gewiss ihre Verlobung an.* Während er in seinem Ankleidezimmer die Fliege am seidenen Smokinghemd befestigte, erinnerte er sich an seine eigene Verlobung. Unwillkürlich musste er lächeln. Was war Dorothy doch für ein hübsches Ding gewesen. Er war bis über beide Ohren in sie verknallt. Und sie? Sie hätte jeden haben können. Jeden! Er hatte es zwar schon zu einigem Wohlstand gebracht, war aber noch weit entfernt von seiner ersten Million. Ihr Vater hätte lieber einen der anderen Anwärter an Dottys Seite gesehen. Aber nein. Sie hatte sich für ihn entschieden. Er hatte sich oft gefragt, warum sie ausgerechnet ihn gewählt hatte. Erst nach der Hochzeit hatte er es gewagt, sie danach zu fragen. Die Antwort hatte sich tief in seine Seele eingraviert: „Wegen deiner Haare und weil du so unbeschreiblich ehrgeizig bist."

Sie hatte ihn, aus seiner Sicht, wegen seiner größten Stärke und seines schlimmsten Makels geheiratet. Unglaublich!

Und heute war Michael an der Reihe. *Komisch*, dachte er. *Ich habe immer geglaubt, dass Louise zuerst heiraten würde. Sie ist älter als Michael. Zumindest geistig-mental.*

Ja, das hatte er früher geglaubt. Aber heute? Nein. Er konnte sich nicht vorstellen, dass es einen Mann geben konnte, der auch nur annähernd zu ihr passte. Zumal – Louise zähmen? Diesen schottischen

Sturkopf? Er grinste sein Spiegelbild an und schaute auf seine Uhr. Er musste sich beeilen. Es war schon fast sieben Uhr. Tim und Sue Wynberg würden pünktlich sein.

Während er die breite Treppe herunterschlenderte, dachte er erneut an Michael. Warum wählte Helen ausgerechnet ihn? Was mochte sie an ihm? Unwillig schüttelte er den Kopf. Sollten die beiden glücklich werden. Er würde jedenfalls keine Einwände gegen die Verlobung haben. Und selbstverständlich würden die Wynbergs und die McCormacks in den nächsten Tagen entsprechende Karten verschicken. Dass es in naher Zukunft eine große Verlobungsparty geben würde, war genauso sicher.

Nach den Aperitifs und dem üblichen Small Talk wollten alle Beteiligten das Esszimmer aufsuchen, als es an der Haustür klingelte.

„Ich geh schon", rief Louise und kehrt kurze Zeit später mit Arnie Carlyle zurück. „Hatte ich euch gesagt, dass ich Arnie auch eingeladen habe?", fragte sie unschuldig in die Runde.

Dorothy hatte die Situation im Griff. „Nein, Liebes, das hast du wohl vergessen. Aber das macht ja nichts. Herzlich Willkommen. Schön, dass Sie da sind, Arnie."

Rasch wurde ein weiteres Gedeck auf dem Tisch platziert, direkt neben Louises, und unter weiterem Small Talk Gemurmel begann das Dinner.

Das Essen war kaum beendet, als Michael sich erhob und mit der Gabel leise an sein Glas klopfte. „Mr. und Mrs. Wynberg, Mum, Dad, Louise, Arnie – Helen und ich möchten euch etwas sagen. Wir haben beschlossen zu heiraten." Er kramte aus seiner Jackentasche ein Etui hervor, öffnete es und streifte Helen einen Einkaräter über den Ringfinger. „Helen, ich bitte dich hiermit ganz offiziell, meine Frau zu werden. Willst du?"

„Und ob", jubelte die junge Frau, umarmte Michael und küsste ihn.

Die anderen am Tisch applaudierten und beglückwünschten das junge Paar.

„Und wann soll die Verlobungsfeier sein?", wollte Dorothy wissen.

„Ach, Mum. Das hier, heute Abend, *ist* die Verlobungsfeier."

Sue Wynberg wunderte sich. „Aber, Helen, davon hast du uns nichts gesagt."

Richard sah alle Augen auf sich gerichtet. Ihm entging nicht das amüsierte Lächeln um den Mund seiner Tochter.

„Tja, Tim und Sue, liebe Dorothy, wir müssen uns wohl daran gewöhnen, dass die jungen Leute ihre eigenen Vorstellung davon haben, wie sie ihr Leben gestalten und organisieren." Richard lächelte, wenn auch ein wenig gequält. „Uns bleibt also nur noch zu fragen – und wann wollt ihr heiraten?"

Michael strahlte seinen Vater an. „In einer Woche. Wir wollen in Vegas heiraten. Nur Helen und ich."

Richard sah, wie Dorothy und Sue einen verstörten Blick austauschten. „Nun ja…", sagte Tim Wynberg gedehnt, „das finde ich allerdings ein wenig übereilt. Meint ihr nicht, wir sollten eine richtige Hochzeit arrangieren? Hier in Florida? Mit unseren lieben Freunden?"

Die Wynbergs fühlen sich genauso überrumpelt wie ich, erkannte Richard. Wieder schnappte er Louises hintergründiges Lächeln auf. *Sie hat es gewusst*, wurde ihm schlagartig klar.

Bevor Richard etwas hinzufügen, Tim den Rücken stärken konnte, lachte Helen und erwiderte. „Nein, Dad. Das ist unsere Hochzeit. Wir heiraten nächste Woche in Vegas und fliegen dann auf die Malediven. Auf Hochzeitsreise."

„Aber", fuhr Michael fort, „wir haben uns überlegt, dass ihr auch ohne uns eine große Feier veranstalten könnt. Das wäre doch mal was Neues. Eine große Party, ohne das Brautpaar."

„Glückwunsch", mischte sich Arnie ein. „Endlich mal jemand, der den Mut hat, sich über die verkrusteten Gepflogenheiten hinwegzusetzen."

„Ja, Bruderherz", fügte Louise lachend hinzu, „das ist eine großartige Idee."

Jetzt haben sie den Bogen überspannt, schoss es Richard durch den Kopf. Er fühlte, wie seine Empörung aufstieg. Ihm platzte der Kragen. Er räusperte sich und meinte dennoch mit ruhiger Stimme. „Dann will ich jetzt auch meinen Senf dazugeben. Eure Idee in Ehren. Eure Vorstellungen – einverstanden. Es ist eure Hochzeit und euer Leben. Gut. Was die verkrusteten Gepflogenheiten meiner Generation betrifft, mein verehrter Arnie Carlyle, haben sowohl meine Kinder als auch Sie bisher sehr gut von diesen Regeln gelebt. Ich gehe davon aus, dass dasselbe auch auf Helen zutrifft. Ihr erwartet von uns Zustimmung. Die gebe ich euch gern. Allerdings unter der Voraussetzung, dass ihr aufhört, mich und meinesgleichen permanent in den Dreck zu ziehen. Ich dulde es nicht länger, mich euren Verurteilungen und Schuldzuweisungen zu unterwerfen. Ihr könnt nicht von dem, was ihr permanent bekämpft und kritisiert, auch noch profitieren wollen." Er holte tief Luft. „Ich werde euch nicht die Pistole auf die Brust setzen. Nein. Aber ich erwarte, dass ihr mit uns, das heißt Sue, Tim, Dorothy und mir, noch einmal über eure Entscheidung sprecht, bevor ihr sie in Handlung umsetzt."

Er stand auf und ging mit festem Schritt durch die Terrassentür nach draußen. Jetzt brauchte er unbedingt einen Augenblick, um sich innerlich zu beruhigen. Er atmete tief ein und sog die laue Oktoberluft Floridas bis in die letzten Winkel seiner Lungen. Sein Blick wanderte nach oben und er sah den prächtigen Sternenhimmel über sich. Von einem Horizont zum anderen – Myriaden von funkelnden Himmelskörpern. Erneut atmete er tief ein und aus. Er erschrak, als sich eine Hand auf seine Schulter legte. Mit einem Ruck drehte er sich um.

„Dorothy! Ich hab dich nicht kommen hören.“

„Ich war ja auch leise“, bestätigte sie. „Ist alles in Ordnung, Dick?“

Er stöhnte: „Ach, Dotty, was ist bloß los mit diesen Kindern?“ Behutsam legte er seinen Arm um ihre Schultern. „Warum sind die derart… ja, fast feindselig?“

Sie legte ihren Kopf an seine Brust. „Sie sind nicht feindselig, Richard. Sie sind halt nur ein Produkt ihrer Zeit und uns als ihre Vorbilder. Sie haben deine Kompromisslosigkeit oft genug zu spüren bekommen. Und du weißt das auch ganz genau. Also, beschwer dich nicht, wenn dir deine eigene Kompromisslosigkeit jetzt auf die Füße fällt.“

Er schwieg. War er tatsächlich genauso kompromisslos gewesen? Sein Kopf wollte protestieren, aber sein Gefühl nickte heftig. Gefühle, die sich neuerdings immer öfter meldeten, irritierten ihn gewaltig. Bisher war er prächtig ohne sie ausgekommen. Wurde er mit zunehmendem Alter etwa sentimental?

„Trotzdem kann ich das so nicht stehenlassen“, meinte er und schüttelte den Kopf. „In der Welt da draußen geht es nun einmal ziemlich kompromisslos zu.“

„Das mag sein“, bestätigte sie. „Aber heute sind wir nicht da draußen, sondern hier drin.“ Sanft zog sie ihn zurück zum Haus. „Komm, Dick. Lass uns den Abend friedlich zu Ende führen. Wir können uns ja morgen noch einmal zusammensetzen, wenn wir alle mal eine Nacht darüber geschlafen haben. Okay?“

Als sie zurück ins Wohnzimmer kamen, hatten sich Louise und Arnie bereits zurückgezogen. Helen, Michael, Sue und Tim waren einverstanden, am nächsten Tag erneut zum Tee zusammenzukommen. Man würde gewiss eine für alle annehmbare Lösung finden.

*

*

*

*23. Oktober 2012 – Wild Coast (Südafrika)

Nach dem Frühstück versammelte sich die gesamte Hacker-Gruppe im Salon – einschließlich Marvin. „Okay“, begann Mark. „Ihr habt also die Aufgabe, den Rechner der chinesischen Börse zu knacken und lahmzulegen. Meine Aufgabe ist es, euch zur Zusammenarbeit zu führen.“

„So ein Quatsch!“, empörte sich Marvin als Erster. „Wir arbeiten nicht zusammen. Wir sind Einzelgänger, Opa. Wohl noch nicht geschnallt, was?“

„Stimmt“, bestätigte Stephen mit seinem ausgeprägten englischen Akzent. „Wir sind Außenseiter. Wir arbeiten allein.“

Auch der Chinese Wong stimmte zu. „Das ist ja gerade das Merkmal von uns.“

„Marvin hat recht“, meldete sich der schwedische Hacker namens Sven. „Wir sind nicht umsonst solche Einsiedler. Das gehört tatsächlich zu unseren Eigenschaften.“

Hayato, der japanische Hacker, versteckte sich hinter seinem Lächeln und blieb stumm.

„Das mag ja sein“, erwiderte Mark. „Der Clou an der Sache ist, dass nur die Synergie von Kräften zu Ergebnissen führt, die ein Einzelner gar nicht bewältigen kann.“

Er griff zu einem Blatt Papier. „Wenn ich hier lese“, fuhr er fort, „was eure Spitznamen alles aussagen, dann würde die geballte Ladung ein viel schnelleren Ergebnis bringen, als wenn ihr eure Tasten allein beharkt.“

Mark schaute in die Runde. „Marvin der Laser, Stephen der Bug, Wong der Virus, Sven der Crash und Hayato der Unsichtbare – stellt euch mal vor, ihr würdet eure besonderen Fähigkeiten bündeln? Das müsstest doch ganz besonders du, Marvin, als der Laser kapieren. Was ist ein Laser anderes, als gebündelte Energie, die auf einen einzigen Punkt ausgerichtet ist?“

„Sag mal, Alter“, redete sich Marvin wieder in Rage. „Raffst du gar nix? Ich mach da nicht mit. Hab ich das nicht deutlich gemacht oder hast du Erdnüsse im Gehörgang?“

Bevor Mark reagieren konnte, knallte die Tür gegen die Wand, George, Joe, Lucas und Bügelfalte stapften in den Raum. George drehte Marvin den Arm auf den Rücken, dass der Junge aufschrie.

Bügelfalte knurrte kreidebleich: „Alle nach draußen. Aber ein bisschen plötzlich!“

George trieb Marvin mit dem verdrehten Arm vor sich her. Im Garten war ein Liegestuhl mittig auf dem Rasen platziert. George warf den Amerikaner auf die Liege und Joe band ihn links, Lucas rechts an den Armen fest. Anschließend wurde das gleiche mit den Fußgelenken gemacht.

Marvin wand sich wie ein verletztes Tier, aber die Liege war mit Eisenhaken im Boden verankert. Er brüllte aus Leibeskräften und beschimpfte die Aufpasser. „Ihr verdammten Hurensöhne! Vergreift euch an wehrlosen Hackern, die euch nix getan haben! Lasst uns gefälligst in Ruhe! Was glaubt ihr eigentlich, wer ihr seid. Ich werde...“

Er brach mitten im Satz ab, denn George näherte sich mit der sich windenden Schlange an der langen Metallstange. Lucas war einige Meter zurückgegangen. George starrte auf das Reptil, mit der Bügelfalte sich nun Marvin näherte.

„Na, du Großmaul?“, zischelte Bügelfalte. „Da bleibt dir die Spucke weg, was? Hast wohl gedacht, wir machen nur Spaß, he?“

Marvins Augen traten fast aus seinem Kopf. Mit Entsetzen, Abscheu und Todesangst stierte er auf die Mamba. Bügelfalte ließ den Schwanz der Schlange in Marvins Gesicht baumeln. Vergeblich versuchte der Junge, der Berührung auszuweichen. Mark schätzte die Schlange auf etwa zwei Meter. Schon lag sie zur Hälfte auf Marvins Oberkörper und versuchte, sich aus der Umklammerung der Schlinge zu befreien. Bügelfalte hielt den Kopf noch über Marvins Oberkörper fest in der Metallschlinge. Mark hielt den Atem an. Zentimeter um

Zentimeter senkte sich der Mamba-Kopf. Schon öffnete sie weit ihr Maul, so dass er die schwarze Innenhaut ihres Kiefers sehen konnte, die der Mamba den Namen gegeben hatte.

„Es reicht!“, rief Mark. „Hören Sie auf!“ Er machte einen Schritt auf Bügelfalte zu und brüllte: „Was wollen Sie? Angst machen oder Ergebnisse?“

Bügelfalte erstarrte, hob ganz langsam die Schlange hoch und deponierte sie wieder in dem Glasbehälter. Geschickt löste er die Schlinge durch den Drahtverschluss und drehte sich um. „Bist du lebensmüde?“, wandte er sich an Mark. „Wenn du das noch einmal machst, bist du noch vor diesem Hosenscheißer hier dran.“

Voller Zorn drehte er sich zu Marvin. „Hör mir ganz genau zu, du Großmaul. Diesmal hast du Glück gehabt. Ohne diesen Scheiß-Psychoonkel hier wärst du jetzt tot. Betrachte das als die allerletzte Warnung. Lass es dir endgültig eine Lehre sein. Beim nächsten Mal wird's ernst.“

Er drehte sich wortlos um und verschwand im Haus.

George und Lucas befreiten Marvin von der Liege und Joe brachte den Glasbehälter fort.

Schweigend begleitete die Gruppe den Amerikaner zurück ins Haus. Wieder im Salon wandte sich Mark erneut an Marvin, der käseweiß im Gesicht war, mit einer leicht grauen Tönung. Mark rastete aus. „Glaubst du jetzt, dass die es ernst meinen? Oder musst du erst sechs Fuß unter der Erde sein? Wie kann man nur derart stur sein! Gib endlich deinen verdammten Trotz auf und benimm dich wie ein halbwegs vernünftiger Mensch! Bild dir nicht ein, nur weil du ein Hacker bist, du wärst was Besonderes. Und wenn, dann nur ganz besonders bescheuert!“

Seine Hände zitterten, als er sich einen Kaffee eingoss.

„Und ihr“, er drehte sich um und zeigte in die Runde auf die anderen, „ihr habt hoffentlich kapiert, dass die Zeit der Samthandschuhe in dieser Hütte vorbei ist.“ Mark sah, dass alle Jungs noch regelrecht unter Schock standen. Deshalb fuhr er fort: „Ja, liebe Freunde. DAS ist das richtige Leben. Hier und jetzt ist die Realität. Nicht in eurer virtuellen Welt der Animationen, Zahlen und Codes."

Mit leiser Stimme warf der japanische Junge ein: „Und trotzdem will die reale Welt das Wissen um die virtuelle haben. Und das will sie sich zunutze machen. Und zwar so sehr, dass sie dafür sogar bereit ist zu töten. Was ist demnach wertvoller?"

Mark schnappte nach Luft. „Hayato, das ist doch jetzt keine echte Frage, oder?"

„Doch", stimmte Wong zu. „Der Unsichtbare hat recht."

Mark schüttelte den Kopf. „Nein. Den Leuten, die sich euer Wissen zunutze machen wollen, denen geht es nur ums Geld."

„Nein", wehrte Sven ab. „Hier geht es um Macht."

„Ja! Ganz genau", bestätigte Mark. „Für die sind Geld und Macht identisch. Aber ihr habt begriffen, dass Wissen die wirkliche Macht ist. Und ich habe ein Wissen um die Macht, das weder die haben noch ihr habt. Die glauben, Macht zu haben, wenn sie sie für Gewalt und zum Beugen des freien Willens anderer einsetzen. Ihr seht eure Macht als Spielzeug an, an dem ihr euch regelrecht aufgeilt und in eurem winzigen Schneckenhaus damit rumhantiert. Ihr habt Macht! Die einzige Macht, die es gibt – und zwar die in eurem Oberstübchen. Ihr habt nur noch nicht begriffen, was man damit machen kann."

„Wie meinst du das?", wollte Stephen wissen.

„Das wird unsere erste Lektion sein", entgegnete Mark. „In einer Stunde am Rechner – wenn ihr soweit seid. Nur noch so viel: Ihr habt die Macht und könnt nichts damit anfangen. *Die* wissen genau, was sie damit machen können, haben aber keinen Zugang zu dieser Macht."

*

*

*

*24. Oktober 2012 – West Bay (England)

Auf seinem Landsitz Brakenhouse Manor auf den westlichen Klippen von West Bay bei Dorchester läutete das Telefon. Lester Giles saß an seinem Schreibtisch, um einige Dokumente zu unterzeichnen und nahm selbst den Hörer ab.

„Hallo?", hörte er eine Bass-Stimme. „Hier spricht Werner Müller aus Deutschland. Kann ich bitte mit Mr. Giles sprechen."

„Müller? Werner Müller? Ich glaube, Sie haben sich verwählt."

„Bitte warten Sie, Mr. Giles. Ich habe Ihre Nummer von Reinhard Keller bekommen. Er hat gesagt, dass ich in ganz, ganz dringenden Fällen, wenn ich ihn nicht erreiche, Sie anrufen soll."

„Reinhard? Reinhard Keller? Ja, den kenne ich flüchtig. Also – was kann ich für Sie tun?"

„Die Frau, die wir schon so lange beschatten, diese Sarah Birgen, verreist morgen. Sie fliegt für ein paar Tage nach Kreta. Und zwar mit einer Neuen."

„Was meinen Sie mit... einer Neuen?"

Werner Müller erzählte von dem Kurztrip und der geplanten Anstellung einer Marianne Schmitz bei der World-Travel.

„Aber das ist doch ganz normal in solch einem Betrieb, oder? Und deshalb rufen Sie mich an? Ich mag es überhaupt nicht, wenn ich von Personen kontaktiert werde, die ich nicht kenne."

„Das verstehe ich, Mr. Giles. Ich würde Sie auch nicht belästigen, aber ohne Reinhard Keller will ich keine Entscheidung treffen."

„Haben Sie sonst keinen Ansprechpartner?"

„Nun ja", Lesters Gesprächspartner zögerte. „Da wäre noch Dirk Nüsch in Berlin. Aber der ist auch nicht zu erreichen. Und es muss jetzt eine Entscheidung getroffen werden. Wir können nicht warten."

Lester schaltete schnell. „Hören Sie, Mister Müller. Ich habe keine Ahnung, wovon Sie reden. Aber vielleicht kann ich Ihnen als Geschäftsmann einen Rat geben. In einem Fall wie Ihrem überprüfen wir in unserem Unternehmen als Erstes, ob die Angaben, die ein Bewerber gegeben hat, stimmen. Haben Sie das auch gemacht?“

„Selbstverständlich, Mr. Giles. Es sieht so aus, als wäre alles okay. Die Angaben, die Frau Schmitz bei Miss Birgen gemacht hat, stimmen alle.“

„Und ist es ungewöhnlich, dass die Verkaufsleiterin eines Reiseveranstalters auf Reisen geht? Oder gehört das zu ihrem Job?“

„Das gehört zu ihrem Job. Sie ist schon öfters verreist.“

„Na, dann ist doch alles in Ordnung. Es gibt immer mal Neueinstellungen bei Firmen, oder? Wieso sollte das bei dieser anders sein?“

„Nun ja, die beiden, also Frau Schmitz und Frau Birgen, wollen nach Kreta fliegen.“

„Können Sie, Mister Müller, nicht auch mal Urlaub machen? Ein paar Tage auf dieser wunderschönen Insel im Mittelmeer sind sehr empfehlenswert. Da ist es um diese Jahreszeit noch angenehm warm.“ Lester Giles lachte. „Wenn ich nicht so beschäftigt wäre, würde ich liebend gern selbst eine solche Reise antreten.“

„Alles klar, Mr. Giles.“

Lester legte den Hörer auf, stand auf, knöpfte sein Tweed-Jackett zu, strich über sein sorgfältig gescheiteltes graues Haar und ging in den Salon. Der große Raum mit den antiken, englischen Möbeln war leer.

„Rohan!“, rief Lester seinen Butler.

„Ja, Sir?“ Der Butler im klassischen, schwarzen Frack betrat würdevoll den Raum. „Sie wünschen?“

„Rohan, wo ist meine Frau?“

„Sir, Ihre Gemahlin ist nach Dorchester gefahren. Sie wollte sie sich mit ihrer Cousine, Lady Beltingham, treffen.“

„Na, gut.“ Lester mochte die hochnäsige, adelige Verwandtschaft seiner Frau nicht sonderlich. „Rohan, machen Sie mal ein ordentliches Feuer im Kamin. Wenn Gloria nach Hause kommt, möchte ich, dass es richtig gemütlich im Zimmer ist."

„Jawohl, Sir."

Lester kehrte zurück an seinen Schreibtisch und kramte nach dem Zettel, den er am Vortag während des Telefonats mit Richard McCormack bekritzelt hatte. Richard hatte eine Sondersitzung am 01. November einberufen. Wieder auf Mallorca. Warum tat er so geheimnisvoll?

Lester schüttelte den Kopf. Ausgerechnet am 01. November, seinem Hochzeitstag. Gloria würde nicht gerade begeistert sein. Sie hatte sich diesen Tag ganz gewiss anders vorgestellt. *Aber wenn die Organisation ruft, muss alles andere warten. Selbst die adelige und verarmte Verwandtschaft*, dachte er.

Er würde Gloria auf das Wochenende vertrösten. Am Samstag im Dorchester in London oder im Connaught oder Claridge. Auch das Kensington, Savoy oder Ritz – Hauptsache Gloria war glücklich.

Insgeheim wünschte er sich, sie würde mit nach Mallorca fliegen.

Ein Blick auf seine Uhr zeigte ihm, dass es jetzt erst fünf Uhr morgens in Florida war. Nein, das war noch zu früh. Er würde sich noch mindestens vier Stunden gedulden müssen.

Erneut griff er zum Telefon und wählte die Nummer von Sven Olssen, seinem schwedischen Kollegen in der *Organisation.*

*

*

*

*24. Oktober 2012 – Tampa (Florida/USA)

Helen, Sue und Tim Wynberg waren pünktlich.

Als Richard den Raum betrat, hatten alle bereits Platz genommen.

„Bitte entschuldigt meine kleine Verspätung", sagte Richard. „Ich bekam soeben einen Anruf aus Südafrika. Das konnte ich leider nicht vorhersehen und auch nicht verschieben."

„Das kenn ich“, erwiderte Tim. „Solche Anrufe kommen meistens, wenn man sie am wenigsten erwartet oder gar gebrauchen kann.“

„Danke für dein Verständnis, Tim“, bestätigte Richard. „Du weißt, die Geschäfte ruhen nie und verlangen unbarmherzig unsere Aufmerksamkeit, nicht wahr?“

Bevor Tim Wynberg reagieren konnte, schaltete sich Dorothy ein. „Ja, deshalb wenden wir uns auch jetzt dem Thema zu, weswegen wir zusammensitzen.“

„Wo ist Louise?“, fragte Richard und schaute in den Garten.

„Sie lässt sich entschuldigen, Dick“, antwortete seine Frau. „Sie fühlt sich heute nicht sonderlich wohl und meint, das Thema wäre zwischen uns sechs zu klären.“

„Damit hat sie nicht unrecht“, bestätigte Helen. „Es geht ja um unsere Hochzeit, nicht um ihre. Stimmt‘s Michael?“

„Ja…“, sagte Richard gedehnt, „die Hochzeit.“ Er rührte in seiner Tasse. „Habt ihr noch einmal darüber nachgedacht?“ Er schaute Helen und Michael an. „Meint ihr, es gibt eine Lösung, mit der wir alle umgehen können? Die uns alle gleichermaßen zufriedenstellt?“

Helen und Michael sahen sich kurz an und er erwiderte: „Wir werden auf jeden Fall in Vegas heiraten. Aber vielleicht können wir eine Party geben. Wenn wir von der Hochzeitsreise zurück sind.“

Richard nickte. „Können wir uns auf einen Empfang statt auf eine Party einigen?“

Helen zuckte mit den Schultern. „Meinetwegen.“

„Ja. Warum nicht?“, bestätigte Michael.

„Darauf sollten wir uns ein Glas Champagner genehmigen“, meinte Dorothy und ging in die Küche. Sie reichte Richard die Flasche. „Bitte sei so gut und öffne sie.“ Aus dem Barschrank holte sie die Kelche.

„Was meinst du dazu, Tim“, fragte Richard, nachdem das leise ‚Plopp‘ zu hören war.

„Ich finde, das ist ein guter Kompromiss.“

„Ich glaube“, mischte sich Sue ein, „das ist eine Lösung, mit der auch unsere Freunde sehr gut leben können.“

„Wann soll die Hochzeit sein?“, wollte Richard wissen.

„Nächste Woche“, meinte Helen und strahlte.

„Na ja“, fügte Michael hinzu, „jetzt könnt ihr auch gleich alles wissen. Helen ist schwanger. Im dritten Monat.“

Richard war perplex und sah seinen Sohn erstaunt an. „Warum hast du das nicht gleich gesagt? Jetzt kann ich wenigstens nachvollziehen, warum ihr so schnell wie möglich heiraten wollt.“

Er grinste. „Und ich werde Großvater…“ Er klopfte seinem Sohn auf die Schulter. „Gut gemacht, Michael.“

Dorothy umarmte Helen. „Das macht mich sehr, sehr glücklich, meine Liebe. Und ich freue mich riesig auf mein erstes Enkelkind.“

An der Reaktion von Sue und Tim Wynberg konnte Richard ablesen, dass sie es gewusst haben mussten.

Der Nachmittag verlief in gelöster Atmosphäre. Richard sah Dorothy an, dass sie erleichtert war. Alles war in Ordnung. *Sie braucht diese Harmonie in der Familie genau wie ich*, dachte Richard. *Sie versucht immer auszugleichen.* Ihm wurde wieder einmal sehr bewusst, dass es ohne ihre stets verbindliche Art schon längst zu vielen Katastrophen innerhalb der Familie gekommen wäre. Bestimmt hätte er auch diesmal sämtliche Fettnäpfchen erwischt, egal in welcher verborgenen Ecke sie sich versteckt gehalten hätten.

Nachdem die Wynbergs gegangen und Michael mit Helen weggefahren war, saß Richard allein mit Dorothy im Wohnzimmer.

„Ist alles in Ordnung?“, wollte sie wissen.

„Warum fragst du?“

„Als du eben aus dem Arbeitszimmer kamst, habe ich dir angesehen, dass dieser Anruf aus Südafrika nicht gerade fröhliche Nachrichten gebracht haben kann.“

„Du kennst mich gut, Dotty.“

Sie lachte. „Wenn ich dich nach so vielen Jahren Ehe noch immer nicht kennen würde, wäre wohl etwas Fundamentales mit mir nicht in Ordnung.“

„Nun ja“, lächelte er, „da ist was dran. Aber das Telefonat war tatsächlich nicht sonderlich erfreulich. Unser Freund Piet van der Merwe hat sich wohl ein bisschen übernommen. Die *Organisation* hat ihm den Zuschlag für ein Projekt gegeben, das offenbar nicht so funktioniert, wie er sich das gedacht hat.“

„Das betrifft dich doch wohl nicht direkt, oder?“

„Nein.“ Er schüttelte den Kopf. „Aber das ist nicht gerade eine gute Ausgangsposition für das Meeting in ein paar Tagen.“ Er stand auf. „Ich geh mal zu Louise. Wir müssen noch über das Treffen reden.“

„Sei nicht allzu hart mit ihr“, sagte sie und lächelte.

*

Nach seinem Anklopfen rief sie: „Komm rein, Dad. Die Tür ist auf.“

Sie lag auf dem Bett und blätterte in einem Magazin.

„Geht's wieder besser?“, fragte er.

„Ja, danke. Was gibt's?“

„Wir fliegen ja am Samstag nach Mallorca. Hast du schon gepackt?“

„Ja, das Wesentliche“, erwiderte sie und schwang ihre Beine vom Bett. „Wann geht's los?“

Er setzte sich auf die Bettkante und legte einen Arm um ihre Schultern. „Willst du es dir nicht doch noch einmal überlegen, Kleines?“

„Nein“, erwiderte sie und ihre ganze Entschlossenheit lag in diesem einen Wort.

„Na gut“, meinte er und atmete tief durch. „Wir sollten spätestens um 16 Uhr abfliegen. Ich sag der Crew Bescheid, damit wir pünktlich starten können.“ Er zögerte. „Ich habe soeben einen Anruf aus Südafrika bekommen. Es läuft nicht gut. Gar nicht gut.“

„Was heißt das?“

„Die *Organisatoren* dürften nicht gerade begeistert sein. Eine denkbar schlechte Ausgangsposition für dein Vorhaben.“

„Meinst du ich warte, bis die Herren irgendwann mal gute Laune haben?“

Er erzählte von den Schwierigkeiten in Südafrika.

„Piet hat einen Mann vor Ort, der offensichtlich mit den jungen Leuten nicht klarkommt. Und auch dieser Trainer scheint es nicht zu packen.“

„Vielleicht ist das Vorhaben der *Organisation* eine Nummer zu groß für die Mitglieder“, erwiderte sie. Ihm entging der verächtliche Ton in ihrer Stimme nicht. *War es ein Fehler gewesen, sie in das Projekt einzuweihen?*, fragte er sich. „Du hältst nichts davon, nicht wahr?“

Sie schaute ihn an. In ihrem Blick lag etwas, das er nicht entschlüsseln konnte.

„Weißt du was, Dad? Ich finde dieses Projekt, wie du es nennst, einfach nur jämmerlich, kläglich und… ja, erbärmlich.“

Er fuhr mit der Hand über seine Augen und fühlte seine innere Müdigkeit. Ja, er war müde und erschöpft. „Vielleicht hast du ja recht, Louise. Vielleicht ist die Zeit reif, die nachfolgende Generation ans Ruder zu lassen. Und vielleicht ist es richtig, dass wir beide diesen Umbruch herbeiführen. Michael hat nicht die Fähigkeiten, meine Nachfolge in der *Organisation* anzutreten.“ Er schüttelte den Kopf. „Trotzdem werden die Herren Zeter und Mordio schreien und sich mit Händen und Füßen gegen die Änderung der Statuten wehren.“

Sie legte ihre Hand auf seinen Arm. „Mach dir keine Sorgen, Dad. Du brauchst nicht allein zu kämpfen.“ Sie lächelte. „Wir Frauen haben unsere eigenen Methoden der Überzeugung.“

„Ich befürchte, meine Liebe, dass es sehr, sehr schwierig werden wird, die *Organisatoren* davon zu überzeugen, dass sie andere Methoden zur Machtausübung anwenden sollen."

„Ich weiß", entgegnete sie, „sie werden daran festhalten, nach dem Motto… so haben wir es doch immer gemacht. Und es hat immer gut funktioniert."

„Genauso, meine Liebe. Genauso."

Sie stand auf. „Ja, aber jetzt funktioniert es nicht mehr. Wenn die *Organisation* das nicht erkennt und einen anderen Kurs einschlägt, ruft sie… nein, schreit sie regelrecht nach einer Gegenströmung. Und die bildet sich, Dad. Glaub mir, die bildet sich."

Sie goss sich ein Glas Wasser ein und fuhr fort: „Weltweit rührt sich Widerstand gegen die bestehende Ordnung. Junge Leute fangen an, sich zu wehren. Frauen fangen an, sich zu wehren. Viele lassen ihr Leben für ihre Ideen, für ihr verändertes Verhalten. Aber die Evolution kennt keinen Rückwärtsgang. Die Menschen, vor allen Dingen die Frauen, fangen an zu denken, zu prüfen, zu protestieren. Es ist ein globales Erwachen im Gang, Vater. Und das kann niemand aufhalten."

Er sah sie an. Die Frau, die vor ihm stand, war nicht mehr seine Kleine, es war eine erwachsene Frau, die genau wusste, was sie wollte. Die ihren Weg gehen würde. War es dann nicht die Pflicht eines Vaters, seine Tochter an die Hand zu nehmen und sie zu führen und zu unterstützen? Oder musste er sie endgültig loslassen und sie ihren eigenen Weg gehen lassen?

„Im Prinzip stimme ich dir zu, Louise. Es ist tatsächlich eine gravierende, globale Veränderung zu erkennen. Aber Veränderungen rufen auch immer die auf den Plan, die von einem bestehenden System profitieren."

Sie nickte. „So ist es. Und genau das ist das heutige Dilemma. Es geht heute nicht mehr um Kriege und Kämpfe, bei denen der Gegner mit offenem Visier erkennbar ist. Der heutige Konflikt liegt auf einer anderen Ebene – auf der geistigen. Und das ist eine Revolution, wie es sie zuletzt vor 2.000 Jahren gab.“

„Meinst du das im Ernst?“, fragte er. Er vermochte sich die Dimension nicht vor Augen führen.

Völlig übergangslos wechselte sie das Thema. „Lass uns am Samstag zeitig zum Flughafen aufbrechen, Dad.“

„Ja. Wir sollten tatsächlich rechtzeitig losfahren. Mir macht dieser Jetlag zunehmend zu schaffen.“

Er merkte, dass sie noch etwas sagen wollte. „Was ist, Louise?“

Sie schaute ihn an. „Helen wird mitkommen.“

„Was?“ Er sprang auf. „Helen? Unmöglich!“

„Und Brenda auch.“

Er glaubte, sich verhört zu haben. „Louise! Helen und Brenda würden alles kaputtmachen. Wenn ihr da zu dritt auftaucht, erklärt mich die *Organisation* für verrückt! Das kannst du mir nicht antun.“ Er holte tief Luft. „Können wir nicht erst mal allein fliegen? Nur du und ich?“

Sie schüttelte den Kopf. „Nein, Dad. Ich habe Helen und Brenda schon zugesagt.“

Oh mein Gott!, dachte er. *Hoffentlich schmeißen die uns nicht kurzerhand raus*.

*

*

*

*24. Oktober 2012 – Wild Coast (Südafrika)

Mark war froh, dass der vorherige Tag offenbar die Wende in der Gruppe gebracht hatte. Nach der Lektion mit der schwarzen Mamba hatte selbst Marvin am Nachmittag zugehört, was er der Gruppe erklärte. Er war sehr gespannt, wie es weitergehen würde. Konnte er da anknüpfen, wo er gestern aufgehört hatte?

Er fand die Truppe bereits an ihren Computern, als er noch vor dem Frühstück den Konferenzraum betrat. Aber jeder dieser Verrückten saß wieder allein und in sich verschlossen am Rechner und hämmerte auf der Tastatur herum.

„Okay, Jungs“, rief er. „Lasst uns gemeinsam frühstücken und anschließend im Salon zusammenfassen, was von gestern in euren Köpfen hängengeblieben ist.“

Er beobachtete, wie Hayato sofort aufstand und in den Speisesaal ging. Wong, Stephen und Sven lösten sich nur höchst ungern von ihren viereckigen Lieblingen. Marvin blieb sitzen, als hätte er überhaupt nicht zugehört, was er gesagt hatte.

„He! Marvin! Du auch.“

Der junge Amerikaner drehte sich langsam auf seinem Stuhl um. Sein zugequollenes Auge schimmerte grün, blau und violett. Aus dem anderen Auge blickten ihn erneut Trotz, Wut und Hass an. Mark erschrak. „Marvin. Bitte nicht von vorne. Nicht noch einmal. Das überlebst du nicht.“

Der Junge ist die reinste Zeitbombe, dachte Mark. Er ahnte, dass Marvin erneut ausbrechen würde. Und noch einmal konnte er ihm nicht helfen, ohne sich selbst zu gefährden. Da hatte er nicht den geringsten Zweifel.

Wie in Zeitlupe stand Marvin auf, kam ganz nah an ihn heran und flüsterte: „Ich werd wie ein braves Hündchen folgen und alles tun, was verlangt wird. Aber meine Hirnmasse gehört mir. Da kommt keiner dran.“

Wie lange hält der das durch?, fragte sich Mark, schüttelte den Kopf und ging ebenfalls in den Speiseraum.

*

Als alle im Salon saßen schaute er in gelangweilte Gesichter. Das Interesse vom Vortag war offensichtlich nur vorübergehender Natur gewesen. *An diese Eremiten, die sich vom Leben vollkommen abgeschnitten haben, heranzukommen, ist eine echte Sisyphusarbeit*, dachte er.

Wie sollte er diese Austern knacken? Wie sollte er sie dazu motivieren, bei diesem Projekt mitzumachen? Normalerweise konnte er sich auf irgendeine Form von Gruppendynamik stützen. Doch diese Typen waren echte Härtefälle. Von Dynamik, irgendeiner Bewegung oder gar Interesse – keine Spur. Das waren soziale Asketen. Oder waren sie krank? Hatte er es mit einer Gruppe junger Leute zu tun, die dem Rest der Welt zeigte, was passiert, wenn das Sozialverhalten gegen Null geht? Allerdings nicht aktiv als Aggression, sondern passiv, als Rückzug nach Innen? Waren Netzwerke, Skype oder ähnliche Kanäle tatsächlich die Zukunft in der Kommunikation? Ersetzten sie das persönliche Zusammensein? Die Möglichkeit des sich Anfassens? Der Berührung? War das noch eine Interaktion? Ein echter Austausch? Nein, stellte Mark für sich fest. Für die Erfahrung mit einem anderen Menschen waren alle Sinne nötig. Wie wichtig gerade der Geruchssinn war, hatte er noch vor kurzem in einer Fachzeitschrift gelesen. Und wie sollte ein Händedruck über das Netz je möglich sein?

Nein, dachte Mark, *Kommunikation ist eben viel mehr als nur der Austausch von sachlichen Informationen.* Für den Austausch von intellektuellen, kognitiven Inhalten waren Computer hervorragende Instrumente. Aber hatten diese Informationen einen Selbstzweck? Nein.

Waren diese Freaks nur so etwas wie stumme Zeugen einer sich zunehmend asozial verhaltenden, globalen wirtschaftlichen, kirchlichen und politischen Führung? Verlorene Kinder ihrer Zeit? Hochintelligent, aber emotional vernachlässigt – mit einem selbstgebastelten Ausweg? Wo blieben die menschlichen und zwischenmenschlichen Bedürfnisse? Wo war das Interesse am Gegenüber? Zählte der Mensch an sich überhaupt noch etwas? Oder ging es nur noch um kalte, gefühllose Zahlen?

Wie wird man zu einem Computerfreak?, fragte er sich. *Was muss passieren, dass sich junge Menschen, vor allen Dingen männliche, derart nach Innen verkriechen? Eine unsichtbare, aber undurchdringliche Mauer um sich herum aufbauen? Für sie reduziert sich das Leben auf die Bedienung, die Funktion und die Handhabung von Computern. Sie flüchten in eine virtuelle Welt. Eine rein intellektuelle Welt, in der es nur Secondhand Gefühle gibt.*

Er schaute erneut in die gelangweilten Gesichter der jungen Leute. Ja, vor ihm saßen Interessensverbündete. Aber es gab keine echte Gemeinschaft. Was konnte er tun? Wie konnte er diesen Haufen von emotional abgestumpften Kreaturen aktivieren? Motivieren? Er erreichte sie ja nicht einmal. Nein. Mit Vernunft waren die nicht zu packen. Wieder einmal wurde ihm klar, wie tief oft der Graben zwischen intellektueller und emotionaler Intelligenz war und wie essentiell für die Gemeinschaft, das gedeihliche Zusammenleben in einer Gruppe, einer Gesellschaft.

Er stand auf und bediente sich an der Anrichte. Nachdenklich goss er sich einen Kaffee ein, fügte Milch und Zucker hinzu und rührte gedankenverloren in der Tasse. Er musste unbedingt einen Weg finden, an die Jungs heranzukommen. Aber wie?

Das übliche Belohnungssystem funktionierte bei denen nicht. Hatten sie keine persönlichen Ziele, keine Wünsche, keine Träume? Selbst die natürlichen sexuellen Begierden waren bei diesen Jungs offenbar regelrecht ausgeschaltet. Die Jungs erinnerten ihn zunehmend an gut geölte Maschinen, an Roboter, ja sie waren schon fast selbst wie Computer.

Er hatte eine Idee.

„Okay, Jungs. Hayato, du bleibst hier. Ihr anderen geht zu euren Lieblingen. Ich will jetzt mit jedem Einzelnen von euch allein sprechen."

Wortlos verließen alle, bis auf den japanischen jungen Mann, den Salon. Als Mark allein mit ihm war, wandte er sich an ihn.

„Du scheinst mir von allen derjenige zu sein, der noch nicht vollständig in die virtuelle Welt abgetaucht ist. In deinem Gesicht erkenne ich noch einen Rest von Aufmerksamkeit. Was meinst du zu dem Ziel, dem Auftrag, den ihr hier erfüllen sollt?“

„Nun ja...“, erwiderte der junge Mann gedehnt. „Ich weiß nicht... Den chinesischen Rechner zu knacken ist nicht das Problem, glaube ich. Für keinen von uns. Das ist nur eine Frage der Zeit. Aber wir sind im Prinzip Einzelkämpfer. Manchmal tun wir uns zusammen. Aber nur, wenn wir Interesse an einer Sache haben. Wenn mich ein Thema nicht interessiert, dann kümmere ich mich nicht darum.“

„Genau das scheint mir das Problem zu sein. Ja, ich habe den Eindruck, dass ihr alle richtig clevere Kerle seid und über einen enorm hohen IQ verfügt. Ihr redet ausschließlich über Sachprobleme, über Computerberechnungen. Da verstehe ich nur noch Bahnhof. Aber, so lange ihr euren IQ nicht auch für euer eigenes Innenleben, für eure Gefühlswelt einsetzt, nützt das niemandem.“

Hayato lächelte. „Vielleicht ist es genau das. Vielleicht wollen wir niemandem nützen. Wir sehen das alles eher als ein Spiel an – wie Monopoly. Es ist eine Herausforderung, ein Spiel. Nur eben allein. Muss immer alles einen Nutzen haben?“

„Was empfindest du, wenn du an deinem Rechner sitzt und in die Welt der Zahlen, der Theorie eintauchst?“

Hayato zuckte mit den Schultern. „Hab ich noch nicht drüber nachgedacht.“

„Dann tu es jetzt mal.“

„Für mich ist das die einzige Welt, die mich interessiert. Hier bin ich zufrieden. Keiner will was von mir. Hier kann ich was. Ich kann mir selbst beweisen, wie gut ich auf meinem Gebiet bin.“

„Und wie wäre es, wenn dir andere auch diese Bestätigung gäben? Wär das nicht noch besser?“

Der junge Japaner dachte einen Augenblick nach. „Nein, Mark. Das ist nicht wirklich wichtig. Es ist mir egal, ob mir jemand bestätigt wie gut ich bin. Ich weiß es ja. Die Bestätigung meiner Mitstreiter bei einer Herausforderung reicht mir.“

„Was würde passieren, wenn du keine Zeit mehr am Computer verbringen könntest?"

Wieder lächelte der Japaner. „Nichts."

„Wie meinst du das?"

„So lange genug Pizza und Cola da sind, würde ich eben nichts tun."

„Und wenn keine Pizza und keine Cola da sind?"

Hayato grinste. „Es gibt immer Leute, die was von uns wollen. Und die sorgen für genügend Pizza und Cola."

Hayato beugte sich vor. „Was willst du eigentlich von uns?"

„Ich?" Mark grinste. „Ich persönlich will gar nichts von euch. Mein Auftrag, weswegen diese Leute mich entführt haben, lautet: Mach aus den Jungs ein Team. Motiviere sie, das von uns gesetzte Ziel zu erfüllen. Sie sollen ihre Fähigkeiten bündeln und für das Ziel einsetzen."

„Du hast eine verdammt schwierige Aufgabe übernommen. Denn eins kann ich dir verraten: Wir sind eine gemischte Gruppe von echten Hackern, Crackern und Nerds. Und die unter einen Hut zu kriegen dürfte eine ausgesprochen schwere Sache werden."

„Dann klär mich doch einfach auf."

„Das geht nicht mit drei Sätzen", wehrte Hayato ab. „Aber ich sag dir – Marvin ist ein echter Hacker. Einer von den akademischen, die wir die White-Hats nennen."

„Was ist das?"

„Okay. Hier die Kurzversion: White-Hats sind gesetzestreue Hacker, Black-Hats sind die mit krimineller Energie und die Grey-Hats sind die, die sich weder als gut noch als böse bezeichnen."

„Und was sind Nerds?"

Hayato lächelte. „Nerds sind für Hacker nur Computerfreaks, die mehr als andere von Computern wissen, aber keine Ahnung vom Hacken haben. Viele von denen werden oft zu Crackern."

„Ach du meine Güte! Was ist das schon wieder?"

„Ich sagte doch – das ist nicht mit drei Sätzen zu erklären."

„Wie sortierst du die Einzelnen in der Truppe ein?"

„Wie gesagt, Marvin ist ein White-Hat. Ich selbst würde mich eher als ein Grey-Hat bezeichnen. Stephen ist für mich eindeutig ein Black-Hat. Wong ist ein Cracker und Sven ein Nerd. Und jeder von uns gehört einer anderen Gruppe an. White-Hats arbeiten nicht mit Black-Hats zusammen. Echte Hacker bedauern Cracker nur. Und Nerds sind für alle anderen nicht ernst zu nehmende Freaks, die keine Ahnung haben."

Mark stöhnte. „Ach du Scheiße! Und aus euch soll ich ein Team machen?"

Er ahnte, warum die Jungs sich voneinander abgeschottet hatten Warum sie kein Team waren. Warum er nicht an sie herankam. Ja, er würde sich schlau machen müssen.

Er würde sich in die Welt der Computer hineinbegeben müssen. Nicht, weil es ihn interessierte. Nein, weil er die jungen Leute sonst weder verstand noch erreichte. Und dann konnte er auch kein Team daraus machen.

*

*

*

*25. Oktober 2012 – Malta

Noch am Vorabend hatte Elly auf einem Prepaid-Handy Sarah angerufen. Elly hatte sie mit einigen davon ausgestattet. Sie wollte sicher sein, dass sie der jungen Frau Informationen geben konnte, ohne dass jemand sie abhörte. Sie hatte sie auch instruiert, dass sie ans Ende des Gartens oder sonstwo hingehen sollte, wenn eines der Handys klingelte. Nur weit ab vom Haus. Und dass sie das benutzte Handy in einen dafür vorgesehenen Beutel in ihre Handtasche stecken sollte. Elly würde sich in Malta darum kümmern.

„Pass auf, Sarah. Unsere Flüge wurden umgebucht. Wir fliegen morgen Mittag nach Malta. Sag jetzt nichts und frag auch nicht, sondern warte, bis wir im Hotel sind. Wir treffen uns um halb sieben am Kölner Hauptbahnhof. Der Intercity geht um viertel vor acht. Ich hab alle Unterlagen dabei."

*

Die Pass- und Zollformalitäten waren schnell erledigt und Sarah entdeckte in der Ankunftshalle einen dunkelhaarigen Mann, der ein Schild mit ihrem und Mariannes Namen hochhielt. Er stellte sich als Fahrer des Ariston-Hotels vor, der sie abholte.

Wie alle gut ausgebildeten Hotelangestellten, ließ er die üblichen Floskeln hören und stellte die üblichen Fragen. „Willkommen auf Malta, der südlichsten Insel in der Europäischen Gemeinschaft. Mein Name ist Dimitrios. Bitte, segnen Sie den Oktober-Regen, der für uns Malteser eines der größten Geschenke Gottes ist. Hatten Sie einen angenehmen Flug? Ich hoffe, Sie werden sich bei uns wohlfühlen. Genießen Sie Ihren Aufenthalt bei wundervollen 23 Grad. Wenn Sie Fragen haben, können Sie sich jederzeit an mich oder meine Kolleginnen und Kollegen wenden. Haben Sie schon Pläne, was Sie heute unternehmen wollen? Sie sollten unbedingt…"

Er redete ununterbrochen, bis sie im Wagen saßen. Mit einem Schlag veränderte sich sein Verhalten. „Bitte entschuldigen Sie mein Dauergerede. Es gehört zu Ihrem persönlichen Programm. Sehen Sie, ich hab den… Auftrag, Sie während Ihres Aufenthaltes zu betreuen."

Der Touristenbequatscher entpuppte sich als einer ihrer Beschützer. – Eine Vorstellung, die Sarah sehr beruhigte.

„Schön", strahlte Elly. „Dann können Sie uns sicher sagen, wie der derzeitige Bischof von Mainz heißt, oder?"

„Sie meinen Karl Kardinal Lehmann?" Er grinste.

Auch Elly grinste. „Na, dann fahren Sie mal los."

Sarah staunte. „Kannst du mich mal aufklären?"

„Sicher ist sicher." Elly lachte aus vollem Hals. „Das sind die kleinen Vorkehrungen, die Konrad immer zur Sicherheit einbaut, bevor irgendetwas in Gang gesetzt wird."

„Ihr Partner ist ein schlauer Bursche“, bestätigte Dimitrios. „Aber in unserem Aufgabenfeld kann man gar nicht vorsichtig genug sein.“

„Und? Haben Sie Informationen für uns?“, fuhr Elly fort.

„Ja, Frau Schmitz. Aber bevor ich dazu komme, habe ich eine Frage. Waren Ihr Handgepäck und Ihre Mäntel während der ganzen Reise unter Ihrer Aufsicht?“

„Mit absoluter Gewissheit“, erwiderte Elly.

„Gut.“ Dimitrios nickte. „Sehen Sie, am Flughafen in Frankfurt wurde Frau Birgens Koffer leider zwischen zwei Stahlbändern eingequetscht. Wir hatten Mühe, ihn einigermaßen unbeschädigt wieder aus der Umklammerung zu befreien. Waren zerbrechliche Gegenstände im Koffer?“

Sarah lachte. „Nein, Gott sei Dank nicht.“

„Da bin ich aber froh“, entgegnete der Fahrer. „Wir hatten nämlich den Eindruck, dass etwas in der Innenhaut des Koffers zerbrochen ist. Jedenfalls haben die Scanner ein zerbrochenes, kleines Ding ausgemacht.“

Jetzt verstand Sarah. *Die haben ein Abhörgerät im Koffer zertrümmert! Und jetzt sieht es so aus, als wäre es aus Versehen beim Laden am Flughafen passiert.*

Gerade als Sarah und Elly sich an der Rezeption anmelden wollten, brach plötzlich ein ohrenbetäubender Lärm los. Eine Blaskapelle marschierte ins Foyer und blieb vor den beiden stehen. Natürlich blieben auch alle anderen Gäste stehen und klatschten im Takt mit, genau wie Elly und Sarah.

Als die Kapelle geendet hatte, trat ein Mann im dunklen Maßanzug und mit zwei wunderschönen Blumensträußen auf die Frauen zu. Er stellte sich als der Hoteldirektor vor. „Herzlich Willkommen im Ariston-Hotel und herzlichen Glückwunsch. Sie sind unsere 100.000ten Gäste seit der Eröffnung. Und deshalb haben wir das große Vergnügen, Ihnen für die Zeit Ihres Aufenthaltes unsere Präsidenten-Suite zur Verfügung zu stellen.“ Er überreichte Sarah und

Elly jeweils einen der Blumensträuße. „Darin inbegriffen", fuhr er lautstark fort, „ist ein persönlicher Butler und eine Hausdame, die Sie rund um die Uhr betreuen werden." Er wartete einen Augenblick, bevor er fortfuhr: „Selbstverständlich gehört auch ein persönlicher Chauffeur dazu, der Sie überall hinbringt. Dimitrios?"

Der Gerufene meldete sich: „Ja, Sir?"

„Sie haben es jetzt gehört. Sie sind mir persönlich dafür verantwortlich, dass die beiden Damen die Insel kennenlernen. Zeigen Sie ihnen Ihre Heimat, auf die wir Malteser so stolz sind. Und dafür nehmen Sie natürlich den Rolls Royce. Das Ariston-Hotel hat seinen Gästen schließlich etwas zu bieten."

Dimitrios strahlte. „Gern, Sir."

Sarah war sprachlos. Elly lächelte. „Ganz herzlichen Dank für diese wunderbare Überraschung. Wir nehmen Ihre Geschenke gern und mit Freuden an und fühlen uns sehr geehrt."

Die Blaskapelle zog ab, die Gäste verteilten sich wieder und Sarah und Elly wurden in die Präsidentensuite geleitet. Der angekündigte Butler im traditionellen Frack und die Hausdame in schwarzer Kleidung mit weißem Kragen erwarteten sie bereits.

Kaum dass die gepolsterte, schalldichte Tür zum Flur geschlossen war, stellten sich die Fremden vor. „Ich bin Joline und das ist mein Kollege Harold. Wir sind vom israelischen Geheimdienst und haben die Aufgabe, Sie während Ihres Aufenthalts im Hotel zu betreuen und dafür zu sorgen, dass kein Unbefugter Ihr Zimmer betritt."

Ungläubig ließ sich Sarah in den Sessel fallen. „Das ist jetzt alles nicht wahr, oder?"

Joline drehte sich zu ihr um. „Sie sind Sarah, stimmt's? Konrad hat Sie beschrieben. Doch, Sarah, es ist wahr. Wir wollen nicht, dass Sie in einem Zimmer untergebracht werden, in das jedes Zimmermädchen und jeder vom Zimmerservice rein und rausspazieren kann, wie es ihm beliebt. Diese Suite hier ist garantiert abhörfrei. Von dem Tag an, als Konrad uns über Ihre Reise informierte, wurde die Suite zentimeterweise durchsucht und stand ständig unter Beobachtung. Hier sind garantiert keine Wanzen. Hier können Sie frei sprechen."

Elly ließ sich ebenfalls in einen der Sessel fallen. „Langsam ahne ich, dass es wirklich um eine große Sache gehen muss."

„Und ob!", bestätigte Harold. „Sonst wären wir nicht hier."

„Aber dann ist Mark in ganz ernster Gefahr", flüsterte Sarah.

„Das kann man so nicht sagen", erwiderte Joline, die sich auf die Couch gesetzt hatte. „Dafür wissen wir noch zu wenig."

„Wichtig ist jetzt, dass Sie sich wie Urlauberinnen verhalten", merkte Harold an. „Nur dann können wir herausfinden, wer Sie observiert und wer hinter der ganzen Sache steckt."

„Was immer Sie vorhaben", ergänzte Joline, „Sie wissen, Dimitrios wird Sie fahren. Machen Sie reichlich Gebrauch von seinen Diensten. Das würde unsere Arbeit erheblich vereinfachen."

„Und was empfehlen Sie uns? Was sollen wir uns ansehen?", wollte Elly wissen.

„Wenden Sie sich nach dem Frühstück, das Sie nicht hier, sondern im Speisesaal an täglich wechselnden Tischen einnehmen, einfach an Dimitrios. Er hat einen guten Plan, der alle Sehenswürdigkeiten berücksichtigt. Wenn Sie etwas Spezielles tun wollen, sagen Sie Dimitrios rechtzeitig Bescheid. Dann können wir am Ziel für ausreichende, sagen wir mal… Zuschauer, Straßenfeger oder Touristen sorgen."

Sarah bekam einen Schreck. „Heißt das, wir werden keinen Schritt unbeobachtet bleiben? Immer sind wir unter… unter… Kontrolle?"

Joline nickte. „Das ist unser Ziel."

„Aber aufs Klo gehen dürfen wir noch allein, oder?", feixte Elly.

„Außerhalb dieser Räumlichkeiten nicht", antwortete Harold ernst. „Wenn von Ihnen jemand zur Toilette muss, dann immer nur gemeinsam."

Sarah stöhnte auf. „Nachher leide ich unter Verfolgungswahn."

„Machen Sie sich keine Sorgen", entgegnete Joline lächelnd. „Sie werden so gut wie nichts von alledem mitbekommen."

„Während Sie hier in Ihrer Suite sind“, ergänzte Harold, „bleiben Joline und ich im vorderen Empfangsbereich. Kommen Sie, wir zeigen Ihnen jetzt alle Räumlichkeiten. Dann werden Sie sehen, dass es einen abgetrennten Bereich für das Personal gibt. Die Gäste der Präsidentensuite haben oft ihr eigenes Personal dabei, das von ihnen getrennt untergebracht wird, aber dennoch in der Nähe ist und sofort zur Verfügung stehen kann.“

Nach dem Rundgang war Sarah klar, dass sie nicht gänzlich auf einen persönlichen-privaten Bereich verzichten musste.

*

*

*

25. Oktober 2012 – Wild Coast (Südafrika)

Während die Jungs wie immer ihre Tastaturen malträtierten, dachte Mark über die Einzelgespräche nach, die er am Vortag geführt hatte. An seinem Schreibtisch im Zimmer ging er noch einmal alle Notizen durch.

Wenn er alles recht bedachte, war Marvin noch einer der 'Normalsten' in der Gruppe. Er zeigte wenigstens noch Emotionen, wenn auch destruktive. Der Rest der Mannschaft schien einfach nur abgestumpft, desinteressiert und gelangweilt zu sein, sobald sie von ihren brummenden Kisten getrennt waren.

Ja, resümierte er, das waren alles Typen mit recht hohem IQ und fehlendem EQ. Bei ihnen gab es keinen niedrigen EQ. Nein – sie fehlte komplett. Diese jungen Leute zeigten keinerlei Empathie. Nein, sich in andere einzufühlen, gehörte nicht zu ihren Fähigkeiten. Sie nahmen weder ihre eigenen Gefühle noch die der anderen bewusst wahr. Diese jungen Leute bildeten eine Gruppe von Verbündeten, keine Gemeinschaft. Und weil sie weder ihre Gefühle noch die der anderen wahrnahmen, konnten sie sie auch nicht nutzen, verstehen oder gar beeinflussen. Diese Fähigkeiten waren ihnen unwichtig. Im Netz fielen Mimik, Gestik, Stimmlage und Körpersprache nun einmal weg. *Rein äußerlich gehören sie noch zur Spezies Mensch, aber sie sind eine neue Unterart*, dachte er. *Sie brauchen, wie alle anderen Kreaturen, Nahrung, Flüssigkeit und Tageslicht, existieren aber wie in einem Kokon, der sie sowohl nach innen wie nach außen schützt.*

Konnte man das noch Leben nennen?

Was machte die Spezies Mensch aus? Waren es nicht Gefühle? Aktive Gestaltung des Lebens? Dinge zu erschaffen? Träume zu verwirklichen? Beziehungen einzugehen? Ein soziales Bewusstsein zu entwickeln? War bei diesen Jungs nicht die Herzensbildung als Gegenstück zur Intelligenz zu kurz gekommen? Sie wussten offenbar nicht, dass emotionale Intelligenz stärker mit Berufserfolg zusammenhängt als kognitive Intelligenz. Mark erinnerte sich an einen Satz aus seiner Ausbildung, der sich tief in seinem Inneren eingegraben hatte: *Das Leben findet in der Kommunikation statt oder es findet überhaupt nicht statt*. Nein, diese jungen Leute waren nicht wirklich am Leben. Aber sie wussten es nicht einmal.

Und sie waren auch nicht bereit, sich zu öffnen, ihren intellektuellen Kokon zu verlassen und sei es auch nur für einen kurzen Augenblick. Marvin wirkte nach außen hin wie der Stärkste. Und er war es auch. Zumindest aus Marks Sicht. Aber in der Wirklichkeit der Freaks hatte er seinen Kokon noch nicht vollständig geschlossen. Die Wut, der Hass und die vollständige Abwehr, die der junge Mann an den Tag legte, hatten noch sehr viel Kraft. Marvin war es noch nicht gelungen, sie zum Schweigen zu bringen. Das machte ihn verwundbar. Die Sicherheit des Kokons war bei ihm noch nicht vollständig ausgebildet.

Aber wie hatte es Hayato so treffend formuliert? *Es ist mir egal, ob mir jemand bestätigt wie gut ich bin. Ich weiß es ja. Die Bestätigung meiner Mitstreiter reicht mir.*

Und genau diese Sicherheit hat Marvin noch nicht, dachte Mark. *Er will anerkannt, geachtet und respektiert werden. Und zwar nicht nur fachlich!*

Er ahnte, dass die Jungs bei ihrem Tun ein Gefühl von Macht erleben mussten. Auf ihrem Fachgebiet waren sie die Größten. Sie waren so groß, dass sie sogar entführt wurden. Da gab es Leute, die keine Mühe und keine Kosten scheuten, um an das Wissen dieser Hacker innerhalb ihres Kokons zu gelangen. Und offenbar hatte nur diese Gruppe genau das Wissen, das diese Leute haben wollten.

Es gibt Gifte, die kann man nur mit Gegengiften neutralisieren, schoss es ihm durch den Kopf. Er nickte. Ja, deshalb waren auch 'umgedrehte' Hacker die besten Mitarbeiter in IT-Unternehmen. Sie wussten, wie ihre ehemaligen Mitstreiter tickten, was sie antrieb und was nicht.

Was war diesen jungen Leuten widerfahren, dass sie so wurden? Was wusste er von ihnen? Er musste sich eingestehen, dass er sich nie dafür interessiert hatte. Leider, wie er jetzt bedauerte. Aber er war auf seinem Fachgebiet genauso gut wie die Jungs auf ihrem. Und er war bereit, das Versäumte nachzuholen. Das hatte er sich nach dem Gespräch mit Hayato vorgenommen.

Er betrat den Computerraum, setzte sich an einen freien Rechner und recherchierte. Er suchte stundenlang alle Informationen zusammen, die er finden konnte. Am Ende sammelte er den großen Packen der ausgedruckten Seiten ein und kehrte zurück in sein Zimmer.

Nach dem Fünf-Uhr-Tee suchte er Bügelfalte auf.

„Mister Smith, ich muss Ihnen etwas mitteilen.“

Mark sah die steile Falte zwischen den Augenbrauen seines Gegenübers. „Worum geht’s?“

„Es geht um die Jungs.“

„Macht der Ami schon wieder Zoff?“

„Nein, nein“, beeilte sich Mark zu widersprechen. „Es geht darum, dass man nicht mit normalen Methoden an diese jungen Leute herankommt.“

„Versteh ich nicht.“

„Die funktionieren nicht wie normale Menschen. Sehen Sie, wenn Ihnen eine Million Dollar in Aussicht gestellt werden, sofern Sie dies oder jenes tun, dann tun Sie das in der Regel, oder?“

„Da kannst du Gift drauf nehmen.“

„Diesen Jungs sind auch hundert Millionen egal. Darauf reagieren die nur am Rande. Wissen Sie jetzt, was ich meine?“

„Heißt das“, Bügelfalte hob die Brauen hoch, „die sind bescheuert? Beknackt? Durchgeknallt?“

„In gewisser Weise ja, aber auf ihrem Gebiet sind sie eben Genies.“

Mark beobachtete, wie es in Bügelfalte arbeitete. Nach einer Weile schüttelte Mr. Smith den Kopf. „Also, das ist mir zu hoch. Ich werde mit meinem Boss reden. Ich sag Bescheid.“

Mark war entlassen.

*

Am Abend, kurz nach dem Dinner, holte Lucas den Trainer aus seinem Zimmer. „Mr. Mark, unser Boss ist da und will Sie sprechen.“

Der Mann, der neben Bügelfalte im Sessel saß, war ein anderes Kaliber. Mark erkannte sofort, dass dieser Typ weitaus mehr zu sagen hatte als die drei Aufpasser zusammen. Dunkelhaarig, sehr schlank, fast schlaksig, ebenmäßige Gesichtszüge und Maßanzug. Als er sich erhob und Mark die Hand reichte, merkte der Trainer, dass dieser Kerl mindestens 1,90 Meter groß sein musste. Er stellte sich als Jan van Guysen vor. Mark setzte sich ihm gegenüber.

„Nun, Mark Richter? Ich habe gehört, dass Sie Probleme mit den jungen Leuten haben. Wie können wir behilflich sein?“

Mark sah die perfekt manikürten Fingernägel, als Jan van Guysen nach seinem Glas griff.

„Da muss ein Missverständnis vorliegen, Mr. van Guysen..."

„Bitte nennen Sie mich Jan."

„Okay. Ich habe kein Problem mit den jungen Leuten. Ich will nichts von ihnen. Sie haben wohl viel eher ein Problem, denn es wird Ihnen nicht gelingen, diese Leute in kurzer Zeit zur Zusammenarbeit zu bewegen."

Jan van Guysen lachte. „Ich glaube, Sie verwechseln etwas. Sie, Mark, wurden engagiert, aus denen eine Gruppe zu formen."

„Engagiert? Sie meinen mit Gewalt und gegen meinen Willen entführt."

„Nennen Sie es, wie Sie wollen. Fest steht, dass das Ihre Aufgabe ist." Er lächelte. „Sonst wären Sie wohl kaum hier. Sie sollen doch der Fachmann sein. Der Experte. Der Beste in ganz Europa."

Mark lächelte ebenfalls. „Genau so ist es, Jan. Im Bereich Motivationstraining gibt es keinen Besseren. Nur, was soll ich trainieren, wenn keine Motivation vorhanden ist? Ich kann nicht eine Fähigkeit trainieren, die schlichtweg nicht da ist."

„Wir haben unsere bewährten Methoden, diese Fähigkeiten zu wecken, Mark. Glauben Sie mir."

Mark beugte sich nach vorn. „Sie scheinen nicht so recht zu verstehen, worum es geht. Wie wollen Sie einem Beinamputierten das Walzertanzen beibringen?"

Er erläuterte dem Mann im Maßanzug, was er recherchiert und von den Jungs selbst erfahren hatte. Am Ende seiner Erklärung lehnte er sich zurück. „Deshalb hat auch Ihre demonstrative Luxus-Aufführung nichts bewirkt. Von wegen Silberbesteck, Kristallgläser und Stoffservietten. Das haben die Jungs als die große Verarsche verstanden und nicht als Anreiz, wozu Sie es eingesetzt haben."

Jan van Guysen nickte. „Ich verstehe." Der schlaksige Mann stand auf und stellte sich ans Fenster. Offenbar dachte er über das nach, was Mark ihm eröffnet hatte. Schließlich drehte er sich um. „Und was sollte Ihrer Meinung nach jetzt geschehen? Wie kann das Ziel erreicht werden?“

„Na ja...“ antwortete Mark gedehnt, „mir scheint, es geht im Erleben der jungen Leute um Macht, die sie offenbar nur in ihrer geschlossenen Welt erleben. Und das auch nur, weil sie ausschließlich innerhalb dieser geschlossenen Welt von ihnen erfahren wird. Dieser Kokon, den sie um sich geschaffen haben, verleiht ihnen erst die Macht. Es ist das Fundament ihrer Macht. Wenn Sie ihnen den Kokon nehmen, nehmen Sie ihnen nicht nur die Macht, sondern auch ihr Können, auf das Sie es abgesehen haben.“

„Ich hab verstanden, was Sie meinen“, erwiderte der Mann im Maßanzug. „Allerdings muss das Problem gelöst werden. Und zwar schnellstens. Ich weiß von meinem Boss, dass der Rechner der chinesischen Börse spätestens bis zum 12. November lahmgelegt sein soll. Wie könnte das funktionieren, Mark?“ Van Guysen setzte sich erneut. „Denken Sie daran, Mark Richter, es geht auch um Ihren Kopf.“

„Sehen Sie, Jan“, entgegnete Mark und lächelte, „genau das haben diese Nerds Ihnen und mir voraus. Die Jungs wissen, dass das, was in ihrem Oberstübchen gespeichert ist, mit ihrem Körper verschwindet. Oder anders ausgedrückt: Sie wollen, dass die Jungs Walzer tanzen und drohen ihnen, die Beine abzuhacken. Die Methoden der üblichen gesellschaftlichen Manipulation funktioniert bei denen nicht. Alles, was die Gesellschaft für wichtig hält, ist ihnen scheißegal.“

„Und wenn wir einen von ihnen vor ihren Augen töten?“, meldete sich Bügelfalte. „Das sollte doch für die anderen eine Warnung sein, endlich zu spuren.“

Mark schüttelte den Kopf. „Nein, Mr. Smith. Das würde die Jungs nur noch mehr in ihren Kokon treiben. Und ich fürchte, dass es nur zu noch größerem Widerstand führt. Das wäre absolut kontraproduktiv.“

„Dieses Hin und Her bringt uns nicht weiter“, stellte Jan van Guysen fest. „Wir werden nie herausfinden, was passiert, wenn wir nicht handeln. Also, wir geben der Gruppe noch bis Samstag Zeit, ihren Kokon zu verlassen und sich auf eine Zusammenarbeit zu einigen.“

„Und wenn nicht?“, wollte Bügelfalte wissen.

„Dann, mein Lieber“, antwortete Jan van Guysen, „dann schauen die anderen zu, wie einer von ihnen am Mambabiss verreckt. Und wir werden wissen, ob Mark recht hatte.“

*

Mark verließ den Raum. Sofort ging er zu Marvin. Wenn einer Einfluss auf die Gruppe hatte, dann er.

Er klopfte so lange, bis Marvin die Tür einen Spalt breit öffnete. „Hau ab!“, knurrte der Junge. Gerade als er die Tür zuknallen wollte, steckte Mark einen Fuß dazwischen. „Du rotznasiger Wichser“, zischte er. „Raffst du immer noch nicht, dass die Hackfleisch aus dir machen, wenn du so weitermachst?“

„Du hältst dich wohl für den Oberguru, was?“

„Lass mich rein, damit ich vernünftig mit dir reden kann.“

„Leck mich am Arsch, du Schleimer und hau ab!“

Mark packte ihn durch den Türspalt am Shirt, zog ihn nahe an sich heran und sagte. „Ich kenne solche Typen wie die. Und zwar eindeutig im Gegensatz zu dir. Wenn du jetzt nicht zur Vernunft kommst, wirst du den morgigen Tag nicht überleben. Das kannst du mir glauben oder es bleiben lassen. Es ist dein Leben, um das es geht. Die geben einen Dreck darum. Für die bist du nur ein Stück Abfall, wenn du nicht spurst. Und genauso werden sie dich entsorgen, du verdammter Hurensohn.“

Für einen Moment flatterten Marvins Augenlider. Er öffnete die Tür und Mark schlüpfte in sein Zimmer.

„Pass auf!“ Er blieb breitbeinig vor Marvin stehen, mit den Händen in der Taille. „Die beiden Schläger Joe und George sind das kleinere Übel. Der Dicke, der mit den Khaki-Shorts samt Bügelfalten, der wird dein Problem sein. Der wird dich eiskalt umbringen, wenn du jetzt nicht das tust, was sie von dir wollen."

Marvins Augen sprühten vor Wut und Rachegelüsten. „Die können mich mal! Ich bin Amerikaner. Und mit denen macht niemand etwas, was sie nicht wollen. Kapiert?"

Mark erkannte, dass er bei dem jungen Mann nichts ausrichten würde. Er schüttelte den Kopf. „Schade, Laser. Ich dachte, dass du ein Hirn im Kopf hast, das du für dich einsetzt. Wenn du auch nur noch einen Tag den Trotzkopf, den Querkopf abgibst, wirst du garantiert, *garantiert* durch einen anderen ersetzt. Einen, der mitmacht. Einen, der mitspielt, auch, wenn es nur zum Schein ist. Begreifst du nicht, du Holzhirni, dass niemand von der Truppe hier mit Freuden dabei ist? Hast du nicht begriffen, dass wir alle nur so tun als ob?"

„So ein fadenscheiniges Getue mach ich nicht mit. *Ich nicht!* Mich kriegt keiner klein!"

Erneut schüttelte Mark den Kopf. „Dann ist dir nicht zu helfen. Wenn du unbedingt ins Gras beißen willst, dann ist das so. Dann hast du wenigstens am Ende recht behalten. Darum geht's dir doch, oder?"

Statt eine Antwort zu geben, stakste Marvin zur Tür, hielt sie demonstrativ auf und Mark setzte sich in Bewegung. An der Tür drehte er sich noch einmal um. „Überleg es dir nochmal, Laser."

Ohne ein weiteres Wort schloss sich die Tür und Mark ging in den Konferenzsaal. Auch wenn er hoffte, dass man Marvin nur noch einmal vermöbeln würde, wusste er tief in seinem Inneren, dass der Junge die endende Woche nicht überleben würde. Bügelfalte war eine Killermaschine, die nur auf das Zeichen wartete.

Im Konferenzsaal fanden sich die anderen vier Jungs, die regelrecht an ihrem Bildschirm klebten, als wären sie mit ihnen verwachsen. Ja, die Jungs waren gut. Sehr gut sogar. Aber sie wussten ihre Expertise noch nicht als Team und für ein Ziel einzusetzen. Jeder von ihnen sah sich als ‚einsamer Wolf', der mehr wusste, besser war und cleverer als alle anderen. Sie gegeneinander aufzustacheln wäre zwar eine Option, aber sie würde den Kampfgeist und das Konkurrenzdenken verstärken und nicht das Miteinander.

Er hatte sie alle beobachtet. Und er fand sich in einigen wieder. Ja, so war er als junger Mann selbst einst aufgetreten. Genauso stur, genauso überzeugt, genauso überheblich. Aber sind das nicht alle jungen Leute? Glauben nicht alle Jugendlichen, besser zu sein als die vorige Generation? Glauben sie nicht alle, dass sie die Welt verändern könnten? Zum Besseren? War er nicht mit den gleichen Scheuklappen durch die Gegend gerannt und hatte stursteif behauptet zu wissen, wo es im Leben lang geht? Konnte er deshalb Marvin so gut verstehen? Hatte er deshalb so intensiv versucht, ihn zur Vernunft zu bringen? *Will ich den großen Retter der Hacker und Nerds spielen?*, fragte er sich. *Mit welchem Recht?*

Seufzend stand er auf und kehrte in sein Zimmer zurück. *Hoffentlich findet Marvin keine Nachahmer*, wünschte er sich.

Ja, er wusste, wie er die Gruppe packen konnte. Aber sollte er das diesem aalglatten Jan van Guysen auf die Nase binden? Die Jungs hatten es ihm gesagt, ohne zu wissen, was sie da von sich gaben. Ohne Pizza und Cola und ohne Computer, das hieß ohne irgendeine Beschäftigung und mit leerem Magen, regte sich auch in diesen Kreaturen der Überlebensinstinkt – ohne Aufbegehren, ohne Trotz und ohne Abwehr. Die 'Belohnung' für sie waren Cola und Pizza. Dafür würden sie am Ende ihren Kokon verlassen. Aber würden sie dann auch zielgerichtet arbeiten? Wer sollte ihre Arbeit kontrollieren? Wer war in der Lage, sie auf die Wirksamkeit ihrer Arbeit hin zu überwachen? Und was passierte, wenn nicht spätestens am Stichtag der Börsenrechner in Peking lahmgelegt war?

Mark erinnerte sich an das Experiment von Carl Rogers. Das Experiment, als er Hunderte von Psychologen in ein Retreat einlud und sie dann sich selbst überließ. Würde das auch bei diesen Jungs funktionieren?

Und blieb ihm dafür noch Zeit genug? Emotionen zu verändern gelang nicht per Knopfdruck. Das brauchte nun einmal Zeit. Und vor allen Dingen – Vertrauen und *Wollen*.

*

*

*

*27. Oktober 2012 – Malta

Sarah und Elly hatten am Tag zuvor eine Rundfahrt über die Insel unternommen. Ihr Chauffeur Dimitrios war Malteser und sehr stolz auf seine Heimat. Die Kontraste von Sandstränden auf der Ostseite der Insel und der Felsenkliffs im Norden faszinierten Sarah. Sie hatte sich noch nie zuvor intensiv mit Malta beschäftigt. Was sie am meisten beeindruckte, war die Tatsache, dass es auf der Insel kaum Süßwasservorräte gab und welche Anstrengungen unternommen wurden, die Trinkwasserversorgung sicherzustellen. Vor allem in der Hochsaison, wenn sich die Touristen auf der Insel tummelten.

Dimitrios wusste viel von der Historie der Insel zu berichten. Hin und wieder hielten sie an besonders schönen Aussichtsstellen und genossen das Panorama. Zu keinem Zeitpunkt, stellte Sarah fest, hatte sie irgendwelche Fremden ausmachen können, von denen sie beobachtet wurden.

Umso erstaunter war sie, als die Hausdame Joline ihr an diesem Morgen einige Fotos zeigte, die während ihrer Rundreise entstanden sein mussten.

„Kennst du einen von diesen Männern?“, fragte Joline und legte ihr Bilder mit verschiedenen Gesichtern vor.

Elly und Sarah sahen sich die Fotos genau an und Sarah tippte mit dem Finger auf zwei der Fotos. „Die beiden hier, die habe ich schon einmal gesehen. Aber ich weiß nicht wo.“

Joline nickte. „Ja, das sind zwei Burschen, die uns auch aufgefallen sind.“

„Jemand, der mir zweimal begegnet“, fügte Harold hinzu, „mit dem beschäftige ich mich immer sehr intensiv.“ Er griff in seine Tasche, holte sein Mobiltelefon heraus und wollte eine Nummer wählen, als Joline meinte: „Warte! Ich möchte ganz sicher gehen, dass… ”

Harold unterbrach sie. „Genau das sollen Mel und David in die Hand nehmen. In spätestens einer Stunde wissen wir alles über die beiden.“

„Und was sollen wir in der Zwischenzeit tun?“, fragte Elly.

„Am besten legt ihr euch an den Pool. Das sollte unverfänglich sein.“

*

Als Elly und Sarah eine gute Stunde später zurück ins Zimmer kehrten, weihte Harold sie ein. „Die beiden Herren sind bereits auf dem Weg nach Tel Aviv. Jetzt kümmern wir uns um die anderen. Mel und David sind schon unterwegs um herauszufinden, in welchen Hotels die beiden anderen wohnen.“ Er grinste. „So groß ist die Insel ja nicht. Und die Touristenströme sind um diese Jahreszeit vorbei. Heute Abend wissen wir, was Sache ist.“

Dimitrios fuhr Elly und Sarah nach Marfa Point, von wo sie mit der Fähre zur Nachbarinsel Gozo übersetzten.

„Fähren sind in ihrer Kapazität sehr überschaubar“, meinte Dimitrios und grinste. „Ein ideales Nadelöhr, um unerwünschte Begleitpersonen zu identifizieren.“

Elly und Sarah standen an der Reling und erfreuten sich, trotz der unangenehmen Begleiterscheinungen, an der Aussicht und am herrlichen Wetter. Der Fahrtwind ließ die Haare aller an Deck wild tanzen. Sarah war froh, sich mit ihren kurzen Haaren nicht dauernd Strähnen aus dem Gesicht streifen zu müssen. Elly hatte sich ein Kopftuch umgebunden.

„Unter anderen Umständen könnte ich mir gut vorstellen, hier tatsächlich einmal Urlaub zu machen“, bemerkte Elly.

„Ich auch." Sarah nickte. „Am liebsten mit Mark", fügte sie leise hinzu.

Wie es ihm wohl geht, fragte sie sich. Die düsteren Gedanken wollten sich gerade wieder einstellen, als ein Tumult an Bord entstand. Zunächst erkannte sie nicht, worum es bei dieser Aufregung auf der anderen Seite des Schiffes ging. Ein Mann rief aufgeregt etwas auf Maltesisch, das sie nicht verstand. Er zeigte aufgeregt immer wieder auf das Wasser und brüllte etwas. Andere stimmten in das Durcheinander ein und stierten auf die Wasseroberfläche. Nach ein paar Minuten stoppten die Maschinen und einige Mitarbeiter der Fährlinie sammelten sich auf einer Seite des Schiffes entlang der Reling.

Dimitrios mischte sich unter die Leute und berichtete kurz darauf, dass wohl ein Passagier über Bord gegangen sei. „Man hat die Küstenwache und die Seenotrettung alarmiert", erklärte er. „Aber hier, auf halber Strecke zwischen der Blauen Lagune von Comino und dem Hafen von Mgarr, sind enorme Strömung und heftige Unterwasserwirbel. Den wird man kaum noch lebend auffischen."

Der Kapitän der Fähre ließ Ausschau halten nach dem vermissten Passagier, der, wie zu vernehmen war, ein deutscher Tourist gewesen sein sollte. Aber man konnte nichts entdecken. Erst als die Küstenwache erschien und die Seenotrettung aufkreuzte, wurden die Motoren der Fähre wieder in Gang gesetzt und kurze Zeit später lief das Schiff im Hafen ein.

Doch statt die erhoffte Rundfahrt über die zweitgrößte Insel des Archipels, Gozo, machen zu können, wurden alle Passagiere in eine Halle geleitet. Die Polizei wollte jeden befragen, ob er zum Verschwinden des Passagiers Angaben machen konnte.

Dimitrios erklärte den Uniformierten in der Landessprache, was es mit den beiden Damen auf sich hatte. Sarah und Elly waren in wenigen Minuten entlassen.

„Wir drehen eine Runde über die Insel", sagte Dimitrios. „Es wäre einfach zu schade, wenn ihr euch das entgehen lasst."

Die Rückfahrt verlief ohne Zwischenfälle.

*

Am nächsten Morgen war das Verschwinden des deutschen Touristen *das* Gespräch auf Malta. Am Frühstückstisch griff Sarah zur Morgenzeitung und sah das Foto. Mit zitternden Händen reichte sie die Zeitung wortlos an Elly weiter und tippte auf das Bild.

Die beiden standen wortlos auf und erreichten in wenigen Minuten ihre Suite.

„Was ist passiert?", wollte Elly wissen und warf die Zeitung auf den Tisch.

„Wieder einer weniger", erwiderte Harold ruhig. „Ja, die Anzahl eurer Beschatter nimmt rapide ab."

„Ich befürchte", ergänzte Joline, „dass heute ein weiterer einen schrecklichen Unfall haben wird."

Sarah glaubte, ihren Ohren nicht zu trauen. „Was… was heißt das?"

Joline sah sie an. „Der Vermisste hat einen Freund. Einen Schweden. Sie wohnten zwar in verschiedenen Hotels und es gibt keine offizielle Verbindung zwischen ihnen, aber wir wissen, dass sich die beiden des Öfteren in verschiedenen Bars in Valetta getroffen haben. Ja, sie wurden sogar gemeinsam in einer Kirche gesehen."

„Und was heißt das konkret?", hakte Elly nach.

„Für euch steht heute ein Ausflug zur Blauen Grotte auf dem Programm", erklärte Harold. „Und die Straße dorthin führt an den Dingli Klippen entlang, die nicht ungefährlich sind. Wer nicht gut aufpasst, kann leicht zu Schaden kommen. Wer von der Straße abkommt und über den Steilhang hinausgerät, hat keine Überlebenschance."

„Wenn er überhaupt gefunden wird", ergänzte Joline.

Sarah spürte, wie ihre Knie weich wurden. Rasch setzte sie sich auf den Sessel und holte tief Luft. *In was bin ich hier hineingeraten?*, fragte sie sich. *Was sind das für Menschen? Die tun ja geradeso, als wären Menschenleben... ja... wertlos.*

Sie fühlte, wie ihr übel wurde. Dann wurde ihr schwarz vor Augen.

*

*

*

***27. Oktober 2012 – Köln (Deutschland)**

Wie in Zeitlupe ließ Konrad Seiffert den Hörer sinken. Lou hatte ihm von den Ereignissen in Malta berichtet. Nein, um Elly oder Sarah brauchte er sich keine Gedanken oder Sorgen zu machen. Sie waren wohl die derzeit am besten geschützten Personen auf der Erde. Auch wenn er nicht wusste, wer sich alles an ihrer Überwachung beteiligte, Lou ließ keinen Zweifel aufkommen, dass mehrere Geheimdienste beteiligt waren.

Er war sich ebenfalls im Klaren darüber, dass die beiden, die in Tel Aviv befragt wurden, nur kleine Fische waren. Aber manchmal wussten auch kleine Fische etwas, das sie eigentlich nicht wissen sollten. Und die Hintermänner wussten nicht, was mit ihren verschwundenen zwei kleinen Fischen passiert war. Wahrscheinlich glaubten sie, dass ihnen ein ähnliches Schicksal widerfahren war, wie den beiden anderen – ein Unfall.

Aber die Hintermänner wussten nun, dass sie entdeckt worden waren. Sie mussten sich also entweder für ein härteres Vorgehen entscheiden oder ihre Pläne ändern. Zwischen den kleinen Fischen und den Hintermännern gab es unzählige Zwischenstationen. Die wirklichen Drahtzieher kannten wahrscheinlich selbst die Hintermänner nicht.

Die Frage blieb: Würde die Nachricht von vier verschwundenen oder verunglückten kleinen Fischen die tatsächlichen Drahtzieher überhaupt erreichen? Die erste Riege der Hintermänner würde genügend Ersatzmänner in der Hand haben, um den eigenen Hals zu retten.

Konrad hatte seine Liste fertig. Er wusste ganz genau, wen er in Südafrika bei sich haben wollte, wenn er die Befreiungsaktion durchführte. Er hatte mit Lou abgesprochen, dass weitere Männer in Durban zu seiner Truppe dazustoßen würden. Er überprüfte seine Ausrüstung. Die Waffen, die er mitzunehmen beabsichtigte, würden die Sicherheitskontrollen garantiert nicht passieren. Doch Lou hatte ihm versichert, dass er für den reibungslosen Transport sorgen würde.

Robert, Friedhelm und Dieter würden ihn begleiten. Lou hatte ebenfalls zugesichert, dass alle Frauen der Beteiligten in der Zeit der Aktion auf einem sicheren Gelände untergebracht sein und rund um die Uhr bewacht würden.

Ja, das war seine einzige Sorge: dass Elly oder Sarah in seiner Abwesenheit etwas passieren könnte. Auch seine drei Mitarbeiter waren besorgt um ihre Frauen. Wie sollte das Problem gelöst werden? Konnte er darauf vertrauen, dass der BND seine Arbeit verlässlich ausführte?

Nein. Er war sich absolut nicht sicher.

Lou hatte ihm versprochen, selbst in Durban zu erscheinen und ihn über alles zu informieren, was die Hintermänner betraf. Nur warum bis dahin warten? Warum wollte er ihn nicht schon jetzt aufklären?

Sein über Jahre erworbenes Misstrauen meldete sich lautstark. Wenn Elly was passierte, würde er sich das niemals verzeihen. Niemals!

Und wenn die Befreiungsaktion misslang, hätte er vielleicht auch Mark und Sarah auf dem Gewissen. Wie sollte er damit weiterleben?

Kurzerhand entschied er, seinen bisherigen Plan über den Haufen zu werfen.

Er setzte sich in seinen Relaxsessel, ließ den neuen Plan an seinem inneren Auge vorbeiziehen und korrigierte den einen und anderen Punkt.

Nach einer Stunde stand er auf, wählte Lous Nummer und teilte ihm seinen veränderten Plan mit.

Verblüfft fragte Lou: „Am Sonntag? Konny, das ist ja schon morgen. Ich weiß nicht, ob ich das zeitlich hinkriege."

„Zeig, was du drauf hast. Setze alles in Bewegung, was nötig ist. Und alles, was du bis morgen Abend nicht geschafft hast, holst du übermorgen nach. Ich erwarte dich am Dienstag, spätestens am Mittwoch, im Hilton in Durban. Ich werde mich unter dem Namen Wilhelm Beuner registrieren. Auf jeden Fall steht die Mühle am Sonntagabend in Malta am Flughafen. Klar?"

„Ja. Klar!"

*

*

*

*27. Oktober 2012 – West Bay (England)

Nach dem vorzüglichen Dinner, das Gloria und Lester Giles genossen hatten, saßen sie am gemütlich prasselnden Kaminfeuer im Salon, als das Telefon klingelte. Kurze Zeit später trat der Butler ein. „Sir, da ist ein Anruf aus Oslo für Sie."

„Danke, Rohan. Ich nehme ihn im Arbeitszimmer entgegen."

Giles stand auf, drückte Glorias Hand und sagte: „Ich bin gleich zurück."

Auf dem Weg in sein Büro fragte er sich: *Was mag das bedeuten? Um diese Zeit?*

Er griff nach dem Hörer. „Hallo? Hier Lester Giles."

Er hörte eine ganze Weile aufmerksam zu und legte wortlos auf, nachdem der schwedische Kollege seinen Bericht beendet hatte. Er schaute auf seine Uhr, griff erneut zum Hörer und wählte die Nummer von Richard McCormack.

Er informierte den Wortführer der *Organisation* über die neuesten Entwicklungen und den Geschehnissen auf Malta.

„Das hört sich so an, als wäre man auf uns aufmerksam geworden“, hörte er Richard sagen. „Aber das war uns ja klar. Allerdings, bis die darauf kommen, was wir vorhaben und wo das Ganze stattfindet, sollte schon längst alles vorbei sein.“ Er hörte, wie Richard zögerte, bevor er fortfuhr. „Obwohl... das, was mir Piet am Telefon sagte, hörte sich auch nicht gerade optimal an.“

„Gibt's ein Problem?“, wollte Lester wissen.

„Ich weiß nicht“, antwortete der Amerikaner. „Ich nehme an, dass wir das am Donnerstag erfahren werden.“

Lester wollte sich gerade verabschieden, als Richard fortfuhr: „Sag, Lester, kannst du Gloria zum Treffen mitbringen?“

„Warum, Dick? Du weißt, dass sie nur mit dem Schiff fahren würde. Sie hat nun einmal diese unerfreuliche Flugangst. Und mit dem Schiff entlang der französischen Küste? Im Herbst auf dem Atlantik? Ich glaube nicht, dass das ein Vergnügen wäre.“

„Wäre es hilfreich, wenn ich euch mit meiner Maschine abhole?“

„Oh. Dann ist es dringend, oder?“

„Ja, Lester. Das ist es.“

„Nun gut. Ich seh mal, was ich machen kann.“

Nachdem Lester aufgelegt hatte, seufzte er tief. Jetzt musste er Gloria beibringen, dass er an ihrem Hochzeitstag nicht dasein würde. *Vielleicht lenkt sie ja ein und kommt doch mit,* dachte er.

Sie konnte schwierig sein. Noch immer trauerte sie ihrem Titel nach, den sie bei ihrer Heirat ablegen musste. Statt Lady Gloria war sie nur noch Mrs. Giles. Er schüttelte den Kopf. *Verarmter Adel oder reiche Bürgerliche. Das war ihre Wahl gewesen*, dachte er. *Und sie hat sich für die reiche Bürgerliche entschieden.*

„Entschuldige, meine Liebe“, meinte er, als er in den Salon zurückkehrte. „Ich hab gerade mit Richard telefoniert. Er lässt dich grüßen und fragt, ob du am kommenden Donnerstag auch in Mallorca bist."

„Kommenden Donnerstag? Aber Lester, das ist unser Hochzeitstag. Du hast doch nicht vor, mich an diesem Tag allein zu lassen?"

„Hör zu, Gloria. Was hältst du davon, wenn wir den Hochzeitstag ganz groß feiern? Im Ritz oder im Connaught? Und wenn du dazu alle deine Verwandten und Freunde einlädst? Natürlich mit Übernachtung."

„Oh, Lester! Meinst du das wirklich? Im Ritz mit allen meinen Verwandten? Und mit Übernachtung?"

„Ja, meine Liebe. Und dazu musst du ja entsprechende Einladungen drucken lassen und versenden. Ich kenne ja das Prozedere. Aber, stell dir vor, alle kämen und wir würden im Ritz den großen Saal mieten. Dazu ein unvergessliches, superbes Dinner. Eine Auswahl der besten Musiker des Royal Symphony-Orchesters für die musikalische Untermalung. Und dann könnte ich versuchen, ein Mitglied der Royals zu gewinnen, um eine Art Laudatio auf uns zu halten. Wär das ein Ausgleich? Wäre das Grund genug für dich, mich ausnahmsweise nach Mallorca zu begleiten?"

Er sah ihre strahlenden Augen, ihr Lächeln. „Ja, Lester, das wäre wunderbar. Ich werde gleich kommende Woche mit den Vorbereitungen beginnen."

„Ja, Liebes. Tu das. Aber wir fliegen morgen nach Mallorca. Richard hat sich angeboten, uns abzuholen. Wir brauchen uns also nicht in die Reihe derjenigen zu begeben, die sich durch Pass und Zollkontrolle drängen müssen. Richard kümmert sich darum. Auch in Mallorca. Wir steigen am Flughafen in Bournemouth ein und auf der Landebahn in der Nähe unserer Finca aus."

„Ich habe noch ein paar von den Beruhigungstropfen, die Dr. Helling mit empfohlen hat. Dann müsste es gehen. Sie haben auch meiner anderen Cousine, du weißt, Lady Candice of Holborough, sehr geholfen."

Er schaltete ab, denn er wusste, dass Gloria sich nun ausführlich über ihre Verwandten auslassen würde. Und außer einem 'mmh' oder 'tatsächlich' ab und zu, brauchte er nichts mehr zu sagen. Er konnte sich getrost seinen Gedanken hingeben. Und die waren bei dem Treffen der *Organisation*.

*

*

*

27. Oktober 2012 – Wild Coast (Südafrika)

Mark machte sich große Sorgen. Er kam mit den Jungs einfach nicht weiter. Die machten schlicht und ergreifend nicht mit. Die offensichtliche Verweigerung, wenn auch nicht demonstrativ und aggressiv wie von Marvin gezeigt, war die Grundhaltung der jungen Männer.

Er lag auf seinem Bett und grübelte, als er von einem großen Geschrei in den Garten gelockt wurde. Auch die Gruppe der Hacker hatte sich neugierig nach draußen gedrängt.

Mitten auf dem Rasen kniete ein Schwarzer. Mark kannte ihn nicht. Er brüllte so laut er konnte. Doch Mark konnte nicht verstehen, was er schrie.

Bügelfalte gesellte sich zu ihm und erklärte so, dass es auch die Jungs verstanden.

„Schaut her! Hier haben wir einen Mann. Sein Name ist Ncelebana. Er hat es gewagt, sich den Anweisungen seines Boss' zu widersetzen. Stellt euch vor, er hat seinen Boss beklaut. Und das schon fünf Mal. Er hat schon oft Strafen bekommen. Und sein Boss hat gemeint, dass man ihn jetzt so bestrafen muss, dass er nie mehr so etwas Böses tun kann. Ja, und deshalb hat man ihn hierher gebracht.“ Er sagte etwas zu dem Schwarzen, der sofort wieder anfing zu schreien.

„Er hat gesagt, dass er es bereut. Aber jetzt ist es zu spät. Er weiß, was ihn erwartet.“

George und Joe fesselten ihn auf der Liege, auf der schon Marvin festgebunden war. Bügelfalte kam wieder mit der zappelnden Schlange an der langen Stange aus dem Haus. Lucas trug den Glasbehälter und setzte ihn am Rand der Rasenfläche ab.

Als der Schwarze die Schlange sah, verdrehte er die Augen, dass das Weiße darin deutlich hervortrat. Er schrie wie am Spieß. Es schien Bügelfalte Spaß zu machen, den Schwarzen zu quälen. Ganz langsam ging er auf den festgebundenen Mann zu und ließ, genau wie bei Marvin, das Tier zuerst mit dem Schwanz in das Gesicht des zum Tode verurteilten pendeln.

Wieder senkte er das Reptil Zentimeter für Zentimeter herunter, bis der Kopf der Schlange das Gesicht des Gefangenen fast erreichte. Sie öffnete weit ihr Maul. Wieder konnte Mark ihren schwarzen Gaumen sehen. Bügelfalte brachte den Schlangenkopf an den Hals des Mannes und lockerte die Schlinge ein wenig. Sofort biss die Mamba zweimal zu. Der Gefesselte schrie noch immer.

Bügelfalte bugsierte die Schlange zurück in den Glasbehälter, den Joe zurück ins Haus trug.

Er sagte etwas zu dem gefesselten Mann auf der Liege, woraufhin er verstummte.

Bügelfalte drehte sich um. „Ich hab ihm gesagt, dass er nicht mehr zu schreien braucht. In weniger als zwanzig Minuten dürfte er für immer eingeschlafen sein. Von seinem eigentlichen Tod bekommt er nicht mehr allzu viel mit."

Ganz langsam ging Bügelfalte auf Marvin zu. „Pass genau auf, du Pisser! Schau genau hin, wie unser Freund gleich aussieht. Wenn du dich jetzt nicht unterordnest und deinen Job machst, geht es dir wie unserem Freund hier, dem armen und unbelehrbaren Ncelebana."

*

Genau wie Bügelfalte vorhergesagt hatte, starb der Schwarze innerhalb von zwanzig Minuten. Er war bereits bewusstlos, als ihm Blut aus Nase und Ohren sowie aus dem Mund lief. Wortlos und geschockt kehrte die Gruppe ins Haus zurück. Mark hörte einen Pfiff und sah, wie andere den Toten losbanden und forttrugen. Kurze Zeit später hörte er, wie ein Auto davonfuhr.

Die Jungs steuerten auf den Computerraum zu. „Stopp!", war die schneidende Stimme von Bügelfalte zu hören. „Alle Mann in den Salon!", befahl er.

Schweigend setzten sich die jungen Männer und warteten, was Bügelfalte noch zu sagen hatte. Mark sah den Widerwillen und Ekel in den Augen der Jungs kurz aufblitzen. Sofort schob sich die Gleichgültigkeit wieder in den Vordergrund.

Bügelfalte baute sich vor der Gruppe auf und schnarrte: „Jetzt wisst ihr, was auf euch zukommt. Das war die allerletzte Warnung. Ihr seid nicht auf Urlaub hier. So wie Ncelebana seinen Boss beklaut hat, so beklaut ihr unseren Boss. Er hat sehr viel Geld investiert, dass ihr hier sein könnt. Und wenn ihr nicht tut, was er von euch will, beklaut ihr ihn. Ihr habt miterlebt, was wir mit Dieben machen."

Bügelfalte drehte sich um und wollte hinausstapfen. Er hatte die Klinke bereits in der Hand, als Marvin zischte: „Du kannst mich mal!"

Langsam drehte sich Bügelfalte um. „Was hast du gesagt?" Er sprach sehr leise. Mark hielt die Luft an.

Plötzlich brüllte Marvin: „Du kannst mich mal! Ihr seid nichts weiter als gewöhnlicher Abschaum. Mörder! Gesindel! Kriminelles Pack!"

George und Joe stürmten herein, packten Marvin und schleiften ihn in den Garten. Sie banden ihn auf derselben Liege fest, auf der kurz zuvor der Schwarze umgebracht worden war. Sein Blut hatte noch niemand beseitigt. Joe holte einen weiteren Glasbehälter aus dem Haus, in dem eine etwas kleinere Mamba zusammengerollt lag. Sie reckte ihren Kopf und nahm die Drohgebärde ein, das geöffnete Maul.

Mark sah, dass Bügelfalte noch immer aufgebracht war. Der Mann konnte offenbar nicht fassen, dass ein junger Amerikaner es gewagt hatte, ihn derart zu beleidigen. Diesmal ließ er sich keine Zeit. Mit schnellen Schritten näherte er sich Marvin, senkte den Kopf der Schlange umgehend an dessen Hals und die Mamba biss zu. Sogleich verfrachtete er das Reptil in den Behälter zurück und stand breitbeinig vor Marvin.

Der Junge hatte bis zu diesem Zeitpunkt keinen Ton von sich gegeben. Jetzt grinste er Bügelfalte an. „Na? Bist du jetzt zufrieden, du Arschloch? Du kleiner, mieser Versager. Du dreckige Ratte. Das darfst du jetzt deinem großen, großen Boss erklären. Willst du die ganze Truppe umbringen?“ Jetzt grinste Marvin noch stärker. „Und wer macht dann unsere Arbeit? Na? Du vielleicht? Du hirnamputierter Hosenscheißer? Kannst du überhaupt rechnen und lesen?“

Mark sah, dass Bügelfalte fassungslos auf Marvin schaute. Im nächsten Augenblick trat John Smith mit voller Wucht gegen die Liege, so dass diese umkippte. Marvin machte weiter: „Geht’s dir jetzt besser, du Hurensohn? Oh Mann, was bist du mächtig! Ich werde dich in der Hölle willkommen heißen, du Scheißkerl.“

Er hustete und spuckte Blut. „Aber vorher, du Blödmann, wird der Ofen für dich erst noch auf Extratemperatur gebracht. Dafür werde ich höchstpersönlich sorgen.“

Bügelfalte schrie: „Halt dein dreckiges Maul, du Rotznase!“

„Ich? Eine Rotznase? Ich hab mehr Eier in der Hose als du, Schwuchtel! Schreckschusspistole! Angeber!“

Bügelfalte drehte sich auf dem Absatz um und stapfte wutentbrannt ins Haus.

Mark ging auf Marvin zu, drehte die Liege wieder in die richtige Position und hielt die Hand des Jungen.

„War es das wert?“, fragt er.

„Und ob!“ Der Amerikaner grinste.

„Kann ich noch was tun, Marvin? Soll ich jemandem was ausrichten, wenn ich zurück bin?“

„He, Mark. Du glaubst doch selbst nicht, dass du hier lebend rauskommst, oder? Die lassen dich nicht laufen. Das wäre viel zu gefährlich für die. Mach dir nichts vor.“

Alle konnten sehen, dass Marvins Lider flatterten und er die Augen verdrehte. Das Gift tat seine Wirkung. Er verlor das Bewusstsein. Zehn Minuten später war er tot.

*

Genau wie Mark befürchtet hatte, zogen sich die Jungs weiter in ihren inneren Kokon zurück. Er wusste, wenn er jetzt nichts unternahm, würde vielleicht schon bald der nächste sterben müssen. Das konnte und durfte er nicht zulassen.

Morgen, wenn sich Bügelfalte beruhigt hatte, würde er mit ihm reden.

Für heute hatte er genug Selbstdisziplin geübt. Er musste jetzt sein Innenleben sortieren, das völlig aus dem Ruder geraten war. Er wusste, dass er unter der Dusche seinen Schmerz rauslassen würde.

*

*

*

*27. Oktober 2012 – Malta

„Ich bin froh, wenn wir wieder zu Hause sind“, sagte Sarah, während sie sich zum Abendessen umzog. Sie erhaschte Ellys fragenden Blick.

„Nun ja…“, fügte sie hinzu, „ich habe eben einen Test gemacht. Mich hat diese Ohnmacht sehr beunruhigt.“

„Na ja, du hast uns zumindest einen ziemlichen Schrecken eingejagt. Aber welchen Test meinst du? Wovon redest du?“

„Nun.“ Sarah zögerte. „Wir waren doch in der Apotheke.“

„Ja und?“ Elly wusste nicht, worauf Sarah hinauswollte. „Du hast dir Aspirin und Sonnencreme besorgt. Und ein Multivitaminpräparat. Du hast doch gesagt, dass du das brauchst.“

„Nicht nur das.“ Sarah zögerte erneut. „Ich habe auch einen Schwangerschaftstest gekauft.“

„Sarah!“ Elly sah sie entgeistert an. „Und? Hast du den Test gemacht? Bist du schwanger?“

Sarah nickte wortlos.

Elly kam rasch auf sie zu und umarmte sie. „Oh, Sarah. Ich freu mich so sehr für dich.“

Nun konnte Sarah ihre Tränen nicht mehr zurückhalten. „Und Mark hat keine Ahnung davon“, schluchzte sie. Elly hielt sie fest und streichelte ihr über den Rücken. „Es wird alles gut werden“, sagte sie.

„Meinst du wirklich?“ Sarah konnte ihre Furcht nicht länger verbergen. „Ich hab solche Angst, Marianne. Was ist, wenn ich ihn nie wiedersehe? Wenn das Kind unehelich geboren wird und ohne Vater aufwachsen muss?“ Wieder überrollte sie die Sorge. „Du, ich ertrage diesen Gedanken nicht.“

„Dann denk daran, dass auch alles gut werden kann. Ich glaube fest daran, dass Konrad ihn findet und befreien wird. Du kennst Konny ja nicht so gut wie ich. Er weiß, was er tut. Ich vertraue darauf, dass er Erfolg haben wird. Und wenn ich das kann, dann kannst du das auch.“

Sarah spürte, wie sie sich beruhigte. *Ja*, dachte sie, *ich sollte auch positiv denken.*

Doch der kleine Stachel des Zweifels wollte nicht weichen.

„Komm“, sagte Elly, „lass uns runter gehen und was essen.“ Sie lächelte. „Du brauchst zwar nicht für zwei zu essen, aber auf eine vernünftige Ernährung solltest du jetzt schon achten.“

„Ich weiß“, bestätigte Sarah. „Viel Grünzeug.“

Im Fahrstuhl, auf dem Weg ins Hotelrestaurant, fragte Elly: „In der wievielten Woche bist du?“

„In der achten.“ Sarah sah, wie Elly die Stirn kraus zog. „Warum fragst du?“

„Dann ist das Fliegen nicht gerade ideal.“ Elly straffte ihre Schultern. „Nützt nix. Ist jetzt so und da müssen wir durch.“

„Ja, morgen fliegen wir zurück“, bestätigte Sarah.

„Die Tage sind wahnsinnig schnell vorübergegangen, findest du nicht?“

„Und ob. Und was alles passiert ist!“

Als sie den Lift im Erdgeschoss verließen, legte Elly den Zeigefinger über die Lippen und flüsterte: „Lass uns nach dem Essen weiterreden, wenn wir wieder oben sind.“

Sie wählten einen Tisch in der Ecke. Der Speisesaal war nur halb voll und sie wollten ungestört reden können.

Kaum, dass sie Platz genommen hatten, trat Dimitrios an ihren Tisch.

„Guten Abend, die Damen. Ich habe gerade eine Nachricht bekommen, dass Sie sofort in Ihre Suite zurückkehren sollen.“

Sarah und Elly schauten sich an. „Und das Essen?“, fragte Elly.

„Wird Ihnen oben serviert.“

Die beiden Frauen folgten ihm zum Fahrstuhl.

Als sich hinter ihnen die Türen geschlossen hatten, sagte er: „Ihr müsst sofort aus dem Hotel verschwinden.“ Er hielt den Lift in der zweiten Etage an und rannte mit Sarah und Elly die Treppen zur Tiefgarage hinunter. Sie stiegen hastig in den Rolls Royce ein und Dimitrios fuhr mit quietschenden Reifen die Ausfahrt hinauf und lenkte den Wagen sicher durch die Hauptstadt.

„Wo fahren wir hin?“, wollte Elly wissen. „Ich will jetzt genau wissen, was los ist.“

Er erklärte: „Ich habe eure wichtigsten Sachen im Kofferraum. Eure Klamotten müsst ihr zurücklassen. Habt ihr Papiere und Pässe in eurer Handtasche?“

„Ja“, bestätigten Sarah und Elly unisono.

„Joline und Harold“, fuhr er fort, „haben eine Warnung von ihrer Zentrale bekommen. Ihr beiden sollt entführt werden. Die Kollegen vom CIA und MI6 haben diesen Verdacht bestätigt. Ich fahre euch jetzt zum Flughafen. Da steht eine Privatmaschine abflugbereit, die euch nach Frankfurt Hahn bringt. Konrad ist informiert und holte euch ab.“

Eine halbe Stunde später saßen Elly und Sarah in einem Learjet und flogen in Richtung Frankfurt Hahn.

*

*

*

***27. Oktober 2012 – Tampa (Florida/USA)**

„Bist du soweit, Louise?“, rief Richard McCormack.

„Ja, Dad. Ich komme.“ Ohne Hast kam seine Tochter die Treppe herunter. Wieder einmal dachte er: *Was für eine Frau! Meine Tochter! Ein Prachtstück.* Er strahlte sie an. „Du siehst hinreißend aus, meine Kleine.“

„Danke, Dad. Brenda und Helen werden am Airstrip sein. Ich bin sicher, Michael und Benny sind auch da.“

„Ach ja“, fiel Richard ein. „Benny ist ja zum ersten Mal dabei. Er wird Julian ersetzen.“

„Nein“, widersprach Louise. „Benny ist nur vorübergehend dabei. Er hat die Leitung des Allister-Konsortiums nur vorläufig übernommen. Er hält nur Julians Stuhl in der *Organisation* besetzt, bevor jemand anderes ihn wegschnappt.“

„Lass uns während des Fluges darüber reden.“

Die beiden verabschiedeten sich von Dorothy und der Chauffeur brachte sie zum Airstrip. Überraschenderweise war Michael ebenfalls an Bord gegangen. Er wollte Helen nicht allein reisen lassen.

Kurz nachdem die Maschine ihre Reiseflughöhe erreicht hatte, klärte Richard seine Begleiter auf: „Ach ja, wir machen eine kleine Zwischenlandung in Bournemouth. Ich habe Lester Giles und seine Frau Gloria versprochen, sie nach Mallorca mitzunehmen."

Louise lächelte ihren Vater an. „Dann kann ich dir auch noch mitteilen, dass ich Claire Stratford überzeugen konnte, ihren Mann Donovan zu begleiten." Bevor sich Richard von dem Schreck erholen konnte, fuhr sie fort: „Ach ja – und Sylvia Olssen wird auch kommen."

Helen grinste. „Damit wären wir schon zu sechst."

„Die anderen Gattinnen haben wir leider nicht erreichen können", mischte sich Brenda ein. „Aber beim nächsten Mal dürfte sich die Zahl der Frauen nach oben bewegt haben."

„Vergiss nicht, Brenda", fügte Louise hinzu. „Mit den Töchtern haben wir ja noch gar nicht geredet."

Richard sagte nichts. Er wusste nur, dass es ein heißes Meeting werden würde. Auf die Reaktion der *Organisatoren* aus Saudi Arabien, Russland und Südamerika war er schon sehr gespannt.

„Fast hätte ich es vergessen, Dad", setzte Louise hinzu und ihr süffisantes Lächeln spielte um ihre Mundwinkel. „Chris, William Millers Sohn, bringt seine Frau Caren und seine Schwester Lilian mit. Damit sind wir dann zu acht."

*

*

*

Teil III - Zerreißproben

*28. Oktober 2012 – Wild Coast (Südafrika)

Mark lag auf dem Rücken auf seinem Bett, die Arme hinter dem Kopf verschränkt. Es war noch dunkel. Seine Uhr zeigte gerade einmal 05:40 Uhr an. Er hatte kaum geschlafen und sich immer wieder in seinem Bett herumgewälzt. Das Bild des sterbenden Marvin vor seinem inneren Auge wollte nicht weichen. *Hätte ich es verhindern können*?, fragte er sich.

Zum ersten Mal seit seiner unfreiwilligen Ankunft erlaubte er sich, seinen Gedanken und bisherigen Eindrücken freien Lauf zu lassen.

Zeigten sich die übriggebliebenen Computerfreaks nicht genauso gefühlskalt wie die drei Aufpasser? Demonstrierten nicht beide Seiten ihre Abgestumpftheit, ihre Teilnahmslosigkeit und auch ihr Desinteresse am anderen? Hatten sie nicht beide einen Teil ihrer Persönlichkeit abgetötet – ihre Emotionalität? Und bestand nicht der einzige Unterschied zwischen den beiden Lagern darin, dass sich die einen in den Reflex des Sich-tot-Stellens geflüchtet hatten, während die anderen ihre Verrohung ungehindert auslebten?

Schmerzlich wurde Mark bewusst, dass er selbst in einen Strudel der Gefühllosigkeit geraten war, ohne es wahrzunehmen. Erst als er am Abend zuvor unter der Dusche gestanden hatte, ließ er den Stopfen, den er auf seine eigene Gefühlswelt gepackt hatte, los. Erst jetzt erkannte er die völlige Überforderung, in die er durch die Entführung und die ihm aufs Auge gedrückte Aufgabe geraten war. Auch sein Innenleben hatte auf den Überlebensmodus umgeschaltet; ihn nur noch wie eine gut geölte Maschine funktionieren lassen. Aus seiner Ausbildung wusste er zwar, dass Lebenssituationen dieser Art jegliches normal-menschliche Verhalten blockierten. Eine typische Schockreaktion. Aber in einer solchen Lebenslage hatte sich Mark bisher noch nie befunden. *Wissen und Erfahrung sind nun einmal zweierlei Paar Schuhe*, seufzte er in Gedanken. Und wenn er als geschulter Profi schon die Kontrolle über sein Innenleben verloren hatte, wie musste es dann erst in den Jungs aussehen? Sie hatten nie gelernt, irgendeine Art von bewusster Kontrolle auszuüben. *Kontrolle setzt ja Bewusstheit voraus*, schoss es ihm durch den Kopf. Und das war genau das, was bei diesen Freaks nicht vorhanden war. Sie waren sich ihrer Gefühle, ihres Innenlebens und ihrer Eigenverantwortung überhaupt nicht bewusst. Wie sollten sie dann Kontrolle darüber haben?

Durch diese Situation hier bekommen sie sogar die Bestätigung, dass sie mit ihrem Lebensmodell des Sich-Abschottens genau richtig liegen! Was mussten sie dem also entnehmen? Sich noch mehr abzuschotten. Den Panzer noch dicker werden zu lassen. Den Kokon noch dichter zu spinnen.

Wie sollte er je ein Team daraus machen? Eine Gruppe, in der einer den anderen unterstützte? Nein. Bei den Jungs war jeder sich selbst der Nächste. Es gab niemanden sonst, der in ihrer Welt eine Rolle spielte. War das nicht genau der Trend, der sich in der ganzen Welt zunehmend zeigte? Ein hochansteckendes Virus, das sich allmählich in jeden Geist einschlich und das Individuum verseuchte? Gab es dagegen ein Mittel? Eine Art Antiserum gegen Egozentrik?

Wahrscheinlich schaut meine Generation gerade zu, wie eine ganze Spezies sich selbst ausrottet, dachte er. *Eine echte Gemeinschaft entsteht doch nur, wenn die Beteiligten ihr 'ich' zugunsten eines 'wir' freiwillig einschränken. Freiwillig!*

Ja, das war der Generalschlüssel: Der freie Wille! Aber wer in der heutigen Zeit glaubte noch daran, dass Menschen ganz freiwillig ihren Egoismus, ihre Egozentrik und ihre vermeintlichen Privilegien aufzugeben bereit waren – für ein echtes 'Wir'? Ohne etwas dafür zu verlangen? Ohne die Rechenmaschine im Hinterkopf rattern zu hören? Ohne „den Geldwechsler im inneren Tempel“ zu Wort kommen zu lassen?

Wohin ist die Menschheit gekommen? Zählt tatsächlich heute nur noch der ‚Gott des Geldes‘?

Fragen über Fragen tauchten aus Marks Innenleben auf und er ließ sie ungehindert aufsteigen.

Schon lange hatten ihn diese Fragen gequält, doch nie hatte er sich die Zeit genommen, sie in die Hand zu nehmen. Immer waren andere Dinge wichtiger. Der Alltag, die Trainings, Fortbildungsseminare, Meetings. Bei ihrem letzten Treffen hatte er mit Nils, seinem besten Freund und Kollegen, die Fragen schon einmal diskutiert, ohne befriedigende Antworten zu finden. Erneut ließ Mark sie aufsteigen.

Projizierten Politiker, Kleriker und Wirtschaftsleute ihre eigenen Denk- und Verhaltensmuster einfach auf den Rest der Menschheit? Hielten sie sich für „klüger“? Warum hielten alle Religionen das verzerrte Menschenbild vom „bösen Geschöpf Gottes“ aufrecht? Weshalb behandelten Politiker die Bürger, als wären sie ein „dummes, unwissendes Wahlvieh, das getäuscht, irregeführt und belogen werden konnte“? Wieso betrachteten viele Führungskräfte ihre Arbeitnehmer, als wären sie „hirnloses Herdenvieh, ohne jeden Verstand“? Glaubten all diese „Mächtigen“, sie könnten mit den Menschen nach Lust und Laune verfahren? So, wie es die selbsternannte Elite gerade für nötig hielt? Wozu? Um aus ihnen „wertvolle“ Menschen zu 'machen'? Oder sich an ihre eigene, 'überhöhte' Position zu klammern?

Mark seufzte. *Die „klugen Köpfe“ in Politik, Religion und Wirtschaft wollen doch gar nicht sehen, was sie seit Jahrtausenden mit ihrem Menschenbild auf Erden anrichten.* Der Klerus sah den Menschen seit jeher als „Sünder“. Bei der Erschaffung dieser Kreaturen war ihrem Gott offenbar ein schrecklicher Fehler unterlaufen, der jetzt vom irdischen Klerus korrigiert werden musste. Man bemühte sich zwar seit ein paar tausend Jahren, aber leider ohne den kleinsten

Erfolg. Mark bemerkte den Ärger, der sich bei dem Gedanken an die Kirche lautstark meldete.

Am eigenen Leib hatte er oft genug erfahren, dass in den Chefetagen vieler großer Konzerne das Bild des „unwissenden, Arbeitnehmers" vorherrschte, der erst einmal geschult werden musste, damit er seine vorgegebenen Aufgaben – sprich Konzernziele – erreichte. *Wer sich nicht unterwirft, fliegt raus! Im Zweifelsfall werden Produktionsstätten eben ins Ausland verlegt; in Länder, wo reichlich Arbeitskräfte vorhanden sind, denen die Ausbeutung noch als ‚Wohltätigkeit' verkauft werden kann und die uneingeschränkte ‚Bereitschaft' der Unterwerfung besteht*, dachte Mark und der Groll in seinem Inneren rüttelte wie ein Gefangener an den Gitterstäben seiner verriegelten Zelle.

Und welches Menschenbild trugen Politiker vor sich her? Eine Gesichtslose Masse, der man zu Wahlkampfzeiten die Hucke volllügen konnte. Ansonsten galten Lobbyismus, Steuererhöhungen und Gängelung – ja sogar Kriminalisierung ganzer Bevölkerungsgruppen.

Begriffen all diese kranken Hirne nicht, dass der Wille des Menschen immer frei sein würde? Ganz egal, wie sehr sie ihn außer Kraft zu setzen versuchten? Dass die Würde des Menschen unantastbar und das höchste Gut der Menschheit bedeutete, das in den Mittelpunkt jeder Über-legung, jeder Entscheidung und jeder Handlung zu stellen war? Dass es keine höhere Priorität gab? Weder in Politik noch in der Religion noch in der Wirtschaft?

Marvin hatte Mark eine Lektion erteilt, die er niemals mehr vergessen würde. Selbst in Millionen von Jahren nicht. Der Junge hatte sich nicht einschüchtern lassen. Er hatte seiner Angst nicht nachgegeben.

Ja, das Mittel, das die Mehrheit der Führungskräfte einsetzte, war das... Angstmachen. Es galt, die niedrigsten Instinkte, das Überleben des Individuums – ja der ganzen Spezies, ständig anzukitzeln und am Köcheln zu halten. Es ging um Macht. Um nichts anderes. Diese

Leute, die sich Führungskräfte nannten, hatten immer noch nicht begriffen, dass der Geist des Menschen nicht zu töten, der freie Wille nicht auszuschalten war. Ja, Marvin hatte wieder einmal bewiesen, dass nur Körper zerstört werden konnten. Aber der Geist? Niemals! Nein, an den kam keiner ran. Weder mit Bomben noch mit Drohungen.

Mark war wütend. Wütend auf die Typen, die ihn mit Gewalt festhielten. Wütend auf die Jungs und wütend auf sich selbst.

Er hielt inne. *Wut ist stets ein sekundäres Gefühl*, schoss es ihm durch den Kopf. *Dahinter steht immer ein tieferes, primäres Gefühl.*

Er ließ die Empfindung hochkommen.

Ja, es war die Hilflosigkeit, die ihm zu schaffen machte. Dieses Ausgeliefertsein, die Machtlosigkeit, die Schwäche. Sie schnürte ihm den Hals zu, lähmte ihn, ließ ihn rumlaufen wie ein Zombie.

Alles in ihm wehrte sich gegen diese Gefühle.

Er erinnerte sich an einen Ausspruch von Julien Green: *Wir Älteren sind alle mitschuldig an diesem Verbrechen. Wir haben das Schicksal der Erde intellektuell und moralisch unzulänglichen Menschen anvertraut. Haben uns nicht beizeiten gewehrt.*

Was sollte er jetzt tun? Er wollte nicht länger mitschuldig sein. Er wollte aus diesem schrecklichen Gefühl raus!

Und was ist mit der Wissenschaft?, hörte Mark sich fragen.

Sofort kam ihm der Ausspruch Bertrand Russels in den Sinn: *Alle Dinge, die von Rechts wegen das Gefühl angehen, liegen außerhalb des wissenschaftlichen Bereichs.*

„Reiß dich zusammen!", hörte er sich knurren. Nein, er konnte mit dem Durcheinander in sich nichts anfangen. Keiner der Gedanken brachte ihn auch nur ein Stückchen näher an eine Problemlösung heran.

Und ich will ein Trainer sein? Einer, der anderen zeigt, wie sie Probleme lösen?

Mark stöhnte auf. *Was war ich doch für ein Schwätzer*! Nein, er wusste nicht mehr, wer er war, was er tun sollte und schon gar nicht wie.

Langsam dämmerte der Morgen heran und er hatte immer noch keine Ahnung, welche konkreten, wirksamen Schritte er unternehmen sollte.

Er beschloss, es zunächst mit dem Entzug von „Pizza und Cola" zu versuchen, ein geflügeltes Wort, das Marvin ihm erklärt hatte: „Gib uns Pizza, Cola, einen Computer und eine Aufgabe, die uns reizt. Mehr brauchen wir nicht. Dann sind wir zufrieden."

Mark wollte sehen, was passierte, wenn die Jungs ein paar Tage auf Sprudelwasser und trockenes Brot gesetzt würden. Gleichzeitig würde er ihnen ein „Belohnungssystem" in Aussicht stellen.

Mit einem Ruck setzte sich Mark aufrecht. *Bin ich damit nicht genauso verlogen und hinterhältig wie diejenigen, die ich soeben verteufelt habe? Dann mach ich genau dasselbe*! Er seufzte. Aber... wenn er jetzt nichts unternahm, würde sich die Gewalt und die Grausamkeit der Aufpasser steigern. Nein. Er durfte jetzt nicht weiter zuschauen, wie sich die Jungs selbst gefährdeten. Lieber würde er versuchen, sie tatsächlich zur Zusammenarbeit zu manipulieren.

Jeder Einzelne sollte seine Versuche, in den chinesischen Börsencomputer einzudringen, genau aufschreiben. Jeden einzelnen Schritt. Dann sollte er notieren, wo er steckenblieb, wo es hakte und wo er auf ein Hindernis stieß, das er bisher nicht überwinden konnte.

Diese Notiz sollte er vier Mal ausdrucken und in einen Postkorb legen, der für jeden Hacker eingerichtet wurde. Und zwar physisch! Nicht nur virtuell. Am Abend würde jeder einen Stapel mit in sein Zimmer nehmen und über eine Problemlösung nachdenken. Wurde ein Problem tatsächlich und nachweislich gelöst, würde die ganze Truppe am Abend ihre „Pizza und Cola" bekommen.

Je eher das Problem eines Einzelnen gelöst würde, desto schneller würden Sprudelwasser und Brot für alle durch Normalkost ersetzt.

Es war ein Schritt. Ein Experiment. Ein Versuch.

Immer noch besser als gar nichts zu unternehmen.

*

*

*

28. Oktober 2012 – Bournemouth (England)

Nach dem Start vom Airstrip in Tampa genossen alle ein erlesenes Dinner an Bord. Louise war froh, dass sie mit ihrem Vater nicht allein war. In Anwesenheit von Freunden und Bekannten würden sie sich beide zusammenreißen. Aber sie wusste, dass sie in naher Zukunft mit ihm aneinandergeraten würde. Viel zuviel hatte sich in ihrem Inneren an Ärger und Wut angesammelt. *Aber nicht während des Fluges!*, ermahnte sie sich.

Bei Kaffee und Cognac entspann sich zwischen den anderen ein lockeres Gespräch. Es drehte sich hauptsächlich um Europa und die Mentalität der Europäer.

„Gibt es überhaupt eine europäische Mentalität?" Helen Wynberg runzelte die Stirn. „Nach meinem College-Abschluss bin ich drei Monate kreuz und quer durch Europa gereist. Ich finde, es gibt riesige Unterschiede."

Louise konnte an Helens Gesichtsausdruck ablesen, wie ihre zukünftige Schwägerin in die Erinnerung tauchte.

„Die Mentalität der Spanier ist mit der der schwedischen absolut nicht zu vergleichen", fuhr Helen fort. „Oder nimm die deutsche und die englische. Da liegen doch Welten zwischen."

„Das weißt du, Helen, weil du es hautnah erlebt und gefühlt hast", bestätigte Louise. „Aber der Durchschnittsamerikaner hat davon doch gar keine Ahnung."

„Der kann sich solche Reisen gar nicht leisten", mischte Brenda sich ein.

Louise schüttelte den Kopf. „Wir sind ein Volk, das gar nicht über den Tellerrand hinaussehen will. Wir glauben, wir allein wüssten, was richtig und falsch ist, wie andere zu denken, was sie zu glauben und zu fühlen haben."

„He!" Michael wehrte heftig ab. „Das klingt nicht gerade patriotisch."

„Patriotisch?" Louise beugte sich vor und fühlte, wie sich die Wut in ihrem Inneren meldete. Sie hielt ihr Gefühl zurück. Nein, der Ärger musste noch warten. „Ist dir schon einmal aufgefallen, Bruderherz, dass dieses Wort von ‚Pater', also ‚Vater' abstammt?"

Sie sah Richard an. „Vaterlandsliebe? Ja, wir alle sollen den „Vater" Staat lieben. Und wo ist die seine? Wo fühle ich seine Liebe? Wie bringt er sie zum Ausdruck?"

Sie hatte Mühe, ihre Bitterkeit im Zaum zu halten. *Später!*, schoss es ihr durch den Kopf. Stattdessen fuhr sie fort: „Für mich ist der amerikanische Patriotismus eine verdammte Einbahnstraße! Eine einzige große Verarsche, um das Volk zu manipulieren. Sollen sie doch…"

„Nein!" Ben Allister fiel ihr ins Wort. „Wir sind stolz auf unser Land. Wir glauben an Recht und Gesetz. Das kannst du doch nicht in Frage stellen!"

„Und ob ich das kann!" Louise machte ihrem Ärger Luft, wenn auch verhalten. „Der amerikanische Patriotismus wird geradezu krankhaft beschworen. Das ist nichts anderes als eine… ja, wie eine dauerhafte Gehirnwäsche!"

„Ich werd verrückt!" Bens Stimme bebte. „Das ist absoluter Schwachsinn und antiamerikanisch!"

„Schwachsinn?" Louise lachte. „Ben, du hast gerade bewiesen, dass die Gehirnwäsche bei dir perfekt funktioniert hat."

Sie schnappte Bens verständnislosen Blick auf.

„Siehst du nicht, dass damit jede Kritik am amerikanischen Image von vorne herein verhindert werden soll?"

Aufgewühlt stand sie auf und bediente sich an der Bar. „Für mich ist das kein Patriotismus, sondern Indoktrination."

Sie spürte, wie der Cognac in ihrer Kehle brannte, die Speiseröhre erhitzte und sich als Wärme im Magen bemerkbar machte. Sie lehnte sich mit dem Rücken an die Bar.

„Die Arroganz, die Amerika zur Schau stellt, finde ich unerträglich. Seit dem 11. September verhalten wir uns nur noch paranoid. Wer seine Grenzen derart verbarrikadiert, hat panische Angst, die Kontrolle zu verlieren und…"

„Wir haben nicht nur das Recht sondern die Pflicht, uns vor diesen Wahnsinnigen zu schützen!", fiel Michael ihr ins Wort.

Sie sah ihn an, zögerte, ob sie ihre Gedanken aussprechen sollte. Sie entschied sich dafür. „Und wer schützt uns vor dem amerikanischen Wahnsinn?"

Für einen Moment war es still. Nur das pfeifende Geräusch der Düsen war zu hören.

„Ich glaube, ich ahne, was du meinst", reagierte Helen als Erste. „Wenn ich dich richtig verstehe, haben wir ohne Skrupel unsere Denkweise anderen Ländern und Kulturen aufs Auge gedrückt. Meinst du das?"

Louise nickte. Sie war erleichtert; fühlte sich verstanden. „Ja, Helen. Genau das ist es. Wir spielen uns auf wie die Alleswisser und Alleskönner." Sie holte tief Luft. „Wie diejenigen, die wir derart zwangsbeglücken das erleben, interessiert uns einen… Dreck."

Sie setzte sich wieder. „Wo ist bei unserem Patriotismus noch Platz für Menschlichkeit? Wir sind ein Volk von Heuchlern. Wir demonstrieren unsere Gläubigkeit und gehen in die Kirche. Gleichzeitig verfüttern wir unsere jungen Männer an Kanonen. Korea, Vietnam, Irak. Das ist doch krank! Schizophren!"

Sie schüttelte den Kopf. „Erzähl mir niemand was von Vaterlandsliebe!"

Louise sah, wie der Gesichtsausdruck ihres Vaters wieder einmal die Mauer der Unangreifbarkeit übergestreift hatte. Und wie immer, schwieg er beharrlich. Diese Unnahbarkeit, diese Kälte und Arroganz konnte sie kaum mehr ertragen. Sie brauchte alle Kraft, um nicht auszurasten. *Noch nicht!*, ermahnte sie sich erneut.

„Meinst du das wirklich, Louise?“, wollte Helen wissen.

„Ja, Helen, das glaube ich wirklich.“ Sie zögerte. „Aber wir sollten besser nach der Landung in Mallorca noch einmal darüber reden.“

Nein, sie hielt den Zeitpunkt noch nicht für gekommen, mit ihrem Vater abzurechnen.

*

Nach der Zwischenlandung in Neufundland, wo der Learjet aufgetankt wurde, bauten alle ihre Sitze zu einem Bett um und legten sich schlafen. Sie wollten ausgeruht in Südengland ankommen.

*

Die Maschine setzte um 06:10 Uhr auf dem Flugplatz von Bournemouth auf. Der Pilot kümmerte sich um das Auftanken und den Flugplan für den Weiterflug. Der Co-Pilot sorgte dafür, dass Gloria und Lester Giles zur Maschine geleitet wurden.

Um 06:55 Uhr hob der Metallvogel seine Nase wieder in den Himmel und nahm Kurs auf Mallorca. Die Gespräche in der Maschine wurden von Gloria und Lester bestimmt. Louise war froh, als die Maschine auf dem Airstrip nahe der Finca zum Stillstand kam. Für sie war Gloria die Verkörperung einer Frau aus dem 19. Jahrhundert, als Adlige noch das Sagen hatten. *Der kranke Patriotismus der Amerikaner hat sich aus dem kranken Nationalismus der Europäer entwickelt*, schoss es Louise durch den Kopf. *Den haben die Einwanderer alle mitgebracht… und dann ausgebaut.*

*

*

*

*28. Oktober 2012 – Durban (Südafrika)

Als Konrad um kurz nach 11:00 Uhr das Flugzeug in Mthatha verließ, prallte er gegen die Wand aus Hitze und Schwüle und schnappte unwillkürlich nach Luft. Er war hundemüde. Die Zwischenlandungen auf den Kapverdischen Inseln und Windhoek hatten eine längere Erholungspause verhindert.

Dass Lou so schnell auf die Geschehnisse in Malta reagieren konnte, hatte er ausschließlich dem CIA zu verdanken, der für einen sofortigen Abflug von Ramstein aus gesorgt hatte. Die 90 km von Hahn nach Ramstein waren in einer Stunde überwunden. Die Gulfstream G450, mit der sie Ramstein verließen, wurde in Windhoek gegen eine Maschine der Air Namibia getauscht, die die Gruppe nach Lanseria brachte, einem kleinen Flughafen nördlich von Johannesburg. Von hier aus ging es mit kleineren Maschinen weiter. Eine davon brachte Konrad, Dieter, Friedhelm, Svenny und ein paar andere nach Mthatha. Elly, Sarah und vier andere Frauen landeten auf dem Airstrip von San Lameer nahe der Wild Coast. Ein drittes Flugzeug brachte einen anderen Teil der Gruppe auf eine Jagdfarm in der Nähe von Port Edward.

Während des Fluges hatte er sich immer wieder gefragt, ob Ellys und Sarahs Reise nach Malta wirklich nötig gewesen war. Und er kam immer wieder zu demselben Ergebnis: Ja, sie war nötig gewesen. Im gewohnten Umfeld in Köln wären sie nie sicher gewesen, ob nicht doch unerwünschte Mithörer Gespräche belauschten. Nie hätten sie die vier Observierer entlarvt. Nie hätten sie zwei davon befragen können und auf diese Weise mehr über die Hintergründe von Marks Entführung erfahren. Und vor allen Dingen hätten Elly und Sarah niemals derart beschützt werden können. Die Gefahr, dass Sarah entführt und damit wieder Mark unter Druck gesetzt würde, war zu groß. Und wer konnte schon wissen, ob sie Sarah nicht als lästige Mitwisserin getötet hätten. Nein! Das Risiko war Konrad zu groß gewesen.

Er war sicher, dass der International Airport in Durban observiert wurde. Aber alle kleinen Flughäfen und Airstrips in Südafrika konnte niemand lückenlos observieren. In Mthatha, der Hauptstadt der ehemaligen Transkei, nahm die Gruppe der Männer einen VW-Bus und fuhr entlang der Küste nach Norden bis Durban.

Friedhelm saß am Steuer und Konrad hatte Zeit, seine Gedanken zu ordnen.

Ja, er hatte eine Vorstellung davon, wie Mark und die jungen Leute befreit werden konnten. Aber er hatte keinen blassen Schimmer von den Verhältnissen vor Ort. Nein, er musste sich zuerst einen Überblick verschaffen. *Ich brauche Informanten*, dachte er. *Insider! Welche, die sich wirklich auskennen*. Nein! Er traute den Geheimdienstlern nicht über den Weg. Zu oft hatten sie ihr eigenes Süppchen gekocht.

Im Shaka Beach Hotel in Umhlanga Rocks, nördlich von Durban, bezogen die Männer Quartier und stellten als Erstes sicher, dass keines der Zimmer verwanzt war.

Nach einer Stunde trafen sie sich in Konrads Zimmer und machten eine erste Lagebesprechung.

„Ich schlage vor“, begann Konrad, „dass wir uns jetzt erst einmal alle richtig ausschlafen. Morgen Vormittag treffen wir uns mit Lou und seinen Kollegen vom CIA und Mossad im Hilton und informieren uns über die Ergebnisse ihrer Recherchen. Am Nachmittag teilen wir uns auf. Die eine Hälfte geht auf eine Jagdfarm ins nördliche Kwazulu Natal. Die andere auf eine Jagdfarm in der Nähe von Ladysmith. Ich will so viele Südafrikaner kennenlernen wie möglich. Das wird unser Vorgehen erleichtern.“

„Wieso?“, fragte Dieter, Konrads bester Mitarbeiter. „Die Agenten haben das doch schon übernommen.“

„Kurz vor unserem Abflug aus Ramstein bekam ich eine Nachricht von Joline und Harald. Die beiden haben einige Leute hier in Durban rumlaufen. Alles Südafrikaner. Und die haben ein ganzes Netzwerk von Bekannten und Freunden. Mit einer solchen Liste von Leuten können wir unsere Aktivitäten gut kaschieren. Und... das scheint mir noch viel wichtiger zu sein – die kennen die örtlichen

Gepflogenheiten besser als wir. Aber… die sind alle geimpft. Wir sparen enorm viel Zeit, wenn wir uns die hiesigen Verhältnisse zunutze machen. Aber wir sollten unsere eigenen Kontakte knüpfen. Bei den Geheimdiensten gibt es immer welche, die den Mund nicht halten können; die sich auch von der Gegenseite schmieren lassen.“

Konrad nickte. „Wir sollten versuchen, das Image der Touristen so lange wie möglich aufrecht zu halten. Einige von den Einheimischen treffen wir vielleicht morgen auf der Jagdfarm. Mal sehen, was dabei rauskommt.“

„Du hörst dich ziemlich skeptisch an“, brummte Dieter.

„Bin ich auch“, bestätigte Konrad. „Ich kann die Geheimniskrämerei der Agenten einfach nicht ab. In Situationen wie dieser, müsste man sich aufeinander verlassen können.“ Er schüttelte den Kopf. „Nee! Dafür bin zu oft auf die Schnauze gefallen.“

Friedhelm gähnte. „Heute, am Sonntag, ist ohnehin nicht mehr viel zu machen. Lasst uns morgen früh noch einmal den Tag durchgehen. Ich brauche jetzt dringend eine Mütze Schlaf.“

„Ja“, bestätigte Dieter. „Wir sollten fit sein, wenn's losgeht. Um 09:00 kommen die Jungs, die auf dem Virginia Flughafen gelandet sind.“

„Geht schon mal.“ Konrad verabschiedete die Männer. „Ich telefoniere noch mit Elly und höre mal, was die Frauen machen.“ Nachdem der letzte der Gruppe die Tür hinter sich geschlossen hatte, griff Konrad zu einem der Prepaid Handys, die in rauen Mengen in Lanseria eingeladen worden waren.

*

Elly nahm das Gespräch sofort an.

„Hast du auf meinen Anruf gewartet?“, wollte Konrad wissen.

„Was denkst du?“, erwiderte Elly. „Ich bin viel zu neugierig, als dass ich schlafen könnte.“

„Wie sieht's aus bei dir?“

„Die Ladies liegen alle im Bett und sind wahrscheinlich in einen komaähnlichen Schlaf gefallen.“

„Hast du die Zimmer geprüft?“

„Alle sauber. Aber es sind keine Zimmer, sondern richtig schöne Wohnungen. Diese Anlage ist was Tolles.“

„Wieviel seid ihr?“

„Außer mir und Sarah sind noch vier andere Frauen dabei.“ Sie zögerte, bevor sie fortfuhr: „Sag mal, was machen wir hier überhaupt? Was hast du für uns vorgesehen? Und wozu die vielen Frauen?“

Sie hörte sein leises Lachen. „Na ja… es gibt nun einmal eine Art von… sagen wir mal… Informationsbeschaffung, die funktioniert nur zwischen Mann und Frau. Du weißt schon! Manche Männer werden beim Anblick von schönen Frauen unvorsichtig. Das Gehirn schaltet auf ‚zweite Instanz‘.“ Wieder hörte sie ihn lachen. „Dann übernimmt ein anderer Körperteil die Führung.“

Elly musste grinsen. „Ja, ich verstehe. Du meinst… schwanzgesteuert. Das könnte klappen. Die Mädels sind alle hübsch.“ Sie zögerte. „Aber warum Sarah? Wäre sie in Köln nicht viel einfacher zu schützen gewesen?“

„Nein, Elly. Nachdem, was in Malta passiert ist, wäre das zu gefährlich gewesen.“ Als er fortfuhr, konnte sie den Ärger in Konrads Stimme hören. „Die Blödmänner vom Mossad mussten ja wieder mal beweisen, wie gefährlich sie sind; dass man sich mit ihnen besser nicht anlegen sollte. Nein, Elly. Sarah wäre wahrscheinlich zwischen die Mühlen geraten von BND, CIA, Mossad auf der einen Seite und den Entführern auf der anderen Seite, deren Hintermänner wir immer noch nicht kennen.“

„Du meinst also, sie wäre der Zankapfel geworden?“

„Genau! Und das wollte ich auf keinen Fall riskieren. Wenn wir uns schon reinhängen, Elly, dann nach unseren Regeln.“

„Und wie geht’s jetzt weiter?“

Er erzählte vom geplanten Ausflug auf die Jagdfarm, auf der sie mit Mossad-Leuten zusammentreffen wollten.

„Und was macht ihr morgen?“, wollte er wissen.

„Wir machen einen Ausflug zu einer Beauty-Farm. Die liegt nicht weit vom Resort weg. Und die Straße führt uns an der Wild Coast entlang. Auf diese Weise können wir uns die Gegend ein bisschen genauer ansehen.“

„Wenn wir morgen zurück sind, rufe ich dich wieder an, okay?“

„Mach das, Konrad. Ich muss mich jetzt auch auf's Ohr hauen. Bis morgen.“

*

*

*

*29. Oktober 2012 – Wild Coast (Südafrika)

Noch vor dem Frühstück ging Mark in die Küche und sprach mit Lucas. Der Schwarze konnte kaum glauben, was ihm der Deutsche erklärte.

„Mister Mark! Das geht nicht. Sie können die jungen Leute nicht auf Sprudelwasser und Maisbrot setzen. Das wird Mister Smith nicht erlauben.“

„Dann sag Mister Smith, dass ich ihn unbedingt sprechen muss.“

Wortlos drehte sich Lucas um und kam kurze Zeit später mit Bügelfalte zurück.

„Was haben Sie vor?“, fragte der Dicke misstrauisch.

„Meiner Meinung nach muss jetzt was passieren, sonst geht dieses stumme Vor-sich-hin-Arbeiten noch wochenlang so weiter. Hunger und Durst sollen die Jungs nicht haben. Wenn wir ihnen aber ihre Lieblingsspeisen als Belohnung anbieten, damit sie sich zusammenreißen und als Team zusammenarbeiten, könnten wir vielleicht unser Ziel erreichen.“

Der Dicke grinste. „Ein Versuch ist es wert.“ Er drehte sich zu Lucas um. „Na, dann deck mal den Tisch mit Sprudelwasser und trockenen Maisfladen.“ Noch immer grinsend stakste er aus der Küche.

Mark wandte sich wieder an den Schwarzen. „Lucas, ich brauche sechs Kartons. Oder Ablagekästen. Gibt es so etwas im Haus?“

Nachdem sechs stapelbare Ablagekörbe im Computerraum aufgestellt waren, beschriftete Mark sie mit den Namen der Freaks und seinem eigenen. Einer blieb unbeschriftet. Heute Vormittag würde der Neue kommen, der Marvin ersetzen sollte. Mark war gespannt, wie sich der Neuankömmling verhalten würde.

Als die jungen Leute in den Speisesaal kamen, machten sie große Augen. Mark erklärte ihnen: „Heute ist Montag. Ihr seid jetzt mehr als eine Woche hier und habt noch keinen einzigen Fortschritt gemacht. Und weil ich verantwortlich dafür bin, dass ihr als Team zusammen den Computer der chinesischen Börse lahmlegen sollt, muss ich jetzt zu etwas drastischeren Mitteln greifen. Ab sofort gibt es ausschließlich Sprudelwasser und trockene Maisfladen.“

„Wie bitte?“ Stephen sah Mark mit finsterer Miene an. „Das ist doch jetzt nicht dein Ernst, oder?“

„Und ob“, erwiderte Mark frustriert. „Ihr lasst mir keine andere Wahl. Mir wäre es auch lieber, ich könnte ohne solche Mittel arbeiten. Aber ihr legt es ja regelrecht drauf an. Also – je eher ihr euch auf Teamarbeit einlasst, desto eher gibt es wieder was Anständiges zu futtern.“

Mark schaute in die Runde und fuhr fort: „Kommt mit.“ Im Computerraum zeigte er auf die beschrifteten Ablagekörbe und erklärte ihnen seine Vorstellungen. „Sobald eines der Probleme gelöst ist – und zwar durch die Hilfe oder Unterstützung eines anderen – gibt es wieder Pizza und Cola. Für alle!“

Mark schnappte Blicke des Unglaubens, der Verachtung und des Spotts auf.

Im Speisesaal griff jeder der Freaks nach einer Wasserflasche und stopfte ein Stück Maisfladen in den Mund. Mark hatte das Brot probiert. Es schmeckte nach nichts, einfach nur fade.

Wortlos gingen die Jungs an ihm vorbei zurück in den Computerraum und jeder setzte sich an seinen Rechner. Einzeln – wie immer.

Mark ließ sich von Lucas ein Frühstück bringen und überlegte, was er noch tun könnte, um an die jungen Männer ranzukommen. Mit einer weiteren Tasse Kaffee setzte er sich anschließend auf eine Liege im Garten, zündete sich eine Zigarette an. Er war gespannt, ob sich die Jungs besinnen würden und lehnte sich zurück.

Was mochte Sarah machen, fragte er sich. Ihr Gesicht tauchte vor seinem geistigen Auge auf. Ihr Lachen klang in seinen Ohren. Ihre strahlenden Augen mit den Lachfältchen sahen ihn an. *Oh, Sarah, Liebling, was wird aus uns und unseren Träumen?* Er seufzte. Doch noch bevor er sich intensiver mit dem Gedanken beschäftigen konnte, hielt ein Landrover vor dem Tor. Die abrupte Bremsung verursachte eine Staubfontäne auf dem unbefestigten Weg. John Smith öffnete das Portal, der Jeep passierte die Grenze und hielt vor dem Hauseingang an. Mark beobachtete, wie George und Joe einen jungen Mann aus dem Auto trugen und sprang auf.

„He!", rief er laut. „Ist das der Neue? Bringt ihn hier herüber. Legt ihn auf die andere Liege. Vielleicht kann ich ihm helfen, sich zurechtzufinden, wenn er wach wird."

Bügelfalte nickte, die beiden Schläger luden den Jungen auf die zweite Liege und verschwanden zusammen mit dem Dicken im Gebäude.

Mark betrachtete den noch bewusstlosen Neuling. Er schätzte den Jungen auf Anfang zwanzig und etwa 1,80m. Er hatte strohblondes Haar, das wirr an seinem Kopf klebte. Er trug dunkelblaue Jeans und Turnschuhe. Weiße Tennissocken lugten zwischen Hosenbein und Schuhen hervor. Sein hellblaues Sweatshirt war schweißdurchtränkt und klebte an seiner kräftigen, muskulösen Gestalt. Seine Gesichtszüge waren ebenmäßig und wirkten jungenhaft – ein Kontrast zu seinem eindeutig durchtrainierten Körper.

Auf ihn konnte sich Mark besser einstellen als bei den anderen. Jetzt wusste er schließlich, weshalb sie alle entführt worden waren und konnte den Neuling verstehen, auffangen und einweihen. Hoffentlich spielte der Junge mit.

Mark musste sich eine halbe Stunde gedulden, bis der junge Mann erwachte. Mit leisem Stöhnen drehte er sich herum und stotterte: „Wo... wo bin ich? Was... zum Henker... was ist passiert?“ Erneut stöhnte er und griff mit seiner Hand an den Kopf. „Als wenn... als hätte ich... gesoffen.“

„Ja“, bestätigte Mark. „Das Gefühl haben wir alle bei unserer Ankunft gehabt.“

Mühsam stützte sich der Junge auf die Unterarme. „Wo bin ich hier?“, wollte er erneut wissen.

„In Südafrika.“

„Waaas? In Südafrika? Was zum Teufel mach ich in Südafrika? Was soll ich hier?“

Mark sah, wie der junge Mann Mühe hatte, seine braunen Augen zu fokussieren. „Werd erst einmal richtig wach. Komm erst zu dir. Ich erkläre dir dann alles.“

Mark reichte ihm ein Glas kaltes Sprudelwasser, das der junge Mann in einem Zug leerte. Nach einer weiteren halben Stunde setzte er sich auf und schien sich allmählich zu erinnern. „Der Kerl, der mich um Feuer gebeten hatte!“ Vorsichtig schüttelte er den Kopf. „Das Endspiel!“

„Was für ein Endspiel?“

„Die Lions gegen die Rats. Unsere lokalen Baseballclubs! Wir waren alle zum Endspiel gegangen. Unsere ganze Truppe.“ Er stöhnte. „Hast du noch Wasser?“

Mark reichte ihm erneut ein volles Glas, das er wieder in einem Zug leerte.

„Ich suchte nach meinen Kumpels, als mich dieser Typ mit der Zigarette anhaute, ob ich Feuer für ihn hätte. Und dann... ja, dann weiß ich nix mehr."

Mark hielt ihm die Hand entgegen. „Ich heiße Mark Richter. Und du?"

„Jerry. Jerry Dawson", erwiderte der Junge und schüttelte Marks Hand. „Was mache ich hier? In Südafrika!"

„Nun ja", entgegnete Mark, „du bist entführt worden."

„Wie bitte? Entführt? Du machst wohl 'n Witz!"

„Leider nein." Mark schüttelte den Kopf. „Mich haben sie auf die gleiche Weise gekidnappt. Mich hat auch einer wegen Feuer angesprochen. Das nächste, an das ich mich erinnern konnte, war, dass ich mit verbundenen Augen und gefesselten Händen im Flugzeug lag und hierhergebracht wurde."

„Aber – zum Teufel noch mal! – warum?"

„Bist du ein Hacker? Ein Computerfreak?"

„J... ja", stotterte Jerry. „Aber wieso? Was heißt das?"

Mark erzählte ihm von der Hacker-Gruppe, von dem Ziel, die chinesische Börse lahmzulegen und von seinen Schwierigkeiten, aus den Jungs ein Team zu machen.

„Ach du Scheiße!", stöhnte Jerry. „Und dazu soll ich mein Wissen einsetzen? Niemals!"

„Heißt das", hakte Mark erschrocken nach, „du bist auch ein White-Hat?"

„Na klar! Kennst du dich aus?"

„Nein, Jerry. Nicht wirklich." Mark berichtete von den Geschehnissen der vergangenen Woche – einschließlich Marvins Tod.

Jerry grinste schief. „Tja, ich befürchte, dann werden sie mich bald auch begraben müssen. Weißt du, Mark, wir White-Hats haben uns sehr hohen Werten verschrieben. Wenn wir unser Wissen für solche Schweinereien einsetzen, sind wir die schlimmsten Verräter, die es geben kann. Wir dürfen intellektuelles Wissen nicht für kriminelle Zecke missbrauchen. Wir White-Hats wollen die Grenzen des menschlichen Intellekts herausfinden. Es ist für uns eine geistige Herausforderung und keine Gelegenheit, uns zu bereichern.“

„Ich weiß, Jerry. Ich weiß. Aber ich glaube, es geht um viel mehr als das.“

„Wie meinst du das?“

„Kennst du den Begriff 'emotionale Qualität'?“

„Ja, den habe ich schon einmal gehört, aber viel weiß ich nicht darüber.“

„Okay. Ich mach es so einfach wie möglich. Vergleiche dein Wissen mit einem Messer. Es ist ein Instrument, mit dem man Brot schneiden oder einen anderen Menschen töten kann. Das Messer an sich ist neutral. Nur ein Instrument. Es ist also die Motivation eines Menschen, die über den Gebrauch entscheidet.“

„Ich verstehe. Damit gibst du mir also recht, wenn ich sage, dass das intellektuelle Wissen nicht für solche Sauereien eingesetzt werden darf.“

„Hundertprozentig! Diejenigen, die so denken und handeln wie du, verfügen über eine hohe emotionale Qualität, über moralische und ethische Werte, für die sie einstehen.“

„Also ist es richtig, wenn ich dieses Wissen nicht für das Lahmlegen der Börse einsetze.“

„Nein, Jerry. Wenn du dein Wissen nicht einsetzt, bringen sie dich um. Da nützen dir die ganzen ethischen Werte nichts.“ Mark fuhr traurig fort. „Noch einen Märtyrer brauchen wir hier nicht. Manchmal ist es also besser, ein Messer zum Töten zu gebrauchen, wenn es zur Verteidigung des eigenen Lebens verwendet wird.“

„Das ist doch schizophren!“

Mark schüttelte den Kopf. „Nein. Du hast jedes Recht, dein eigenes Leben schützen. Dein Leben ist nicht weniger wert als das der anderen.“

„Aber ich kann doch meine Werte nicht verraten!“

„Weißt du“, sagte Mark bedauernd, „manchmal muss man seine Werte verraten, um sie behalten zu können.“

„Was ist das denn für eine gequirlte Mäusekacke? Spinnst du? Bist du krank?“

Erneut schüttelte Mark den Kopf. „Im Gegenteil. Lass es mich erklären. Du hast das Recht auf ein selbstbestimmtes Leben. Das ist ein sehr hoher ethischer Wert, den du für dich und für andere hochhältst. Stimmt‘s?“

Jerry nickte und Mark fuhr fort: „Dann vergleiche das mit einem König, der sein Reich friedlich regiert. Er ist ein absoluter Gegner von Krieg und Konflikt. Fallen nun feindliche Soldaten ein und bedrohen die Freiheit des Königreiches, hat der König die Pflicht, diese feindlichen Soldaten an die Grenze seines Reiches zurückzudrängen. Das ist er sich und seinem Volk schuldig. Solange er nicht über die Grenze hinausgeht, das heißt, die Feinde nicht auf fremdem Territorium verfolgt, tut er nichts Unrechtes. Aber es ist seine Pflicht – ich betone, seine Pflicht – sein Gebiet zu verteidigen. Der friedliebende König muss also Krieg führen, um Frieden zu haben. Er muss seine Werte von Frieden, Harmonie und Wohlstand verraten, um sie am Ende zu erhalten. Es geht darum, wie man in einer Welt des Unrechts dennoch seine hohe emotionale Qualität leben kann.“

„Du hörst dich an wie unser Pfarrer. Und solche Predigten gehen mir ziemlich auf die Nerven.“

„Kann ich mir gut vorstellen“, erwiderte Mark und grinste. „Wie soll ich dir sonst erklären, wie ich die Situation einschätze? Du kommst nicht umhin mitzuspielen, um wenigstens eine kleine Überlebenschance zu haben.“

Mark beobachtete, wie es in dem jungen Mann arbeitete. „Warum haben diejenigen, die uns entführt haben, nicht einfach nur Black-Hats und Cracker aufgesammelt? Das wäre doch für die viel einfacher gewesen?“

Mark grinste. „Das hab ich mich auch gefragt und die Antwort ist ziemlich einfach. Stell dir selbst die Frage: Was unterscheidet die White-Hats von den anderen Hackern?“

Bevor Jerry antworten konnte, traten George, Joe und Bügelfalte aus dem Haus. „Na?“, rief der Dicke, „ist unser neuer Gast wach geworden? Schön.“ Er sah Mark an. „Hast du ihn eingeweiht?“

„Ja“, erwiderte er. „Jerry weiß in groben Zügen, weshalb er entführt wurde.“

Der Dicke grinste. „Fein! Und? Wird er sich genauso dämlich benehmen wie sein Vorgänger? Oder ist er klüger?“

„Soweit war ich noch nicht“, entgegnete Mark.

„Nun...“ Bügelfalte zögerte. „Dann solltest du dich etwas beeilen. Die Jungs drinnen fangen an zu meckern.“

„Das ist gut!“, meinte Mark. „Dann sollen sie alle rauskommen. Können wir noch ein paar Liegestühle haben?“

„Du hast es gehört, Joe. Hol Liegestühle für alle.“ Er stiefelte ins Haus zurück und George, Joe und Lucas verteilten weitere Sitzmöbel auf dem Rasen. Mark hielt Lucas zurück. „Kannst du Jerry bitte sein Zimmer zeigen? Ich glaube, er möchte sich frisch machen und umziehen, bevor er einsteigt.“

Während Jerry dem Schwarzen folgte, trudelten die anderen Jungs ein.

„Setzt euch“, forderte Mark sie auf. „Ich höre, ihr seid unzufrieden?“ Er schaute in die mürrischen Gesichter.

„Na ja“, meinte Stephen. „Wie sollen wir bei Wasser und Brot was Gescheites zustande bringen?“

„Ich kann nicht mal mehr richtig denken“, fügte Sven mit weinerlicher Stimme hinzu.

Hayato lächelte wieder einmal nur und schwieg.

Wong hockte verdrießlich auf seiner Liege und starrte mit gesenktem Kopf auf den Rasen.

„Sobald Jerry zurück ist“, sagte Mark, „erkläre ich euch was.“

„Ist das der Neue?“, wollte Stephen wissen.

Mark nickte. „Ja, er soll Marvin ersetzen. Aber wir warten, bis er zurück ist. Also – ihr wolltet es nicht anders. Hab ich euch doch alles erklärt. Was gibt’s zu meckern?“

Sven begehrte auf. „Ohne was Anständiges im Bauch kann ich nicht denken.“

„Mit was Anständigem im Bauch hast du auch nicht denken können, oder? Ihr habt die ganze Woche abgeblockt. Wolltet unbedingt euren Kopf durchsetzen. Ihr habt sogar zugeschaut, wie Marvin umgebracht wurde. Was soll ich eurer Meinung nach tun?“

Der Blick in die verärgerten Gesichter zeigte Mark, dass er auf dem richtigen Weg war. Zumindest hatten sie das Gespräch mit ihm gesucht. Und das gleich am ersten Tag. Er beugte sich vor. „Ich bleibe bei meiner Linie. Wenn ihr zusammenarbeitet, gibt’s wieder anständiges Futter. Ihr habt die Ablagekästen gesehen. Ich hab euch das System erklärt. Ihr wisst, was ihr zu tun habt. Also? Wo ist das Problem?“

„So geht das aber nicht“, ließ sich Wong vernehmen.

„Ach nein?“, hakte Mark umgehend nach. „Und wie geht es deiner Meinung nach?“

Wong reagierte nicht.

„Ja, das habe ich mir gedacht“, erwiderte Mark. „Ihr wisst, dass es so nicht geht, habt aber keinen eigenen Plan, wie es klappen könnte. Was seid ihr doch für armselige Kreaturen. Gegen alles sein und den eigenen Kopf durchsetzen wollen. Und ansonsten nur Abwehr; keine Ahnung, aber motzen.“

Jerry kehrte zurück, in Sandalen, kurzer Hose und T-Shirt. Seine Haare waren noch nass.

„Okay“, sagte er, setzte sich auf eine freie Liege und schaute in die Runde. „Was geht hier ab?“

Bevor Mark erklären konnte, zischte Stephen: „Wir sollen bei Sprudelwasser und einem Maisbrot, das wie ausgekotztes Kaugummi schmeckt, vernünftig arbeiten."

„Was heißt 'vernünftig'?", warf Mark ein. „Ihr hattet eine ganze Woche Zeit, vernünftig zu arbeiten. Und was habt ihr gemacht? Euch wie eine Horde Dreijähriger benommen, die mitten in der Trotzphase stecken. Nennst du das vernünftig?"

Stephen zuckte mit den Schultern und schwieg.

„Was meinst du dazu, Hayato", sprach Mark den Japaner an, doch auch er schwieg.

„Ja, ich sehe, was hier abgeht", meinte Jerry und nickte. „Ich würde vorschlagen, dass die Truppe ins Haus geht und wir beide, Mark und ich, uns erst noch allein unterhalten."

„Glaubst du, du bist was Besseres?", schnauzte Sven.

„Das hat dein Vorgänger auch geglaubt", fügte Stephen ärgerlich hinzu. „Und? Was hat es ihm gebracht? Ne schwarze Mamba. Pass auf, dass es dir nicht genauso geht."

Ärgerlich sprang der Engländer auf und stampfte auf's Haus zu. Die anderen folgten ihm.

„Ich sehe, was du für ein Problem hast, Mark", meinte Jerry. „Und ich hab über das nachgedacht, was du mir erklärt hast. Es tut mir leid, aber ich kann meine Werte als White-Hat nicht abschießen."

Er stand auf und ging ebenfalls ins Haus zurück.

Mark lehnte sich zurück. *Noch so ein Idiot!*, dachte er. *Aber der ist weitaus gefährlicher als Marvin, denn er weiß genau, was er tut. Marvin war wütend. Jerry ist eiskalt. Oder etwa nicht? Ist er vielleicht nur ein besserer Schauspieler als Marvin?*

*

*

*

*29. Oktober 2012 – Mallorca (Spanien)

Auf der 'Hazienda', Richards Finca, saßen alle um halb zwölf am Pool. Das Frühstücksbüffet wurde gerade abgeräumt und der Hausherr verabschiedete sich. „Ihr habt euch bestimmt noch viel zu erzählen. Ich kümmere mich mal um das Haus. Ich mag keine Überraschungen, wenn die Organisation zusammentrifft."

Louise sprang auf. „Ich komme mit!"

„Nein, Louise." Richard hielt sie zurück. „Heute nicht. Übermorgen, wenn die letzten Vorbereitungen getroffen werden müssen, reicht es, wenn du dabei bist."

Doch seine Tochter war anderer Meinung. „Wenn schon – denn schon!" Sie grinste. „Ich will jetzt von Anfang an dabei sein."

„Und was sollen wir derweil machen?", fragte Helen.

Louise drehte sich zu ihr. „Geht runter zum Hafen. Schaut euch die Gegend an. Setzt euch in eine der gemütlichen Bodegas und genießt die Atmosphäre von Port de Sa Calobra. Oder fahrt raus in die Bucht. Die Dotty II ist garantiert startbereit."

Sofort entspann sich eine lebhafte Diskussion unter den Gästen, während Louise zielstrebig aufs Haus zusteuerte.

„Louise!" Richard war verstimmt. „Ich möchte allein zum Haus fahren."

Langsam drehte sie sich um. „Hast du was zu verbergen?"

Ihr Blick durchbohrte ihn förmlich und Richard wurde ärgerlich. „Was erlaubst du dir?"

„Ich glaube", erwiderte sie, „dass du immer noch ein Problem hast, Dad. Ich bin nicht mitgekommen, um auf Shoppingtour zu gehen. Ich will wissen, wie du solche Meetings handhabst, denn ich weiß, dass ich eines Tages in deine Fußstapfen trete." Sie kam nahe an ihn heran. „Und deshalb halte ich es für dringend erforderlich, dass ich mitbekomme, wie du jeden einzelnen Schritt gehst. Ich weiß, wie penibel du jeden Handgriff durchdenkst und ausführst. Ich kenne dich. Von jetzt an wirst du mich einbeziehen müssen."

Auch wenn sie leise gesprochen hatte, Richard war der scharfe und kalte Unterton nicht entgangen. „Du willst mich also tatsächlich begleiten? Obwohl ich das ausdrücklich ablehne?“ Er war fassungslos. Noch nie hatte sie sich in einer konkreten Situation wie dieser gegen ihn gestellt. In Gesprächen – nun gut. Aber das hier? Das konnte er auf keinen Fall dulden.

Bevor er reagieren konnte, fuhr Louise fort: „Glaubst du wirklich, ich gehöre zu denen, die nur viel reden, ohne zu handeln?“ Sie warf ihren Kopf zurück und lachte. „Sag mal, Dad, du scheinst immer noch nicht zu begreifen, wie ernst es mir ist.“

Ja, gestand er sich ein, er hatte immer noch gehofft, dass sie einlenken, sich am Ende doch unterordnen würde. Dass sie den Trip letztlich als eine willkommene Ablenkung einsortieren würde – wie immer. Ein bisschen Shopping mit ihren Freundinnen und Bekannten.

Blitzschnell änderte er seine Taktik. „Komm, Louise“, sagte er und hakte sie unter. „Lass uns das unterwegs noch einmal besprechen.“ Was schadete es, wenn er sie mitnahm? Warum ihr nicht das Haus zeigen? Die Räumlichkeiten, den Ausblick und das Ambiente. Dass er sich anschließend mit Lester Giles und Donovan Stratford treffen wollte, musste sie ja nicht wissen. Der Chauffeur würde sie vorher wieder zur Finca bringen oder zum Hafen zu ihren Freunden. Dann konnte er mit seinen beiden Kollegen in aller Ruhe beraten, wie sie das Frauenproblem in den Statuten anzugehen gedachten.

Die beiden Guards öffneten das Tor zum Haus der Organisation, als sie Richard erkannten. Die stämmigen Männer schauten fragend auf Louise und Richard stellte ihnen seine Tochter vor. Ja, es war das erste Mal, dass eine Frau das Grundstück und das Haus betrat – ausgenommen natürlich das Hauspersonal.

Louise streifte durch das riesige Haus und blieb staunend am großen Panoramafenster im Konferenzsaal stehen. „Oh, ist das schön!“, rief sie aus. Richard beobachtete, wie ihr Blick über das Meer schweifte, das in der Mittagssonne glitzerte. Beim Anblick der gegenüberliegenden Klippen, der Bucht, der Boote blieb sie stumm. Strahlend drehte sie sich um. „Oh, Dad. Das ist wundervoll.“

Richard erschauderte. Ja, seine Tochter war eine der schönsten und geheimnisvollsten Frauen, die ihm je begegnet waren. Einerseits spontan und begeisterungsfähig – andererseits eine zielstrebige und berechnende Geschäftsfrau. Und ausgerechnet sie wollte sich der mächtigen Organisation entgegenstellen? *Arme Louise*, dachte er.

Sie schlenderte an dem riesigen Tisch entlang und streifte dabei mit den Händen über die Lehnen der bequemen Polsterstühle. „Hier findet also das Treffen statt“, sinnierte sie. „Hier hecken die mächtigsten Männer der Welt ihre geheimen Pläne aus und befinden über den Rest der Menschheit.“

„So würde ich das nicht sagen, Louise“, erwiderte er und grinste. „Wir versuchen nur, in dieses globale Chaos ein wenig mehr Struktur zu bringen.“

Langsam ging sie auf ihn zu. „Warum lügt ihr euch selbst was in die Tasche? Braucht ihr das, um noch jeden Morgen in den Spiegel schauen zu können?“

Sie schüttelte den Kopf. „Ihr wollt keine Struktur, wie du es nennst, in ein globales Chaos bringen. Ihr plustert euch als Götter auf und beseitigt jeden, der sich euch in den Weg stellt. Ihr seid übergeschnappt.“

„Warum glaubst du das, Louise?“ Ihre Worte hatten ihn tief getroffen.

Sie stand direkt vor ihm. Ihre Augen funkelten und auf ihrem Gesicht zeigte sich eine Abscheu, die Richard entsetzte.

Er empfand ihre Worte wie Peitschenschläge, als sie fortfuhr: „Du hast mir von eurem Projekt erzählt, diesem Projekt 'Schwarze Mamba'. Ein sehr zutreffendes Wort, denn ihr seid selbst wie diese Schlange... Nein! Wie das Gift dieser Schlange. Ihr seid das Gift dieser Welt. Ihr habt diese Welt in das Chaos gestürzt und haltet sie darin gefangen.“ Ihre grünen Augen sprühten vor Wut. „Lange genug habt ihr ein grausames, unmenschliches und lebensfeindliches Regiment über die Welt geführt. Ihr haltet die Menschen in einem eisernen Würgegriff fest, der alles Leben aus ihnen rauspresst und verbreitet mit eurer Gewalt nur Angst, Schrecken und Panik.“

Richard wich einen Schritt zurück. „Louise! Das meinst du nicht ernst. Das kannst du nicht ernst meinen.“

Wieder ging sie einen Schritt auf ihn zu und flüsterte: „Täusch dich nicht. Ich meine es bitterernst. Und ich werde der *Organisation* jetzt ganz kräftig in ihre Lieblingssuppe spucken. Begreife endlich, dass eure Zeit der überheblichen, großspurigen und rücksichtslosen Beschlüsse abgelaufen ist. Ein für alle Mal!“

Abrupt drehte sie sich um und holte tief Luft. Ohne ihn anzusehen, setzte sie hinzu: „Du hast jetzt die Wahl. Du kannst an der Veränderung mitwirken oder auf dem sinkenden Schiff untergehen.“

Richard fühlte sich wie betäubt. Seine Tochter hatte ihm soeben den Krieg erklärt. Er konnte es nicht glauben. Seine Kleine! Seine Louise! Er öffnete die Tür und trat auf die Terrasse. Seine Hände krampften sich um das Terrassengeländer und er ließ seinen Blick über das Meer wandern. Er hatte schon viele Gegner in seinem Leben gehabt. Die meisten waren schnell zur Vernunft gekommen. Einige brauchten etwas länger. Nur wenige hatten es bis zum Ende durchgestanden und einen sehr hohen Preis bezahlen müssen. Niemand hatte es je gewagt, ihn zu einem Duell herauszufordern. Und jetzt? Seine eigene Tochter! Sie hatte die Klinge mit ihm gekreuzt. Ausgerechnet Louise! Warum? Warum Louise?

Er dachte an Dorothy. Ja, sie müsste hier sein. Jetzt brauchte er sie. Dotty hätte gewusst, was zu tun war. Mit einem tiefen Seufzer kehrte er zurück in den Konferenzsaal und fand Louise auf dem Platz am Kopfende des langen Tisches. Er setzte sich neben sie.

„Hör zu, Louise“, sagte er. „Wir müssen sehen, wie wir uns jetzt einig werden können. Es hat doch keinen Sinn, dass wir beide gegeneinander kämpfen. Der Kampf mit der Organisation wird schon schwer genug sein."

Sie griff nach seiner Hand. „Du musst dich jetzt tatsächlich entscheiden, ob du mir oder der *Organisation* gegenüber loyal sein willst. Du kannst nicht mehr beides, Dad."

„Verstehst du nicht, Kleines, dass ich die *Organisation* nicht verraten kann? Warum soll es nur ein Entweder-oder geben? Bisher hat doch immer das Sowohl-als-auch funktioniert."

Sie sah ihn an und Richard sah die ganze Kompromisslosigkeit in ihrem Blick. „Ja, bisher... aber jetzt beginnt eine neue Zeit. Entweder stehst du auf meiner Seite oder auf der Seite der *Organisation*."

„Was hast du gegen die *Organisation*, Louise? Das, was du bisher von dir gegeben hast, ist einfach nicht wahr. Wir sind keine Unmenschen, keine Monster, keine Tyrannen. Wir wollen wirklich nur das Beste."

Sie entzog ihm ihre Hand. „Ich habe nichts gegen die *Organisation*." Ein flüchtiges Lächeln blitzte kurz in ihrem Gesicht auf. „Sonst würde ich wohl kaum für die Änderung der Statuten kämpfen. Nein, Dad. Mir geht es darum, dass die Macht, die diese *Organisation* hat, mit den Werten, die Frauen vertreten und für die sie stehen, in Einklang gebracht wird. Ihr ahnt nicht einmal, wieviel Leid ihr über die Welt auskippt. Oder – besser gesagt – ihr wollt es gar nicht wissen."

„Was meinst du damit, Schätzchen?"

„Ihr seht die Menschen als gesichtslose Masse, als einen Ameisenhaufen, der für euch zu funktionieren hat. Ihr seht euch wie Bienenköniginnen, für die alle anderen zu sorgen haben. Es gibt aber keine Bienenkönige, mein Lieber. Für mich seid ihr in diesem Punkt Parasiten, die andere aussaugen und ausnutzen. Nein, Dad. Menschen und ihre Gefühle sind euch völlig egal."

„Aber die Masse der Menschen ist doch träge, denkfaul. Schau dich doch mal um! Tausende leben ein Leben, das diesen Namen nicht verdient. Sie greifen zu Drogen, verkaufen ihren Körper für einen kurzen Trip oder überfallen Banken, um sich ohne Arbeit ein schönes Leben zu machen. Wie Ratten hausen Tausende in Wellblechhütten, um ordentlicher Arbeit aus dem Weg zu gehen. Unsere Gefängnisse sind voll von Schmarotzern, Mörder und Banditen. Die Menschen sind nicht gut, Louise."

„Ja, so denkst du. Ich weiß. Aber du irrst. Und wer erlaubt dir darüber zu befinden, welches Leben lebenswert ist und welches nicht?" Sie stand auf und schlenderte zum Panoramafenster. „Es geht mir nicht um die Außenseiter, die tatsächlich hinter Gitter gehören. Es geht mir um diejenigen, denen niemand eine Chance gibt. Ich rede von Frauen, die wie Sklaven gehalten werden, weil ansonsten die 'Herrlichkeit' des Mannes gefährdet ist. Ich rede von den Millionen von Kindern, die jährlich leiden, weil die Profitgier der Konzerne nicht zu stillen ist. Ich rede von Jugendlichen, die keine Lebensperspektive haben, weil sie den Kriterien einer selbsternannten Elite nicht genügen. Von einem Schulsystem, das nur die überholten Geschichten und Denkweisen der vorherigen Generationen wiederkäut, statt das selbständige Denken zu fördern. Es geht mir darum, dass das Denken in der Welt von Frauen endlich mitgeprägt wird." Louise holte tief Luft. „Die *Organisation* ist ein Musterbeispiel für die einseitige Machtausübung durch selbstherrliche Männer. Und das muss sich ändern. Das Frauenbild muss sich in den Köpfen der Männer ändern."

„Du hörst dich an wie eine von diesen schauderhaften Emanzen, für die Männer das Grundübel auf der Welt ist."

Sie lachte. „Wenn dir die Argumente ausgehen, greifst du zu persönlichen Abwertungen. Das ist typisch für dich!" Sie sprang auf. „Aber wir alle sind auf dem Entwicklungsweg!", rief sie empört. „Auch du! Auch die *Organisatoren*. Alle! Ihr seid nichts Besseres. Doch anstatt mit gutem Beispiel voranzugehen, führt ihr euch auf wie... wie... ja, wie Blinde, die dem Gehörlosen sagen, wie sie heil durchs Leben kommen. Ihr seid aufgeblasene Tyrannen, die glauben, wie Gott über das Leben anderer bestimmen zu können."

„Vielleicht solltest du das Männerbild in deinem Kopf verändern, Louise", warf Richard ein. „Wir sind weder Tyrannen noch Despoten. Schau dir doch an, was auf der Welt los ist. Wie soll denn Ordnung entstehen, wenn niemand sie vorgibt?"

Wieder umspielte Louises Mund ein zynisches Lächeln. „Hast du schon einmal gehört, dass die Natur bereits eine Ordnung hat? Dass es so etwas wie eine natürliche Ordnung gibt? Oder glaubst du allen Ernstes, dass der Planet Erde ausgerechnet von den Gesetzen der Natur ausgeklammert wurde? Dass es der Aktivitäten der *Organisation* bedarf, damit die Natur funktioniert?"

Richard schaute seine Tochter an und schüttelte den Kopf. „Wenn wir uns der Ordnung der Natur beugen, wie du es nennst, gäbe es keinen gepflegten Rasen. Wer die Natur nicht kultiviert, hat bald überall nur noch Unkraut wachsen und wilde Sträucher im Garten sprießen. Nein, Louise. Die Natur muss kultiviert werden."

„Kultiviert?" Sie sah ihn entgeistert an. „Was verstehst du unter kultiviert? Welche Maßstäbe legst du dabei an? Wann wird aus Kultivierung Ausbeutung, Raubbau oder sogar der Kahlschlag? Werdet ihr euch erst wohlfühlen, wenn ihr alle in euren Augen minderwertigen Menschen im Griff habt? Die ‚Ungebildeten' in Slums und die anderen in piekfeinen Schweizer Internaten? Dahin, wo sie zur Vernunft – *eurer* Vernunft – kommen sollen?"

Richard sprang auf. „Jetzt reicht's mir aber!", rief er laut. „Du stellst deinen eigenen Vater als Verbrecher und Ausbeuter der Menschheit hin. Bist du noch ganz bei Trost?" Er rannte im Zimmer auf und ab. „Wie kommst du dazu, derart mit mir zu reden? Was fällt dir ein? Ausgerechnet du, die von meiner Arbeit ganz hervorragend gelebt hat. Du hast dir doch nie die Hände schmutzig zu machen brauchen. Du kannst dich auf der Fifth Avenue genauso einkleiden wie in Paris oder Mailand. Du bist ein verwöhntes Gör, das keine Ahnung vom wirklichen Leben hat."

„Ja… und du bist der Wohltäter der Welt." Louise grinste ihn an, aber ihre Stimme triefte vor Hohn. „Du glaubst, du hast für deine Familie alles getan? Sie versorgt, sie verwöhnt und stets deine Pflichten erfüllt?" Wieder ging sie auf ihn zu und blieb direkt vor ihm stehen. „Du bist ein Versager, Dad, weißt du das? Hättest du nur einen Bruchteil deiner Lebenszeit fürs Geldscheffeln eingesetzt und den anderen Teil in Mitgefühl, Anteilnahme, Herzlichkeit und Rücksichtnahme investiert, wir wären vielleicht eine glückliche Familie geworden. Aber so, wie es aussieht, hast du deine Frau vernachlässigt und alleingelassen, deinen Sohn verkannt, nicht ernst genommen und deine Tochter zu einer Emanze herangezogen."

Richards Hand landete auf Louises Wange, dass es klatschte. Ihr Kopf flog zur Seite.

Bevor Richard sich versah, hatte Louise ihm die Ohrfeige mit derselben Wucht zurückgegeben. Nein, damit hatte er nicht gerechnet. Er taumelte einen Schritt rückwärts. Völlig verblüfft über ihre Reaktion sah er in ihre Augen, die sich zu Schlitzen verengt hatten. Sie kam mit ihrem Kopf dem seinen ganz nah.

„Hör zu, du... du… Feigling", zischte sie. „Tu das nie wieder! Wenn du noch ein einziges Mal die Hand gegen mich hebst, wirst du das bitter bereuen. Das schwör ich dir. Kein Mann – nimm das besser zur Kenntnis Richard McCormack – kein Mann hebt seine Hand ungestraft gegen mich. Schon gar nicht mein eigener Vater."

Sie drehte sich auf dem Absatz herum und verließ das Haus.

Wie versteinert stand Richard mitten im Konferenzsaal. Er hörte, wie der Mercedes startete. Wie konnte ihm das passieren? Er hatte die Beherrschung verloren. „Oh mein Gott!", stöhnte er leise auf. Ihm war klar, dass er einen fatalen Fehler gemacht hatte.

*

*

*30. Oktober 2012 – San Lameer (Südafrika)

Das Klingeln des Weckers weckte Elly Brinkmann um 07:30 Uhr. Zusammen mit Sarah und Vera bewohnte sie eines der geräumigen Appartements mit drei Schlafzimmern. Ein Blick nach draußen zeigte ihr, dass es wieder ein heißer und schwüler Tag werden würde. Kein Wölkchen störte das strahlende Blau des Himmels. Elly seufzte bei der Vorstellung, die Perücke aufsetzen zu müssen. Nein, das war kein Vergnügen. Aber was sollte sie machen? Sie durfte ihre Identität auf keinen Fall gefährden. *Wieso eigentlich?*, fragte sie sich. *Sarah brauche ich nicht länger zu täuschen. Und es reicht, wenn ich mich beim Rückflug wieder in Marianne Schmitz verwandle und diese Perücke wieder überstülpe.*

Vera, eine Kollegin des BND aus Hamburg und eine zierliche Frau Mitte Zwanzig, bewohnte das dritte Schlafzimmer. Zurückhaltend, mit wachen graublauen Augen und einer flotten Pagenfrisur war sie eher eine unauffällige Erscheinung, aber Elly wusste von Konrad, dass Vera sich bereits in manchem Einsatz bewährt hatte. Gabi, Lena und Marie, die anderen drei, bewohnten das Appartement unter dem von Elly. Damit hatten die Frauen ein ganzes Gebäude in Beschlag genommen.

Elly bereitete in der Küche Tee und Kaffee zu. Noch schlaftrunken taumelte Sarah gähnend herein. Als sie Elly anschaute, stutzte sie. „Wie siehst du denn aus?“

Elly grinste. „Das Versteckspiel nutzt nichts mehr. Also kann ich es gleich bleiben lassen. Und ohne Perücke fühle ich mich viel wohler“ Sie hielt Sarah die Hand hin. „Ich heiße Elisabeth Brinkmann – genannt Elly.“

„Ich hätte dich fast nicht wiedererkannt.“ Sie schüttelte den Kopf. „Gut, dass du den Kaffee machst“, murmelte sie, holte drei Kaffeebecher aus dem Schrank und stellte Zucker und Milch daneben.

Vera kam herein und Elly sah, dass sie bereits geduscht hatte und Shorts und Shirt trug. *Tolle Beine!*, dachte Elly. *Die werden so manchen Blick auf sich ziehen.*

Nach der ersten Tasse Kaffee für Elly und Sarah und Tee für Vera, scheuchte die Norddeutsche die beiden ins Bad. „Macht euch fertig“, sagte sie. „Ich mach das Frühstück und schaue nach, ob die anderen drei auch um 09:00 Uhr startklar sind.“

Weil das Appartement über zwei Bäder verfügte, saßen Elly und Sarah kurze Zeit später am Tisch und genossen das Frühstück. Pünktlich um 09:00 Uhr trafen sich die sechs Frauen an der Rezeption. Jede hatte ein Prepaid Handy dabei mit der eingespeicherten Nummer von Elly und Konrad.

Ein Schwarzer stellte sich vor: „Guten Morgen, Ladies. Ich bin Jason, Ihr Fahrer. Heute, so habe ich gehört, wollen Sie eine Rundfahrt entlang der Wild Coast machen, stimmt's?“

Elly nickte und reichte ihm die Hand. „Ja, Jason. Erst wollen wir mal sehen, wie es hier so ist. Morgen wollen wir ins Casino. Fahren Sie uns die ganze Zeit? Oder müssen wir uns jeden Tag an ein neues Gesicht gewöhnen?“

Elly sah, dass Vera telefonierte. Nachdem sie aufgelegt hatte, nickte sie unmerklich und Elly entspannte. Der Fahrer schien ‚sauber‘ zu sein.

Jason zeigte sein Gebiss. „Wenn Sie es wünschen, Ladies, können Sie mich fest buchen.“

„Kennen Sie sich hier gut aus?“, hakte Elly nach.

„Ich bin Einheimischer, Miss, und komme aus einem Dorf unweit des Mtavuna. Ich bin hier geboren und aufgewachsen.“

„Fein“, erwiderte Elly und sprach mit der Rezeption ab, dass die Gruppe während des Aufenthaltes immer nur Jason als Fahrer haben wollte. Das war sicherer, als ständig überprüfen zu müssen, ob sie den jeweiligen Fahrern vertrauen konnten.

Während der Fahrt im bequemen, klimatisierten VW-Bus ließen sich die Frauen erklären, was es mit den Stämmen auf sich hatte. Jason war stolz darauf, ein Xhosa zu sein. „Nelson Mandela“, sagte er, „ist auch ein Xhosa.“

„Ach ja?“, mischte sich Sarah ein. „Wo kommt er denn her?“

„Mandela wurde in Mvezo am Ufer des Mbashe-Flusses in der Nähe von Umtata geboren. Er ist einer von den Thembu, dem Königshaus der Xhosa.“ Der Stolz auf seine Zugehörigkeit zu diesem Stamm war unüberhörbar. „Madiba hat uns allen gezeigt, was ein einzelner Xhosa erreichen kann. Nur ein Xhosa konnte so viele Jahre ungebrochen das Gefängnis auf Robben Island überstehen.“

„Und was ist mit den Zulus?“, wollte Vera wissen.

„Pah!“, reagierte Jason verächtlich. „Die waren schon immer korrupt und auf Macht aus.“ Er schüttelte heftig den Kopf. „Es ist gut, dass wir in einem anderen Gebiet wohnen als die.“

„Wir würden gern mehr über die verschiedenen Stämme erfahren“, fuhr Elly fort. „Wer könnte uns da helfen?“

Jason grinste. „Ich habe engen Kontakt zu einem Häuptling nahe der Grenze. Er spricht sehr gut Englisch und redet stundenlang von alten Zeiten.“ Jason lachte. „Wenn ich ihm sage, dass ihr euch für die Historie interessiert, könnt ihr gleich was zum Übernachten mitbringen. Dann kennt der kein Ende.“

„Das hört sich prima an“, meinte Vera. „Also mich würde das sehr interessieren.“

„Oh ja“, stimmten die anderen zu. „Red mit dem Häuptling, Jason. Wir bringen gern was mit, damit wir übernachten können.“

„Okay. Ich red mit ihm. Dann kann ich euch mehr sagen. Einverstanden?“

„Ja klar.“ Elly war hoch erfreut über die Entwicklung.

„Aber jetzt“, mahnte Vera, „sollten wir uns auf die heutige Fahrt konzentrieren.“

Über die R61 ging die Fahrt über Port Edward bis zur Grenze von KwaZulu-Natal. Der Mtamvuna war der Grenzfluss, der die beiden Provinzen voneinander trennte. „Hier beginnt das Xhosa Gebiet“, merkte Jason an. „Das Ostkap.“

„Wie kommen wir an die Küste? Ich möchte das sehen, was Wild Coast genannt wird“, warf Vera ein.

„Oh, Miss“, bedauerte Jason. „Es gibt nur ganz wenige Straßen, die mit dem VW-Bus befahrbar sind und bis zur Küste reichen.“

„Na, dann los! Ich will das wilde Meer, die wilde Küste erleben.“

„Wie Sie wollen“, erwiderte Jason, dem der Wunsch nicht sonderlich gut zu gefallen schien.

„Was ist, Jason“, hakte Elly nach. „Warum so zögerlich?“

Jasons verunsicherter Blick traf Elly unvorbereitet. „Die Leute, die da wohnen, haben es nicht gern, wenn sich Fremde in ihrer Gegend tummeln.“

Zum ersten Mal meldete sich Gabi zu Wort, eine zurückhaltende Mittdreißigerin mit pechschwarzen, langen Haaren. „Ach! Wie kommt das?“

„Ich weiß auch nicht“, blockte Jason spürbar ab. „Man erzählt sich so einiges.“

„Und was?“ Gabi ließ nicht locker.

„Es soll Leute da unten geben, die sogar auf Fremde geschossen haben“, druckste Jason herum. „Das ist sehr gefährlich.“

„Okay, Jason. Sind das Xhosas?“

„Nein, nein, Miss“, wehrte er heftig ab. „Das sind Weiße. Wir Xhosa sind Farmer und Viehzüchter. Wir können mit dem Land direkt an der Küste, mit dem Sand, nichts anfangen. Außerdem sind die Grundstückspreise zu hoch. Die können nur reiche Weiße bezahlen.“

„Na gut“, beschwichtige Elly den Fahrer. „Dann zeigen Sie uns mal Ihre Heimat.“

Jason fuhr von der Hauptstraße ab und zeigte seinen Gästen stolz das Gebiet der Xhosa. Weit verstreut lagen die Häuser in dem Gebiet, in dem das Bild von Vieh und Feldern bestimmt wurde. Auf dem Rückweg hielt Jason kurz an. „Das hier“, erklärte er, „ist ein traditionelles Dorf mit Rundhütten. Es wird hauptsächlich von Touristen besucht, die hier das traditionelle Leben der Xhosa kennenlernen wollen.“

Mit einem „Ich bin gleich zurück“ verschwand er in eine der Hütten. Als er kurze Zeit später wieder aufkreuzte, grinste er von einem Ohr zum anderen. „Häuptling Unathi freut sich, wenn Sie ihn besuchen. Er bittet nur darum, am Morgen informiert zu werden, damit er Sie gebührend empfangen kann.“

Elly hielt ihm die Landkarte hin. „Zeigen Sie mir bitte genau, wo wir sind.“

„Hier“, meinte er und zeigte auf eine Stelle.

„Bitte markieren Sie mir den Ort“, fuhr Elly fort und Jason zeichnete ein Kreuzchen ein.

Über das Umtamvuna Nature Reserve, wo sie ein ausgiebiges Picknick machten, fuhren sie zum Beaver Creek Coffee Estate. Noch nie hatten Elly, Sarah und die anderen eine Kaffeerösterei besucht. Umso erstaunter waren sie, als sie erfuhren, durch welche Prozesse die Bohnen laufen mussten, bevor sie als Kaffee auf den Markt kamen.

Auf Nebenstraßen ging es zurück nach San Lameer. Man verabredete sich mit Jason erneut für den übernächsten Tag.

Alle sechs Frauen versammelten sich in Ellys Wohnung.

„Okay, meine Lieben. Was entnehmt ihr der heutigen Tour?“, fragte Elly in die Runde.

„Eins ist klar“, erwiderte Vera als Erste. „Wir müssen uns an der Küste umschauen. Wer auf Fremde schießt, hat garantiert was zu verbergen.“

„Das sehe ich auch so“, bestätigte Gabi. „Aber die Küste ist lang und wenn ich mir die Karte ansehe, nicht sonderlich gut erschlossen.“

„Vielleicht sollten wir uns aufteilen“, schlug Marie vor. „Eine Hälfte fährt mit einem Landrover die Küste entlang. Die andere Hälfte macht genau da Badeurlaub, wo es Leute gibt, die sich in der Gegend auskennen und gern plaudern. Auf diese Weise lernen wir die Gegend und die Leute kennen. Je mehr Informationen wir haben, desto besser.“

Elly griff zum Handy und informierte Konrad über den Stand der Dinge. Er versprach, innerhalb der nächsten halben Stunde zurückzurufen. Er wollte sich erkundigen, wo genau die Schüsse gefallen waren. „Das werden unsere Freunde wissen“, meinte er.

Es dauerte fast 45 Minuten, bis Ellys Handy klingelte. „Hör zu, Elly. Etwa zwanzig Kilometer südlich vom Mangwanani Kids Spa Wild Coast gibt es vier weit auseinanderliegende Häuser direkt am Meer. Ungefähr dreißig Kilometer nördlich davon gibt es einen Airstrip, der auch von Besuchern des Golfplatzes genutzt wird. Lou kümmert sich gerade darum herauszufinden, wem die Häuser gehören. Was habt ihr vor?“

„Wir wollen uns morgen aufteilen. Wir mieten einen Landrover mit Allradantrieb und ein normales Auto. Auf einigen Wegen kommst du mit dem VW-Bus nicht durch. Eine Hälfte von uns fährt mit dem Landrover entlang der Küste, die andere macht Badeaufenthalt in der Nähe des Casinos. Dort sind immer Leute, die gern was erzählen.“

„Ja, das ist gut. Pass nur auf Sarah auf.“

„Mach dir keinen Kopf, Konrad. Sie wird beim Badeurlaub sein und von zwei Frauen bewacht.“

Sie wartete einen Moment. „Und was ist bei euch los?“

„Erzähl ich dir später. Ich muss jetzt auflegen.“

Elly entnahm dem Handy die SIM-Karte, trat auf das Gerät, dass es splitterte und zerschnitt die Karte in winzige Stücke. „Ihr wisst ja, höchstens zwei Mal.“

Bisher hatte Elly genug zu tun gehabt, als dass sie sich näher mit Sarah beschäftigen konnte. Doch Konrads Nachfrage erinnerte sie daran, dass Sarah noch immer in Gefahr war.

„Wie fühlst du dich, Sarah?“, wandte sie sich an sie.

„Wie meinst du das?“ Sarah war offenbar überrascht.

„Nun ja“, zögerte Elly, „wir haben seit unserer übereilten Abreise aus Malta noch keine Zeit gehabt, darüber zu reden. Ist dir morgens immer noch übel?“

Sarah nickte. „Das wird wohl auch noch ein paar Wochen so sein. Man sagt, ungefähr bis Ende des dritten Monats.“

„Bist du noch mit Medikamenten versorgt? Brauchst du irgendwas?“

Für einen Augenblick schaute Sarah zu Boden. Als sie Elly ansah, schimmerten Tränen in ihren Augen. „Ja, Elly. Mark fehlt mir wahnsinnig. Den brauche ich. Er weiß ja noch nicht einmal, dass er Vater wird.“

Spontan setzte sich Elly neben die junge Frau und legte ihren Arm um deren Schultern. „Ich bin sicher, es dauert nicht mehr lange und du hast ihn wieder. Konrad wird tun, was er kann. Und wir sind ja auch nicht untätig.“

„Weißt du, Elly, irgendwie fühle ich mich wie in einem schlechten Krimi. Ich warte eigentlich nur darauf, dass der Abspann anfängt und zeigt, dass dieser Film vorbei ist.“ Elly sah die senkrechte Falte zwischen Sarahs Augenbrauen.

„Bis jetzt“, fügte Sarah hinzu, „hatte ich kaum Zeit, an Mark zu denken. Abends bin ich hundemüde und tagsüber ist volles Programm. Aber… vielleicht ist das ganz gut so. Wenn ich zuviel Zeit hätte, würde ich bestimmt verrückt.“ Sie zuckte mit den Schultern. „Vielleicht kann ich ihm hier besser helfen als von Deutschland aus.“

„Ja“, bestätigte Elly, „das ist gut möglich. Wir schauen mal, was die kommenden Tage bringen.“

*

*30. Oktober 2012 – Umhlanga Rocks (Südafrika)

Nach dem Treffen mit Lou im Hilton Hotel in Durban fuhren Konrad, Dieter, Friedhelm und Svenny in einem gemieteten VW-Bus auf der N3 in Richtung Ladysmith. Sie wollten sich auf Jimmy's Jagdfarm in Colenso mit den anderen vier aus Lous Truppe treffen. Unterwegs sprachen sie über den Plan, den Konrad und Lou entworfen hatten.

„Meinst du wirklich, dass es so viele von uns braucht, um Mark zu befreien?“, fragte Sven.

Konrad nickte. „Wir wissen noch zu wenig über die Hintermänner und ihren Plan. In den letzten beiden Tagen haben sowohl CIA als auch Mossad erstmals konkrete Anhaltspunkte bekommen. Sie durchkämmen gerade ihre Kontakte.“

„Und wen treffen wir auf der Jagdfarm?“, wollte Friedhelm wissen.

„Keine Ahnung, Friedhelm. Wohl alles Agenten. Es sollen Experten im Stürmen großer Gelände sein. Die brauchen wir vielleicht, wenn wir wissen, wo genau sich Mark aufhält. Ich vermute, dass die anderen, die entführt wurden, ebenfalls in diesem Haus an der Südküste sind.“

„Und das“, betonte Dieter, „wird mit Sicherheit wie eine Festung bewacht. Darauf wette ich.“

„Deshalb ist die Idee, die du hattest, Konrad, einfach genial“, meinte Friedhelm und grinste.

„Du meinst, den Konflikt zwischen Zulus und Xhosas?“, vergewisserte sich Konrad.

„Ja, genau den“, bestätigte Dieter.

„Wir müssen so weit wie möglich von uns ablenken. Warum also nicht das vorhandene Konfliktpotenzial nutzen?“

Das Auto hielt an einer roten Ampel und Konrad wartete ungeduldig auf den Farbwechsel. „Wer ist bloß auf die völlig verblödete Idee gekommen, in dieser gottverlassenen Gegend eine Ampel aufzustellen?“, brummte er, als ohne Vorwarnung sowohl die Fahrertür als auch die Beifahrertür aufgerissen wurden. Konrad und Friedhelm blickten in die Mündung von zwei Pistolen. Die beiden Schwarzen waren sichtlich nervös. „Raus mit euch!“, brüllten sie. „Auch ihr dahinten. Rauskommen! Und keine Spielchen! Sonst sterben eure Kumpels.“

Langsam öffneten Dieter und Svenny die hinteren Türen, während Konrad und Friedhelm mit erhobenen Händen das Fahrzeug verließen. „Stellt euch nebeneinander!“, brüllte einer der beiden Schwarzen. Der andere grinste. „Wollen Tiere jagen gehen und werden selbst zu Gejagten. Dumm gelaufen, was?“

Dieter trottete gerade an dem Schwarzen vorbei, der gesprochen hatte, als er ihm mit einem Handkantenschlag die Pistole aus der Hand schlug. Man konnte das Knacken brechender Knochen hören und der Typ schrie auf. Der zweite war für einen Augenblick abgelenkt. Konrad überwältigte ihn ebenfalls mit einem gezielten Schlag auf das Handgelenk, das ein hässliches Knirschen von sich gab. Die beiden jammerten erbärmlich, denn die verdrehten Arme drohten die Gelenke auszukugeln.

Svenny holte zwei Kabelbinder aus dem Gepäck und verschnürte die Handgelenke der beiden. Sie stießen die Halunken auf die Rückbank, setzten sich dazu und fuhren weiter zur Jagdfarm. Die Schwarzen auf der Rückbank sprachen kein Wort, sondern wimmerten ununterbrochen. Mit verängstigtem Blick sahen sie sich immer wieder um und Konrad konnte im Rückspiegel sehen, dass sie pausenlos schluckten. Ja, sie waren in Panik.

Als der VW-Bus zwanzig Minuten später vor dem Eingang der Jagdfarm anhielt, stießen Konrad und Dieter die beiden vor sich her in den großen Empfangsraum der Lodge.

„Na, wen haben wir denn da?“, begrüßte Jimmy, der Farmbesitzer, die Neuankömmlinge. Angewidert schaute er auf die beiden

Schwarzen. „Da habt ihr euch diesmal wohl die Falschen ausgesucht.“

Er trat auf sie zu und stemmte die Arme in die Seite. „Was ist euch lieber? Der weiße Sheriff oder euer Häuptling?“

Konrad sah, dass den Halunken weder die eine noch die andere Lösung schmeckte. „Als dritte Möglichkeit hätte ich noch was anderes anzubieten“, zischte er. „Ich kann euch auf der Stelle erschießen, denn Notwehr ist auch in eurem Land erlaubt.“

„Hören Sie... Mister“, stotterte der Größere. „Wir versprechen... wir schwören, dass wir... dass wir das nie wieder tun. Ehrlich!“

Der Kleinere blies ins gleiche Horn. „Wir verschwinden aus der Gegend. Versprochen!“

Lou‘s Agenten betraten den Raum. Konrad erkannte, dass ihr geschultes Auge die Situation blitzschnell erfasste. „Wollt ihr sie mal ausquetschen?“, fragte er.

„Mit dem größten Vergnügen“, erwiderte einer der Kollegen, der von den anderen ‚Bollwerk‘ genannt wurde. *Kein Wunder*, dachte Konrad. Der Bursche hatte eine Größe von fast zwei Metern und Konrad schätzte sein Gewicht auf mindestens 170 Kilogramm. Langsam ging der Riese auf die Halunken zu. Die beiden Schwarzen erstarrten und fingen an zu zittern. „B... bitte... b...bitte nicht“, wimmerte der Größere. „Halt die Klappe und komm mit“, schnauzte Bollwerk, schnappte ihn am Kragen und schleifte ihn hinter sich her in einen Nebenraum, als wäre er nur ein leichter, unbedeutender Kleidersack.

Ein zweiter Agent mit dem Namen Charly, nur unwesentlich kleiner als Bollwerk, schob den Kleineren vor sich her in einen anderen Nebenraum.

„Jimmy“, fragte Konrad den Farmbesitzer, „wo können wir uns ungestört unterhalten?“

„Kommt mit“, erwiderte der Inhaber und ging voran in den leeren Speiseraum. „Ihr seid die einzigen Gäste. Das ist jetzt ganz allein eure Farm." Mit diesen Worten verließ er den Raum und zog die Tür hinter sich zu.

„Hört zu", sagte Konrad und wandte sich an seine Männer. „Mir ist eine Idee gekommen. Wir sollten versuchen, über die beiden Anfänger an die Gangs in Durban und Umgebung ranzukommen. Wenn sich jemand auskennt, dann die!"

„Das ist zwar richtig, Konny", meldete Dieter seine Bedenken an. „Aber wer sagt uns, ob die nicht vielleicht schon für die Gegenseite arbeiten?"

„Deshalb müssen wir sie ausquetschen. Wenn sie mitkriegen, dass wir nur mit ihrem Boss sprechen wollen, werden die alles tun, um uns zufriedenzustellen."

Dieter stand auf. „Ich sag Bollwerk und Charly Bescheid."

Konrad nickte und wandte sich an die anderen zwei, die sich als Samuel und Aaron vorstellten. „Okay. Was habt ihr für uns? Ihr seid auf dieser Jagdfarm bei Ulundi gewesen, stimmt's?"

„Ja, stimmt. Wir haben erfahren, dass viele Zulus den Triumph von Mandela noch immer nicht ganz verkraftet haben, auch wenn er sich jetzt aus der aktiven Politik zurückgezogen hat. Sie wollten damals Buthelezi an der Spitze sehen. Dass ein Xhosa das Rennen gemacht hat, wurmt viele der traditionellen Stämme noch immer."

„Das ist gut", erwiderte Konrad. „Wir sollten versuchen, an der Wild Coast einen Konflikt zwischen Zulus und Xhosas zu initiieren."

„Das ist saugefährlich!", warnte Aaron. „Das wäre ein Spiel mit Streichhölzern in einem rappeltrockenen Heuhaufen."

„Hast du eine andere Idee?"

„Wenn wir so etwas machen, dann sollten wir das kontrolliert anfangen."

„Und wie soll das gehen?"

„Wir verhandeln mit einem Clan von den Zulus und mit einem von den Xhosas. Beide bekommen eine Stange Geld, wenn sie das Schauspiel mitmachen."

„Du meinst, dass sie nur so tun sollen als ob?“

„Genau!“, bestätigte Aaron. „Unterschätze die Macht der Stammesführer nicht. Wenn es um Traditionen geht, sind beide Lager noch immer unerbittlich.“

„Das ist wohl wahr“, bestätigte Samuel. „Aber die Schwarzen besitzen auch eine gehörige Portion Humor. Wenn es uns gelingt, sie von der humorvollen Seite zum Mitmachen zu bewegen, sollst du mal sehen, was die für Schauspielkünste auf Lager haben.“

„Hört sich gut an“, bestätigte Konrad. „Wie können wir sie zum Mitmachen kriegen? Und zwar so, dass nach außen ein handfester Konflikt glaubhaft wirkt?“

Die Tür ging auf und Bollwerk kam mit dem Schwarzen zurück. „Fragen wir ihn doch mal“, meinte Samuel.

„Ja“, erwiderte Konrad und wandte sich dem Schwarzen zu. „Na? Du Blödmann? Ist dir was eingefallen?“

„Und ob“, antwortete Bollwerk stattdessen. „Sein Boss heißt Bhekisisa und hat eine ganze Horde von Mitarbeitern in und um Ladysmith rumlaufen. Unser Freund hier, Dingiswayo und sein Kumpel Lindela sind hundertprozentig sicher, dass Bhekisisa sich riesig freut, wenn er uns helfen kann.“

Konrad grinste. „Ich glaube, Lindela würde sich freuen, wenn zwei von uns ihn zu seinem Boss fahren. Dem tut nämlich ziemlich der Arm weh. Und ich bin sicher, dass er sich freut, wenn der verarztet würde.“

Dingiswayo nickte heftig. „Ganz bestimmt.“

Svenny und Friedhelm standen auf, holten Lindela aus dem Nebenraum und machten sich auf den Weg. Charly gesellte sich wieder zur Gruppe.

„So, Dingi“, meinte Konrad und baute sich vor dem Schwarzen auf. „Du bist ein Zulu. Richtig?“

„Ja, Mister“, beeilte sich der Mann zu sagen.

„Dann erzähl mir mal, was du tun würdest, wenn du einen Xhosa ärgern wolltest?“

Verständnislos schaute der Schwarze ihn an. „Warum sollte ich?“

„Das sollst du nicht. Ich will nur wissen – *wenn* du es wolltest, was würdest du machen?“

Dingiswayo grinste. „Ich würd mir ‘ne Xhosa-Braut suchen.“

„Warum?“

„Na, die werden doch schon als Kinder versprochen. Und Xhosas heiraten keine Zulus. Genau wie Zulus nur im eigenen Gebiet jagen gehen.“ Wieder grinste er.

„Okay, Dingi“, fuhr Konrad fort. „Und wie würdest du einen Weißen ärgern?“

„Indem ich ihm sein Auto klaue, in seinen Pool pisse und seine Tochter bumse“, kam es wie aus der Pistole geschossen.

„Und wenn er keine Tochter hat?“

„Dann wär er selbst dran.“ Dingiswayo grinste von einem Ohr zum anderen. „Was meinst du, wie der sich ärgert, wenn wir zu fünft oder sechst aufkreuzen und ihn glücklich machen?“

Angewidert drehte sich Konrad um. Er wollte diesem Ekelpaket keine verpassen.

„Was weißt du von dem Typen, der an der Wild Coast auf Touristen geschossen hat?“

„Nicht viel“, erwiderte Dingiswayo. „Das war was für die Southbroom Gang. Das haben wir hier oben nur so am Rande gehört. Interessierte uns nicht.“

Konrad wandte sich ihm wieder zu. „Und wer hat in Umhlanga Rocks zu sagen?“

„Da musst du Bhekisisa fragen. Der weiß besser Bescheid.“

Charly stand auf und ging auf Dingiswayo zu. „Brauchst du eine kleine Ermunterung?“, zischte er.

„Nein, nein!“ Dingiswayo erhob schützend seine Arme vor den Kopf. „In Umhlanga kenne ich nur ein paar Weiber, die ich ab und zu besuche, wenn ich in der Gegend bin.“

„Wenn du in der Gegend bist? Dann weißt du auch, wem du aus dem Weg gehen musst, oder? Also – verarsch mich nicht!“

„Is ja gut. In Umhlanga gehe ich Mthunzi und seinen Leuten aus dem Weg. Der Typ ist echt krass drauf.“

„Wieso?“

„Der fickt am liebsten kleine Mädchen.“

Konrad schwieg und hatte Mühe, sich zu beherrschen. Und er sah, dass auch seine Kumpels sich zur Ruhe zwingen mussten.

„Und warum tut er das? Ist er so hässlich, dass er keine Frau abkriegt?“

„Nee. Der hat Aids. Und unsere Medizinmänner sagen, dass, wer ein kleines Mädchen fickt, wieder gesund wird.“

„Ach du Scheiße! Ist das pervers!“

„Das glauben aber die meisten.“

Konrad glaubte, sich verhört zu haben. „Was?“

„Ja“, wiederholte Dingiswayo. „Das glauben die wirklich.“

Für einen Augenblick herrschte Schweigen im Raum. Konrad musste an sich halten und seine ganze Willenskraft einsetzen, um zu seinem ursprünglichen Thema zurückzukehren. Am liebsten hätte er dem Mistkerl eine verbraten. „Was ist mit der Southbroom-Gang?“

Bevor Dingiswayo antworten konnte, wurde die Tür aufgestoßen und Svenny und Friedhelm kehrten mit einem sichtlich verängstigten Schwarzen zurück.

„Das ist Bhekisisa“, deutete Svenny auf den Neuankömmling und stieß ihn auf einen Stuhl. „Er wollte zuerst nicht mitkommen, aber wir haben ihn überzeugen können.“

„Das ist Kidnapping!“, jammerte Bhekisisa.

„Ach ja?“, höhnte Konrad. „Sei froh, dass wir dir keine Konkurrenz machen. Deine Anfänger würden sonst glatt verhungern.“ Er ging auf den Gangsterboss zu, schnappte ihn beim Kragen und zog ihn hoch. „Pass gut auf, mein Freund. Wir haben keine Lust, eine einzige Minute mit dir oder deinem Pack zu vergeuden. Du machst jetzt freiwillig den Mund auf oder du wirst die Frau verfluchen, die dich geboren hat. Kapiert, du Hundesohn?“

Bhekisisa nickte. „Was willst du von mir?“

„Ich will alles über die Gangs zwischen Umhlanga Rocks und der Wild Coast wissen.“

Als der Gangsterboss mit den Schultern zuckte und schwieg, holte Friedhelm ohne Vorwarnung aus und verpasste dem Schwarzen einen Faustschlag in den Solar Plexus. Bhekisisa schnappte verzweifelt nach Luft. Samuel schlug ihm mit der Rückhand ins Gesicht, dass der Kopf des Schwarzen nach rechts schleuderte. Blut lief aus seinem Mund und er stöhnte.

„Ich frage dich jetzt nur noch ein einziges Mal“, zischte Konrad. „Was weißt du über die Gangs zwischen Umhlanga Rocks und der Wild Coast? Spuck's aus!“

„Ein Typ namens Mgwazeni ist der Boss der größten Gang in Durban. Er kontrolliert alles zwischen Durban und Port Edward. Der Southbroom-Clan ist der lange Arm von Mgwazeni. An der Südküste hat Thulani das Sagen. Von Durban bis Ballito regiert Zithulele. Mthunzi ist seine rechte Hand. Weiter nach Norden geht nicht, weil die Anhänger von Zwelithini, dem Zulukönig, zu stark sind. Die machen uns platt, wenn wir in ihr Territorium eindringen.“

„Und was ist südlich von Port Edward?“

„Gar nix. Nie überqueren wir den Mtamvuna. Wir legen uns nicht mit Bulelani an.“

„Kommen wir zu der Schießerei auf Touristen. Wo und wann war das?“

„Das kann ich nicht genau sagen. Da weiß Mgwazeni Bescheid. Aber noch besser Thulani. Ich weiß nur, dass es etwa vor zwei Jahren war und südlich vom Casino.“

„Geht's etwas genauer?“

„Das weiß ich wirklich nicht. Aber ich könnte Thulani fragen.“

„Das ist eine gute Idee.“ Konrad reichte ihm ein Handy. „Ruf ihn an.“

„Ich hab die Nummer nicht im Kopf.“

„Dann mach dich schlau. Ruf an, wen du willst. Du kommst hier nicht raus, ohne dass wir die genaue Lage kennen.“

„Moment!“, rief Samuel. „Wir sollten Jimmy dazuholen. Der spricht isiZulu, die Sprache der Zulus.“

Wenige Augenblicke später kam Jimmy hinzu.

„So!“, sagte Konrad. „Mach jetzt bloß keine Mätzchen. Jimmy spricht deine Sprache und er wird uns sofort ein Zeichen geben, wenn du auf dumme Ideen kommst. Klar?“

Bhekisisa nickte, wählte eine Nummer und sprach eine Weile. Nachdem er aufgelegt hatte, meinte er. „Ich hab jetzt die Nummer von Thulani.“

„Ruf ihn an.“

Wieder wählte der Gangster und kurze Zeit später hatte er die Information.

„Die Stelle, an der die Touristen beschossen wurden, liegt unmittelbar an der Flussmündung des Mzamba.“

„Nördliche oder südliche Seite?“, wollte Samuel wissen. Er kannte die Gegend offenbar gut.

„So wie ich das verstanden habe, auf der nördlichen Seite.“

Konrad wechselte einen Blick mit seinen Leuten. „So, du großer Gangsterboss. Du klemmst dir jetzt deinen Handlanger, Dingi, unter den Arm und wir bringen euch zurück. Dann rufst du Mgwazeni an und sagst ihm, er soll sich mal in Umhlanga Rocks und in Southbroom aktiv mit rivalisierenden Schwarzen beschäftigen und die Weißen eine Weile in Ruhe lassen. Vor allen Dingen Frauen und Kinder. Verstanden? Ich will, dass die örtliche Polizei sich intensiver mit den Gangs beschäftigt. Sollte ich erfahren, dass du irgendjemandem außer Mgwazeni von uns erzählt hast, kannst du anfangen, dein eigenes Grab auszuheben. Wir holen dich. Und zwar höchstpersönlich. Kapiert?“

Nachdem Bollwerk und Svenny mit den beiden verschwunden waren, notierte sich Konrad in Gedanken die Nummern, die Bhekisisa mit dem Handy gewählt hatte und die er mit der Wahlwiederholung abrufen konnte. Er zerstörte das Handy, holte eine Landkarte aus seiner Tasche und wandte sich an die anderen. „So! Jetzt können wir uns auf morgen konzentrieren. Ich werde Kontakt mit Lou aufnehmen. Ihr vier, Samuel, Aaron, Charly und Bollwerk... wie heißt der eigentlich mit richtigem Namen?“

„Michael“, antwortete Samuel und grinste.

„Okay. Ihr vier fahrt zurück zur Jagdfarm nach Ulundi und seht zu, dass ihr einen von den führenden Leuten des Zulukönigs auftreibt, diesen Zwelithini... oder wie der hieß. Es muss jemand sein, der den König kennt und dem er vertraut. Je höher in der Hierarchie desto besser.“

„Warum? Was hast du vor?“, fragte Dieter.

„Ich will außer dem Verwandten vom Zulukönig einen der führenden Köpfe von den Xhosas haben und mit beiden zum Hochseeangeln fahren.“

„Mensch, Konrad. Das fällt doch auf! Das wäre, als würdest du deinen Plan im Fernsehen bekanntgeben.“

Konrad grinste. „Aber nicht, wenn der Zulu von Richards Bay startet, der Xhosa von Port St. Johns und wir als Angelgruppe von Durban aus. Natürlich zeitversetzt. Unsere Freunde sorgen dafür, dass sich niemand den Schiffen nähert.“

„Und die GPS-Signale?“

„Deshalb verlassen beide Häuptlinge nach einer Stunde ihre Schiffe und werden mit kleinen Booten – ohne GPS – zu unserem Schiff gebracht. Die Schiffe der beiden schippern still vor sich hin.

Keiner kann also über GPS orten, dass sie auch nur in die Nähe des jeweils anderen kommen."

„Und dann?", fragte Friedhelm.

„Dann machen wir einen Plan – zusammen mit den beiden."

„Und welchen?"

„Unsere Männer, die auf der Jagdfarm in der Nähe von Port Edward sind, sollen mit Thulani Kontakt aufnehmen." Er kritzelte eine Nummer auf einen Zettel und reichte sie Friedhelm. „Hier ist die Nummer, die Bhekisisa zuletzt gewählt hat. Präge sie dir ein und verbrenne den Zettel. Thulani kennt mit Sicherheit seine Rivalen auf der anderen Seite des Flusses. Wir müssen zweigleisig fahren. Zum einen muss es Zoff unter den Banden geben und zum zweiten brauchen wir die Zusammenarbeit der Häuptlinge. Thulani soll rausfinden, wo das Haus ist, in dem Mark und die Jungs gefangen gehalten werden. Er muss richtig Druck ausüben. Wir geben ihm 1.000 Euro. Das sind 15.000 Rand. Dafür wird er ordentlich Dampf machen. Sobald wir genau wissen, wo das Haus liegt, kann der zweite Teil beginnen. Aber dazu muss ich erst den Xhosa-Häuptling und den Zulu-König im Boot haben. Wir fahren morgen zurück nach Umhlanga Rocks und gehen eine Runde Golf spielen. Auf dem Golfplatz finden wir die, die wir finden wollen."

„Sozusagen in die Höhle des Löwen."

„Du hast es erfasst."

*

*

*

30. Oktober 2012 – Wild Coast (Südafrika)

Schon weit vor dem Frühstück kontrollierte Mark die Ablagekästen im Konferenzraum. Wie erwartet waren sie leer. In der Küche traf er auf Lucas und bat um das Frühstück. Als Lucas das Tablett in den Speiseraum brachte, forderte Mark den Schwarzen auf, sich einen Moment zu setzen.

„Lucas, ich muss mit Mister van Guysen sprechen. Kannst du ihn bitten, heute noch vorbei zu kommen?“

„Ich sag John Bescheid. Er ist dafür zuständig.“ Er zögerte. „Was haben Sie vor, Mister Mark?“

„Ich habe den Eindruck, dass der Neue, dieser Jerry, genauso abblockt wie Marvin. Nur nicht so aggressiv.“

„Oh nein! Was wollen Sie tun?“

„Genau das will ich mit Jan van Guysen besprechen.“

Lucas stand auf. „Ich kümmere mich darum.“

Mark war schon lange mit dem Frühstück fertig, saß auf dem Liegestuhl und rauchte, als Jerry in den Garten schlenderte.

„Na?“, fragte Mark. „Gut geschlafen?“

„Danke.“

„Hast du es dir überlegt? Bleibst du bei deiner Haltung?“

Der kräftige, junge Mann nickte. „Ja, ich bleibe dabei.“

„Aber die Jungs haben dir erklärt, was es mit den Ablagekörben auf sich hat, oder?“

„Ja, ich weiß Bescheid. Trotzdem mach ich nicht mit.“

„Wie du willst“, erwiderte Mark. Er stand auf und ging in sein Zimmer.

Stichwortartig notierte er seinen Plan, den er van Guysen vorlegen wollte. Er musste es einfach probieren. Entweder Carl Rogers hatte recht oder er, Mark, musste alles, was er bisher in seinem Job gemacht hatte, über Bord werfen. Noch nie hatte er dieses Experiment gewagt. Würden sich Menschen tatsächlich selbst organisieren, wenn sie ohne jeden äußeren Einfluss auf sich allein gestellt waren? Wenn niemand da war, der ihnen sagte, was sie tun sollten? Wenn keine Erwartung erfüllt wurden? Fügten sich die Beteiligten tatsächlich wie von selbst zu einer homogenen Gruppe zusammen? Er musste es ausprobieren. Was blieb ihm anderes übrig?

Mark warf den Stift beiseite und legte sich rücklings auf sein Bett. In was war er da nur reingeraten? Wieder kamen ihm Zweifel, dass der ganze Aufwand, den diese Leute betrieben, nicht nur für das Lahmlegen der chinesischen Börse sein konnte. Nein. Da musste noch etwas anderes dahinter stecken. Aber was?

Wieder dachte er an Sarah. Was mochte sie wohl tun? Sie musste doch schier verzweifeln. Rasch drängte er das aufsteigende Gefühl beiseite. Doch es gelang ihm nicht. Und wenn Marvin recht hatte? Wenn er sie nie mehr wiedersehen würde? Ob die sie alle umbringen würden? Nein, dachte er, diesen Gedanken darf ich nicht zulassen. Dann gebe ich mich auf.

Auch wenn er nicht wusste, was auf ihn zukam – er würde nicht aufgeben.

Kurz nach dem Mittag bat Lucas ihn in den Salon, wo Jan van Guysen auf ihn wartete.

„Hallo, Mark“, begrüßte ihn der schlaksige Mann.

„Guten Tag, Jan.“

„Was kann ich für Sie tun?“

„Ich komme mit den bisherigen Methoden nicht weiter. Und der Neue scheint ebenfalls nicht gewillt zu sein, freiwillig mitzuarbeiten.“

„Und was wollen Sie jetzt unternehmen?“

„Ich möchte die Jungs von allem isolieren. Wir behalten Wasser und Brot bei, aber wir nehmen ihnen zusätzlich die Computer weg. Gibt es einen Raum – außer dem Salon – in dem die Jungs sich aufhalten können, ohne irgendwelche Ablenkung?“

„Was versprechen Sie sich davon?“

Mark sah ihn an. „Ich habe begriffen, dass Sie je einen Vertreter von den fünf Computerfreak-Strömungen als Gruppe zusammengestellt haben. Das war äußerst clever. Aber es ist ziemlich aussichtslos, diese Jungs zu einer Zusammenarbeit bewegen zu wollen. Mir ist endlich klar geworden, warum Sie auch mich entführt haben. Nur ein Fachmann kann aus diesem Haufen eine Gruppe formen. Und weil ich in meinem Job Spitze bin, sollten Sie mir glauben, dass nur auf meine Weise dieses Ziel erreicht werden kann." Mark zögerte. „Und Sie haben mir sehr deutlich gemacht, dass mir nur noch Zeit bis zum 12. November bleibt."

„Was haben Sie also vor?"

„Ein amerikanischer Psychologe hat herausgefunden, dass Menschen sich selbst organisieren, wenn sie allein gelassen werden. Seiner Meinung nach, und das hat er in Experimenten beweisen können, muss man ihnen nur das entziehen, was sie gewohnt sind und was sie erwarten."

„Und das wollen Sie jetzt mit den Freaks machen?"

„Ja. Es ist die einzige Möglichkeit, die ich noch sehe, das Ziel bis zum 12. zu erreichen."

Jan van Guysen dachte sichtlich über Marks Vorschlag nach. „Gut", meinte er schließlich. „Wir haben zwar keinen zusätzlichen Raum im Haus, aber wir könnten den Konferenzsaal ausräumen und die Computer in einem der leeren Zimmer stapeln."

„Das würde mir reichen", erwiderte Mark.

„Okay. Und wann soll's losgehen?"

„Möglichst sofort."

Jan van Guysen rief laut: „George, Joe, John und Lucas. Ihr bringt zuerst die Jungs nach draußen. Sie sollen sich im Garten aufhalten und erst in einer Stunde wieder das Haus betreten. In der Zwischenzeit baut ihr alles im Konferenzraum ab und bringt es in einem der leeren Gästezimmer unter."

„Aber bitte vorsichtig", mahnte Mark. „Wir brauchen die Computer später wieder. Sonst können die Jungs nicht arbeiten."

„Wir behandeln sie wie rohe Eier", brummte George missmutig und stapfte mit den anderen davon, um den Auftrag auszuführen.

Jan van Guysen wandte sich wieder an Mark. „Wie viel Zeit geben Sie dem Experiment?"

„Höchstens eine Woche. Aber ich glaube, dass die Jungs nicht mehr als drei Tage durchhalten."

„Und Sie meinen, dass die Zeit für das Knacken der Börse noch ausreicht."

„Ja, davon bin ich überzeugt. Wissen kann ich es nicht. Ich bin kein Hacker. Aber wenn ich Marvin richtig verstanden habe, ist das für die an sich kein großes Problem – vorausgesetzt, sie arbeiten tatsächlich zusammen."

*

Mark war im Konferenzraum, als die Jungs zurückkamen. Das Erstaunen, die Verblüffung und die Überraschung auf den Gesichtern sprachen Bände. Sprachlos standen sie vor den leeren Tischen und sahen einander fast hilflos an. Nach und nach schlichen sie davon. Nur Jerry blieb. „Und was soll das jetzt?", fragte er Mark.

Mark zuckte wortlos mit den Schultern und ging in sein Zimmer. Lucas und die anderen Aufpasser waren instruiert worden, im Salon, im Konferenzraum und im Garten reichlich Sprudelwasser und Maisbrot bereitzustellen. Lucas sollte außerdem einmal in der Stunde Bericht erstatten, was die Truppe unternahm.

Am Abend, kurz nachdem Mark sein Dinner beendet hatte, kam Jerry zu ihm in den Speiseraum.

„Hör mal, Mark, was soll das? Wir können doch nicht hier rumhängen und nichts tun?"

Mark sah ihn nur an, ohne etwas zu erwidern. Er stand auf, füllte sein Glas und verließ den Raum, ohne Jerry noch eines Blickes zu würdigen.

*

*

*

*30. Oktober 2012 – Mallorca (Spanien)

Richard hatte die ganze Nacht kaum geschlafen. Er fühlte sich wie gerädert. Selbst die Dusche hatte seine Lebensgeister nicht zu wecken vermocht.

Noch einmal durchlebte er den vorherigen Tag vor seinem geistigen Auge.

Benny, der Chauffeur, war kurze Zeit, nachdem er Louise zur Hazienda zurückgebracht hatte, wieder am Haus der Organisation eingetroffen. Richard hatte die Zeit genutzt, um sich etwas zu beruhigen. Er ließ sich zur Finca von Donovan Stratford bringen, seinem Kollegen aus Australien.

Wie Louise erwähnt hatte, war Claire, Donovans Frau, auch anwesend.

Vorsichtig tastete sich Richard an das Thema der Statutenänderung der *Organisation* heran und Donovan meinte, dass er voll hinter dieser Idee stünde. Claire war sogar begeistert von dem Vorschlag und kündigte ihre aktive Unterstützung an. Als Richard erfuhr, dass auch Claire am Treffen der Organisation teilnehmen wollte, war er einerseits beunruhigt, weil er den Eklat förmlich riechen konnte. Andererseits fühlte er sich erleichtert, weil er dann nicht allein ins Kreuzfeuer der *Organisatoren* geraten würde. Donovan würde unweigerlich ebenfalls ins Visier der Gegner geraten.

Der Besuch bei Lester und Gloria Giles fiel eher frustrierend für ihn aus. Lester hielt sich bedeckt. Er war weder für eine Änderung der Statuten noch dagegen. Gloria spielte ebenfalls den Strohhalm im Wind. Sie war genauso hin- und hergerissen wie Lester. Natürlich wäre es schön, meinte sie, wenn der Adel wieder mehr Einfluss bekäme, aber Frauen gehörten nicht in leitende Positionen, sondern in ein Haus mit Kindern, Bediensteten und Gärtnern. Schließlich sei das Repräsentieren an der Seite des Gatten die Domäne der Frauen.

Das Telefonat mit Dorothy war niederschmetternd. Sie konnte es nicht fassen, was zwischen ihm und seiner Tochter geschehen war. „Bist du von allen guten Geistern verlassen, Richard? Wie kannst du es wagen, deine eigene Tochter zu schlagen?“ Ihre Empörung hatte sogar dazu geführt, dass sie einfach den Hörer aufgelegt hatte. Nein, gestand sich Richard ein, das hatte es in den bald vierzig Jahren ihrer Ehe noch nie gegeben. Noch nie!

Gleichfalls hatte er sich, so lange er sich zurückerinnern konnte, noch nie bei jemandem für irgendetwas entschuldigt. Selbst dann nicht, wenn er wusste, dass er im Unrecht war. Und ausgerechnet jetzt, wo es um seine Stellung in der Organisation ging, sollte er klein beigeben? Er, der Wortführer der Organisation? Der mächtigste Mann der Welt sollte vor seiner Frau und seiner Tochter in die Knie gehen? Undenkbar! Nein. Er würde nichts dergleichen tun.

Lester Giles hatte ihm erzählt, dass Gunnar Olssen und Piet van der Merwe am 31. eintreffen würden. Natürlich würde er mit den beiden sprechen und erfahren, wie sie zu einer Statuten-Änderung stehen. Er wusste, dass er weder Mister Xi-Jiong noch Ibn Tahim oder Mister Smith aus Riad oder gar Wladimir Roskovska auf dieses Thema anzusprechen brauchte. Bei Joannis Mustakios war er sich nicht sicher. War der überhaupt verheiratet? Chris Williams und Ben Allister waren auf Louises Seite, das hatte er deutlich mitbekommen. Samuel Bernstein, als orthodoxer Jude, war genau wie Juan Gonzales, der Kolumbianer, mit Gewissheit gegen die Änderung.

Richard zählte: Für die Änderung waren wahrscheinlich – Gunnar Olssen, Donovan Stratford, Chris Williams, Ben Allister. Mit ihm wären es also fünf. Selbst wenn er Lester dazu bringen würde zuzustimmen, wären sie nur zu sechst. Gegen die Änderung waren wahrscheinlich – Xi-Jiong, Ibn Tahim, Mr. Smith aus Riad, Wladimir Roskovska, Samuel Bernstein, Piet van der Merwe, Joannis Mustakios und Juan Gonzales. Sechs dafür und acht dagegen. Dabei müsste es umgekehrt sein, dachte Richard und seufzte. Er würde einfach abwarten, was passierte. Es blieb ihm noch der morgige Tag.

*

*

*

*31. Oktober 2012 – San Lameer (Südafrika)

Wie geplant, teilte sich die Frauengruppe auf. Sarah, Gabi und Vera machten den Ausflug an den Strand. Dazu fuhren sie zum Casinohotel und ließen sich im Speisesaal ein gutes Frühstück servieren. Anschließend unternahmen sie einen ausgiebigen Strandspaziergang – natürlich im Bikini – und ließen sich auf den Liegestühlen direkt am Hotelstrand nieder. Und natürlich dauerte es nicht lange, bis sich eine kleine Gruppe Männer um die bildhübschen, jungen Frauen scharte.

Es wurde geplaudert, geflirtet und es hagelte Einladungen. Schon bald hatten sich die jungen Kerle ebenfalls Liegestühle herangezogen und es entwickelten sich lebhafte Unterhaltungen.

Vera übernahm unmerklich die Gesprächsführung und bald bekam sie Informationen, wer an der Küste welches Haus besaß. Vera tastete sich vor. Und sehr schnell hatte sie herausgefunden, dass es einen Abschnitt an der Küste gab, den alle außer Acht ließen. Es war jener Küstenabschnitt, den Konrad am Vorabend genauestens beschrieben hatte. Es war die Mündung des Mzamba.

Vera hütete sich nachzuhaken. Sie durfte auf keinen Fall Misstrauen wecken. Elly, Lena und Marie zu gefährden, hielt sie für überflüssig. Wahrscheinlich würden sie noch früh genug erfahren, was sich an diesem Teil der Küste abspielte.

*

Elly verließ die R61 bei Mtentwana, fuhr in Richtung Ebenezer und bog am Golfplatz des Wild Coast Country Clubs nach Süden ab. Die Fahrt auf der Schotterstraße gab ihr das ungute Gefühl des Schwimmens. Die Reifen fanden keinen richtigen Halt auf dem Geröll- und Sandboden. Auf den letzten 100 Metern gab es keine Straße mehr. Elly folgte nur noch einer Spur, die andere Fahrzeuge als eine Art Trampelpfad hinterlassen hatten. Sie parkte das Auto unter der letzten Baumreihe vor dem Strand. Alle packten ihre mitgebrachten Utensilien und bauten sich am Strand eine kleine Oase auf.

Ja, hier musste der Platz sein, den Konrad beschrieben hatte, an dem auf Touristen geschossen worden war. Elly baute mit Marie ein Netz auf und sie spielten Faustball. Dabei waren das Lachen und die Jubelschreie weithin zu hören. Nach etwa einer Stunde gingen Marie und Lena zum Wasser, um sich abzukühlen, während Elly sich auf einem Badetuch unter den Bäumen ausstreckte.

Sie hörte, wie sich die beiden im Wasser neckten und offenbar gegenseitig bespritzten, als plötzlich eine Männerstimme ungehalten fragte: „Was machen Sie hier?“

Elly richtete sich auf, setzte ihre Sonnenbrille auf und erwiderte: „Wer will das wissen? Ist das hier Privatgelände?“

„Mehr oder weniger“, brummte der Mann mürrisch. Elly musterte ihn. Er war ihr auf den ersten Blick unsympathisch. Ein ungepflegter Typ. Übergewichtig, mit schütterem Haar, Schweißperlen auf der Stirn und – Elly musste sich ein Lachen verkneifen – mit Khakishorts, die Bügelfalten hatte.

„Was heißt das – mehr oder weniger?“, fragte sie. „Ist es nun oder ist es nicht?“

„Wir mögen hier keine Fremden“, blaffte der dicke Kerl sie an.

„Was regen Sie sich auf?“, fragte sie herausfordernd, während die Kamera in ihrer Brille pausenlos Fotos machte. „Wir sind doch nur drei Frauen, die ein bisschen Spaß am Strand haben wollen. Ist das verboten?“

Der Dicke grinste schief. „Nee, das nicht. Aber ihr macht zuviel Krach. Geht's was leiser?“

„Ist ja gut“, entgegnete sie. „Wir gehen ein Stück weiter weg.“

Der Mann grunzte etwas Unverständliches und verschwand wieder.

Elly schlenderte zum Wasser und unterrichtete die anderen.

„Lasst uns auf die andere Seite der Flussmündung gehen. Da verstecken wir uns im Gebüsch und schauen mal, was unser Teleobjektiv zustande bringt.“

Demonstrativ sammelten sie ihre Siebensachen ein und bauten sie auf der anderen Seite der Mündung wieder auf. Auf dem leicht ansteigenden Sandhügel fanden sich genug Bäume und Buschwerk, die als Sichtschutz dienten. Von hier aus konnte Elly sogar die Umrisse des Hauses erkennen, aus dem der Mann mit der Khaki-Hose gekommen sein musste.

„Geht ihr wieder nach unten“, meinte sie. „Dann fällt es nicht auf, dass ich nicht dabei bin. Die erwarten geradezu das gedämpfte Geschrei von überdrehten Ladies.“

Elly wollte es sich gerade hinter dem Gebüsch bequem machen, um möglichst viele Bilder des gegenüberliegenden Hauses zu machen, als sie ein zischendes und merkwürdig blubberndes Geräusch hörte. Vorsichtig drehte sie sich um und sah eine Schlange etwa zwei Meter entfernt. Etwa einen Meter lang, braun-weiß gezackte Streifen, dicker Körper und schlanker Kopf, registrierte Elly. Wie in Zeitlupe ging sie rückwärts, denn die Schlange sah angriffslustig aus. Als die Distanz etwa drei Meter betrug, knipste Elly sie mit ihrer Brillenkamera. Kurz darauf suchte die Schlange das Weite und verschwand im Unterholz. Elly atmete erleichtert aus. Nun hatte sie allerdings die Nase gestrichen voll von dem Ausflug.

Nach einer kurzen Besprechung mit ihren Kolleginnen packten sie ihre Sachen zusammen und fuhren zurück nach San Lameer. In der hoteleigenen Bibliothek fand sie das Abbild der Schlange. Sie war einer hochgiftigen Puffotter begegnet.

In ihrem Zimmer lud sie alle Bilder, die sie gemacht hatte, auf ein neues Prepaid-Handy und schickte sie Konrad. Dann folgte eine SMS, der Konrad entnehmen konnte, dass sie seinen Anruf am Abend erwartete.

Kurze Zeit später tauchten auch Sarah, Vera und Gabi auf. Sie fassten alle Informationen zusammen und waren mit der Tagesbilanz sehr zufrieden. Elly blieb im Zimmer, während die anderen sich im Wellness-Bereich verwöhnen ließen.

*31. Oktober 2012 – Umhlanga Rocks (Südafrika)

Bhekisisa hatte Wort gehalten. Als Konrad die Nummer von Mgwazeni wählte, dem Gangsterboss der Südküste, knurrte der seine Zustimmung zu Konrads Wunsch, sich vorläufig auf die rivalisierenden Gangs zu konzentrieren. Offenbar hatte Bhekisisa ihn überzeugt, dass das für alle Beteiligten von Vorteil war.

Auch Zithulele, der Boss für den Norden von Durban, war von dem Schwarzen informiert worden und würde sich, genau wie Mgwazeni, für eine Weile auf den Kampf mit lokalen Gangs beschränken.

Samuel berichtete von Ulundi aus, dass er einen Neffen des Zulukönigs, einen gewissen Lungile, für das Hochseeangeln gewinnen konnte. *Es geht vorwärts*, dachte Konrad erleichtert. *Jetzt fehlt nur noch der Xhosa-Häuptling*.

Die Agenten-Truppe, die 50 km von Port Edwards auf einer Jagdfarm im Inland auf Informationen wartete, hatte einen entfernten Verwandten des Xhosa Königs aufgetrieben.

Kanelo, ein Mitglied der Thembu, wohnte in Mthatha und hatte enge Beziehungen zum König. Konrad erfuhr, dass die Xhosa grundsätzlich eine wertekonservative Haltung einnahmen, wenn es um das Königshaus ging. Und Kanelo war gern bereit, sich auf eine Hochseeangeltour zu begeben. Das Schiff, das von Port St. Johns ablegen würde, hatten die Agenten organisiert. Auch das Schiff, das Lungile von Richards Bay aus auf See bringen würde, war vom CIA über einen südafrikanischen Mittelsmann organisiert worden. Das Treffen sollte am 01. November, also am folgenden Tag, stattfinden.

Konrad und seine Männer würden vom Hafen in Durban starten. Alles war organisiert und lief bislang ausgezeichnet.

Jetzt galt es nur noch, die Gangs an der Südküste aufzuheizen. Konrad, Friedhelm, Dieter und Svenny trafen auf die Gruppe, die auf der Jagdfarm nördlich von Port Edwards warteten. Jacob, Mason, Noah und Anthony waren alle vom CIA und spielten perfekt die anspruchsvollen, lauten amerikanischen Jäger, die zu viel Geld hatten. Anthony hatte Kontakt mit Thulani aufgenommen und man hatte sich für 15:00 Uhr an der Bar des Port Edward Country Clubs verabredet. Hier sollte die Geldübergabe stattfinden. Konrads Gruppe hatte sich geeinigt, in Zweiergruppen nach und nach in der Bar aufzutauchen. Niemand würde die Besucher einer größeren Gruppe zuordnen.

Bevor sie starteten, reichte Konrad ein Foto von Thulani herum. Alle wussten jetzt, wie der Gangster aussah.

„Ich trau dem Typen nicht", sagte Anthony. „Ich hab kein gutes Gefühl bei dem Treffen."

Konrad kannte den Instinkt von Agenten und hatte selbst viel zu oft erlebt, dass ein ausgeprägter Spürsinn das Beste war, was einem in diesem Job passieren konnte. Er fragte: „Kannst du sagen, was es ist?"

„Nein. Nicht wirklich. Es ist dieses unbestimmbare Gefühl, dass wir auf der Hut sein müssen."

„Was sollen wir tun?"

„Höllisch aufpassen!", erwiderte Anthony wie aus der Pistole geschossen. „Wir müssen höllisch aufpassen. Thulani ist ein Blender, ein Falschspieler. Der legt uns rein, wenn wir ihm auch nur die kleinste Chance geben."

„Dann sollten wir alle unsere Lieblinge einstecken", erwiderte Konrad. „Habt ihr eure Kanonen dabei?"

Allgemeines Murmeln bezeugte die Zustimmung.

„Dann los", meinte Konrad. „Sucht euch euren Partner aus. Wir fahren mit zwei Wagen. Der erste parkt am Aloe Inn Guest House. Von da aus sind es etwa 600 Meter bis zum Clubhaus. Der zweite Wagen parkt am Edwardian Hotel. Von dort bis zum Clubhaus sind es nur 300 Meter. Anthony, du gehst als Letzter rein. Bis dahin haben wir uns verteilt. Klar?"

„Wäre es nicht besser, wenn zwei von uns draußen warten?", wollte Svenny wissen.

Konrad nickte. „Da ist was dran, Svenny. Dann bleibst du mit deinem Partner vor der Tür."

*

Konrad und Jacob betraten die Bar als erste. Es waren nur wenige Gäste anwesend. Kein Wunder, dachte Konrad, ist ja auch mitten in der Woche. Er suchte sich eine Ecke aus, von der aus er den Eingang gut einsehen konnte.

Wenige Minuten später kam Mason herein und setzte sich an den Tresen.

Dann tauchte Thulani mit drei Männern auf und setzte sich an einen Tisch, der ihm den Blick auf den Eingang ermöglichte.

Friedhelm und Noah lachten laut, als sie hereinkamen. Noah spielte den lauten und polternden Amerikaner perfekt. Thulani beachtete ihn nur kurz.

Svenny bleibt also mit Dieter vor der Tür, dachte Konrad.

Schließlich betrat Anthony den Raum und schaute sich um. Als er die vier Schwarzen entdeckte, steuerte er geradewegs auf deren Tisch zu. Das Mikrofon in Anthonys Brusttasche funktionierte einwandfrei und Konrad konnte durch die Lautsprecher in seinen Brillenbügeln jedes Wort verstehen.

„Hast du das Geld?" Thulani grinste.

„Natürlich."

„Dann schieb mal rüber."

„Erst wenn du mir erklärt hast, wie du den Streit mit den Xhosas in Gang setzen willst."

„Lass das mal meine Sorge sein."

„Nee, Freundchen. Das war anders abgemacht."

„Ja, ja. Manchmal ändern sich die Dinge aber. Und dann muss man flexibel sein."

Anthony wollte aufstehen, aber einer von Thulanis Männern bedrohte ihn unter dem Tisch mit einem Messer. Konrad konnte es aus seiner Perspektive gut erkennen.

„Hast du nicht gehört, was mein Boss gesagt hat?“, knurrte der Angreifer.

„Ist ja gut“, beschwichtige Anthony den Kerl. Ganz langsam griff er in seine Jacketttasche, holte den Umschlag heraus und schob ihn über den Tisch zu Thulani.

„Na, geht doch!“

Hastig zählte Thulani die Scheine, grinste und meinte: „Du bleibst schön hier sitzen bis wir weg sind. Klar?“

Der Agent nickte. „Und damit du auch nicht auf dumme Gedanken kommst, gibt dir mein Freund noch eine kleine Erinnerung.“

Konrad sah, wie der Angreifer das Messer in Anthonys Bein rammte, aufsprang und Thulani und seinen Leuten folgte, die rasch die Bar verließen. Konrads Männer waren auf den Beinen, kaum dass sich die Tür geschlossen hatte. Über sein eigenes Mikrofon gab Konrad kurze Befehle an seine Leute und kümmerte sich selbst um Anthony. Thulani würde nicht weit kommen und stattdessen sein blaues Wunder erleben.

Konrad rannte zur Bar, griff sich einige gestärkte Stoffservietten und zerriss sie auf dem Weg zu Anthonys Tisch. Der CIA Agent stöhnte, als Konrad das Messer aus der Wunde zog. Mit den in Streifen gerissenen Servietten verband er die Wunde notdürftig, erkannte jedoch, dass eine der Hauptadern getroffen worden sein musste. Die Wunde blutete im Rhythmus des Pulsschlags.

„Leg dich hin!“, befahl er dem Amerikaner, der sofort reagierte.

Mit zusammengeknoteten Streifen band er das Bein oberhalb der Wunde ab und rief dem Barkeeper zu, er sollte sofort einen Arzt und einen Krankenwagen rufen. Der Mann stand noch immer wie gelähmt hinter dem Tresen. „He!“, schrie Konrad ihn an. „Rufen Sie einen Arzt! Schnell! Und keine Polizei!“

Nun kam Bewegung in den Barkeeper. Er griff nach dem Telefon und rief die Ambulanz.

Konrad fragte bei seinen Männern nach, ob sie die vier überwältigt hatten.

„Ha, was denkst du denn?“, schnarrte es aus dem Lautsprecher.

„Bringt sie zur Jagdfarm. Ich komme später nach. Anthony hat‘s erwischt.“

Nur wenige Minuten später hörte man das Signal des herannahenden Rettungswagens. Anthony wurde erst einmal fachmännisch mit einem Druckverband versorgt und anschließend zum örtlichen Arzt gebracht. Konrad informierte Lou, der dafür sorgte, dass Anthony mit einem Hubschrauber nach Durban transportiert und im Albert Luthuli Central Hospital behandelt wurde.

Mit einem Leihwagen fuhr Konrad zur Jagdfarm, auf der alle auf ihn warteten. Die Atmosphäre war zum Zerreißen gespannt.

Thulani und seine drei Freunde waren mit Kabelbindern an Händen und Fußgelenken auf Stühlen festgebunden und sahen gelangweilt zu Boden.

Konrad langte nach einem Stuhl, drehte ihn so, dass er sich rücklings setzen und mit den Armen auf der Lehne abstützen konnte. Er sah sich die elenden Gestalten an.

„Tja, Thulani, jetzt hast du ein fettes Problem.“

„Weil du uns umbringen wirst?“

„Oh nein.“ Konrad schüttelte den Kopf. „Ich hab eben mit Mgwazeni telefoniert.“

„Nein!“, flüsterte Thulani.

„Doch, Freundchen. Kannst du dir vorstellen, wie er auf die Neuigkeit reagiert hat?“

„Oh Gott!“, flüsterte der Schwarze erneut.

„Ja, du Blödmann. Mgwazeni ist mit ein paar seiner Männer schon auf dem Weg hierher. Er will dich persönlich abholen.“

„Dann sind wir tot“, murmelte einer der Begleiter Thulanis.

Konrad nahm Svenny an die Seite. „Wir sollen die Vier um 23:00 Uhr zum Eingang der Kirche an der Fife Road bringen“, flüsterte er.

„Mgwazeni will die 1.000 Euro selbst in Empfang nehmen und sich um den Zoff mit den Xhosas kümmern."

„Ist das überhaupt noch nötig?", zweifelte Svenny. „Wenn Mgwazeni an den Vieren hier ein internes Exempel statuiert, sorgt das für genügend Aufmerksamkeit, die von uns ablenkt."

„Ich glaube", wandte Konrad ein, „dass es dafür ohnehin jetzt zu spät ist. Diejenigen, die hinter Marks Entführung stehen, dürften mittlerweile wissen, dass sie nicht mehr im Verborgenen agieren. Vergiss nicht – für sie ist Sarah verschwunden. Die sind garantiert in Alarmbereitschaft."

„Meinst du, die haben uns im Visier?"

„Nein. Dazu waren wir bisher zu vorsichtig. Aber der heutige Abend hat mit Sicherheit etwas verändert." Er zögerte. „Aber das kann uns nur recht sein. Je alarmierter die sind, desto besser für uns."

„Wieso?"

Konrad grinste. „Erst verschwindet Sarah – und sie wissen nicht wohin. Das bedeutet für die: Unsicherheit. Dann verschwinden zwei von den Observierern auf Malta und zwei andere verunglücken tödlich. Unwägbarkeit Nummer zwei. Über irgendwelche Kanäle erfahren sie garantiert, dass die Verschwundenen in Tel Aviv beim Mossad rumsitzen. Unwägbarkeit Nummer drei. Was wissen die beiden Handlanger vielleicht? Können die irgendwas ausplaudern?" Konrad grinste erneut. „Im Moment haben wir Rückenwind. Und das sollten wir ausnutzen."

„Das heißt", resümierte Svenny, „wir sollten Gas geben."

„Auf jeden Fall. Vor allen Dingen müssen wir jetzt herausfinden, was wirklich mit Thulani los ist."

„Dann sollten sich Michael und Samuel mit ihnen befassen."

„Ja. Wir müssen unbedingt wissen, inwieweit sie Verbindung zu denen haben, die für die weltweiten Entführungen verantwortlich sind." Er holte sein Handy heraus. „Schau mal hier", fuhr er fort.

„Elly hat mir ein paar Fotos geschickt. Wir müssen wissen, ob Thulani was mit ihm zu tun hat oder ob er ihn kennt."

Konrad instruierte die Agenten kurz. Michael und Samuel nahmen daraufhin Thulani und den Messerstecher mit in einen anderen Raum und quetschten sie aus. Nach nur einer halben Stunde kehrte Samuel zurück. „Er kennt das Gesicht."

Umgehend war Konrad im Nebenzimmer. „Wer ist der Kerl?", fragte er und sah das geschwollene Auge Thulanis. Er deutete auf das Bild im Handy.

„Das ist Jonathan Spruit – eine miese Ratte, die für Jan van Guysen arbeitet."

„Und wer ist das?"

„Man munkelt, dass er für die Supta Familie arbeitet."

„Muss ich dir jedes einzelne Wort aus der Nase ziehen? Aber vielleicht möchtest du mit Samuel noch ein Weilchen allein sein."

„Nein, nein! Die Supta Familie gehört zu einem der einflussreichsten Clans in Südafrika. Präsident Tuma hat mit denen zu tun. Man redet ständig von Korruption, Bestechung und anderen Schweinereien – auf höchster Ebene."

„Wo findet man diesen Jan van Guysen?"

„Er hat ein Anwesen in der Nähe von East London und fliegt mit seiner Privatmaschine durch die Gegend. Man sagt, dass er immer unterwegs ist. Wo genau er sich aufhält, weiß aber niemand."

„Weißt du, für wen er arbeitet?"

Thulani schüttelte den Kopf. „Nein. Das müsst ihr Mgwazeni fragen. Der weiß das bestimmt."

*

Pünktlich um 23:00 Uhr stand Konrad am Kirchenportal und traf sich mit dem Gangsterboss der Südküste. Mgwazeni war ein bulliger Kerl von 1,85m. Seinen verschlagenen Augen entströmte ein eiskalter Blick, der mit Sicherheit die meisten seiner Gefolgsleute in Angst und Schrecken versetzte.

„Wo sind die Ratten?“, zischte er verärgert.

„Im Moment noch bei uns.“

„Worauf wartest du?“

„Ich will von dir noch was wissen.“ Konrad zog den Umschlag aus der Tasche. „Hier sind erst Mal die 1.000 Euro – wie abgemacht.“

„Okay. Was willst du wissen?“

„Wer ist Jan van Guysen und für wen arbeitet er?“

Mgwazeni grinste und zeigte eine Zahnlücke, die ihn nicht sympathischer machte. „Das kostet dich nochmals 1.000 Euro.“

Konrad grinste zurück. „Was glaubst du, was passiert, wenn bekannt wird, dass dich deine eigenen Leute beschissen haben? Wenn jeder erfährt, dass dir Thulani und seine Bastarde auf der Nase herumtanzen? Wenn klar wird, dass das Wort des großen Mgwazeni keinen Pfifferling wert ist?“

Der Schwarze schnappte hörbar nach Luft. „Na gut“, lenkte er schließlich ein. „Jan van Guysen ist ein doppelter Maulwurf. Er arbeitet sowohl für den Supta Clan als auch für die Blenmore Company. Er spielt eine Seite gegen die andere aus und kassiert auf diese Weise jedes Mal doppelt.“

„Wer ist die Blenmore Company?“

„Ein riesiges Unternehmen, das sich auf den Handel mit Rohstoffen spezialisiert hat.“

„Wer ist der Inhaber?“

„Pieter van der Merwe.“

„Wo kann man den erreichen?“

Wieder grinste Mgwazeni. „Den kann niemand erreichen. Der lebt meist in der Schweiz. Er hat einen australischen Pass, einen südafrikanischen, einen amerikanischen, einen schweizerischen und einen irischen. Aber der ist jedem hier eine Nummer zu groß. An den geht selbst unsere korrupte Regierung nicht dran.“

„Wer ist Jonathan Spruit?“

Der Schwarze machte eine wegwerfende Handbewegung. „Diese Kakerlake ist ein mieser Killer und ein Handlanger von van Guysen."

„Was weißt du von ihm?"

„Ich weiß nicht, wie viele der schon auf dem Gewissen hat, aber eins ist sicher – sowas wie 'ne Ganovenehre kennt der nicht."

„Wer arbeitet mit ihm?"

„Meist hat er zwei oder drei unterbelichtete Typen, die für ihn die Drecksarbeit erledigen. Nur wenn's ums kaltmachen geht, legt er selbst Hand an. Der ist völlig meschugge. Durchgeknallt."

„Wann hast du ihn das letzte Mal gesehen und wo ist er jetzt?"

„Vor etwa zwei Jahren verschwand er plötzlich von der Bildfläche. Bis dahin tobte er sich in Durban aus. Uns ist er nie in die Quere gekommen. Er hat sich auch nie an irgendwelche Gangs angehängt. Wo er heute ist, weiß ich nicht."

„Was hat er in Durban gemacht?"

„Keine Ahnung. Man hat vermutet, dass er seine schmierigen Finger in Geschäften hatte, die auf die eine oder andere Weise mit illegalem Schmuggel von Elfenbein zusammenhingen."

„Dann ist er verschwunden?"

„Ja. Im Herbst 2010 ist er abgetaucht und keiner weiß, wo er jetzt steckt."

Konrad zeigte ihm das Bild, das Elly ihm auf sein Handy übertragen hatte.

„Ja, das ist er", bestätigte Mgwazeni.

„Hör zu", sagte Konrad. „Wir müssen unseren Plan ändern. Den Zoff mit den Xhosas vergisst du zunächst mal. Sorge dafür, dass die hiesige Polizei Tag und Nacht mit rivalisierenden Banden beschäftigt ist. Du kriegst nochmal 1.000 Euro, wenn du an einem ganz bestimmten Tag und zu einer ganz bestimmten Uhrzeit vor dem Haus dieses Jonathan Spruit aufkreuzt und ein bisschen Tam-Tam machst."

Der Schwarze grunzte. „Wenn ich mit Thulani und den anderen Bastarden fertig bin, schiebe ich das Ganze der Matshana Gang in die Schuhe. Was meinst du, was dann hier los ist?"

„Okay. Wenn es soweit ist, rufe ich dich an. Du machst nichts – hörst du? – nichts, was du nicht vorher mit mir abgesprochen hast."

Konrad gab einen leisen Pfiff von sich und Michael, Svenny und Dieter brachten Thulani und seine Männer zum Kirchenportal. Gleichzeitig öffneten sich die Türen eines schwarzen Vans und Mgwazenis Leute verfrachteten die Vier ins Innere.

*

*

*

31. Oktober 2012 – Wild Coast (Südafrika)

Zum ersten Mal seit seiner Ankunft, betrat Mark einen der Seitenwege, die um das Haus herumführten. Er wollte sehen, wie das Gebäude angelegt war, ob es außer dem Tor noch andere Zuwege gab oder vielleicht einen separaten Anbau, der nicht mit dem Hauptgebäude verbunden war.

Die Jungs waren seit dem Vortag in ihren Zimmern geblieben. Von Zeit zu Zeit holten sie sich eine Flasche Wasser und ein paar von den Maisfladen. Ansonsten ließen sie sich nicht blicken.

Er trat an die kleine Mauer und stellte fest, dass das Grundstück etwas erhöht auf einem Hügel lag. Die niedrige Mauer, die das Grundstück einfasste, verdeckte den Stacheldrahtzaun, den Mark auf mindestens 2,50m Höhe schätzte. Da dieser Zaun etwa 5m von der Mauer entfernt war, konnte man durch das abschüssige Gelände den Zaun vom Garten aus nicht sehen. Von außen blieb der Zaun durch Bäume und Sträucher so gut wie unsichtbar.

Nein, eine Flucht war ausgeschlossen. Ohne entsprechendes Werkzeug war der Zaun unüberwindbar. Mark schlenderte scheinbar absichtslos weiter an der Gartenmauer entlang. Kurz vor der nächsten

Ecke hörte er, wie sich zwei Männer unterhielten. Er blieb stehen und konnte die Stimmen von George und Bügelfalte identifizieren.

„... geht mir langsam auf'n Keks“, meinte John Smith.

„Mir mal erst“, bestätigte George.

„Wenn wir nicht bald was zu tun kriegen, weiß ich nicht, was ich mache“, fuhr Smith fort.

„Wir könnten uns ja mal ein paar Bräute kommen lassen.“ Mark konnte das Grinsen förmlich sehen.

„Bist du verrückt?“, empörte sich Bügelfalte. „Der Boss reißt uns den Kopf ab, wenn er das mitkriegt. Aber vielleicht gibt's bald wieder eine Mamba-Show.“

„Ach! Der Neue?“

„Nee. Der ist cool drauf. Aber ich glaub, der Trainer ist bald dran.“

„Du meinst Mark?“

„Ja. Der Boss wird langsam nervös. Er hat gemeint, wenn sich bis zum Wochenende nix tut, soll er ersetzt werden.“

Vorsichtig und langsam zog sich Mark zurück. Ja, das hatte er kommen sehen. Ihm blieben also noch drei, höchstes vier Tage. Dann musste seine Vorgehensweise sich als richtig erweisen oder er würde 'entsorgt' werden. Wie Marvin? Er setzte sich auf eine der Liegestühle und schaute über das Meer. Gerade hatte er sich eine Zigarette angezündet, als Jerry herauskam und sich auf eine der anderen Liegen warf.

„Hast du einen Glimmstengel für mich?“

Mark hielt ihm die Schachtel hin und gab ihm Feuer.

Jerry sog den Rauch ein und meinte: „Pass auf, Mark, ich hab mir was überlegt. Die Jungs haben absolut keinen Plan. Der einzige, der einigermaßen was taugt, ist der Japaner. Den Rest kannst du ins Klo schütten. Die wirst du in hundert Jahren nicht erreichen. Die sitzen das Ganze einfach nur aus.“

Wieder nahm er einen tiefen Zug und fuhr fort: „Wenn wir den Computer der chinesischen Börse für... sagen wir mal... zwei oder drei Stunden lahmlegen, wäre das ausreichend? Dann könnte ich das vor mir verantworten. Wir könnten ihn so verseuchen, dass sich die Viren nach ein paar Stunden wieder selbst löschen."

„Und das geht?", hakte Mark nach.

Jerry grinste. „Geht alles." Er zögerte. „Weißt du, die Jungs brauchen einen Leader, sonst funktioniert das Ganze nicht. Die brauchen ganz dringend die Bestätigung ihrer Genialität. Für ein Lob von ihresgleichen tun die alles. Aber nur von denen. Alle anderen sind für diese Typen nicht maßgebend. Und wir White-Hats gelten, wenn du so willst, als die Elite unter den Hackern. Ich weiß ganz genau, wie ich die ködern kann."

„Und wie?"

„Ich brauch nur eine Problemlösung für ein Hindernis in den Raum zu schmeißen, die falsch ist. Dann gehen die ab wie Zäpfchen. Die werden alles tun, um mich von ihrer Lösung zu überzeugen."

„Okay. Aber ich möchte, dass sich alle beteiligen. Kannst du dafür sorgen?"

„Kein Problem. Pack nur diese Ablagekästen weg. Die sind völlig sinnlos."

„Wie kann ich dich sonst noch unterstützen?"

„Sorg dafür, dass wir was Ordentliches hinter die Kiemen kriegen."

„Einverstanden. Aber nur für die, die mitmachen. Der Rest bleibt auf Wasser und Maisfladen."

Jerry grinste. „Alles klar."

„Ich werde mir das ansehen. Ihr könnt mich nicht austricksen."

„Dann komm mit. Ich zeig dir, wie ich das mache. In einer Viertelstunde im Salon. Du setzt dich in eine Ecke und gibst keinen Ton von dir."

Fünfzehn Minuten später saß Mark in einem Sessel abseits und schaute zu, was passierte.

„Okay“, ließ sich Jerry vernehmen. „Jetzt mal Klartext, Jungs. Hayato. Ich weiß, dass du ein Grey-Hat bist. Du, Stephen, bist eindeutig ein Black-Hat. Wong, ich bin sicher, du bist ein Cracker. Und du, Sven, ein völlig durchgeknallter Nerd. Stimmt's, Jungs?“

„Und was bist du?“, fragte Wong mit aggressivem Unterton. Jerry nickte. „Ob es dir nun passt oder nicht, du Wichser... ich bin ein White-Hat.“

Hayato lächelte mal wieder sein japanisches Allwetterlächeln. „Und du meinst, du wärst was Besonderes, nicht wahr?“

„Euch brauch ich nix zu erklären. Ihr wisst genau, was Sache ist. Also ersparen wir uns die üblichen Nickeligkeiten. Ich wurde von *meinen Leuten* als Hacker bezeichnet. Das reicht wohl, oder?“

„Und wie ist dein Nickname?“, wollte Sven wissen.

„Du darfst dir einen aussuchen. Manche nennen mich Root, andere Odysseus. Reicht das, du Scriptkiddie?“

Es folgte eine lange Schweigepause und Mark befürchtete schon, dass Jerry genauso gescheitert war wie Marvin.

Schließlich standen Hayato und Stephen auf. „Na gut, du Oberguru. Dann zeig uns mal, was du drauf hast.“

Wong merkte an: „Is nich. Die Computer sind weg.“

„Ich kann dafür sorgen, dass sie wieder aufgebaut werden“, ließ sich Mark vernehmen.

„Na, dann mach mal, Alter“, zischte Stephen.

„Pass auf, du Pseudo-Hacker“, warnte Jerry ihn. „Du gehst jetzt mit uns allen anständig um oder du fliegst raus. Kapiert?“

Der Engländer nickte stumm.

„Ich kümmere mich um die Computer“, wiederholte Mark und ging in die Küche zu Lucas. Kurze Zeit später waren alle damit beschäftigt, die Hardware wieder aufzubauen.

Zum ersten Mal seit seiner Ankunft hörte Mark einen lebhaften Austausch aus dem Konferenzraum. Zufrieden setzte er sich in den Salon und trank einen Kaffee, als John Smith hereinstürmte. „Was hast du mit denen angestellt?“, platzte er heraus.

Mark hütete sich, die Wahrheit preiszugeben. „Das nennt man in meinem Fachjargon effektives Coaching.“

„Dann bist du ja jetzt überflüssig, oder?“

„Wenn alles so bleibt, ja. Wenn nicht, muss ich wieder massiv eingreifen.“

Der Dicke grinste. „Komm mit.“

Mark folgte ihm in den Garten. Zu seinem Entsetzen sah er den Glasbehälter mit der Mamba am Rand des Rasens stehen.

„Setzt dich“, forderte Bügelfalte ihn auf, „und mach es dir bequem.“

Mark entdeckte die Eisenringe, die die Liege im Boden verankert hielten.

Langsam ging er auf die Liege zu und setzte sich.

„Ich sagte, mach es dir bequem“, wiederholte Bügelfalte leise. „Das bedeutet – leg dich hin!“

George und Joe kamen aus dem Haus und banden Marks Arme fest.

„He! Was soll das?“ Mark verstand die Welt nicht mehr. „Was hab ich gemacht? Seid ihr verrückt geworden?“

Er beobachtete, wie John Smith die lange Stange holte und die Schlaufe über den Kopf der Mamba bugsierte, die bereits die Drohgebärde eingenommen hatte.

Mark versuchte, sich mit aller Kraft von den Fesseln zu befreien und rüttelte wie wild.

Vergeblich.

Der Schweiß brach ihm aus allen Poren aus und er spürte, wie Rinnsale sich ihren Weg entlang den Schläfen und den Hals herunter auf die Unterlage suchten. Sein Hemd war klitschnass und sein Rachen wie ausgetrocknet. Mark konnte sehen, wie viel Vergnügen es dem Dicken machte, das Reptil ganz langsam durch die schmale Öffnung des Glasbehälters zu ziehen.

„Bist du krank?“, rief er voller Verzweiflung. „Hör auf! Verdammt nochmal!“

Wo war Lucas? Lucas musste ihm helfen. Der musste diesen Bastard aufhalten.

George und Joe folgten diesem Irren wie Schoßhündchen. Nein, von denen konnte er keine Hilfe erwarten.

„Mensch! Hör auf!“, brüllte er erneut.

Langsam kam Bügelfalte auf ihn zu. Er hatte sichtlich Freude daran, Mark zu quälen. Schon spürte er das Zappeln des Schwanzes in seinem Gesicht und drehte seinen Kopf zur Seite.

„Tu die weg! Du wirst ziemlichen Ärger kriegen. Ich werd noch gebraucht!“

Schweißperlen rannen ihm am Nacken entlang. Das Maul der Mamba war nur noch etwa dreißig Zentimeter von seinem Hals entfernt, als jemand mit schneidender, lauter Stimme befahl: „Stopp!“

*

*

*

31. Oktober 2012 – Mallorca (Spanien)

Der Anruf von Lester Giles erreichte Richard gegen Mittag. Eine Stunde später saß er seinem englischen Kollegen in dessen Finca gegenüber.

„Was gibt es denn so Dringendes, Lester?“

„Wir agieren jetzt nicht mehr im Verborgenen, Dick. Zwei von unseren Leuten sitzen in Tel Aviv beim Mossad. Die Kleine von dem Trainer ist verschwunden und wir haben einige Aktivitäten in Südafrika bemerkt, die uns vermuten lassen, dass man unserem Vorhaben auf die Spur kommt.“

„Nun ja“, erwiderte Richard gedehnt. „Das war ja vorherzusehen. Was ist daran ungewöhnlich?“

„Ungewöhnlich daran ist, dass Piet die Sache offenbar nicht im Griff hat.“

„Das ist schlecht. Wo liegt deiner Meinung nach das Problem?“

„Er hat was von Zulus und Xhosas gefaselt. Da gibt’s wohl noch immer diese uralte Fehde zwischen den Stämmen.“

„Was hat das mit uns zu tun?“

„Ganz in der Nähe des Hauses, wo die Hacker untergebracht sind, hat es eine Art Bandenkrieg gegeben. Vier Zulus wurden tot aufgefunden. Einer davon soll der Boss einer Zulu-Gang gewesen sein. Und weil das an der Grenze zum Xhosagebiet passiert ist, kursiert jetzt das Gerücht, dass es zu einem Krieg zischen Zulu- und Xhosa-Gangs kommt.“

Richard schüttelte den Kopf. „Das können wir nun gar nicht gebrauchen. Das bedeutet, es gibt mehr Polizeipräsenz.“

„So ist es. Aber was vielleicht noch schlimmer ist – das gleiche Problem taucht im Norden von KwaZulu auf. Bei Ballito hat es ebenfalls einen Konflikt zwischen rivalisierenden Gangs gegeben – mit fünf Toten. Die gesamte Polizei ist in Alarmbereitschaft – sowohl in KwaZulu als auch im Ostkapgebiet.“

„Was meint Piet dazu?“

„Ich hab den Eindruck, dass er das Ganze auf die leichte Schulter nimmt. Ich hab eben mit ihm telefoniert. Er meinte, dass sei das übliche Geplänkel zwischen den Stämmen. Seit Jacob Tuma an der Spitze der Regierung steht, sind die Xhosas sauer. Mandela war einer von ihnen. Aber Tuma ist ein Zulu und gilt als durch und durch korrupt.“

„Piet kennt sein Land besser als wir. Vielleicht hat er ja recht.“

Lester schüttelte den Kopf. „Ich weiß nicht, Richard. Mir gefällt das nicht. In einer Woche wäre mir das egal. Dann stünden wir kurz vor dem ersten Durchbruch und die ganze Welt blickte nach Peking. Niemanden würde dann interessieren, was in Südafrika passiert."

„Glaubst du allen Ernstes, es interessiert sich jetzt jemand dafür? Das ist genauso wie mit den Gang-Kriegen in New York. Dafür interessiert sich auch kein Mensch."

„Vergiss nicht, Dick... der Mossad ist drin."

„Na und? Lass sie doch herumstochern. Wenn die was wüssten, hätten wir es schon längst erfahren. Oder glaubst du, unsere Jungs schlafen?"

„Nein, sicher nicht. Aber ich hab trotzdem ein mieses Gefühl."

„Vielleicht hängt dein mieses Gefühl mit dem zusammen, was Louise vorhat. Du weißt ja, dass sie vor die *Organisation* treten will."

Lester lachte. „Dazu müsste sie erst einmal ins Haus kommen. Ich glaube nicht, dass die *Organisatoren* dazu ihre Zustimmung geben werden."

Richard stand auf. „Dein Wort in Gottes Ohr, mein Freund." Er verabschiedete sich und ließ sich von Benny zur Hazienda zurückbringen.

Bis jetzt war Louise ihm aus dem Weg gegangen. Das gefiel ihm überhaupt nicht. Auch die anderen waren ständig unterwegs. Ob die was ausheckten? Er griff zum Telefon und versuchte, Dorothy zu erreichen. Vergeblich. Das Telefonat vor seiner Abfahrt zu Lester lag ihm noch schwer im Magen. Noch nie hatte sich Dorothy derart kühl und distanziert am Telefon angehört. Sie war offensichtlich immer noch sauer auf ihn. Was war bloß mit den Frauen bei den McCormacks los? In all den Jahren gab es keine Probleme und auf einmal ging alles daneben. Louise – okay. Das war der typische rebellische Generationenkonflikt. Aber Dorothy? Was war in sie gefahren? Erneut versuchte er, sie zu erreichen, doch sie war nicht zu Hause.

Er ließ sich von Benny zum Haus der Organisation bringen. Natürlich würde er prüfen, dass alles optimal vorbereitet war. Nach seinem Rundgang stellte er zufrieden fest, dass nichts fehlte. Von der Terrasse des Konferenzraums ließ er abermals einen Blick über das Meer und die Bucht schweifen. Er entdeckte mehrere Yachten, die in der Bucht ankerten. Aus der Kommode nahm er ein Fernglas und schaute sich die Yachten näher an. Bald entdeckte er die *Dotty II* und sah die Gruppe junger Leute, die auf Deck zusammensaßen. Alle hatten ein Glas in der Hand, aber es herrschte eindeutig keine Partystimmung. Im Gegenteil. Ganz offensichtlich gab es ein Gespräch, an dem sich alle gleichermaßen beteiligten.

Zu gern hätte Richard gewusst, was dort gesprochen wurde. Er sah genau hin, wer alles an Bord war. Louise, Brenda und Helen. Dann Michael, Ben Allister und ein junger Mann, der seinem Freund William Miller sehr ähnlich war. Das musste Chris, sein Sohn, sein. Daneben zwei Frauen. Sicher seine Frau Caren und seine Schwester Lilian. Auch Claire Stratford war an Deck. Offenbar mobilisierte Louise ihren Fanclub.

Nach einem letzten Blick auf den Konferenzraum verließ Richard das Haus und kehrte zu seiner Finca zurück.

Er verzichtete auf einen Besuch bei den anderen Mitgliedern der *Organisation*. Er würde morgen ohnehin mit ihnen zusammentreffen.

*

*

*

**01. November 2012 – San Lameer (Südafrika)*

Sehr früh am Morgen erhielt Elly einen Anruf von Konrad. Zwei der Männer, die auf der Jagdfarm bei Port Edwards weilten, würden im Laufe des Vormittags bei ihnen aufkreuzen und sie zum Kraal, dem Rundhüttendorf Unathis, begleiten. Häuptling Bulelani, erfuhr Elly im Telefonat, war ein Vertrauter des Xhosa-Sprösslings Kanelo, der dem Thembu Clan, also dem Königshaus, angehörte. Unathi war der Ortshäuptling eines Xhosa Clans, der den Thembu sehr nahestand.

Elly informierte die Rezeption, dass ein etwas größerer Bus für den Ausflug zum Xhosa-Dorf gebraucht würde. Jason war als Fahrer eingeteilt und würde wunschgemäß um 11 Uhr bereit stehen. Unathi, wusste Konrad zu berichten, war informiert und erwartete die Gruppe um 12 Uhr.

Nach dem Frühstück trafen sich die Frauen in Ellys Wohnung.

„Konrad hat mich über folgendes Vorgehen unterrichtet“, begann sie und erzählte von den Geschehnissen des Vortages und das, was in der Nacht an der Kirche in Port Edwards passiert war. „Ihr habt die Zeitung gesehen, nicht wahr? Die vier Toten wurden von den eigenen Leuten umgebracht, aber einer rivalisierenden Gang in die Schuhe geschoben.“

„Warum?“, wollte Sarah wissen.

„Um die Aufmerksamkeit der Leute auf sich zu ziehen. Um ganz gezielt von uns abzulenken.“ Sie fuhr fort: „Gleich kommen Michael und Noah und werden uns über den neuesten Plan einweihen. Konrad hat gemeint, dass nach all den unvorhersehbaren Entwicklungen jetzt Klarheit darüber besteht, wie wir vorgehen können, um Mark und die jungen Leute zu befreien.“

Sarah riss die Hände vor dem Mund und stöhnte: „Weiß man, wo sie sind?“

„Zumindest gibt es deutliche Hinweise. Der heutige Tag wird uns ein gutes Stück weiterbringen.“ Sie lächelte Sarah an. „Unsere Aufgabe wird sein, mit dem Häuptling einen Plan abzusprechen, der uns darüber Gewissheit bringen soll. Deshalb kommen Michael und Noah mit. Die Xhosas sind traditionsverhaftet und bevorzugen das Gespräch mit Männern. Darauf müssen wir Rücksicht nehmen. Schließlich wollen wir was von ihnen – und nicht umgekehrt.“

Als die beiden Agenten eintrafen, wartete Marie vor dem Haupteingang der Anlage, um sie abzufangen. Die Beschreibung von Michael und sein Spitzname 'Bollwerk' waren viel zu eindeutig, als dass

Marie ihn hätte verpassen können. In Ellys Wohnung gab es eine kurze Lagebesprechung.

„Konrad und ein paar unserer Leute treffen heute mit Bulani und Kanelo zusammen. Folgendes soll arrangiert werden: Als Erstes soll es einen Eklat in der Nähe des Hauses geben, in dem wir die entführten Jungs und Mark vermuten. Der Zwist soll darum gehen, dass sich Unathi gegen eine Hochzeit zwischen seiner Tochter und einem Zulu wehrt. Dabei soll es lautstark zugehen. Eine Gruppe Xhosas und eine Gruppe Zulus sollen sich vermeintlich feindlich gegenüberstehen. Das funktioniert aber nur, wenn die beiden Häuptlinge heute beim Hochseeangeln ihre Zustimmung geben. Dann folgen zwei Tage Ruhe und anschließend geht Unathi selbst in das Haus und verklickert denen, dass alle Nachbarn die Hochzeit abnicken müssen – von wegen alter Tradition und so. Soweit klar?“

Alle nickten, doch Elly sah, dass Sarah leichenblass auf dem Bett hockte. „Ist alles in Ordnung, Sarah?“

„Ja, ja. Ich bin nur überrascht, wie schnell plötzlich alles geht.“

„Noch ist nichts klar, Sarah“, erwiderte Noah. „Es werden noch ein paar Tage vergehen. Wir müssen abwarten, was bei dem heutigen Treffen auf See rauskommt.“

Elly schaute auf die Uhr. „Die müssten bald unterwegs sein, oder?“

Michael nickte. „Das Schiff mit Lungile hat Richards Bay heute Morgen um neun Uhr verlassen. Kanelo ist um halb zehn an Bord des Schiffes gegangen, das von Port St. Johns abgelegt hat. Und Konrad startet mit der Truppe um elf von Durban.“

„Und wir treffen uns um zwölf mit Unathi.“

„Okay, Ladies“, sagte Michael und stand auf. „Lasst uns fahren. Wir wollen Unathi nicht warten lassen.“

*

Der Xhosa-Häuptling erwartete die Gruppe im vollen Ornat. Er war eine eindrucksvolle Persönlichkeit und strahlte Autorität aus.

Kaum, dass Jason die Gruppe an der Rundhütte verlassen hatte und alle eingetreten waren, grinste Unathi breit. „Gibt echt was her, oder? Ich finde es immer wieder amüsant, wenn Touristen meinen Aufzug bewundern.“ Er nahm seinen Kopfschmuck ab und legte die Tierfelle beiseite, die er um seine Schultern trug. Er zuckte mit den Schultern und grinste erneut. „Klappern gehört zum Geschäft.“

Er forderte seine Besucher mit einer Handbewegung auf, sich zu setzen. „Also – was kann ich für Sie tun? Bulani und Kanelo haben mich gebeten, Sie zu unterstützen. Und wenn ein Thembu mich um etwas bittet, ist das wie ein Befehl für mich.“

Noah nickte. „Ich verstehe. Wie darf ich Sie ansprechen, Sir? Sagt man Häuptling oder Häuptling Unathi?“

„Einfach nur Unathi“, erwiderte der Schwarze mit einem Lächeln. „Ich freue mich, dass Sie sich die Mühe machen und mich fragen. Nicht oft erfahre ich so viel Respekt von Weißen. Und Ihrem Akzent nach zu urteilen, sind Sie Amerikaner. Ist das richtig?“

Nacheinander stellte Noah die Anwesenden vor. „Hübsche Frauen haben Sie bei sich, Noah. Warum dieser Aufwand?“

Noah und Michael offenbarten dem Häuptling nach und nach, welchen Plan Konrad und die ganze Crew hatte, und welche Hintergründe es für den Plan gab.

Unathi hörte genau zu und schwieg, als Noah geendet hatte. Er stand auf und meinte: „Wir sollten jetzt erst einmal etwas essen und trinken. Wir Xhosa sind ein gastfreundliches Volk. Nach dem Essen sprechen wir über den Plan, den Sie mir so detailliert vorgelegt haben.“

Die Gruppe verließ Unathis Hütte und fand einen reich gedeckten Tisch im Schatten der Bäume vor. Vor jedem Topf und jeder Schüssel stand ein Schild, auf dem geschrieben stand, was das jeweilige Gefäß beinhaltete. Unathi grinste. „Wir haben uns bei der Bewirtung unserer Gäste mittlerweile dem Geschmack der Weißen angepasst.

Es gibt keine Heuschrecken, keine Schlangensteaks und keine Tausendfüßler. Greifen Sie also ruhig zu."

Elly fand das Essen schmackhaft und langte kräftig zu. Auch den anderen schien es zu schmecken. Nur Sarah gab sich mit ein wenig Süßkartoffelbrei und Gemüse zufrieden.

Elly wünschte sich, mehr Zeit für Sarah zu haben, um ihr ein wenig das Gefühl der Geborgenheit und der Sicherheit zu geben, aber die Aufgaben erlaubten nur wenig freie Zeit.

Als alle wieder in der Hütte des Häuptlings zusammensaßen, meinte Unathi: „Wenn Kanelo es wünscht, werde ich selbstverständlich mein Bestes tun, damit der Plan funktioniert." Er lächelte. „Wir sind ein sehr humorvolles Volk und auch die Zulus lieben Späße. Es wird für uns ein Vergnügen sein, ein Scheingefecht mit den Zulus zu führen, obwohl... die alten Fehden sind nie ganz beigelegt worden. Der tiefe Groll ist nie ganz verschwunden. Gerade jetzt, nachdem Tata, so nennen wir Nelson Mandela, sich zurückgezogen und Tuma das Feld überlassen hat. Wir müssen aufpassen, dass aus dem Spaß nicht blutiger Ernst wird."

„Besteht diese Gefahr?", hakte Elly nach.

Der Häuptling nickte bedächtig. „Leider ja. Vor allen Dingen, wenn zu viele junge Leute dabei sind und zuviel Alkohol getrunken wird."

„Ich glaube, es wird Zeit für uns", sagte Michael und stand auf. Unathi blieb sitzen und hob die Hand. „Bitte setzen Sie sich noch einmal. Ich möchte, dass unsere Sangoma zum Thema befragt und gehört wird." Er klatschte zweimal in die Hände und eine alte Frau mit runzligem Gesicht und vielen Perlenbestickten Armbändern betrat die Hütte. Schweigend blieb sie vor den Gästen stehen, musterte einen nach dem anderen, drehte sich zum Häuptling um und sagte etwas zu ihm in der Stammessprache, in isiXhosa. „Sie fragt, welche der Frauen schwanger ist?", übersetzte er.

Sarah erschrak und wurde kreidebleich. „Warum will sie das wissen?“

Wieder sagte die Frau etwas und er übersetzte: „Sie soll sich keine Sorgen machen. Es wird alles gut.“

Die Frau setzte sich im Schneidersitz auf den Boden, warf ein paar Knochen und Steine, murmelte etwas und erhob eine Art Singsang. Elly verkniff sich ein Lächeln. Dann begann die Sangoma zu sprechen. Unathi hörte ihr genau zu. Die Frau sammelte ihre Knochen und Steine ein, verbeugte sich vor den Gästen und dem Häuptling und verließ die Hütte.

„Nun“, sagte Unathi gedehnt. „Unsere Sangoma meint, dass Ihr Plan funktionieren wird, vorausgesetzt... Sie achten die Ehre unserer Ahnen.“

„Was meint sie damit?“, fragte Elly.

„Respekt, Achtung und Wohlwollen gegenüber der großen Göttin. Die Natur ist der höchste Ausdruck der lebenspendenden Göttin. So wie wir von ihr nehmen, so müssen wir auch geben. Es geht um das Gleichgewicht von Nehmen und Geben.“

Für einen Moment versuchte Elly, den Sinn der Botschaft der alten Frau zu entschlüsseln. Es wollte ihr nicht gelingen. Zu tief schien der Graben zwischen dem Weltbild der Xhosa und dem westlichen Gedankengut zu sein.

Der Abschied war lang und herzlich. Man vereinbarte ein zweites Treffen. Bis dahin würde klar sein, ob sich die beiden Stammesfürsten geeinigt hatten.

*

*

*

**01. November 2012 – auf hoher See (Südafrika)*

Konrad hatte sich über die Gepflogenheiten bei offiziellen Terminen der beiden Stammesfürsten informiert. Wichtig schien wohl zu sein, zunächst reichlich Essen und Trinken bereitzuhalten und Geschenke auszutauschen. Zu Konrads Freude war das Meer an diesem Tag nicht allzu aufgewühlt, so dass ein einigermaßen ruhiges Treffen stattfinden würde – zumindest von den äußeren Bedingungen her.

Er empfing Kanelo und Lungile kurz nach dem Mittag auf dem Schiff. Die beiden begegneten einander mit Respekt und Achtung, aber kühl und distanziert. Lungile zeigte sich erfreut über das von Konrad angebotene Utshwala besizulu, das Zulu-Bier. Und Kanelo war erstaunt, als ihm ein Umnqombothi angeboten wurde, das traditionelle Bier der Xhosa. Das Büffet enthielt gleichermaßen typische Delikatessen der Zulu wie der Xhosa und bald hatte sich eine entspannte Atmosphäre auf dem Schiff entwickelt. Konrad überreichte jedem der beiden einen Umschlag mit 10.000 Euro, entsprechend 150.000 Rand, der südafrikanischen Währung. „Das ist unser Geschenk an euch und gleichzeitig unser Dank für euer Kommen."

Dankend nahm er die Geschenke der beiden entgegen und bat darum, man möge nun zum Indaba übergehen. Als Konrad das in Südafrika gebräuchliche Wort 'indaba' für Meeting und Zusammenkunft verwendete, erhaschte er die verwunderten Blicke der beiden Stammesfürsten. Man setzte sich in die Runde und Konrad stellte seinen Plan vor. Wie bei solchen Treffen üblich, wechselten alle Beteiligten ihre Argumente, wägten ab, änderten ihre Meinung, kamen zurück auf das Thema, schweiften ab – nur um am Ende von vorn zu beginnen.

Der südafrikanische Kollege hatte Konrad eingeschärft, auf keinen Fall auf ein Ergebnis zu drängen. Er musste das Spiel nach den Regeln der Schwarzen mitspielen. Nur dann bestand Aussicht auf Erfolg. Der Kollege hatte ihm erklärt: „Das ist wie bei unseren Bundestagsdebatten – viel Gerede, aber nix dahinter. Die müssen nur das Gefühl haben, wichtig zu sein. Gib ihnen dieses Gefühl und du hast gewonnen."

Konrad wusste, dass die Einigung der beiden das Kernstück der Befreiungsaktion war. Spielten Kanelo und Lungile nicht mit, hatte die Crew kaum Aussicht, Mark und die Jungs zu befreien, ohne dass vielleicht Unschuldige dabei verletzt oder getötet wurden. Je länger die Zusammenkunft dauerte und das jeweilige Bier konsumiert wurde, desto größer schienen die Differenzen zu werden.

Letztlich kam es zu einem erregten Austausch von politischen Ansichten, was die derzeitige Regierung betraf. Der ewige Streit zwischen Zulus und Xhosas schien hochzukochen. Der Konflikt drohte zu eskalieren.

Konrad unterbrach das Meeting und erreichte eine Ablenkung, indem er die Angeln auswerfen ließ. Es dauerte nicht lange, dass an der einen Angel ein Barrakuda anbiss und kurze Zeit später an der zweiten ein Thunfisch zappelte. Offensichtlich gefiel den beiden Häuptlingen, dass jeder um seine Beute mächtig kämpfen musste. Konrad war es gelungen, den Ärger und die Wut der Häuptlinge auf den Kampf mit einem sich heftig wehrenden Fisch zu lenken.

Nachdem der Fang an Bord gehievt war, lehnten sich die beiden Streithähne erschöpft aber zufrieden zurück. Binnen einer Stunde war man sich einig, das Projekt der Fremden zu unterstützen.

Als die Boote kamen, um ihre Häuptlinge abzuholen und zum eigenen Schiff zurückzubringen, luden sie nicht nur ihre Hochseebeute ein, sondern auch noch reichlich Delikatessen und Bier.

Erschöpft ließ sich Konrad in einen Sessel in der Kabine fallen. „Oh mein Gott!“, stöhnte er, „Die hätten mich fast geschafft. Ich bin fix und fertig! Noch eine halbe Stunde länger und ich hätte beide ins Wasser geschmissen und den Haien zum Fraß vorgeworfen.“ Er griff nach einem kalten Wasser. „Für so ein blödes Gequatsche bin ich nicht der Richtige. Wie kann man nur derart viel palavern! Die haben sich aufgeführt wie zwei Waschweiber am Brunnen. Du meine Fresse!“ Immer wieder schüttelte er den Kopf.

Als sie im Hafen von Durban einliefen, freuten sich alle auf ein kaltes Bier. Während des Ausflugs wollten alle hellwach und voll konzentriert bleiben und hatten sich auf Wasser, Cola und Orangensaft beschränkt. Der Bus brachte sie ins Hotel nach Umhlanga Rocks und die ganze Truppe ließ sich an der Bar das Bier gut schmecken.

Zurück in seinem Zimmer wählte Konrad umgehend Ellys Nummer und berichtete ausführlich vom Treffen und dem Ergebnis.

Elly ihrerseits erzählte, wie das Meeting mit Unathi ausgegangen war.

„Dann können wir jetzt mit dem letzten Abschnitt unseres Plans beginnen“, meinte Konrad.

„Ja, dem letzten und alles Entscheidenden – die Kombination von der offiziellen Seite der Zulus und Xhosas und der Einlage der Mgwazeni-Gang am Schluss.“

Elly erwiderte: „Ja, und dann kommt der letzte Schritt – die Befreiungsaktion.“

„So ist es, Elly. Bis morgen.“

*

*

*

01. November 2012 – Wild Coast (Südafrika)

Mark hatte kein Auge zugetan. Er war bis in sein Innerstes aufgewühlt. Wäre Jan van Guysen nicht rechtzeitig aufgetaucht, wäre er jetzt tot.

Was dann geschehen war, hatte sich für immer in seine Seele eingebrannt.

Das Erstarren von Bügelfalte mitten in der Bewegung. Wie er nervös die Mamba zurück in den Glasbehälter pfriemelte. Wie er auf van Guysens Anweisung von George und Joe selbst auf der Liege gefesselt wurde. Mark hörte noch immer das Betteln, Bitten und Winseln des Dicken.

Genau wie er selbst war Bügelfalte in Schweiß gebadet, als Jan van Guysen mit der Schlange auf ihn zukam und brüllte: „Ich hab es bis obenhin satt, mir deine kranken Spielchen noch länger anzusehen. Du hast schon so viel Mist gebaut Jetzt gefährdest du sogar das ganze Projekt. Erst schießt du auf harmlose Touristen, dann bringst du den Jungen um und jetzt willst du auch noch den Trainer ermorden. Du bist eine Ratte, eine dreckige, kleine Ratte! Du bist ein Sadist und ein feiger Hundesohn! Fahr zur Hölle!“

Ja, dem Schlaksigen waren die Sicherungen durchgebrannt.

Nachdem die Mamba wieder sicher im Glasbehälter untergebracht war, ließ er alle Reptilien im Haus in sein Auto tragen. Er würde, so erzählte er, die Schlangen ins Terrarium nach Durban bringen. Bügelfalte wurde auf der Ladefläche des Jeeps abgelegt.

Der Anblick des toten John Smith war für alle fast eine Erleichterung, obwohl Mark niemandem einen derartigen Tod wünschte. Aber wer würde die Nachfolge antreten? Jan van Guysen hatte sich dazu nicht geäußert und niemand hatte sich getraut, ihn danach zu fragen. George, Joe und Lucas liefen seitdem herum wie verstörte Gespenster.

Heute würde sich hoffentlich zeigen, ob Jerry mit seiner Strategie Erfolg hatte. Bis zu dem Vorfall im Garten hatte Mark mitbekommen, dass die Jungs in einem regen Gedankenaustausch standen. Jerry verstand seinen Job und Mark war dankbar, dass er in ihm einen Verbündeten gefunden hatte.

Im Speiseraum herrschte eine gedrückte Stimmung, als Mark erschien. Er erkannte, dass seine Fähigkeiten heute gefragt waren. Er musste die Jungs aufbauen, ermuntern und motivieren.

Nach dem Frühstück bat er alle in den Salon.

„Okay, Freunde. Ich geh davon aus, dass der Stress jetzt ein Ende hat. John Smith ist nicht länger der Unberechenbare, der uns alle in Atem hält und das Leben zur Hölle macht. Wir haben in den letzten zehn Tagen viel Schlimmes erleben müssen. Aber jetzt sollten wir uns auf das konzentrieren, weshalb wir hier sind. Wenn jemand von euch das Bedürfnis hat, zu reden – ich bin im Salon. Ihr könnt jederzeit zu mir kommen. Ansonsten habt ihr ja Jerry.“ Er fragte den Amerikaner: „Bist du okay, Jerry? Oder brauchst du eine Auszeit?“

„Nein. Es geht schon. Ich glaube, ich komme am schnellsten drüber weg, wenn ich mich in die Aufgabe stürze." Jerry nickte den Jungs zu. „Geht schon mal vor. Ich komm gleich."

Die Truppe verließ den Raum und Jerry wandte sich an Mark. „Du, ich mach mir Sorgen wegen Sven. Der Junge hat sich noch nicht beteiligt."

„Was meinst du, woran das liegt?"

„Keine Ahnung. Er macht ja den Mund nicht auf."

„Finde heraus, wo seine Stärken sind. Und dann gib ihm eine Aufgabe, bei der seine Stärken richtig zum Tragen kommen. Aus irgendeinem Grund ist er hier. Sonst hätten die ihn nicht entführt. Du kennst dich doch in den Chatrooms aus. Geh mal rein und finde heraus, wer bei den Nerds 'Crash' genannt wird und warum. Und dann lock ihn aus der Reserve."

Jerry drehte sich um und wollte gehen, doch Mark hielt ihn zurück. „Hast du eine Idee, wann ihr soweit seid? Meinst du das klappt bis zum 12. November?"

Der Amerikaner grinste. „Wir werden uns anstrengen müssen, es bis dahin hinauszuzögern."

*

Am Nachmittag tauchte Jan van Guysen wieder auf mit einem Weißen, der Bügelfalte ersetzen sollte. Er stellte sich als Jack vor. Jack war fast so schlaksig wie Jan, allerdings eine Kopflänge kürzer. Mark schätzte ihn auf höchstens 1,70m. Sein ungepflegter Schnauzbart ließ ihn männlicher aussehen als der Rest seiner Erscheinung. Seine dünnen Arme hingen eher verloren seitlich am Körper herab. Seine Stimme hatte einen metallischen Klang, aber er schien ein friedlicher Typ zu sein. Vor allem schien er wenigstens ein bisschen Grips im Kopf zu haben.

Doch schon am ersten Abend erkannte Mark, mit welchem Problem sich Jack herumschlug: Alkohol. Jack war ein Trinker. Die Art wie er sich die Drinks eingoss und die Schnelligkeit, mit der er die

Gläser leerte, ohne dass eine merkliche Veränderung sichtbar wurde, all das kannte Mark zur Genüge. Sein Vater war Alkoholiker gewesen. Ja, er erkannte einen Alkoholiker auf hundert Meter Entfernung. Schließlich hatte er schon in jungen Jahren lernen müssen, rechtzeitig das Weite zu suchen, bevor der Punkt zur Gewalttätigkeit überschritten wurde.

Na, das kann ja heiter werden, dachte Mark.

*

*

*

***01. November 2012 – Mallorca (Spanien)**

Schon um 10 Uhr war Richard im Haus der Organisation. Er hatte es nicht länger in seiner Finca ausgehalten. Offensichtlich ging ihm Louise ganz bewusst aus dem Weg. Und er hatte auch kein besonderes Interesse daran, ihr zu begegnen.

Am frühen Morgen hatte es geregnet und Richard empfand die kühle Luft erfrischend und belebend. Weil er noch viel Zeit hatte, bis die ersten *Organisatoren* eintrudelten, setzte er sich auf die Terrasse und genoss die Ruhe und den Anblick, der sich ihm bot. Das Meer war aufgewühlt und es zeigten sich viele Schaumkronen. Ein Bootstrip ist an diesem Morgen bestimmt kein Vergnügen, dachte er. Unwillkürlich kehrten seine Gedanken zu Louise zurück.

Was war bloß aus seiner Kleinen geworden? Hatte er irgendwas versäumt? Nein. Er war sich keiner Schuld bewusst. War der Bruch zwischen ihm und ihr noch einmal zu kitten? Wie sollte es weitergehen? Und was würde sie heute unternehmen? Ob sie tatsächlich vor der *Organisation* auftauchte? Würden die anderen Frauen dabeisein? Oder kam sie allein? Wie würde das Meeting enden? Mit welchem Resultat?

Um kurz vor 11 Uhr trafen Lester Giles und Donovan Stratford ein.

„Na, alter Freund?“ Lester klopfte Richard auf die Schulter. „Wie sieht's aus? Hast du deine Tochter überzeugen können?“

„Leider nein.“ Richard bekannte, dass er mit Louise nicht mehr gesprochen hatte. „Ich weiß nicht, was in sie gefahren ist.“

„Mach dir nichts draus.“ Donovan versuchte eindeutig, Richard zu trösten. „Wir wissen ja nie, was in den Köpfen von Frauen vor sich geht – und seien sie noch so hübsch, nicht wahr.“ Er grinste.

Nach und nach trudelten auch die anderen *Organisatoren* ein. Jeder bediente sich an der Bar und leises Gemurmel füllte allmählich den Konferenzsaal. Wie immer traf Piet van der Merwe als letzter ein. Und ebenfalls wie immer in einem weißen, seidenen Anzug.

Richard mochte den Südafrikaner nicht. Er war ihm zu geschmeidig, zu aufgeblasen und zu arrogant. Aber er war der reichste Mann in seinem Heimatland, auch wenn er seine Wohnadresse in der Schweiz hatte.

Für das exquisite Mittagessen ließen sich die Organisatoren viel Zeit und es ging bereits auf 15 Uhr zu, als Richard das Meeting offiziell eröffnete.

„Gibt es dringende Fragen, die geklärt werden müssen, bevor ich zum offiziellen Teil komme?“, fragte Richard in die Runde. Als sich niemand zu Wort meldete, fuhr er fort: „Nun, dann frage ich unseren Freund aus Südafrika – wie geht's mit dem Projekt vorwärts?“

Piet lächelte ein wenig verkrampft. „So wie es aussieht, läuft alles rund.“

Lester Giles runzelte die Stirn. „Ich hab was anderes gehört, Piet.“

„Ach ja?“ Der Südafrikaner schien irritiert. „Und was hast du gehört, Lester?“

Der Engländer beugte sich vor. „Dass vier von unseren Leuten ausgeschaltet wurden – und zwar in Malta. Man sagt, dass zwei tödlich verunglückten und zwei im Ausland sind.“ Lester zögerte kurz. „Und zwar in Israel.“

Ibn Tahim war überrascht. Mit hochgezogenen Brauen sah er Piet an. „Und wieso wurden wir nicht informiert?“ Richard fing einen ebenso erstaunten Blick von Wladimir und Joannis auf.

Donovan Stratford fluchte. „Du eingebildeter Bure! Und was ist mit dem Massaker in Port Edwards? Und du tust so, als sei alles in Ordnung? Glaubst du, du könntest uns alle an der Nase herumführen?“

„Aber meine Herren.“ Xi Jiong sprach so leise und so höflich wie immer. „Wir wollen doch nicht schon wieder streiten, oder?“ Er lächelte. „Dass sich irgendwann die Geheimdienste einschalten würden, war uns doch allen klar. Wozu also die Aufregung?“

„Ganz einfach“, antwortete Chris Williams, „weil der chinesische Börsencomputer noch immer so gut funktioniert wie eh und je. Das erste Ziel wurde noch nicht erreicht. Stimmt's, Piet?“

„Ich hab ja gesagt, dass wir mehr Vorbereitungszeit brauchen“, konnte sich Gunnar Olssen nicht verkneifen.

„War ja auch meine Meinung“, verteidigte sich Piet. „Aber ihr wolltet es ja so haben.“

„Willst du von deiner Unfähigkeit ablenken?“, blaffte Donovan.

„Es reicht!“, brüllte Richard. „Hört auf mit eurem Geplänkel! Dazu ist die Sache zu ernst. Also, Piet, wir hören, was du uns zu sagen hast.“

„Was in Malta passiert ist, ist allein Lesters und Gunnars Angelegenheit. Die sind für Europa zu-ständig. Das Massaker in Port Edwards war, das hat sich ganz eindeutig herausgestellt, eine Fehde unter Gangs. Das übliche Spielchen zwischen Zulus und Xhosas.“

Samuel Bernstein meldete sich zu Wort. „Ich bin zwar der Organisator, der offiziell die Schweiz vertritt, aber meine Kontakte zum Mossad sind noch immer intakt, wenn auch nicht mehr ganz so reibungslos. Und mir ist zu Ohren gekommen, dass es bei den Aufpassern der Entführten einen sehr unschönen Zwischenfall gegeben hat. Stimmt das?“

„Leider ja." Piet sah bedauernd in die Runde. „Allerdings ist das Problem bereits gelöst worden. Der Mann, der für diesen unschönen Vorfall die Verantwortung trug, ist mittlerweile durch einen fähigeren Mann ersetzt worden."

„Was genau ist passiert?", wollte Richard wissen.

Mit kurzen Sätzen fasste Piet zusammen, was mit dem amerikanischen Hacker geschehen war und dass derjenige, der die Aufpasser beaufsichtigen sollte, das Problem zu seiner Zufriedenheit gelöst hatte.

„Mit dem Biss einer Schwarzen Mamba?", fragte Richard entgeistert. Er konnte es nicht fassen, weil Louise ausgerechnet diesen Vergleich gezogen hatte.

„Na ja", verteidigte sich Piet, „so haben wir unser Projekt schließlich getauft. Vielleicht hat dieser Mann es nur einfach zu wörtlich genommen."

Richard achtete nicht auf den Einwand des Südafrikaners. „Und was habt ihr mit der Leiche des Amerikaners gemacht?"

„Wir haben sie ins Meer geworfen." Piet schaute intensiv auf die Tischplatte. „Vor der Küste wimmelt es von Haien."

„Und woher wusste dann der Mossad was davon?"

„Nun ja… die Leiche wurde an Land geschwemmt. Man hat den Jungen identifizieren können."

„Habt ihr einen Ersatz für ihn gefunden?" Ben Allister war kreidebleich.

„Ja." Piet nickte. Sein Blick blieb auf der Tischplatte. „Wir haben einen anderen amerikanischen Jungen gefunden, der zu derselben Gruppe gehört wie der erste." Hastig fügte er hinzu: „Allerdings aus einem anderen Bundesstaat, sonst wäre es vielleicht aufgefallen."

„Und welche Ergebnisse hat die Gruppe mittlerweile vorzuweisen?" Chris Williams war genauso bleich wie Ben Allister.

Langsam schüttelte Piet den Kopf. „Durch den Vorfall mit dem ersten Jungen waren die anderen dermaßen durch den Wind, dass sie

Zeit brauchten, um sich zu erholen. Aber mein Mittelsmann hat mir heute am Telefon gesagt, dass mit einem positiven Ergebnis bis zum 12. zu rechnen ist."

Richard hatte sich zurückgelehnt. „Das sind keine guten Neuigkeiten, Piet. Aber ich gehe davon aus, dass von jetzt an alles läuft wie geschmiert. Zur Not wirst du selbst vor Ort erscheinen und dafür sorgen. Oder?"

„Ja. Ich hatte vor, nach diesem Meeting selbst im Haus nachzuschauen und mich davon zu überzeugen, dass jetzt alles nach Plan verläuft."

„Gibt's noch Fragen zu diesem Thema?" Richard hoffte auf weitere Wortmeldungen, aber alle *Organisatoren* schüttelten übereinstimmend den Kopf.

„Nun…", Richard zögerte, „dann habe ich nur noch einen Punkt vorzubringen, der sicherlich noch viel mehr Sprengstoff enthält als der bisherige." Er zögerte erneut.

„Nun mach's nicht so spannend", schaltete sich Wladimir Roskovska ein.

„Also... mir liegt eine Anfrage vor. Und die lautet, dass wir die Statuten der Organisation dahingehend ändern, dass auch Frauen als Nachfolger in unserem Kreis zugelassen werden."

Nach einem kurzen Augenblick der absoluten Stille begannen Juan Gonzales und Ibn Tahim laut zu lachen. Wladimir, Xi-Jiong und John Smith aus Riad stimmten ein. Als sie bemerkten, dass Richard nicht mitlachte, hielt Juan inne. „Das ist doch ein Scherz, Richard. Sag, dass das ein Scherz war."

„Leider nein." Richard schüttelte bedauernd den Kopf.

Im Nu waren Juan und Ibn Tahim auf den Beinen. „Bist du von allen guten Geistern verlassen, Richard?" Der Saudi war empört. „Allein einen solchen Vorschlag zu machen, ist... ja, ist... eine Zumutung!"

„Nein, Richard!“ Der Kolumbianer machte aus seiner Abscheu keinen Hehl. „Das hätte ich nie und nimmer von dir erwartet.“

„Seid ihr fertig?“ Richard sprach ruhig und leise. Nein, er würde sich nicht provozieren lassen. „Ich bin nur der Überbringer der Botschaft. Versteht ihr?“

„Und wer ist der Absender?“ Xi-Jiong sprach ebenso leise.

„Ich drücke es einmal so aus: Es gibt bei den verstorbenen Mitgliedern – William Miller und Julian Allister – als Nachfolger jeweils eine Tochter, die nach unserem westlichen Rechts- und Denksystem das Erbe ihrer Väter antreten. Da auch meine Tochter die Erstgeborene ist, wird sie meine Nachfolgerin werden. Ihr seht also, dass dieses Thema sowieso früher oder später innerhalb der *Organisation* angesprochen werden muss.“

Alle Augen richteten sich auf Chris Miller und Ben Allister. Doch die beiden schwiegen.

„Was ist los mit euch?“ Wladimir sah die beiden mit seinen zusammengezogenen, buschigen Augenbrauen an. „Habt ihr euch zu Hampelmännern von Weiberröcken machen lassen?“

Gerade wollte Juan Gonzales ebenfalls auf sie losgehen, als die Türe aufgerissen wurde. Herein spazierten Louise McCormack, Brenda Allister, Helen Wynberg, Sylvia Olssen, Claire Stratford, Lilian und Caren Miller, Gloria Giles und...

... Dorothy McCormack.

Teil IV – Der Countdown

**01. November 2012 – Mallorca (Spanien)*

Für einen Augenblick saßen alle *Organisatoren* im Konferenzsaal wie erstarrt, als die neun Frauen, Louise voran, in den Raum drängten. „Dorothy!“ Richard war auf den Beinen. „Was machst du denn hier?“

Fast gleichzeitig sprangen Ibn Tahim, Juan Gonzales und Wladimir Roskovska von ihren Plätzen auf. „Was erlauben Sie sich?!“, brüllte Juan mit seinem überschäumenden, südamerikanischen Temperament.

„Ungeheuerlich!“ Der Russe stützte sich mit hochrotem Kopf auf der Tischplatte auf.

Der Saudi dagegen war blass geworden und japste: „Das ist… das… ist ja… Nein! Was für eine Beleidigung!“ Seine Augen waren zu Schlitzen verengt. „Das wirst du mir büßen, Richard…“

„Lassen Sie meinen Vater in Ruhe!“ Louise schnitt ihm mit eisiger Stimme das Wort ab. Der Araber zuckte zusammen. „Er hat mit unserem Auftreten nichts zu tun. Im Gegenteil! Er hat alles versucht, mich davon abzuhalten, vor den hohen Herren der *Organisation* zu erscheinen.“ In ihrer Stimme lag ein unüberhörbarer Spott. „Aber… wie Sie sehen, kann niemand uns und unser Vorhaben aufhalten – auch Richard McCormack nicht.“

„Das wollen wir doch mal sehen“, erwiderte Xi-Jiong fast flüsternd und mit seinem undurchdringlichen, asiatischen Lächeln.

Louise ging auf ihn zu, lächelte ebenfalls und erwiderte im selben, leisen Tonfall: „An Ihrer Stelle würde ich mir erst einmal anhören, was wir Ihnen zu sagen haben.“

„Und wenn nicht?“ Der Chinese lächelte noch immer, wenn auch ohne Beteiligung seiner Augen.

Richard erschrak über die Eiseskälte, mit der seine Tochter erwiderte: „Wollen Sie der *Organisation* Schaden zufügen?“

„Da bin ich aber sehr gespannt, wie Sie uns schaden wollen.“ Ibn Tahims Stimme vibrierte vor unterdrücktem Ärger.

Louise umrundete den Tisch und stellte sich demonstrativ hinter den Araber. Er war gezwungen sich zu ihr umzudrehen, wollte er sich nicht selbst als Ignorant entlarven.

„Wissen Sie, Mister Ibn Tahim, darauf sollten Sie auch gespannt sein. Wenn es Ihre Zeit erlaubt, mir noch ein wenig zuzuhören, werde ich Ihre Neugier voll und ganz befriedigen.“

Sie steuerte einen der freien Plätze am Tisch an, setzte sich auf den bequemen Stuhl, schaute in die Runde und fuhr fort: „Das, was ich Ihnen jetzt ankündige, sollten Sie im eigenen Interesse genau prüfen, denn ich scherze nicht, meine Herren.“

Richard sah, wie sich die Augen auf seine Tochter richteten. Ja, sie hatte die volle Aufmerksamkeit aller Anwesenden.

„Der heutige erste November 2012 wird als ein historischer Tag in die Geschichte eingehen, auch wenn kaum jemand davon erfahren wird – es sei denn… Sie entschließen sich, unser Angebot zurückzuweisen. Wir, die hier anwesenden Frauen, stehen stellvertretend für mehr als die Hälfte der Weltbevölkerung. Und Sie glauben, diese Hälfte weiterhin ausklammern zu können? Sie glauben tatsächlich, Sie könnten sich weiterhin einen Dreck um die Interessen der Frauen scheren? Glauben Sie allen Ernstes, wir würden – so wie Sie – die Demütigungen, Vergewaltigungen oder Herabsetzung weiter und weiter hinnehmen, übergehen, missachten?“

Sie wandte sich an Juan Gonzales. „Dass in Südamerika 10 und 11jährige Mädchen vergewaltigt und geschwängert werden, gehört zu den unbedeutenden Tagesordnungspunkten, nicht wahr? Und dass anschließend die Abtreibung aus angeblich religiösen Gründen abgelehnt wird, ist für Sie völlig in Ordnung? Es wird Zeit, Mister Gonzales, dass Männer, die im 21. Jahrhundert solche Barbarei erlauben, im Amazonas baden gehen – und zwar dort, wo viele, hungrige Piranhas auf eine anständige Mahlzeit warten."

Bevor Juan reagieren konnte, wandte sich Louise an Xi-Jiong. „Sieht es bei Ihnen anders aus, Mister China? Ich habe jedenfalls noch keinen weiblichen Minister in einem Ihrer Ressorts entdecken können. Sie nennen sich Volksrepublik? Dass ich nicht lache! Besteht Ihr Volk ausschließlich aus Männern?"

Sie zeigte mit dem ausgestreckten Zeigefinger auf Wladimir. „Ist das bei Ihnen anders, Mister Roskovska? Wo im russischen Muskelspielchen ist die Handschrift einer warmherzigen Frau zu erkennen?"

Louise erhob sich. „Nun zu Ihnen, Mister Ibn-Tahim. Kein Land auf der Erde, in dem der Islam als Religion am Ruder ist, geht derart verbrecherisch mit Frauen um. Und das im Namen Gottes? Diese Staaten gehören zu den schlimmsten Gotteslästerern, die wir uns vorstellen können."

Louises Stimme nahm einen Tonfall an, der Richard unter die Haut ging: Verachtung, Abscheu, Ekel und Widerwille. Und er begriff, dass Louise sich die allgemeine Verblüffung, den Überraschungseffekt, den sie durch ihren Auftritt verursacht hatte, zunutze machte.

„Was für ein erbärmlicher Gott ist das, der nicht nur erlaubt, sondern sogar fordert, seine von ihm erschaffenen Geschöpfe zu töten? Ihr Allah, Mister Ibn-Tahim, ist immer noch der rachsüchtige, eifersüchtige und egomanische Gott des Alten Testaments. Nach Ihrer Lesart wurde Adam, als Ebenbild eines kranken, narzisstischen und gefühllosen Gottes erschaffen. So sehen Sie den Gott, dem sich Ihrer Meinung nach alle Menschen auf der Welt unterzuordnen haben."

Louise schüttelte den Kopf. „Sie missbrauchen diesen Gott nur als Alibi, um Ihre eigenen despotischen Verhaltensweisen und tyrannischen Maßstäbe zu rechtfertigen." Louise wandte sich erneut den *Organisatoren* zu. „Wir Frauen haben die Nase voll von eurer Unterdrückung! Eurer Arroganz! Eurer Anmaßung! Und… eurem Wahn, zu töten!“

Helen hatte offenbar die Erschöpfung ihrer zukünftigen Schwägerin mitbekommen.

Sie übernahm die Gesprächsführung: „Ich erwarte in wenigen Wochen ein Kind und bin nicht gewillt, es brutalen, grausamen und unmenschlichen Egozentrikern als Spielball in den Rachen zu werfen. Wir werden jetzt aktiv etwas unternehmen, um eine andere, eine friedlichere und gedeihlichere Atmosphäre auf dieser Welt zu erschaffen.“

Louise nahm den Faden wieder auf. „Und deshalb, meine Herren, wollen wir, dass die Statuten der *Organisation* geändert und Frauen als gleichberechtigte Nachfolgerinnen zugelassen werden.“

Es herrschte absolute Stille im Raum. Kein Hüsteln, kein Räuspern, kein Wort.

Nach einer Weile erhoben sich Ibn-Tahim, Mr. Smith aus Riad, Juan Gonzales und Wladimir Roskovska wortlos, um den Raum zu verlassen.

Ruhig und bedachtsam, klar und unzweideutig sagte Louise: „Ahhh… die Herren möchten der unbequemen Wahrheit entkommen! Sie können sich selbstverständlich durch Ihr diskretes Davonlaufen aus der Affäre ziehen. Allerdings – nur für den Augenblick. Glauben Sie, dass Sie damit das Problem lösen? Im Gegenteil! Sie werden dann damit leben müssen, dass wir eine Parallelorganisation aufbauen, die ausschließlich mit Frauen besetzt sein wird. Machen Sie sich darauf gefasst, dass wir unser ganzes Wissen um die *Organisation* und ihre Pläne sehr bald unters Volk bringen. Wir werden ganzseitige Anzeigen schalten – und zwar in allen Ländern der Welt. Die Medien werden sich die Finger danach lecken. Nichts wird verborgen bleiben. Gar nichts!“

„Sie wollen uns erpressen?“ Wladimir Roskovska starrte sie ungläubig an.

Louise grinste. „Wenigstens diese Sprache scheinen Sie zu verstehen. Ist Erpressung nicht eines ihrer bevorzugten Mittel, Mister Roskovska? Kurz bevor Sie Gewalt anwenden, um ihren Willen brutal durchzusetzen?“

„Bevor ihr geht, Waldimir“, mischte sich Richard ein, „würde ich folgendes vorschlagen: wir brauchen alle erst einmal ein wenig Zeit, um das, was hier passiert ist, zu verdauen, zu überdenken und zu beratschlagen. Was meint ihr?“

Der Russe reagierte verächtlich. „Ich hab nichts zu verdauen. Diese Überlegungen brauche ich auch nicht zu überdenken. Das ist einfach nur… absurd.“

„Dem kann ich mich nur uneingeschränkt anschließen.“ Juan nickte heftig.

Der Saudi schüttelte mit dem Kopf. „Beratschlagen? Was gibt's da zu beratschlagen? Das, was deine Tochter da von sich gibt ist derart… ja, charakterlos, dass ich mir nur noch überlege, ob ich die *Organisation* nicht besser sofort verlasse.“

Bevor Richard darauf eingehen konnte, lachten die Frauen auf.

„Ja, Mister Ibn Tahim“, entgegnete Louise sarkastisch. „Mächtige Männer wie Sie müssen sich unbedingt vor der großen Gefahr, die von Frauen ausgeht, schützen. Am besten und wirkungsvollsten, indem Sie ihnen aus dem Weg gehen und sich abschotten. Oh ja! Die Macht der Frauen ist wirklich das Bedrohlichste, das es für Scheichs gibt.“ Sie ging auf ihn zu. „Wenn es um Liebe, Güte, Anteilnahme, Zuwendung, Wärme und Barmherzigkeit geht, zieht ihr nur noch euren geheiligten Schwanz ein oder ergreift die Flucht.“

Richard war entsetzt. „Louise!“ Er wollte sie stoppen.

„Nein, Richard!“, hörte er seine Frau Dorothy von der Seite sagen und wirbelte herum. „Louise hat recht. Die männliche Identität wird nur aufrecht gehalten durch ihre Zurückweisung der Frau. Alle Gefühle, die erst das Menschsein ausmachen, werden systematisch ausgeklammert, ignoriert oder gewaltsam unterdrückt. Aus welchem

Grund müssen Männer weltweit Frauen erniedrigen, demütigen oder vergewaltigen? Um die eigene Kleinheit nicht erkennen oder gar ertragen zu müssen? Nein! Gefühle passen nicht zum Bild des Mannes, das ihr – die Herren in diesem Raum – unbedingt als das einzig Richtige hochhalten wollt."

Dorothy machte einen Schritt auf ihren Mann zu. „Mein lieber Richard, der Mensch ist nicht die Krone der Schöpfung, sondern ihr höchstentwickeltes Problem. Der Verstand, der im Dienst der Humanität, der Liebe und dem Schutz des Lebens eingesetzt werden soll, wird nur noch zur Zerstörung des Lebens missbraucht. Und es sind nicht die Frauen, die diese durch und durch lebensfeindliche Gesinnung an den Tag legen."

„Dorothy!" Richard war erschüttert. „Was redest du da?"

Sie sah ihn mit traurigem Lächeln an. „Ich habe viel zu lange meinen Mund gehalten, Dick. Es wird Zeit, dass ein frischer Wind durch eure Geheimtreffen weht und den Mief aus euren eingerosteten Denkapparaten pustet."

Sie drehte sich um. „Mister Ibn Tahim. Ich habe mehr als 40 Jahre lang geglaubt, mich den Gräueltaten der Unmenschlichkeit durch Neutralität und Wegschauen entziehen zu können. Ich habe geglaubt, ich müsste Richard gegenüber loyal sein. Aber es gibt keine neutrale Grauzone zwischen Leben und Tod." Nach kurzer Pause schaute sie in die Runde und fuhr fort: „Und wenn Sie glauben, dass Sie, als die *Organisation*, mit dieser Welt des Grauens nichts zu tun haben, dann sind Sie im Irrtum. Die Verbrecher, die selbst vor unserem Lebensfundament, der Mutter Erde, keine Achtung und keinen Respekt haben, müssen gestoppt werden. Niemand kann seine Hände in Unschuld waschen, solange er sich von den Folgen derartiger Gräueltaten nicht im Innersten berühren lässt. Wer nicht seine ganze Kraft aufwendet, Fanatikern, Verblendeten und Wahnsinnigen entgegenzutreten, ihnen Einhalt gebietet und stattdessen sein persönliches politisches oder wirtschaftliches Machtsüppchen kocht, ist für mich noch viel schlimmer als diese Barbaren. Gerade SIE, meine Herren, haben als gutes Beispiel voranzugehen und das Leben – in Gestalt der Frauen – zu schützen und wertzuschätzen."

Die Ruhe und Gelassenheit, mit der Dorothy sprach, blieb nicht ohne Wirkung.

Juan kehrte als erster wieder zurück an seinen Platz.

„Was, verehrte Mrs. McCormack, hat das mit dem zu tun, was Ihre Tochter uns da eben um die Ohren gehauen hat? Wir sind weder Mörder noch Terroristen. Im Gegenteil. Wir wollen, dass dieses Chaos aufhört. Wir wollen Dinge vereinfachen."

„Ich weiß." Dorothy lächelte. „Mister Gonzales, ich weiß. Wenn ich das nicht wüsste, glauben Sie mir – ich wäre nicht hier. Und schon lange nicht mehr mit Richard zusammen. Der Weg, den die *Organisation* wählt, wird aber nicht zum gewünschten Erfolg führen." Sie lächelte. „Ein kluger Mensch hat einmal gesagt: Folge der Spur des Geldes. Und dann ist die *Organisation* wohl der richtige Ansprechpartner, oder? Genau hier! Hier in diesem Raum, werden die Voraussetzungen für die Unmenschlichkeit geschaffen. Sie alle, wie Sie hier versammelt sind, glauben – genau wie mein Mann – daran, etwas Gutes, etwas Richtiges etwas Hilfreiches zu tun. Aber… leider ist das euer größter Trugschluss."

Sie wandte sich an den saudischen *Organisator*.

„Was Louise betrifft, Mister Ibn Tahim – sie ist so temperamentvoll wie mein Mann. Sie gehört zu der Generation, die sich massiv gegen die Dominanz des Intellekts, von Männern vertreten, auflehnt. Sie hat nichts Persönliches gegen Sie. Aber Sie vertreten die Drahtzieher, die Urheber und Baumeister dieser ganzen, verdammten Misere auf diesem Planeten – zusammen mit emotionslosen Wissenschaftlern und einem verblendeten Klerus. Sie operieren im Geheimen, hinter verschlossenen Türen, in unauffälligen Hinterzimmern – oder einer traumhaft gelegenen Finca auf Mallorca. Sind Sie die Grauen Herren, wie viele Sie nennen? Die die Regierungen der jeweiligen Nation wie Marionetten tanzen lassen?“ Sie lächelte. „Und… würde ein temperamentvoller Mann Sie, Mr. Ibn-Tahim, gleichermaßen aufregen wie meine Tochter?“

Sie ließ den Blick wieder in die Runde schweifen.

„Ich kann Louise verstehen. Sogar sehr gut. Und… ich bin froh, dass die jungen Frauen heute klar und deutlich, emotional und mit Verstand, ihre Meinung vertreten. Ich bewundere ihren Mut, den meine Generation noch nicht aufbrachte – von den Frauengenerationen vor meiner Zeit ganz zu schweigen.“

Es war still im Raum. Mucksmäuschenstill.

Dorothys Worte, ihre Botschaft und die Ruhe, mit der sie gesprochen hatte, schien die *Organisatoren* offensichtlich erreicht zu haben, glaubte Richard zumindest zu erkennen.

Er nutzte den Moment. „Können wir uns jetzt darauf einigen, über das, was die Statuten angeht, erst einmal gründlich nachzudenken? Und können wir uns darauf einigen, dass wir uns in absehbarer Zeit noch einmal zusammensetzen?“

„Du solltest mich zuerst fragen, Vater, ob *wir* geneigt sind, uns noch einmal in eine Warteschleife zu begeben“, reagierte Louise mit ruhiger aber kalter Stimme. „Wir haben klar zu verstehen gegeben, dass wir uns nicht mehr auf unbestimmte Zeit vertrösten lassen. Jeder Tag, der ohne aktive Gegenmaßnahme verstreicht, zerstört weiteres Leben.“

„Wärest du mit einem Zeitlimit einverstanden?“

Louise tauschte einen kurzen Blick mit den anderen Frauen und erwiderte: „Vierzehn Tage. Das ist unser Zugeständnis.“

Lester Giles stöhnte auf. „Ich habe auch noch etwas anderes zu tun.“

Louise schnellte herum. „Jeder setzt seine Prioritäten selbst. Und wer der *Organisation* nur einen untergeordneten Stellenwert einräumt, kann keine besondere Rücksichtnahme erwarten.“ Louise wirkte unerbittlich. „Rücksichtnahme, Mister Giles, ist ein Luxus, den sich Frauen heutzutage nicht mehr leisten können, wollen und werden. Es wird Zeit, dass Männer diese Tugend einmal für sich selbst entdecken und entwickeln. Wir haben unseren Standpunkt deutlich gemacht. Vierzehn Tage. Danach werden wir aktiv."

*

*

*

*02. November 2012 – Umhlanga Rocks (Südafrika)

Um kurz vor acht Uhr fanden sich fünf Männer in Konrads Hotelzimmer ein.

„Wir fahren gleich zur Douglas' Jagdfarm bei Port Edwards", erklärte er. „Da treffen wir mit Unathi, dem Xhosa-Häuptling, und Philani, einem örtlichen Zulu-Häuptling aus Kwambonambi, zusammen. Wir besprechen die Einzelheiten des Schein-Gefechtes zwischen Xhosas und Zulus, das in der Nähe des Hauses an der Wild Coast stattfinden soll. Dougs Farm steht uns zur alleinigen Verfügung. Wir brauchen uns also keine Gedanken um fremde Gäste zu machen."

„Auf diese Weise bekommt keiner Wind von dem Treffen", bestätigte Friedhelm.

„Hoffen wir's", dämpfte Konrad den Enthusiasmus. „Die Gegenseite ist nicht zu unterschätzen. Jedenfalls… Elly, Vera und Sarah kommen auch. Wir sprechen mit ihnen ab, wie wir uns das weitere Vorgehen ausgedacht haben und welche Rolle sie dabei spielen könnten."

„Ist das nötig?" Sven zweifelte. „Können wir die Frauen nicht raus lassen? Das schaffen wir doch auch allein, oder?"

„Da bin ich mir nicht so sicher", wehrte Konrad ab. „In manchen Situationen ist es von Vorteil, wenn eine der Frauen aktiv wird." Er grinste. „Meist haben sie hübschere Beine als wir. Auf jeden Fall ist es besser, wenn sie eingeweiht sind. Sollten wir ihre Unterstützung brauchen, wissen sie, worauf sie achten sollten."

„Was ist mit den anderen vom CIA und Mossad?", fragte Svenny.

„Die wissen Bescheid“, erwiderte Konrad. „Sie bleiben zwar im Hintergrund, sind aber sofort zur Stelle, wenn sie gebraucht werden.“

„Aber nicht, dass die uns dazwischen funken“, gab Friedhelm zu bedenken. „Du weißt, wie heftig die oft ihre Profilneurose reiten.“

„Okay. Wir müssen sehen, wie wir mit denen klarkommen. Jetzt gehen wir erst frühstücken. Anschließend fahren wir los. Nehmt vorsichtshalber alle eure Lieblinge mit.“

*

Auf der Fahrt nach Süden fassten sie die Ergebnisse des Vortags zusammen und skizzierten die Möglichkeiten der kommenden Tage.

„Haben unsere Leute, ich meine Lou, herausgefunden, wer hinter diesem Pieter van der Merwe steht?“, fragte Friedhelm.

„Leider nein“, erwiderte Konrad. „Aber unsere Freunde beim MI6 haben verlauten lassen, dass es einen amerikanischen Privatjet gab, der in Bournemouth gelandet ist. Ein Lester Giles und seine Frau sind eingestiegen und der Flieger ist in Mallorca gelandet.“

„Sicher jemand, der dem Novemberwetter in England entkommen wollte“, winkte Dieter ab.

„Haben die Engländer rausgefunden, wem die Mühle gehört?“, hakte Friedhelm nach.

„Allerdings“, bestätigte Konrad. „Einem Richard McCormack aus Tampa.“

„Wie?“ Friedhelm stutzte. „Das Wetter in Tampa ist doch im November besser als auf Mallorca.“

„Ach, Mann“, wehrte Dieter erneut ab. „Du kennst doch die Amis. Die müssen doch ständig um die Welt jetten, sonst fehlt denen was.“

„Was hast du denn für ein Problem?“, fragte Svenny verwundert. „Gönnst du denen das nicht?“

„Darum geht’s doch gar nicht“, entgegnete Friedhelm. „Viel wichtiger ist die Frage: Wieso ist das dem MI6 aufgefallen? Was ist daran ungewöhnlich?“

„Die laufen alle auf Zehenspitzen herum“, reagierte Konrad. „Alle Geheimdienste sind in Alarmbereitschaft, auch der MI6.“

„Und deshalb sollten wir solche Informationen nicht einfach ignorieren“, bestätigte Friedhelm. „Wenn dieser Lester Giles und dieser McCormack etwas miteinander zu tun haben, passt Pieter van der Merwe perfekt dazu. Alle sind offensichtlich stinkreich. Wer kann sich schon einen Privatjet leisten?“ Er schüttelte den Kopf. „In unserer jetzigen Situation dürfen wir auf keinen Fall irgendeine Information für unwichtig erklären.“

„Stimmt“, bestätigte Konrad. „Ich werde Lou bitten, nähere Informationen einzuholen.“

Als sie gegen Mittag Dougs Jagdfarm erreichten, wurden sie von Elly, Vera, Sarah und Marie empfangen. Nach einer kurzen, herzlichen Begrüßung nahmen sie in der Boma, dem typisch afrikanischen Grillplatz in runder Form, das Mittagessen ein.

„Wann kommen Unathi und Philani?“, wollte Elly wissen.

„Wir haben uns für 15:00 Uhr verabredet.“ Konrad wunderte sich. „Warum fragst du?“

„Wir haben heute früh ein Gerücht gehört, wonach Mgwazeni etwas im Schilde führt.“

„Das hat uns gerade noch gefehlt!“, stöhnte Konrad auf. Umgehend rief er den Gangsterboss an.

„Was hast du vor?“, fragte Konrad ihn.

„Du hast doch gesagt, dass wir ein bisschen Zoff mit Rivalen-Gangs anzetteln können, oder?“

„Richtig. Nur heute nicht. Verschieb das auf frühestens Mittwoch. Bis dahin brauche ich Ruhe, verstanden?“

„Okay“, knurrte Mgwazeni missmutig. „Aber keinen Tag länger!“

„He!“, Konrad wurde laut. „Ich hab gesagt, dass ich dir vorher Bescheid gebe! Hast du das vergessen?“

Als Mgwazeni nicht sofort reagierte, fügte Konrad hinzu: „Oder möchtest du das lieber aus dem Mund von Lungile hören?“

Bei der Erwähnung des Namens beeilte sich Mgwazeni zu versichern: „Nein, nein! Ist ja gut. Aber ich kann meine Leute kaum noch still halten. Kann ich ihnen wenigstens sagen, dass es *wahrscheinlich* am Mittwoch was wird?“

„Das kannst du“, stimmte Konrad zu und grinste.

Nachdem er aufgelegt hatte, weihte er sein Team ein.

„Wenn wir heute Unathi und Philani überzeugen, können wir am Montag das Schein-Gefecht ansetzen und am Mittwoch könnte Unathi ins Haus gelangen.“

„Ins Haus?“ Sarah glaubte, sich verhört zu haben. „In das Haus, in dem Mark festgehalten wird?“

Konrad nickte. „Ja, vermutlich. Als Erstes wird Unathi ins Haus gehen und den Streit von Montag erklären, sich bei den Nachbarn dafür entschuldigen und ankündigen, dass er als Häuptling die Pflicht hat, die persönliche Einwilligung aller Nachbarn für die bevorstehende Hochzeit einzuholen.“ Er grinste. „Er kündigt damit seinen zweiten Besuch an.“

„Meinst du, Mgwazeni hält sich an seine Zusage?“ wollte Friedhelm wissen. „Nicht dass der uns dazwischenfunkt.“

„Ja. Ich glaub schon“, entgegnete Konrad. „Er weiß, was ihm sonst blüht. Er war zwar nicht gerade begeistert, aber er wird sich dran halten.“

„Was macht dich da so sicher?“ Elly zweifelte genauso wie Friedhelm.

Konrad lachte. „Weil er ärgerlich war. Hätte er nicht vor, sich daran zu halten, wäre sein Ärger unnötig, oder?“

*

Unathi freute sich, als er die Frauen erblickte. „Schön, Sie wiederzusehen.“

Er plauderte ein wenig mit der Gruppe. Als Philani eintraf, zogen sich Elly und die anderen Frauen ein wenig zurück. Sie wussten, dass auch die Zulus lieber mit Männern verhandelten.

Dieses ewige Rücksichtnehmen geht mir auf den Senkel, dachte Elly und spürte ihren aufsteigenden Ärger.

*

Wie bei den Treffen zuvor, zogen sich auch bei dieser Begegnung die Verhandlungen in die Länge.

„Meinst du, dass sich deine Leute an die Spielregeln halten?“, fragte Philani.

„Dasselbe könnte ich dich fragen“, erwiderte Unathi. „Für meine Männer lege ich die Hand ins Feuer.“

„Wenn du dich da mal nicht verbrennst“, zweifelte der Zulu.

„Ihr seid das Kriegervolk, nicht die Xhosas“, grunzte Unathi verächtlich. „Wir sind friedliche Viehzüchter und Bauern.“

„Ja“, brummte Philani. „Aber nur, wenn ihr euch nicht zuviel von eurer Xhosa-Suppe, die ihr Bier nennt, reingekippt habt.“

„Aber, aber… meine Herren“, mischte sich Konrad ein. „Können wir uns nicht einen großen Spaß aus dem Auftritt machen? Einfach ein richtig schönes Spiel?“

„Wie für die Touristen?“, fragte Unathi amüsiert nach. „So mit Kostüm und großem Theater? Mit Fußstampfen? Schreien?“

„Mit großem Tamtam und Augenrollen?“, ergänzte Philani grinsend.

„Genauso!“ Konrad lachte. „Je mehr Theater desto besser. Schmeißt euch in eure Tierfelle und gebt eine Sondervorstellung, als wären Mandela und Buthelezi persönlich anwesend.“

„Und was bekommen unsere tapferen Krieger dafür?“, hakte Philani sofort nach.

„Für jeden hundert Rand.“

„Zweihundert.“

„Hundertfünfzig.“

„Einverstanden!“

Konrad schaute zu Unathi. „Auch einverstanden?“

„Okay. Auch einverstanden. Und wann soll das Spektakel losgehen?“

„Am Montag, kurz nach Einbruch der Dunkelheit.“

„Dann brauchen wir Fackeln“, wandte Unathi umgehend ein.

„Sagt uns, was ihr braucht und es wird alles da sein.“

Beide Häuptlinge zögerten keine Sekunde und ließen sich für jeweils zwanzig Männer und Frauen mit traditioneller Kleidung ausstaffieren. Dazu wurden noch leere Ölfässer, reichlich Fackeln und alte Reifen verlangt.

„Wofür braucht ihr die Reifen?“ Konrad war überrascht.

„Brennende Reifen sind die größte Warnung, die einem Farbigen blühen können“, erklärte Philani. Er grinste. „Weißt du wie lange die brennen?“

Konrad nickte. „Oh ja. Und damit schüchtert ihr andere ein?“

„Nein!“, wehrte Unathi ab. „Eine Warnung ist etwas anderes als eine Einschüchterung. Wenn du einen brennenden Reifen auf deinem Dach vorfindest, ist das eine Warnung. Der Betreffende weiß, dass er beim nächsten Mal einen brennenden Reifen um seinen Hals trägt.“

Konrad hatte keine Lust, Unathi oder Philani zu erklären, dass genau das eine Einschüchterung, eine Erpressung zur Unterwerfung darstellte. *Sollen sie doch glauben, was sie wollen,* dachte er.

Beide Häuptlinge kamen überein, dass bei dem Spektakel unbedingt auch einige Frauen mitwirken mussten. Nur sie waren in der Lage, die typischen, schrillen Töne auszustoßen, die das Ganze erst authentisch machte.

Nachdem Unathi und Philani sich verabschiedet hatten, saß die ganze Truppe um Konrad in der Boma. Es begann zu dämmern und Doug hatte das Feuer in der Senke angezündet. Die Crew des Farmbesitzers baute auf einem langen Tisch das Büffet auf und die Mitglieder der Gruppe genehmigten sich ein Glas Wein oder Bier.

„So!“ Konrad fasste das Ergebnis zusammen. „Damit ist jetzt klar, dass wir morgen alles besorgen, was Unathi und Philani haben wollen. Am Montag findet das Scheingefecht statt. Uns bleibt also der Sonntag, um vor dem ersten, großen Sturm ein bisschen zu entspannen."

„Das sollten wir unbedingt nutzen", stimmte Friedhelm zu. „Der wirkliche Sturm kommt ja erst noch."

„Hast du schon eine Vorstellung, wann das sein wird?", fragte Elly nach.

„Nein." Konrad schüttelte den Kopf. „Das hängt ganz davon ab, was am Montag bei dem Tamtam rauskommt." Er wandte sich ihr zu. „Auf jeden Fall solltet ihr aus der Schusslinie bleiben. Wenn das ganze Spiel aus dem Ruder laufen sollte, weiß ich nicht, wie die vielleicht aufeinander losgehen. Und dann kann es tatsächlich gefährlich werden."

„Okay", erwiderte Elly, „ich kann deine Gedankengänge gut nachvollziehen. Aber… sag mir, was du vorhast. Was willst du machen, wenn der Montag funktioniert? Hast du einen Plan für danach?"

„Und ob!" Konrad grinste. „Aber zuerst müssen wir jetzt Mgwazeni informieren. Nachdem die beiden Häuptlinge zugestimmt haben, soll der Gauner am Montag ab 17 Uhr die Gangs in Port Edward und Margate aufmischen. Das lenkt von unseren Aktivitäten ab und kann ganz leicht in die Kategorie Stammesfehden geschoben werden."

„Du meinst, das funktioniert?" Friedhelm war skeptisch.

„Zumindest nach außen, oder?", entgegnete Konrad.

„Das ist ganz schön clever", meinte Sven und grinste.

„Wir bleiben garantiert nicht untätig", warf Vera ein.

Konrad sah sie mit gerunzelter Stirn an. „Was hast du vor?"

„Wir werden uns am Strand amüsieren. Mal sehen, ob Elly noch ein paar hübsche Fotos schießen kann."

*

*

*

*02. November 2012 – Wild Coast (Südafrika)

Jack Bellow schenkte sich den vierten Whisky nach dem Abendessen ein. In spätestens einer Stunde und weiteren drei Drinks würde er, wie am Abend zuvor, in sein Zimmer torkeln und bis zum Morgen außer Sichtweite sein. Dessen war sich Mark absolut sicher.

Die Jungs waren nach dem Dinner wieder an ihre Rechner gestürmt. Lautes Gemurmel drang aus dem Konferenzraum.

Mark war froh. Seit Jacks Ankunft hatte sich die Atmosphäre im Haus an der Küste merklich entspannt. Wie hoch der Druck durch Bügelfaltes cholerisches und unberechenbares Verhalten war, wurde erst jetzt allen bewusst, nachdem der Stress weggefallen war.

Jack hockte von morgens bis abends vor der Glotze in seinem Zimmer, wie Lucas zu berichten wusste. Auch hatte Mark den Verdacht, dass der neue Aufpasser Drogen konsumierte. Sein glasiger Blick und die erweiterten Pupillen am Morgen ließen kaum einen anderen Schluss zu.

Wenn das mal gutgeht, dachte er.

„Kommt ihr weiter?“ Jack goss sich seinen nächsten Drink ein. „Ich soll morgen Mister van Guysen Bericht erstatten.“

„Ich glaube“, erwiderte Mark „dass wir etwa Mitte kommender Woche soweit sein werden. Sie können Ihrem Chef ausrichten, dass wir im Zeitplan liegen.“

„Da wird sich Jan aber freuen.“ Jack zeigte seine Zahnlücke. Er zögerte. „Ich bleibe nur bis Mitte des Monats. Dann wird Clive übernehmen.“

„Clive?“ Mark sah den schlaksigen Aufpasser fragend an.

„Ja, Clive Fielding.“ Jack grinste. „Bei dem habt ihr es nicht so gut wie bei mir. Der guckt euch über die Schulter und passt auf wie ein Schießhund. Clive ist der Boss von Jan. Wenn der hierher kommt, muss es wirklich sehr wichtig sein.“

Jack zeigte sich redselig.

Wahrscheinlich der Whisky, dachte Mark und wollte die Gunst des Augenblicks nutzen.

„Wo kommst du eigentlich her, Jack?“

„Aus Nelspruit.“

„Hab ich noch nie von gehört.“

„Liegt direkt am Krügerpark.“

„Was hat dich hierher getrieben?“

Jack lachte. „Nenn es Schicksal. Der Boden wurde mir zu heiß unter den Füßen.“

„Was hast du angestellt?“ Mark versuchte, die Frage so beiläufig wie möglich zu stellen.

„Ein bisschen gewildert.“

„Ach so.“ Mark tat so, als wäre Wilderei ein ‚Kavaliers-Delikt‘, obwohl er wusste, dass Wilderei in Afrika einen anderen Stellenwert besaß als in Deutschland. Er erinnerte sich an einige Artikel in der Presse, die sich mit dem Thema befasst hatten. Nein. Hinter der Wilderei in Afrika agierten meist gut organisierte Banden, die ein Vermögen scheffelten mit dem Handel von Elfenbein und Nashorn-Hörnern nach Asien.

„Und dieser Clive“, wechselte Mark das Thema, „ist also der Boss von Jan. Warum will der persönlich hier aufkreuzen?“

„Keine Ahnung.“ Jack füllte erneut sein Glas. „Ich hab nur mitgekriegt, dass er von Mitte November an hier kontrollieren soll, dass alles nach Plan geht.“

„Und was sollst du in der Zwischenzeit machen?“

Jack zeigte wieder seine Zahnlücke als er grinste. „Ich soll nur zusehen, dass hier alles rund läuft bis Clive kommt.“

„Du bist ‘ne große Erleichterung“, schmeichelte Mark ihm. „Ich bin froh, dass John Smith weg ist. Der Kerl hatte ja echt ‘ne Meise.“

„Ja, John war schon immer krank“, bestätigte Jack. „Bei mir braucht niemand um sein Leben zu fürchten. Solange alles glattläuft, bleib ich ruhig. Und ich hab den Eindruck, dass du alles im Griff hast."

„Ja, stimmt. Sag mal, Jack, seit wir hier sind, hat noch keiner den Pool benutzen dürfen. Kannst du den nicht freigeben?"

„Was? Der Pool ist gesperrt? Typisch! Klar könnt ihr den Pool benutzen. Jederzeit."

Mark sah eine weitere Chance. „Habt ihr hier in Südafrika nicht auch so etwas wie ein Barbecue? Eigentlich ist das Grillen im Freien in den warmen Ländern doch üblich, oder?"

Jack lachte. „Wir nennen das Braai. In Südafrika gibt es eigentlich jedes Wochenende ein Braai. Das habt ihr auch noch nicht gehabt? Na, das ist ja schon fast eine Schande. Ich sag Lucas Bescheid, dass es am Wochenende ein ordentliches Braai gibt."

Er gähnte und stand auf. „Ich bin bettfällig. Gute Nacht."

Leicht torkelnd verließ er den Salon und verschwand in Richtung Personaltrakt. Mark war sicher, dass er auf sein Bett fallen und sofort wegtreten würde. Die Flasche Whisky, die am Morgen noch ungeöffnet im Barschrank gestanden hatte, war zu dreiviertel geleert.

Er lehnte sich im Sessel zurück und sortierte die Informationen, die Jack ihm gegeben hatte: Wenn Mitte des Monats der Boss von Jan aufkreuzte, dieser Clive Fielding, dann hieß das entweder die Truppe würde freigelassen oder ‚entsorgt'. Oder aber… das eigentliche Ziel käme endlich ans Licht. Nein, er glaubte nicht, dass das Lahmlegen der chinesischen Börse den ganzen Aufwand rechtfertigte, den diese Leute betrieben hatten. Dazu passte auch nicht der Tod von Marvin. Aber was war das eigentliche Ziel? Was stand wirklich hinter dem Ganzen?

Mark seufzte, erhob sich und schlenderte in den Computerraum.

Er platzte mitten in eine heftige Auseinandersetzung. „… hast keinen blassen Schimmer!" Stephens Stimme drückte Verachtung und Widerwille aus.

„Du bist ein ekelhafter Angeber“, mischte sich Jerry erbost ein. „Lass Sven in Ruhe. Was hat er dir getan, dass du ihn derart runterputzt?“ Sven saß wie versteinert auf seinem Stuhl.

„Du bist ein Vollidiot!“ Jerry machte eine wegwerfende Handbewegung in Richtung Stephen. „Sven hat Fähigkeiten, die dir abgehen, du hirnloser Schwarzhut.“

„Ach ja?“, erwiderte der Engländer und grinste hämisch. „Und was für welche, wenn ich fragen darf?“

„Er legt zum Beispiel Wert auf die Meinung der anderen hier. Im Gegensatz zu dir, der du dich als der ‚Gott der Computer‘ siehst. Dabei bist du nur ‘ne miese, kleine, geldgierige und machtgeile Ratte – wie alle Black-Hats.“

Stephen lachte. „Der heilige Jeremias hat seinen Abendsegen gegeben. Du bist sowas von scheinheilig, dass es schon weh tut. Jeremias – aus dem Kreis der Heiligen White-Hats.“

Mark mischte sich ein. „Was ist hier los? Könnt ihr eure nichtigen Plänkeleien und eure Eitelkeiten mal beiseiteschieben? Ihr benehmt euch wie kleine Kinder, denen man das Sandschäufelchen streitig macht.“

„Du hast doch keine Ahnung, Alter“, merkte Wong an. „Hier geht’s um die Hacker-Ehre.“

Für einen Moment stutzte Mark. Dann warf er seinen Kopf zurück und lachte laut. „Hacker-Ehre?“ Erneut schüttelte ihn das Lachen. „Ihr kommt vielleicht nicht mehr lebend aus diesem Haus heraus und redet von Hacker-Ehre?“ Er schüttelte den Kopf. „Was seid ihr doch für ein Kindergarten.“

Hayato hatte sich aufrecht gesetzt. „Wie meinst du das? Dieses… nicht mehr lebend hier rauskommen?“

„Ich habe gesagt – vielleicht.“ Mark sah Hayato an. „Marvin hat mir das zugeflüstert, bevor er starb. Wissen wir, was die mit uns anstellen, wenn wir ihre Wünsche erfüllt haben?“ Er schüttelte den Kopf. „Ich weiß das nicht. Ihr vielleicht?“

Allgemeines Schweigen.

„Ja." Mark reagierte verärgert. „Dann verstummt ihr regelmäßig. Und das macht mich unbeschreiblich zornig. Klaubt euch um Eimer und Schaufel und wenn's ernst wird, fällt euch nix mehr ein."

„Kommt mit!" Er drehte sich um und stakste in den Salon. Die jungen Leute folgten ihm.

„Ich habe für Sonntag einen freien Tag für euch rausgehauen. Der Pool ist freigegeben und es gibt ein Barbecue. Aber ich erwarte von euch, dass ihr eure kindischen Zankereien beendet. Ihr geht mir tierisch auf den Senkel mit eurem Gockel-Gehabe."

Er schaute in die Runde. Die Gesichter so ausdruckslos wie immer. „Aber ich habe auch eine schlechte Nachricht. Am 15. kommt einer der oberen Bosse – hat Jack jedenfalls erzählt. Und er meinte, dass dann was ganz Wichtiges passieren würde." Er schaute erneut in die Runde. „Fällt euch dazu was ein?"

Keine Reaktion.

Mark drehte sich um und wollte den Raum verlassen, als Jerry rief: „Warte!"

Er wandte sich an die anderen vier. „Mark hat recht", meinte er. „Wir sollten wirklich unsere Streitereien seinlassen und uns wie vernünftige Menschen benehmen."

„Seit wann sind Hacker vernünftig?" Hayato grinste. „Das wär ja was ganz Neues."

„Lasst uns doch ehrlich sein", fuhr Jerry fort. „Wir White-Hats sind unangefochten die Elite unter den Hackern." Bevor Stephen und Wong aufbegehrten, hob Jerry beschwichtigend seine Hand. „Vergesst es! Ich weiß, dass Black-Hats und Cracker ihre eigene Hackordnung haben, aber das interessiert niemanden hier. Die, die uns entführt haben, wollen, dass wir zusammenarbeiten."

„Aber…" Sven meldete sich zu Wort. „Was wollen die von mir? Ich bin doch gar kein Hacker. Im Prinzip habe ich vom Hacken keine Ahnung."

„Ich glaube“, mischte sich Mark ein, „du hast eine weitaus wichtigere Rolle, als alle hier auch nur ahnen.“

„Na! Jetzt bin ich aber gespannt“, ließ sich Stephen verächtlich vernehmen.

„Würde Sven seine Schüchternheit überwinden, und würdet ihr aufhören ihn zu mobben, könnte er euch mit seinen Fragen dazu zwingen, Farbe zu bekennen. Im Grunde genommen habt ihr nur Schiss vor seinen Fragen. Schiss, dass ihr die Antwort nicht kennt. Und weil euer heißgeliebtes Hacker-Krönchen einen Zacken verlieren könnte, versucht ihr, ihm das Maul zu stopfen, bevor er euch in die Bredouille bringt. So sieht‘s aus!“

Mark sah in den Gesichtern, dass er ins Schwarze getroffen hatte.

*

*

*

****02. November 2012 – Mallorca (Spanien)***

Schon früh am Morgen saß Richard auf der Terrasse und trank seinen frisch gepressten Orangensaft. Doch er wollte ihm an diesem Morgen nicht schmecken. Zu sehr beschäftigte ihn der vorige Tag. Die Auseinandersetzung mit seiner Tochter und mit Dorothy hatten ihn mehr erschüttert, als er sich selbst eingestanden hatte.

Auch hatte er die ganze Nacht kaum geschlafen und war beim ersten Sonnenstrahl leise aus dem Schlafzimmer geschlichen. Nein, er wollte Dorothy nicht wecken.

Noch einmal ließ er das Meeting an seinem inneren Auge vorbeilaufen.

Was war aus seiner süßen, kleinen Louise geworden? Wo war Daddys Liebling geblieben? Und was hatte er falsch gemacht? Er schüttelte den Kopf. *Seit wann zweifle ich an mir?*, fragte er sich verwundert. *Das ist ja ganz was Neues!*

Vor allen Dingen – wie sollte es jetzt weitergehen? Ob Louise tatsächlich ernst machen würde? Wollte sie wirklich eine Parallel-

Organisation gründen? Und wäre das eine Bedrohung für die bestehende *Organisation*? Wenn Louise ihre Drohung wahr machte, wäre die Zerschlagung der *Organisation* die zwangsläufige Folge. Nein, Richard macht sich nichts vor. Würde auch nur ein Bruchteil dessen publik werden, was die *Organisation* durchgezogen hatte und noch plante, wäre das Desaster perfekt. Dann würde jeder der *Organisatoren* alles abstreiten und sich in seine Höhle zurückziehen.

Als er Dorothy aus dem Haus kommen sah, rückte er ihren Stuhl zurecht. „Komm, Dotty. Setz dich zu mir."

Sie reckte sich. „Ist das nicht ein herrlicher Morgen?" Sie schenkte sich Saft aus der Glaskaraffe ein. „Bist du schon lange auf, Dick?"

„Nun ja… So etwa zwei Stunden."

„Du hast nicht gut geschlafen, stimmt's?"

„Ist das ein Wunder?" Er machte aus seiner Enttäuschung keinen Hehl.

„Nein. Es ist nur ein Wunder, dass es erst jetzt passiert ist."

„Wie meinst du das?"

Sie lächelte. „So wie ich es gestern schon sagte. Ich bin froh, dass Louise und die anderen Frauen endlich den Mund aufgemacht haben."

„Du unterstützt sie also tatsächlich?"

Sie beugte sich vor. „Hör zu, mein Lieber. Bisher habe ich mich immer bemüht, dass in unserer Familie noch ein wenig Harmonie und Frieden herrschen. Immer wieder habe ich zwischen dir und den Kindern vermittelt. Immer habe ich den Friedensengel gespielt. Stets habe ich deinen Unmut, deine Ungeduld und deinen Sturkopf ertragen. Ich habe mich auf die Rolle begrenzt, die du mir vorgegeben hast." Sie lächelte. „Da ich das akzeptiert habe, kann ich dir schwerlich einen Vorwurf daraus machen. Aber mir ist klar geworden, dass ich – genau wie alle anderen, die untätig geblieben sind – mich mitschuldig gemacht habe. Ich habe dir und deinesgleichen freie Hand gelassen. Ich hab die Unterdrückung der Frauen durch meine Untätigkeit erst ermöglicht."

„Glaubst du wirklich, ich hätte dich unterdrückt?"

„Nein, Richard." Wieder lächelte sie. „Du hast mich falsch verstanden. Ich meine damit: die Macht der Männer basiert auf der Geduld und dem Harmoniewunsch der Frauen. Frauen wie ich es bin. Wenn wir euch unsere Geduld entziehen und unseren Wunsch nach Frieden und Harmonie zurückstellen, habt ihr ein ganz, ganz großes Problem. Es würde massiv eure Identität bedrohen. Euch würde der Boden, auf dem ihr steht, den wir Frauen euch erst ermöglichen, unter den Füßen weggezogen."

„Dorothy!" Richard wollte aufbegehren.

„Ich bin noch nicht fertig, Richard", bremste sie ihn. „Frauen wollen eine echte Gemeinschaft, eine echte Partnerschaft, ein wahres Miteinander – wie es in der Natur üblich ist. Männer suchen das Gegeneinander, den Kampf, das Besser-sein-als-andere, die Konkurrenz, die Dominanz." Sie nahm einen Schluck Orangensaft. „Intelligenz, mein Lieber, die heiligste aller Kühe, wird diesen Planeten zerstören, wenn wir als Menschheit nicht schnell und massiv mit unserer Menschlichkeit eingreifen – und zwar weltumspannend. Die meisten Menschen sind tatsächlich psychisch überfordert. Es mangelt an Ethik, an Moral und an Verantwortungsbewusstsein."

„So habe ich dich ja noch nie sprechen gehört."

Er sah ihr trauriges Lächeln.

„Schau dich mal um, Dick. Alle heutigen Institutionen wurden von Männern gegründet, für die der Intellekt, die Intelligenz im Vordergrund stand und noch immer steht. Deshalb versagen sie auch alle, wenn es um lebenspendende und lebenserhaltende Maßnahmen geht. Eine Frau hat mit ihrem Denken, Fühlen und Handeln keine Chance in dieser Welt. Sieh es dir genau an: Die führenden wissenschaftlichen Institutionen, die Justiz, die Parteien, die Gewerkschaften, die Kirchen, die Presse. Unentwegt haben die Medien alles geächtet: Die Umweltzerstörung, die Atomwaffen, den Rüstungswahn, Gewalt gegen Frauen und Kinder. Ja! Lautstarke Ächtung der *Folgen*! Aber… die Verantwortlichen wurden nicht geächtet; nie beim Namen genannt. Die Urheber blieben immer namenlos. Nein, Richard, das ist kein Zufall, das ist System! Ein unerbittlicher Prozess, der schon viel zu lange dauert. Ist das mit den *Organisatoren* anders? Immer schön namen- und gesichtslos bleiben, nicht wahr? Und wo sind die Frauen und ihre Prioritäten? Ihre Bedürfnisse? Ihre Wünsche? Wer lässt laufend die Macht-Muskeln spielen? Sind es nicht die Drohgebärden männlicher Egomanen und Tyrannen? Das Spiel mit Gewalt, Macht und Tod? Das Patriarchat – ihr – habt die Menschheit an den Rand der Selbstauslöschung gebracht."

Sie schüttelte heftig den Kopf. „Nein! So geht es nicht weiter. Es muss etwas passieren!" Sie sprang auf und kehrte mit entschiedenen Schritten zurück ins Haus.

Richard saß wie festgenagelt. *Haben sich jetzt alle gegen mich verschworen? Selbst Dorothy?*

Er schälte sich aus seinem Bademantel und schnellte mit einem Kopfsprung in den Pool. Mit kräftigen Zügen schwamm er mehrere Bahnen und kletterte wieder heraus. Überrascht sah er Louise auf dem Stuhl sitzen, auf dem zuvor Dorothy gesessen hatte.

„Hallo, Louise."

„Hat dir gut getan, nicht?"

„Das Schwimmen? Oh ja." Er rubbelte sich trocken. „Willst du mit mir reden?"

„Nein." Ihre Stimme blieb ruhig, aber er merkte, dass sie dieselbe Entschlossenheit ausstrahlte wie am Tag zuvor.

„Ich wollte dir Gelegenheit geben, mit mir zu sprechen", erwiderte sie. „Aber… wenn du nicht willst, geh ich wieder."

Sie stand auf.

„Warte!", rief er. „Danke, dass du gekommen bist."

Mit einem Seufzer ließ er sich auf seinen Stuhl fallen. „Ich glaube, wir sollten reden."

„Der Meinung bin ich auch", bestätigte sie. „Allerdings anders als bisher."

„Ja? Wie denn?"

„Wenn du weiterhin so tust, als wüsstest du nicht, worum es geht, sollten wir uns jede weitere Zeitvergeudung sparen. Du hast eben mit Mum gesprochen und weißt genau, was Sache ist."

Richard überlegte. „Ja, wir haben zwar gesprochen, aber irgendwie will das nicht richtig bei mir reingehen. Ich versteh das nicht. Dieser extreme Sinneswandel will mir nicht in den Kopf."

Sie grinste. „Da gehört das Thema ja auch nicht hin. Der Kopf, die Intelligenz, kann mit Liebe, Harmonie und Frieden nichts anfangen. Und solange du versuchst mit dem Kopf etwas zu verstehen, was nur das Herz erfassen kann, bleibst du auf der Verliererstraße."

„Aber wir können unser logisches Denken doch nicht einfach abschalten", wehrte er ab.

„Das sollen und dürfen wir auch gar nicht", bestätigte sie. „Es geht um die Einseitigkeit; um die Ignoranz der Gefühle."

„Wenn wir uns ständig mit Gefühlen befassen, betreiben wir dann nicht erst recht narzisstische Nabelschau? Ist das nicht die Egozentrik, die du anprangerst?"

„Im Gegenteil! Du brauchst dich nur selbst anzusehen. Für dich waren Gefühle unbequem, lästig und störend. Etwas, das man besser ignoriert oder unterdrückt."

„Und damit bin nicht nur ich gut gefahren. Auch ihr habt davon sehr gut gelebt, oder?"

„Da ist die Trennung, die du immer vornimmst: ich hier – ihr da! Und genauso geht es auf der großen Bühne weiter: wir hier – ihr da! Wir persönlich haben davon vielleicht profitiert. Aber… das gilt es mit Sicherheit erst noch herauszufinden. Es kommt darauf an, was als Profit angesehen wird. Ist es tatsächlich all das Zeug, das wir kaufen können? Und was ist mit dem Rest der Welt? Was ist mit den Frauen, die in Indien vergewaltigt werden dürfen? Die als Freiwild angesehen werden? Was ist mit der Diffamierung und Diskriminierung der Frauen allgemein? Da gilt ebenfalls: wir hier – und die da?"

„Aber denk doch mal an Margret Thatcher oder…"

„Du meinst die vermännlichten Frauen? Die, die von der Männerwelt akzeptiert wurden, weil sie so denken wie sie? Die Kriege führten? Die, die heute in den Chefetagen zumindest geduldet werden – und zwar von Männern?"

Louise empörte sich. „Nein! Ich rede von den ganz normalen Frauen, die in allen Gesellschaften der Welt die Arschkarte haben. In der westlichen wie in der östlichen Welt. Im Süden wie im Norden. Überall werden die Ressourcen der Frauen unterdrückt und gleichzeitig schamlos ausgebeutet."

„Weißt du eigentlich, dass du dich wie eine dieser schrecklichen Femen anhörst, die durch provokante Aktionen Beachtung gewinnen wollen?

„Ach, Richard."

Er schnappte nach Luft. Sie hatte ihn beim Vornamen genannt!

„Diese Meinung hat die Männerwelt schon bei den Suffragetten vor hundert Jahren zum Besten gegeben. Genauso schwachsinnig und nur dazu angetan, alles Weibliche möglichst in den Dreck zu ziehen – wenn es denn schon nicht zu ignorieren ist. Fällt dir nichts Besseres ein?"

Sie grinste ihn an. „Statt die Gegenwart zu bedauern, solltest du dich darum kümmern, wie die Statuten rechtzeitig geändert werden können. Du weißt, was der *Organisation* sonst blüht."

„Ach, Louise. Ich bin doch nur einer von vierzehn. Du hast doch gestern selbst miterlebt, dass es keine Mehrheit geben wird."

„Ja, du bist einer von vierzehn – und der Wortführer! Bedeutet das nichts?"

Richard dachte nach, doch bevor er reagieren konnte, sprach sie weiter.

„Ich verspreche dir, Richard, ich halte mich ganz strikt an mein Angebot: vierzehn Tage – und keinen einzigen Tag mehr.“

Sie stand auf und ging ins Haus.

Richard musste einsehen, dass er gegen Dorothy und Louise keine Chance hatte, ohne beide zu verlieren. Sie hatte ihn noch nie zuvor beim Vornamen angesprochen. Noch nie! Immer war er ihr ‚Dad‘ gewesen. Er wusste – es war ernst. Sehr ernst.

Er erhob sich, ging unter die Dusche, kleidete sich an und griff zum Hörer. Er musste versuchen, mit den Organisatoren, die noch auf der Insel waren, Kontakt aufzunehmen.

*

*

*

03. November 2012 – San Lameer (Südafrika)

Elly hatte ihre Sachen gepackt: Fotoapparat, Teleobjektiv, Fernglas, Badesachen – und Ludmilla, wie sie ihre Pistole nannte. Auch das Survivalmesser steckte sie ein – für den Fall einer neuerlichen Begegnung mit einer Puffotter. Sie hatte mit Konrad abgesprochen, dass sie von nun an jeden Tag mit den übrigen Frauen am Strand zubringen würde. Am Strand, an dem das Haus lag, in dem sie Mark und die Hacker vermuteten. An der Mündung des Mzamba.

Sie hatten beschlossen, alle sechs zu fahren. Sarah sollte mit dabei sein. Sie mieteten zwei Landrover mit Allradantrieb. Nichts sollte dem Zufall überlassen bleiben. Damit konnten sie zur Not sogar über den Strand flüchten. An der Rezeption standen mehrere Picknick-Körbe bereit, in denen das Mittagessen verstaut war.

Um kurz nach 11:00 Uhr erreichten sie den Strand, schnappten ihre Sachen und schlenderten auf die Südseite der Mündung. Vera und Elly sahen sich auf dem kleinen Hügel um, hantierten mit langen Stöcken im Unterholz und trampelten mehrfach kräftig auf den Boden. Die Erschütterungen sollten auch versteckte Schlangen verjagen.

Am Strand bauten sie erneut das Netz auf, um Beach-Volley zu spielen. Dabei machten sie ein Getöse, dass man es im Haus gegenüber kaum überhören konnte. Wie wild schrien sie auf, wenn ein Ball danebenging.

Elly hatte sich im Gebüsch versteckt und ihre Kamera mit Teleobjektiv auf dem Stativ positioniert. Mit dem Fernglas beobachtete sie jede mögliche Bewegung im gut sichtbaren Garten. Kurze Zeit später sahen drei Gestalten hinunter auf den Strand, um die Geräuschquelle zu orten. Elly konnte das Gesicht desjenigen nicht entdecken, der sie beim letzten Mal verscheucht hatte.

Nach dem Picknick und einer Abkühlung im Meer saß Elly wieder am Beobachtungsposten – nicht ohne zuvor erneut mit dem Stock und durch Aufstampfen mit den Füßen ungebetene Kriechtiere in die Flucht zu schlagen.

Es war fast 14:00 Uhr, als sie Mark, dessen Gesicht sie von den Fotos kannte, und zwei junge Männer durch das Fernglas entdeckte. Rasch schoss sie so viele Fotos wie möglich. Elly war sicher, dass Mark die Frauen am Strand entdeckt hatte. Sie gab Vera das verabredete Zeichen, dass sich Sarah nun besonders lautstark bemerkbar machen sollte. Die Kamera knipste ununterbrochen, während Elly durch das Fernglas schaute.

Sie konnte sehen, wie Mark regelrecht erstarrte. Offenbar hatte er Sarah erkannt. Wie festgefroren stand er da und reckte alsbald seinen Hals, um den Strand besser sehen zu können. Weitere Gesichter tauchten auf und Elly hoffte, dass auf allen Fotos die Personen gut zu erkennen waren.

*

Konrad kehrte gegen Mittag zur Farm zurück. Er hatte alles besorgt, was Unathi und Philani auf ihre Listen geschrieben hatten.

Zum Glück hatte er alles auf Dougs Pritschenwagen transportieren können.

Im Margate Beach Guest House traf er mit einem CIA-Kollegen zusammen, der ihm Satellitenfotos des Küstenabschnitts übergab. Das Haus und die Umgebung, in der das Schein-Gefecht stattfinden sollte, waren gut zu erkennen.

„Wir werden in der Nähe sein“, merkte der Amerikaner an.

„Wer ist… wir?“

„CIA und Mossad“, war die knappe Rückmeldung.

„Ihr haltet euch raus, klar? Ich brauche keine Komplikationen. Okay?“

Der Amerikaner grinste nur und verließ wortlos das Gästehaus.

Beunruhigt erzählte Konrad seinen Mitarbeitern, was ihm der CIA-Agent mitgeteilt hatte.

„Nee!“ Friedhelm war empört. „Hoffentlich kommen die uns nicht in die Quere.“

„Wir sind besser auf alles vorbereitet“, knurrte Konrad.

Er breitete die Landkarte aus, legte die Fotos daneben und erklärte: „Seht ihr diesen freien Platz hier? Er ist gerade mal fünfzig Meter vom Haus entfernt. Von da aus geht der Pfad, den Elly zum Strand nimmt. Wir können nicht bis dahin fahren. Das würde auffallen. Aber schaut mal hier – er zeigte auf einen Weg, der etwa zweihundert Meter vorher in Richtung Fluss nach Westen abbog. „Hier können wir uns gut verstecken und verteilen. Du, Friedhelm, wirst mit Sven und Dirk am Fluss entlanglaufen – bis zur Mündung. Ihr versteckt euch auf der Südseite der Mündung, da wo Elly immer die Fotos macht.“ Er markierte die Stelle mit einem roten Kreuz.

„Ihr wartet da, bis das Spektakel vorbei ist. Mit einem Nachtsichtgerät und einer entsprechenden Kamera macht ihr Fotos. Ihr bleibt garantiert unentdeckt, weil die mit der Bantu-Szene auf dem Platz voll beschäftigt sein werden.“

Er schaute in die Runde. „Gibt’s noch Fragen?“

„Was ist, wenn wir entdeckt werden?“, wollte Friedhelm wissen.

Konrad grinste. „Wenn du dich nicht gerade in voller Größe aufrichtest, sollte das nicht passieren. Aber wenn, dann spiele den Besoffenen. Das hilft meist.“

*

*

*

03. November 2012 – Wild Coast (Südafrika)

Nach dem Frühstück legte sich Mark auf eine Liege im Garten und kramte eine Zigarette aus seiner Schachtel. Die Jungs hingen an ihren Rechnern und die Aufpasser waren mit sich selbst beschäftigt. Es versprach, ein ruhiger Samstag zu werden.

Mark holte sich eine weitere Tasse Kaffee und setzte sie auf dem Beistelltisch ab. Er genoss die Sonne und die leichte Brise, die die Hitze und Schwüle ein wenig erträglicher machte.

Nach einer Weile entledigte er sich seiner Shorts und seines T-Shirts und kühlte sich im Pool ein wenig ab. Hayato, Sven und Jerry kamen ebenfalls heraus, um sich im Wasser zu erfrischen.

Als sie aus dem Pool kletterten, um sich mit den bereitgelegten Handtüchern abzurubbeln, hörten sie vom Strand herauf fröhliches Lachen. Sofort waren George, Joe und Lucas an der kleinen Mauer und schauten hinunter. Jack trat durch die Tür. „Was ist da los?“

Lucas grinste. „Ein paar sehr hübsche, junge Ladies. Die waren schon ein paar Mal hier. Spielen Beach-Volley und haben einen Heidenspaß. Offensichtlich gefällt ihnen der einsame Stand hier.“

Joe setzte hinzu: „Ich würd‘ gern mal nachsehen, ob die zum Sonnenbaden ihre Bikinis ausziehen.“

„Könnte dir so passen“, feixte George.

Jack gähnte. „Geht aber nicht!“ Er drehte sich um und ging ins Haus zurück.

Mark schlenderte mit Jerry und Hayato ebenfalls zur Mauer. Sie waren neugierig geworden. Als Sven hinzukam, meinte er sehnsüchtig: „Ich würde auch gern mal ins Meer gehen.“

„Um diese Zeit geht‘s, aber in der Dämmerung kann ich davon nur abraten“, merkte Joe an.

„Warum?“

„Dann kommen die Haie bis ins flache Wasser.“

Für einen Augenblick glaubte Mark, Sarah zu erkennen. *Jetzt hab ich schon Halluzinationen*, dachte er. *Es gibt viele Frauen, die ihr ähneln.*

Aber… die Figur stimmte, die Haare stimmten und die Bewegungen auch.

Verflucht! Mark wurde ärgerlich. *Ich will nicht an sie denken!*

Und dann hörte er sie lachen.

Kaum fähig, sich zu rühren, wusste er – es war Sarah! Dieses Lachen war unverkennbar. *Sarah ist hier!*

Er reckte seinen Kopf, um besser sehen zu können. Schließlich rannte er ins Haus und fragte Lucas nach dem Fernglas. „Hast wohl Sehnsucht, was?“, grinste der Schwarze.

Mark unterdrückte den Impuls, ihm einen Kinnhaken zu verpassen. Stattdessen zwang er sich dazu, auf den Scherz einzugehen. „Wenn ich schon keine Frau im Bett haben kann, will ich mir die Weiber wenigstens mal aus der Nähe anschauen.“

Lucas reichte ihm das Fernglas.

Ja, das war eindeutig Sarah! *Oh mein Gott*, schoss es Mark durch den Kopf. *Was heißt das? Wieso ist sie hier? Wie ist sie hierhergekommen? Was macht sie hier? Wer sind die anderen? Was – um alles in der Welt – bedeutet das?*

Fragen über Fragen wirbelten in seinem Kopf herum und seine Gefühle konnte er kaum bändigen. Seine Hände zitterten und er spürte, wie seine Knie weich wurden

Rasch setzte er sich auf die Liege und holte tief Luft. *Nein! Jetzt bloß nicht schlappmachen,* ermahnte er sich selbst.

Um Zeit zu gewinnen, stieg er wieder in den Pool und schwamm ein paar Runden. Ganz allmählich setzte sein klares Denken wieder ein. *Die haben uns also gefunden*, dachte er. *Aber wer waren... die? Was braute sich hier zusammen?*

Konnte er sich jetzt Hoffnung machen, hier heil wieder herauszukommen? Er hatte zwar keine Ahnung, wie ‚die' das anstellen wollten, aber es gab ein Licht am Ende des Tunnels. Er war sich darüber im Klaren – er durfte keiner Menschenseele etwas verraten. Zumindest noch nicht. Erst musste er herausfinden, was Sarah und die anderen vorhatten. Ja, er würde sehr aufmerksam sein und jede außergewöhnliche Situation sorgfältig registrieren.

Und er war sicher, dass er früher oder später eine Nachricht bekommen würde. Egal wie! Die würden einen Weg finden. Ganz bestimmt!

*

*

*

*03. November 2012 – Mallorca (Spanien)

Kurz hintereinander erreichte Richard seine Kollegen telefonisch und verabredete sich mit Lester Giles und Donovan Stratford zu einem persönlichen Gespräch. Als er den schwedischen *Organisator* am Telefon hatte, fragte er: „Sag mal – wie heißt du nun wirklich? Sven oder Gunnar?"

Der Schwede lachte. „Du wirst es nicht glauben ich heiße tatsächlich Sven Gunnar Olssen. Und es ist mir egal, ob ich Sven oder Gunnar gerufen werde."

Ihn besuchte Richard zuerst.

Wie erwartet, befürworteten Sven Gunnar und seine Frau Sylvia klar eine Änderung der Statuten. Sylvia betonte, dass sie sich Louise anschließen würde, falls die Organisation die Änderung verweigerte.

„Wie kannst du damit leben, Gunnar? Ich meine, dass deine Frau dann gegen dich arbeitet?“ Richard vermochte sich eine solche Situation in seiner eigenen Familie nicht vorzustellen.

Der Schwede lachte. „Das brauche ich nicht. Wenn die Organisation sich tatsächlich querstellt, wende ich mich ebenfalls der Organisation deiner Tochter zu, Richard.“

„Meiner Tochter? Aber die will doch eine reine Frauenorganisation aufbauen.“

Sylvia schüttelte den Kopf. „Wir haben gestern Abend noch zusammengesessen und uns darauf geeinigt, dass wir nicht denselben Fehler machen wollen, wie die bestehende *Organisation.* Wir wollen Männer nicht ausklammern. Nein, wir wollen die Gleichberechtigung in den Statuten der *neuen Organisation* verankern. Es soll endlich zu einer partnerschaftlichen Zusammenarbeit kommen.“

Richard war nachdenklich geworden. „Das werden die Saudis, die Russen und die Chinesen gar nicht gern hören.“

Sven Gunnar legte seine Hand auf Richards Unterarm. „Mein lieber Freund. Die bestehende *Organisation* wird ohnehin auseinanderbrechen. Ob wir uns mit den Frauen einigen oder nicht. Der Auftritt gestern war unmissverständlich.“

„Glaubst du, dass Wladimir, Xi-Jiong oder Ibn Tahim nachgeben? Nein! Niemals!“

„Dann werden sie eine andere Organisation aufbauen müssen – ohne uns.“

„Da haben sich die Richtigen gefunden“, grinste Sylvia. „Was glaubt ihr denn, wie lange das gut geht? Die sind derart auf ihren Egotrips, dass das Zerwürfnis schon jetzt vorprogrammiert ist. Ohne amerikanische, europäische und australische Beteiligung haben die sich schon sehr bald in der Wolle.“

„Du siehst, Richard“, fügte Sven Gunnar hinzu, „wir haben gar keine andere Wahl, als der Änderung zuzustimmen.“

*

Donovan und Claire Stratford schätzten die Situation ähnlich ein wie Sven Gunnar und Sylvia.

„Lass sie doch ihr Machtsüppchen kochen“, meinte Don verächtlich. „Wir werden sehen, dass sie schon bald wieder auf ihrem lokalen Thron ganz allein hängen bleiben. Sie sind einfach nicht gewillt, die Zeichen der Zeit wahrzunehmen. Die haben den Knall noch nicht gehört.“

„Und du weißt ja“, ergänzte Claire lächelnd, „im Zeitalter der globalen Vernetzung braucht es viel Aufwand, um ein Land vor dem Wissen der Welt abzuschotten.“

„Nun ja…“ Richard konnte nicht umhin, ein Gegenbeispiel zu erwähnen. „Und was ist mit Nordkorea? Denen gelingt das Abschotten sehr gut, oder?“

Donovan schüttelte den Kopf. „Aber um welchen Preis, Richard? Um welchen Preis? Das Volk hungert, Tausende werden verhaftet und interniert. Zeig mir in der Geschichte der Menschheit nur ein Beispiel, wo ein derartiges Verhalten am Ende zum Erfolg geführt hat?“

„Tja, Don, es hat aber noch nie in der menschlichen Historie das Potenzial zur Selbstausrottung gegeben wie heute. Was passiert denn, wenn dieser Wahnsinnige eine Atombombe zündet? Wenn… dann katapultiert sich unsere Spezies komplett vom Planeten.“

„War das nicht einer der Gründe für die Einführung der weltweiten Einheitswährung? Wollten wir damit nicht genau die Staaten in die Knie zwingen, ihre Atombomben-Spiele zu unterlassen? Über die Wirtschaft können Länder gezwungen werden, politisch bedeutsame Entscheidungen zugunsten einer Friedensbasis zu fällen.“

„Oder“, wehrte Richard ab, „sie in eine derartige Verzweiflung zu jagen, dass sie den falschen Knopf drücken. Nein, Don, das genau ist das Gefährliche an diesem Plan. Einer von ihnen verliert vielleicht die Nerven.“

„Und das ist genau das, was Louise meinte“, stellte Claire fest. „Es sind Männer, die die Nerven verlieren, weil sie unbedingt ihr Machtspiel aufrecht halten wollen. Was ist ein Menschenleben in Nordkorea oder Russland wert? Und was ist ein Frauenleben in Saudi-Arabien oder im Iran oder in Indien wert? Die Menschenverachtung in den meisten Ländern der Erde ist eine Schande für die ganze Spezies!“

*

Lester Giles empfing seinen Freund mit einem Seufzer. „Mann, Richard. Da hat deine Tochter aber mächtig auf den Putz gehauen. War das wirklich nötig? Gloria ist fix und fertig. Aber sie hat mir gesagt, dass sie sich den Frauen anschließen wird, sollte es zur Kampfabstimmung kommen.“

„Tut mir leid, alter Freund. Aber mir sind die Hände gebunden. Louise ist fast dreißig Jahre alt und ich kann ihr nicht vorschreiben, wie sie zu denken, zu fühlen oder zu handeln hat.“

„Möchtest du was trinken?“ Er selbst genehmigte sich ein Glas Sherry.

„Nein Danke, Lester. Ich wollte nur wissen, wie du entscheidest, sollte es tatsächlich zur Abstimmung kommen.“

„Am liebsten wäre es mir, wenn es nicht dazu käme. Sollte es jedoch so sein, werde ich mich für die Änderung der Statuten entscheiden.“ Er lachte. „In meinem Alter werde ich mir die Zerrüttung meiner Ehe nicht erlauben.“

*

Am Abend saßen Richard und Dorothy, Ben und Caren Allister, Chris, Brenda und Lilian Williams, Michael und Helen zusammen mit Louise am großen Tisch auf der Terrasse. Während sich jeder am Büffet bediente, drehte sich alles darum, wie die Abstimmung wohl ausgehen würde.

„Tja, Richard“, sagte Louise, „jetzt wirst du wohl Farbe bekennen müssen.“

„Ach, Schätzchen, du hast keine Ahnung, was du angerichtet hast. Die *Organisation* wird auseinanderbrechen."

„Meinst du wirklich?" Dorothy zeigte sich erschüttert.

„Werden die Statuten geändert, werden die Saudis, Russen, Chinesen und sicher auch die Südamerikaner die *Organisation* verlassen. Werden sie nicht geändert, wollen sich Sven, Don und Lester der neuen Organisation anschließen. Ich habe gehört, dass es eine gemischte Organisation werden soll. Stimmt das, Louise?"

„Ja. Wir können uns nicht über die Einseitigkeit der *Organisation* beschweren und gleichzeitig denselben Fehler machen. Es geht uns nicht darum, Männer dominieren zu wollen, sondern gleichwertige Partner zu sein. In unseren Statuten wird aufgenommen, dass die *Neue Organisation* möglichst je zur Hälfte aus Frauen und Männern bestehen soll."

Bedächtig nickte Richard. „Ja, dann werde ich auch für die Änderung stimmen. Nur… das nutzt nichts. Wir sollten versuchen, die Mehrheit in der *jetzigen Organisation* zu erreichen. Wir brauchen nur noch eine Stimme. Eine einzige zusätzliche Stimme und die Statuten könnten geändert werden." Er zögerte. „Es wäre viel einfacher, das bereits existierende Netz weiter zu nutzen, als ein komplett neues aufzubauen."

Michael meldete sich spontan. „Warum fliegst du nicht zu den anderen *Organisatoren* und versuchst, sie im persönlichen Gespräch zu überzeugen?"

„Darin sehe ich zwar die reine Zeitverschwendung, aber ich werde es trotzdem probieren."

Richard fing Louises Blick auf, den er nicht zu deuten wusste.

*

*

*

*04. November 2012 – San Lameer (Südafrika)

Konrad und seine Männer trafen sehr früh am Morgen in Ellys Wohnung mit den anderen Frauen zusammen.

Elly hatte die Fotos auf ihren Laptop überspielt, damit alle sie sehen konnten.

Schon am vorherigen Abend hatte Konrad die Bilder an seine Kollegen vom CIA und Mossad übermittelt und kannte die Namen der jungen Männer, die auf den Fotos zu sehen waren.

Mgwazeni, der von einem der Agenten befragt wurde, konnte die Identität der Aufpasser klären.

Als Sarah die Fotos von Mark sah, schnappte sie nach Luft. „Oh mein Gott!“, flüsterte sie und brach in Tränen aus. Elly beruhigte sie. „Aber das ist doch großartig, Sarah! Er lebt und wir holen ihn da raus.“

„Ich weiß“, schluchzte Sarah. „Aber… hoffentlich geht alles gut.“

„Das hoffen wir nicht nur.“ Konrad versuchte, sie zu beruhigen, „Wir tun auch alles dafür, Sarah. Wir tun alles, was wir können, um Mark und die jungen Leute zu befreien. Deshalb planen wir derart gründlich. Deshalb bemühen wir uns, alle Eventualitäten durchzuspielen.“

Sarah schniefte. „Es darf ihm nichts passieren. Unser Kind braucht seinen Vater.“

„Du wirst sehen“, sagte Elly und legte ihre Hand auf Sarahs Arm, „es wird alles gut.“

„Ich glaube, wir können alle einen Tag ohne Stress gebrauchen“, warf Konrad ein. „Vielleicht sollten wir uns heute mal einen freien Tag gönnen.“

„Warum nicht?“, bestätigte Elly. „Ich kann ja mit Vera, Gabi und Marie allein zum Strand fahren.“

„Kommt gar nicht in Frage!“, protestierte Sarah. „Ich bin auf jeden Fall dabei.“

„Dann sollten wir wieder alle gemeinsam fahren“, ergänzte Lena.

„Ihr müsst es wissen.“ Konrad zuckte mit den Schultern. „Wir machen uns heute auf der Farm einen gemütlichen Tag. Morgen wird es stressig genug.“

Während sich die Männer auf den Weg zu Dougs Farm machten, fuhren die sechs Frauen erneut an den Strand. Wie zuvor, verteilten sie sich – Elly im Gebüsch samt Fotoapparat mit Teleobjektiv, die anderen lachend am Strand beim Beach-Volley.

Es dauerte nicht lang und die Aufpasser, Mark und die Jungs erschienen an der Mauer. Elly erkannte, dass Mark mit einem Fernglas die Frauen am Strand beobachtete. „Jetzt hat er die absolute Gewissheit, dass Sarah dabei ist“, murmelte sie vor sich hin. Die Kamera knipste ununterbrochen.

Die Frauen am Strand begannen, den Männern im Garten zuzuwinken.

*

„Mensch, Jack“, sagte George. „Können wir die Mädels nicht zum Braai einladen? Wir haben doch genug von allem da.“

„Bist du verrückt?“ Jack machte eine typische Abwehrbewegung. „Jan reißt uns den Kopf ab, wenn er das erfährt.“

„Aber das braucht er doch gar nicht zu erfahren. Wir sagen jedenfalls nichts. Schau, die sind doch völlig harmlos und wir sind hier seit Wochen eingesperrt. Ein bisschen weibliche Schönheit und Gesellschaft würde uns gut tun; uns ein bisschen aufmuntern.“

„Außerdem“, blies Joe ins gleiche Horn, „das ist doch wirklich keine große Sache. Wir Südafrikaner haben doch immer Gäste beim Braai, oder?“

George fügte hinzu: „Außerdem ist Sonntag und die Jungs brauchen auch mal einen Ruhetag. Genau wie wir. Meinst du nicht auch?“

Offenbar war Jack nicht abgeneigt. „Na ja“, meinte er, „ihr habt wirklich eine ziemlich stressige Zeit hinter euch. Warum also nicht?“ Schließlich sagte er: „Na gut! Dann winkt sie mal her.“

Er drehte sich um. „Lucas, hol noch ein paar Steaks und Boerewors aus dem Kühlschrank. Und mach noch ein paar Flaschen Wein auf."

*

Elly konnte kaum glauben, als sie sah, wie die Aufpasser den Frauen am Strand zuwinkten und ihnen zu verstehen gaben, dass sie ins Haus kommen sollten. Sie schlich vorsichtig bis ans Ende der Büsche und flüsterte: „Vera und Sarah – ihr bleibt hier. Ihr drei – Lena, Gabi und Marie – ihr geht rauf. Vergesst eure Brillen nicht und macht so viele Bilder wie möglich. Besonders vom Inneren des Hauses. Ihr müsst ja auch mal aufs Klo." Elly grinste. „Aber macht auf harmlose Touristen – auf keinen Fall mehr. Und… Marie, sag Mark, dass alles gut wird. Aber keine Einzelheiten. Sag ihm nur, dass er auf den Häuptling nächste Woche achten soll. Ansonsten – kein Wort zuviel. Verstanden?"

Elly, Sarah und Vera beobachteten, wie die drei anderen in Richtung Haus kletterten. Sie hörten Marie laut rufen: „Wie kommen wir zu euch rein?"

Die Gestik der Aufpasser zeigte um das Haus herum und bald waren die drei aus Ellys Blickfeld verschwunden. „Ihr beide", wies Elly an, „geht wieder an den Strand und legt euch auf die Badetücher. Die sollen euch sehen können. Ich bleib hier und mache noch mehr Fotos."

*

Wie verabredet, erschienen kurze Zeit später Gabi, Lena und Marie an der Mauer. Elly hatte ihre helle Freude. Jetzt würden sie den Herren Geheimagenten mal zeigen, was Frauen erreichen konnten. *Von wegen Frauen schonen!*

Neben den drei Frauen, die jetzt an der Gartenmauer standen, tauchten die drei Gestalten auf, die als George, Joe und Jack identifiziert worden waren. Lena hatte sich an George geschmissen, Gabi an Joe und Marie war bei Jack untergehakt. Mark und die anderen Jungs scharten sich um die drei Paare und Elly erkannte, dass mächtig geflirtet, gescherzt und gelacht wurde.

*

Als die drei Frauen das Tor erreichten, stand Jack Bellow bereit, es zu öffnen. „Ich will nicht, dass ihr Hübschen durch einen Stromschlag verletzt werdet", erklärte er grinsend.

„Stromschlag?" Marie machte große Augen. „Warum das denn?" Sie spielte die Ahnungslose.

„Hier muss man mit ziemlichem Gesindel rechnen", erwiderte er abschätzig. „Kommt rein!"

Sorgfältig schloss er das Tor wieder.

Marie nahm kurz ihre Brille ab, um mit einem verlockenden Augenaufschlag den Schlaksigen zu umgarnen. Gemütlich schlenderten sie zusammen in Richtung Garten und wurden mit lautem ‚Hallo' begrüßt. Marie sah die Enttäuschung auf Marks Gesicht. Bevor er reagieren konnte, sagte sie: „Die anderen wollten lieber ein Sonnenbad nehmen."

„Schade", merkte Jerry an.

„Drei Frauen und acht Männer – eine ziemlich ungleiche Verteilung", bedauerte auch Stephen.

„Aber nicht für uns", zwitscherte Lena und strahlte.

Gabi ergänzte: „Ganz meine Meinung!"

Marie sah, dass sich Mark in den Hintergrund zurückgezogen hatte.

Neugierig ging sie auf die Mauer zu. „Ich möchte sehen, wie wir von hier oben aussehen."

„Nun ja", meinte George, „am besten können wir euch tatsächlich auf der anderen Seite der Flussmündung erkennen."

„Stimmt", bestätigte Joe. „Der direkte Blick aufs Meer und die Mündung wird durch die hohen Bäume und Sträucher verdeckt." Er grinste. „Sonst hätten wir euch vielleicht schon viel früher kennengelernt."

Geschickt wich Gabi Joes Annäherung aus. „Dürfen wir auch euren Pool benutzen?“, wollte sie wissen.

„Na klar!“ Joe grinste. „Dazu ist er da.“

„Habt ihr auch eine Toilette?“ Lena sah George mit großen, fragenden Augen an.

„Komm ich zeig dir, wo sie ist.“

Sie folgte ihm und machte reichlich Fotos vom Inneren des Hauses.

Sie schloss die Tür hinter sich ab.

Lena hörte, wie ihr Begleiter rief: „Lucas?! Was ist mit dem Grill? Hast du die Kohle schon angezündet?“

„Nein. Es ist noch viel zu früh.“

„Unsinn! Wirf‘ den Grill an. Es gibt ein frühes Braai.“

Als Lena herauskam, begleitete George sie wieder in den Garten.

„Kommt!“, forderte Jack sie auf. „Nehmt euch was zu trinken. Es ist Klasse, wieder mal ein paar Gäste im Haus zu haben.“

„Und dann auch noch so hübsche!“, ergänzte George grinsend.

Wie von George gewünscht, zündete Lucas den Grill an und bald zogen weiße Schwaden über den Garten hinweg. In entspannter Atmosphäre entwickelten sich lockere Gespräche zwischen allen Beteiligten.

In einem günstigen Augenblick flüsterte Marie in Marks Ohr: „Alles wird gut, Mark. Wir holen dich hier raus.“ Laut meinte sie: „Ihr lebt ja hier wirklich wie im Paradies.“

„Ja“, erwiderte er, „Sonne, Wärme, das Meer, ein Pool und – hübsche Mädchen. Was will man mehr?“ Er brachte ein schiefes Lächeln zustande und Jack grinste zufrieden.

Erneut zischelte sie: „Nächste Woche kommt ein Häuptling. Pass auf, was er tut und hör genau hin, was er sagt.“

„Ihr seid zu beneiden“, lachte sie laut. „Wisst ihr das?“

Noch einmal fand Marie eine günstige Gelegenheit. „Sarah geht's gut. Spätestens in zwei Wochen seid ihr hier raus", flüsterte sie Mark zu.

„Ja, danke. Ich freue mich riesig auf ein Steak", meinte sie laut und für alle vernehmlich.

„Kannst du mir sagen, wo die Toilette ist?", wandte sich Gabi an Lena.

„Klar! Wenn du reinkommst, gleich die zweite Tür links." Lena grinste.

Marie wusste, dass Gabi ebenso viele Fotos machen würde wie Lena.

Eine Flasche nach der anderen wurde geöffnet und bald lagen die ersten fertigen Steaks auf Tellern. „Die Ladies zuerst", bestimmte Jack, dessen Stimme leicht vibrierte.

Auf dem aufgebauten Tisch standen verschiedene Salate, Weißbrot, Saucen und dampfende Süßkartoffeln. Jeder bediente sich nach Herzenslust.

Lena, Gabi und Marie hielten sich mit dem Weinkonsum zurück. Sie wollten klar im Kopf bleiben. Sie stellten ihre leeren Teller gerade auf dem dafür vorgesehenen Platz ab, als Lucas aus dem Haus stürzte. „Jack!", rief er aufgeregt.

„Was ist?"

„Jack!" Lucas war ganz außer Atem. „Mister van Guysen ist unterwegs hierher. Zusammen mit Mister Fielding!"

Jack fielen Teller und Besteck aus der Hand. Entgeistert schaute er Lucas an. „Was sagst du? Hierher?"

„Ja. Sie werden in fünfzehn Minuten hier sein."

„Ach du Scheiße!", fluchte George.

„Kommt, Mädels! Ihr müsst sofort verschwinden. Wenn euch die beiden erwischen, kann ich für nichts garantieren."

„Okay, okay", versuchte Lena ihn zu beschwichtigen. „Wir sind sofort weg."

„Ich muss nur noch mal schnell auf's Klo", jammerte Marie und rannte zum Haus.

„Aber beeil dich!", rief Jack hinterher.

Vor der Toilettentür drehte sich Marie um die eigene Achse und fotografierte alles, was im Winkel von 360 Grad zu fotografieren war. Selbst die Innenräume der offenstehenden Türen konnte sie zum Teil ablichten. Sie hörte die Haustüre leise knarren, drehte sich rasch um und ging in Richtung Ausgang. „Schon fertig!" Sie grinste Joe an, drückte sich an ihm vorbei und rannte zum Tor, das Jack weit geöffnet hielt. Kaum, dass auch Marie draußen war, versperrte er das Tor, winkte noch einmal kurz und verschwand mit schnellen Schritten im Garten.

*

Zurück am Strand wurden die drei von ihren Kolleginnen erwarten. Elly konnte ihre Neugier kaum bändigen. Ihre Nerven waren bis zum Zerreißen gespannt. „Und?", flüsterte Sarah.

Sie traute sich kaum, zu atmen. „Nun redet schon!"

„Beruhige dich", erwiderte Marie. „Mark geht es gut. Wirklich! Aber er war sichtlich enttäuscht, dass du nicht mitgekommen bist."

„Das wäre viel zu gefährlich gewesen", mischte sich Elly ein.

Ihr entging nicht, dass Sarah sich nur mit Mühe zusammenreißen konnte. „Hab noch ein klein wenig Geduld. Wenn alles gutgeht, hast du ihn in zwei Wochen wieder."

„Ja." Sarahs Augen waren mit Tränen gefüllt. „... wenn!"

Elly bat Lena, Gabi und Marie, sich wieder an den Strand zu legen. Sarah sollte ebenfalls so tun, als wäre alles wie vorher.

*

*

*

*04. November 2012 – Wild Coast (Südafrika)

Tatsächlich erschien der Landrover mit Jan van Guysen und Clive Fielding nur fünfzehn Minuten später am Tor und wurde von Jack eingelassen.

Mark musterte den Neuankömmling und versuchte, sich ein Bild von ihm zu machen. Fielding war mittelgroß, schätzungsweise 1,75m, mit dunklem Haar, stämmigem Körperbau, im hellen Maßanzug. Seine Bewegungen drückten Selbstbewusstsein aus, aber Mark entging nicht, dass der Oberkörper leicht nach vorn gebeugt war, ein Zeichen für demonstratives, zur Schau gestelltes Selbstbewusstsein, dem es am inneren Fundament fehlte. Mark stufte ihn zwischen Mitte bis Ende vierzig ein. Beim Lachen zeigte er eine Reihe makelloser Zähne, aber seine Augen blieben kalt. Nein, er wirkte unecht. Durch und durch.

Er gab jedem Anwesenden die Hand, als wollte er seine Wertschätzung unterstreichen. Doch Mark durchschaute, dass die Härte des Händedrucks gewollt, übertrieben und viel zu dick aufgetragen war, als dass er authentisch sein konnte.

„Habt ihr ‘ne Party?“ Clive hatte eine Augenbraue hochgezogen. „Ich dachte, ihr seid beim konzentrierten Arbeiten?“

„Seit die jungen Leute angekommen sind – und das ist immerhin schon zwei Wochen her – haben sie noch nicht einen einzigen Ruhetag gehabt. Nicht eine einzige Pause, aber dafür Unmengen an Stress“, rechtfertigte sich Jack.

„Stimmt“, bestätigte van Guysen. „Ich finde, das hast du gut gemacht, Jack.“

Clive schwieg, schlenderte zum Grill und griff nach einem Teller.

Er grinste Lucas an. „Na, dann gib mir mal eins von den Steaks – aber medium, bitte.“

Lucas schaute ihn mit ängstlichem Blick an. „Die hier, auf dem Grill, sind durchgebraten. Darf ich Ihnen ein neues auflegen, Sir?“

„In Ordnung“, erwiderte der Stämmige. „Sag mir Bescheid, wenn es soweit ist.“

Er drehte sich um und schaute in die Runde. „Na? Wie weit seid ihr denn?“

„Mister Fielding“, nahm Mark die Frage auf. „Ich gehe davon aus, dass wir am Mittwoch oder Donnerstag soweit sind.“

„Wo hakt es denn?“

Jerry mischte sich ein. „Wir haben noch ein letztes Problem mit der Verschlüsselung des Administrator-Zugangs. Der ist dreifach codiert. Und zwar kryptologisch. Das ist eine ganz verzwickte Kiste. Wenn wir den geknackt haben, müsste es funktionieren.“

„Und wenn nicht?“

„Nun ja…“, Jerry zögerte. „Dann kann es sein, dass dahinter ein weiteres Hindernis eingebaut wurde, das wir zu überwinden haben.“

Fielding wandte sich an Jack. „Komm, zeig mir mal den Garten. Ich muss wissen, was genau mich erwartet, wenn ich hier das Ruder übernehme.“

Mark sah, dass Jan die Aufforderung Fieldings, sich von Jack den Garten zeigen zu lassen, missfiel.

Die beiden spazierten im Garten, schauten sich die Umgebung an, bis Lucas meinte: „Sir. Ihr Steak ist fertig.“

Clive und Jan setzten sich an den Tisch und ließen es sich schmecken. Dabei beobachteten sie die jungen Männer, die verloren im Garten herumstanden. Mark ließ die zwei nicht aus den Augen. Er registrierte jede ihrer Bewegungen, hörte genau hin, was sie sagten und achtete dabei auf die jeweilige Stimmlage.

Jan und Clive mögen sich nicht, erkannte Mark. *Sie benehmen sich wie zwei Gockel, die vor lauter Wichtigtuerei vergessen, worum es eigentlich geht. Sie sind viel zu sehr mit sich und ihrem Image beschäftigt.* Das konnte ihm nur recht sein. *Menschen, die mit ihrem Image beschäftigt sind, kriegen in der Regel nichts von dem mit, was wirklich um sie herum passiert.*

Nach und nach verkrümelten sich die Jungs. Mark war klar, dass sie sich vor ihre Rechner setzten und weiter versuchten, das gewünschte Ziel zu erreichen – jedenfalls würden sie auf einen zufälligen Beobachter genau diesen Eindruck machen.

„Okay“, sagte Clive. „Dann zeig mir jetzt mal das gesamte Gelände.“ Jan begleitete Clive auf seinem Rundgang und erklärte ihm die Sicherheitsanlage, die Versorgungseinrichtungen und die unterschiedlichen Gebäudeteile.

In dieser Zeit lag Mark auf einer Liege und tat, als würde er dösen. In Wirklichkeit versuchte er, jedes einzelne Wort mitzubekommen und in seinem Gedächtnis zu verankern.

Letztlich gingen die beiden ins Haus und Mark war sicher, dass Jan seinem Vorgesetzten nun das Innenleben seines zukünftigen Domizils zeigen würde.

Er blinzelte in die Sonne, stand auf und wollte in den Pool springen, als er neben der Metallleiter einen Gegenstand sah, halb verdeckt von einem nachlässig fallengelassenen Handtuch. Als er den Gegenstand herausfischte, sah er eine Sonnenbrille, die eine der Frauen entweder verloren oder dort deponiert hatte. Rasch steckte Mark sie in die Tasche seiner Shorts, die er unter dem Handtuch auf seiner Liege verbarg. Er würde sich die Brille genau ansehen. Aber erst, wenn er allein in seinem Zimmer war.

*

Elly hatte sich nicht vom Fleck gerührt und war überglücklich, als sie prächtige Fotos der zwei neuen Besucher schießen konnte. Konrad würde Augen machen! Klar würde er sie für verrückt erklären, dass sie drei der Frauen in die Höhle des Löwen hatte gehenlassen. Sie grinste. Ja, Konrad wollte die Frauen in seiner Truppe tatsächlich beschützen. Und ihr sollte schon gar nichts passieren.

*

*

*

*04. November 2012 – Mallorca (Spanien)

Auf der ‚Hazienda', Richards Finca, herrschte rege Betriebsamkeit. Alle waren mit dem Packen beschäftigt. Gegen Mittag sollte der Rückflug nach Tampa starten.

Richard saß in seinem Arbeitszimmer und telefonierte mit seiner Privatsekretärin in New York.

„Nein, Leslie, ich komme nicht mit meiner Familie zurück. Buche folgende Flüge für mich: von Madrid nach Peking am morgigen 05.11. Am 07.11. von Peking nach Moskau. Am 09.11. von Moskau nach Athen. Am 11.11. von Athen nach Zürich. Am 13.11. von Zürich nach Tampa. Dort bleibe ich ein paar Tage und fliege dann weiter nach Bogota. Aber den Flug buchen wir erst, wenn ich wieder zurück bin. Okay? Und schick mir die Flugbestätigungen auf mein Laptop."

Seine Kollegen in der *Organisation* bestätigten seine Terminwünsche per Mail. Xi-Jiong am 06.11., Wladimir am 08.11., Joannis am 10.11. und Piet van der Merwe am 12.11. in Zürich.

Die Saudis würde er auslassen. Bei denen brauchte er gar nicht erst zu versuchen, sie umzustimmen. Richard war sicher, dass sie die *Organisation* verlassen würden, sollte die Änderung der Statuten eine Mehrheit finden.

Er fasste zusammen. Für die Änderung würden wahrscheinlich stimmen: Lester Giles, Ben Allister, Chris Williams, Donovan Stratford, Sven Gunnar Olssen und er selbst. Joannis hatte sich noch nicht dazu geäußert. So, wie Richard ihn einschätzte, könnte er auch dafür sein. Aber – dann wären sie erst zu siebt. Und Xi-Jiong hatte gesagt, dass er nur zustimmte, wenn es eine Mehrheit für die Änderung gab. Und das bedeutete – Richard brauchte acht Stimmen. Sieben reichten nicht.

Nur eine Stimme! Eine einzige, zusätzliche Stimme – wenigstens für ein Patt! Verdammt!

*

Nachdem er seine Familie und Freunde am Airstrip verabschiedet und der Maschine nachgeschaut hatte, bis sie am Horizont verschwunden war, ließ sich Richard von Benny zum Hafen von Port de Sa Calobra bringen. Er hatte den Wunsch, sich in einen der Stühle vor eine der Bodegas zu setzen, ein Glas Wein zu trinken und einfach nur den Fischern und den flanierenden Besuchern zuzuschauen. Einfach mal Nichtstun – wenigstens mal für eine halbe Stunde. Wann hatte er sich das letzte Mal ein Glas Wein erlaubt? Nein, er fühlte sich ausgelaugt und erschöpft. Die letzten Tage hatten ihm mächtig zugesetzt. *Vielleicht sollte ich mir mehr Freizeit gönnen*, dachte er. Bei der ganzen Schufterei war das Leben zu kurz gekommen. Louise hatte recht. Er hatte das Leben an sich vorüberziehen lassen. Keine Zeit für die schönen Dinge. Keine Zeit für fröhliche, ausgelassene Gemeinsamkeiten. Und wenn Gemeinsamkeiten zustande kamen, waren sie meist mit Geschäftlichem verknüpft. Ansonsten? Disziplin, Disziplin und nochmals Disziplin. Und wozu? Zum Teufel! Wozu das Ganze?

Richard packte seinen Koffer und bestückte seinen Kleidersack – eine seltene Tätigkeit. Normalerweise hatte er seine Leute dafür. Doch diesmal legte er selbst Hand an, denn er traute seinen Dienstboten in Mallorca nicht zu, die angemessene Kleidung für ihn auszusuchen.

Am Nachmittag wartete die gecharterte King-Air am Airstrip, die ihn nach Madrid brachte. Der Flug nach Peking sollte um 22:30 Uhr vom Flughafen Madrid-Barajas losgehen. Mitsamt einem Zwischenstopp in Moskau würde er sage und schreibe fast zwanzig Stunden unterwegs sein.

*
*
*

*05. November 2012 – San Lameer (Südafrika)

Wie erwartet, hatte sich Konrad am Vorabend kaum beruhigen können, als er mitbekam, was die Frauentruppe zuwege gebracht hatte. Letztendlich musste er aber zugeben, dass die Informationen durch die Fotos – besonders vom Hausinneren – die geplante Erstürmung enorm erleichtern würde.

Man war sich einig: die Frauen sollten sich weiterhin am Strand tummeln und Elly das Teleobjektiv immer auf's Haus gerichtet halten. Auf diese Weise konnte Konrad über jede Veränderung informiert werden, ohne dass die Hintermänner Verdacht schöpften.

Die Hausbewohner hatten sich an die Anwesenheit der Frauen gewöhnt.

*

Gegen Mittag fuhr Friedhelm nach Ebenezer, in dessen Nähe sich Unathis Kraal befand. Er wollte sich vergewissern, dass alles wie geplant ablaufen würde; dass nicht mit unerwünschten Zwischenfällen zu rechnen war.

Der Xhosa-Häuptling runzelte die Stirn, als er Friedhelm begrüßte. „Was führt dich zu mir? Hat sich was geändert?"

„Nein, nein", beeilte sich Friedhelm ihn zu beruhigen. „Ich will nur wissen, ob alles zu deiner Zufriedenheit ist oder ob du vielleicht noch etwas brauchst.

Unathi grinste. „Im Gegenteil, mein Lieber. Ich hab sogar sehr gute Neuigkeiten für dich. Kulani kommt heute Abend. Er will sich den Spaß selbst ansehen."

„Na, das ist tatsächlich eine gute Nachricht. Kulani persönlich?"

Unathi lachte. „Es kommt noch besser! Kulani hat mir gesagt, dass sich Lindela dieses Spektakel auch auf keinen Fall entgehen lassen will."

„Was? Der kommt von so weit her? Nur um das mitzuerleben? Das ist ja der Hammer!"

„Nun ja“, freute sich Unathi. „Damit sind wir auf der absolut sicheren Seite, dass es beim Spaß bleiben wird. Garantiert! Mit Kulani und Lindela vor Ort wird sich keiner von den Jüngeren trauen, aus dem Rahmen zu fallen. Zu sehr achten alle ihre Häuptlinge. Die Folgen könnten sehr unangenehm werden.“

„Ach ja? Was könnte ihnen denn passieren?“

Unathi schaute traurig drein. „Das willst du nicht wissen. Aber, sei gewiss, es ist nichts Angenehmes.“

„Weißt du, lieber Freund“, setzte Unathi hinzu und grinste, „ich will ehrlich sein. Philani und ich haben die beiden gebeten, zu kommen. Wenn unsere Burschen und die jungen Zulus Bier getrunken haben, und das brauchen sie, um in Fahrt zu kommen, könnte das ins Auge gehen. Das war uns einfach zu heiß. Aber mit Kulani und Lindela werden sie es sich nicht erlauben, ausfallend zu werden.“

„Ganz schön clever.“ Friedhelm klopfte ihm auf die Schulter. „Und mit den Frauen ist auch alles klar?“

Unathi lachte laut. „Du hättest mal sehen sollen, was die für Augen gemacht haben, als wir mit den neuen Kostümen ankamen. Die haben sich draufgestürzt, als hätten wir die jüngste Mode aus Sandton einfliegen lassen.“

Friedhelm streckte ihm die Hand entgegen. „Dann bis heute Abend.“

*

Im Port Edward Country Club saßen Konrad und Lou an einem Tisch in der Ecke der Bar. Friedhelm merkte sofort, dass das Stimmungsbarometer sich im unteren Bereich bewegte. Er griff sich einen Stuhl vom Nachbartisch und setzte sich dazu.

„Alles okay?“, wollte Konrad wissen.

„Ja. Mit Unathi ist alles klar.“ Friedhelm sah die steile Falte zwischen Konrads Augenbrauen. „Und hier? Hier scheint ja nicht alles klar zu sein.“

„Lou regt sich auf, dass wir unseren Plan ohne ihn gemacht haben.“

„Das hättest du mit uns absprechen müssen.“ Lou war eindeutig sauer.

Konrad grinste. „Wieso? Du legst doch sonst so großen Wert auf deine Hintergrundrolle. Geheimniskrämerei ist doch eure Lieblingsbeschäftigung beim BND.“

„Ja, aber doch nicht intern bei einem Einsatz“, widersprach der Agent.

„Erzähl mir lieber, was bei deinen Recherchen rausgekommen ist.“ Konrad wechselte das Thema gern abrupt. „Oder was deine Kollegen vom CIA, MI6 oder Mossad ausgegraben haben.“

„Was meinst du genau?“, fragte Lou mit finsterer Miene.

„Na… mit diesem… wie hieß er noch? Diesem Lester soundso. England! Flughafen Bournemouth.“

„Ach so! Du meinst Lester Giles und Richard McCormack.“ Lou schüttelte den Kopf. „Da haben wir nicht allzu viel gefunden. Lester Giles ist einer der reichsten Männer Englands. Man sagt ihm nach, dass er seine Finger in allerlei politischen Entscheidungen im Spiel hat. Er hat auf Mallorca eine Finca – genau wie dieser Amerikaner. Aber eine direkte Verbindung haben wir nicht entdecken können.“

Konrad schlug mit der Faust auf den Tisch. „Genau das ist es, was ich an euch Agenten hasse wie die Pest!“ Konrad war wütend. „Ihr Sauhunde! Keine direkte Verbindung. Ja, ja. Und was ist mit der indirekten? Über die willst du nicht reden, was?“

Lou schaute penetrant auf seine Hände.

„Du kannst mir nicht erzählen, dass ihr nicht halb Mallorca auf den Kopf gestellt habt, um alles über die beiden in Erfahrung zu bringen.“ Konrad beugte sich vor. „Und? Spuck’s aus! Was habt ihr entdeckt?“

„Nichts, was für dich relevant ist. Es hat nichts mit dem zu tun, was hier abgeht.“

„Woher weißt du das?“

Lou zuckte mit den Schultern. „Ich weiß es einfach.“

„Hör zu.“ Konrad sprach leise, aber mit einem unüberhörbar drohenden Unterton. „Wenn du mich in die Pfanne haust wie beim letzten Mal, wirst du das bereuen, mein Lieber.“ Er holte tief Luft. „Vergiss nicht – wir haben eine Menge Frauen dabei. Sollte denen irgendwas passieren, weil du deine Spielchen spielst, wirst du den Tag bereuen, an dem du mich kennengelernt hast. Das schwör ich dir.“

Friedhelm kannte seinen Chef. Bei diesem Tonfall sollte jeder aufmerksam zuhören. Dann war mit Konrad nicht zu spaßen.

Offenbar wusste das auch Lou.

„Reg dich nicht auf, Konny. Wir vermuten, dass es da eine Gruppe von Leuten gibt, die sich regelmäßig in einer Finca treffen. Unsere Männer – damit meine ich nicht nur unsere, sondern auch die vom MI6, CIA und Mossad – also, die haben eine Finca in der Nähe von Port de Sa Calobra entdeckt, wo sich diese Gruppe regelmäßig trifft. Die ist abgeschottet wie Fort Knox. Anhand von Fotos, die einer unserer Jungs machen konnte, liest sich die Gästeliste wie ein Who-is-Who der reichsten und mächtigsten Wirtschaftsleute der Welt. Wir haben den Verdacht, dass es sich bei diesen Leuten um die Grauen Herren handeln könnte, von denen hin und wieder gemunkelt wird. Wir halten diese Geschichten zwar für Märchen, aber…“

„Aber was?“, knurrte Friedhelm.

„Na ja…“, fuhr Lou fort, „diese Finca… es ist schon merkwürdig.“

Konrad schwieg und schaute Lou interessiert an.

„Ist ja gut“, knurrte der Agent. „Unsere Leute konnten nicht alle Besucher vor Ort identifizieren. Wir sind dann zusammen zum Hochseeangeln gefahren – mit ein paar Agenten. Nun ja… jedenfalls ist auch dieser Pieter van der Merwe auf Mallorca dabei gewesen.“

„Ach… und das hat nichts mit dem zu tun, was hier abgeht?“, zischte Konrad.

„Das hat mich ja so wütend gemacht“, wehrte Lou ab. „Du hast mir ja nix erzählt von deinen… deinen Informationen, die du den Gangstern hier vor Ort aus der Tasche gezogen hast.“

Friedhelm hatte die Nase voll. „Sagt mal… geht's noch? Habt ihr nichts Besseres zu tun als euch gegenseitig Vorwürfe zu machen? In ein paar Stunden geht hier die Post ab... und ihr? Ihr seid ja wohl nicht mehr ganz gescheit!“

Nach kurzem Schweigen reagierte Konrad. „Du hast recht, Friedhelm.“ Er stand auf, wandte sich an Lou und streckte den Zeigefinger aus. „Du wirst dich zurückhalten, mein Lieber. Wenn mir auch nur ein einziger Agent heute Abend in die Quere kommt, kann er sich auf was gefasst machen. Sag das deinen Kollegen aus Amerika, Israel, England oder woher auch immer. Ich werde keine Rücksicht nehmen. Nicht, wenn es um meine Leute und um die Frauen geht. Kapiert?“

Lou nickte wortlos und Konrad stapfte Richtung Ausgang. Friedhelm folgte ihm.

Auf dem Weg zu ihren Fahrzeugen fragte Friedhelm: „Was ist los? So hab ich dich ja noch nie erlebt?“

Konrad hatte sich wieder im Griff. „Beim letzten Mal, als ich für Lou einen Auftrag übernommen habe, hat mich diese Agentenbande voll ins Messer laufen lassen. Erst viel später habe ich mitgekriegt, dass sie mich nur vorgeschoben haben, um unauffällig im Hintergrund ihre Fäden ziehen zu können.“

„Aber ist das nicht immer so?“

„Nein, Friedhelm. Wenn ich mit jemandem arbeite, dann lasse ich ihn nicht im Stich. Deren Scheiß-Geheimnistuerei hätte einen meiner besten Freunde fast das Leben gekostet.“ Konrad schüttelte den Kopf. „Das passiert mir nicht noch einmal.“

„Okay. Lass uns zur Farm zurückfahren.“

*

*

*05. November 2012 – Wild Coast (Südafrika)

Mark wunderte sich, dass Clive Fielding noch immer anwesend war. Ja, es beunruhigte ihn. Was hatte er vor? Weshalb war er geblieben? Mark spürte eine Vorahnung. Irgendetwas war im Busch. Wenn er doch nur wüsste, was auf ihn zukam.

Das Mittagessen wurde von einem ungewöhnlichen Schweigen begleitet. Auch hatte Mark registriert, dass sich Jack beim Alkoholkonsum zurückhielt. Nein, die Atmosphäre war alles andere als entspannt. Jan und Clive bemühten sich sichtlich, durch Small-Talk das Schweigen nicht allzu deutlich werden zu lassen.

Nach dem Lunch verkrochen sich die Jungs wieder in den Computerraum und schon bald hörte man sie diskutieren, wenn auch erheblich gedämpfter als in den Tagen zuvor.

Bei Kaffee und Cognac bat Clive Fielding den Deutschen Platz zu nehmen.

„Und Sie sind sich sicher, Mark, dass bis Mitte der Woche das Ziel erreicht wird?“

„Wenn Sie den chinesischen Rechner meinen, ja. Ich bin sicher, dass die Jungs das bis dahin schaffen.“

„Okay“, merkte Jan van Guysen an, „dann kämen wir zum zweiten Ziel.“

Mark erstarrte innerlich. *Ich wusste es! Das konnte nicht alles sein. Jetzt fängt es erst richtig an.* Äußerlich gelassen erwiderte er: „Und das wäre?“

„Der Computer der chinesischen Börse ist lediglich ein Test. Wenn das geklappt hat, beginnt die Operation *Mamba Stufe 2*. Zeitgleich sollen die Computer der Börsen in London, Frankfurt, Moskau und Tokyo ihren Geist aufgeben.“

„Oh mein Gott!“, brach es aus Mark heraus. „Was haben Sie vor?“

Clive Fielding entblößte sein tadelloses Gebiss. „Das soll Sie nicht kümmern. Allerdings wird die übernächste Stufe nicht lange auf sich warten lassen."

„Was denn noch?", stöhnte Mark auf.

Jan van Guysen grinste Clive an. „Sollen wir es ihm verraten?"

„Warum nicht?" Clive grinste ebenfalls. „Er kann uns ja nicht verpetzen."

„Stimmt! Bei der Stufe *Mamba 3* wird der EZB-Rechner in den Ruhestand versetzt."

Mark spürte, wie das Blut aus seinem Kopf in die Eingeweide strömte. Für einen Augenblick glaubte er, ohnmächtig zu werden und kämpfte gegen das Schwindelgefühl an.

„Wozu?", krächzte er.

„Keine Ahnung", erwiderte Fielding. „Ist mir auch egal. Das ist der Plan, der mir zur Ausführung gegeben wurde. Alles andere interessiert mich nicht."

„Na, na, na", mischte sich van Guysen ein. „Nicht ganz, mein Lieber. Dass die Kohle auf deinem Konto landet, dürfte dich sehr wohl interessieren."

Fielding lachte. „Das ist für mich so selbstverständlich, dass ich darüber nicht einmal nachdenke."

Mark hatte sich halbwegs gefangen. „Kann ich mich zurückziehen?", fragte er höflich.

„Aber selbstverständlich. Nur noch ein kleiner Hinweis für Sie… der EZB-Rechner muss noch vor Weihnachten seinen Geist aufgegeben haben. Das hat der Boss angeordnet."

Also ist Clive Fielding immer noch nicht der oberste Boss, dachte Mark.

Er deutete eine kurze Verbeugung an und begab sich schnurstracks in sein Zimmer.

Fassungslos und erschüttert warf er sich rücklings auf sein Bett und versuchte, seine Gedanken und Gefühle zu sortieren.

Was in Gottes Namen hatten die vor? Der Welthandel würde zusammenbrechen. Das wäre ein kompletter Absturz des Geldverkehrs. Eine globale Rezension ungeahnten Ausmaßes. Eine unblutige Revolution, die allen Menschen auf der Welt die Grundlage ihres Lebens entzog.

Mit einem Ruck richtete er sich auf.

Nein! Es bliebe der US-Dollar! Es wäre die einzig funktionierende Währung, die übrig bliebe!

Für die Amerikaner würde sich nichts – *absolut gar nichts* – ändern. Nur... alle anderen Länder müssten sich den US-Dollar als Währung zu Eigen machen.

Wer hat daran ein Interesse?, schoss es Mark durch den Kopf.

Es wäre für die amerikanische Wirtschaft der Glücksfall schlechthin. Sie könnten alles kontrollieren. Alles! Sie würden gnadenlos das weltweite Chaos ausnutzen. Alle Politiker, die die USA für einen Freund gehalten hatten, wären ihm schutzlos ausgeliefert. Kein Land verfügte über eine Wirtschaftskraft wie die USA. Nein! Der Welthandel würde zusammenbrechen. Und wer nicht mit der US-Währung bezahlte oder sich bezahlen ließe, würde seine Waren nicht los; würde auf seinen Produkten sitzenbleiben. Selbst Rohstoffe würden nicht mehr gefördert werden und die ohnehin armen Länder würden noch ärmer.

Selbstverständlich würde man auf Einhaltung bestehender Verträge pochen – halt nur noch in US-Dollar.

Die Wirtschaftsmacht USA wäre dann eine Weltwirtschaftsmacht, die keine Kursschwankungen, keine Nachteile und keine Einbußen mehr zu bewältigen hätte. Und jede amerikanische Rezession wäre automatisch eine weltweite Rezession.

Also... würde jeder darum bemüht sein, dass es der amerikanischen Wirtschaft gutginge.

Was für ein Albtraum!

Mark war kein Wirtschaftsmensch, kein Finanzmensch und kein Handelsexperte. Er wusste, dass er nicht einmal ahnte, welche Folgen ein solches Vorgehen mit sich brächte. Das Bisschen, das er wusste, war allerdings nicht dazu angetan, sich bei einem solchen Szenario wohlzufühlen.

Und was hieß das jetzt konkret? Bis Weihnachten, hatte Clive gesagt.

Ob es überhaupt dazu kommen würde? Sarahs Anwesenheit, die Mädels, die beim Barbecue waren, ihre Andeutungen.

Er stöhnte. *Oh mein Gott! Lass es nicht soweit kommen!*

Sollte er den Jungs was sagen? Nein, beschloss er. Er würde nichts sagen. Wozu? Er würde abwarten. Warum die Jungs unnötig beunruhigen? Sollte es soweit kommen, konnte er sie immer noch einweihen.

Außerdem… sollte da nicht so ein Häuptling aufkreuzen?

*

Als Mark erwachte, hatte es bereits zu dämmern angefangen. Erschrocken sprang er auf, ging mit seinen Fingern durch das Haar und suchte den Computerraum auf.

„Alles okay bei euch?“, fragte er.

„Ja“, erwiderte Jerry und Mark erhaschte den erstaunten Blick. „Warum?“

„Nur so“, entgegnete er und schaute in den Salon.

Jan und Clive waren verschwunden. Als er Lucas nach ihnen fragte, erfuhr er, dass die beiden ins Casino wollten, um sich ein wenig die Zeit zu vertreiben. Sie meinten, dass ihnen die Langeweile im Haus mächtig auf die Nerven ginge.

Mark stand am Fenster und sah, wie die kurze Zeit der Dämmerung dem Ende zuging. Er goss sich einen kleinen Cognac ein und hoffte, dass der Alkohol ihn ein wenig ruhiger werden ließ. Natürlich war ihm bewusst, dass es nur eine vorübergehende Notlösung war, aber manchmal gab es Momente, da machte er vom „Krückstock Alkohol“ ganz bewusst Gebrauch.

Immer noch besser, als durchzudrehen, dachte er.

Mit dem Schwenker in der Hand setzte er sich auf eine der Liegen im Garten, zündete sich eine Zigarette an und sah, wie am Firmament ein Stern nach dem anderen sein Licht anknipste. Ja, die Nacht brach auf der südlichen Halbkugel schnell herein.

Die Temperatur war angenehm und die leichte Brise, die vom Meer herüberwehte, hatte den salzigen Geruch im Gepäck, den Mark mochte. *In diesem Land würde ich gern mal Urlaub machen*, dachte er. *Zusammen mit Sarah.*

Gerade wollte er sich in diese Vorstellung hineinfallen lassen, als ein ohrenbetäubender Lärm losbrach.

Vor Schreck ließ er sein Glas fallen, sprang auf und rannte zur Mauer.

Was für eine gespenstische Szene! Auf dem Platz unweit des Hauses, standen sich zwei Gruppen von Menschen im Schein von unzähligen Fackeln gegenüber. Sie reckten drohend ihre Stöcke in die Luft. Andere schlugen mit dicken Ästen auf Trommeln, leere Ölfässer und Metalltöpfe. Im Rhythmus der Schläge stampften beide Gruppen mit kräftigen Fußtritten auf. Die Erde erzitterte. Männer schrien sich gegenseitig an; Frauen mischten sich mit Gekreische ein.

Im Nu waren Jack, George, Joe und Lucas ebenfalls an der Mauer, zeitgleich mit den Freaks.

Der Lärm, den die Farbigen verursachten, war kaum zu ertragen.

Lucas stand mit weit geöffnetem Mund da und seine Augen traten ihm fast aus den Höhlen.

„Was machen die da?“, brüllte George ihn an.

Lucas rührte sich nicht vom Fleck. Er war wie gelähmt.

Niemand konnte seinen Blick von den sich feindlich gegenüberstehenden Gruppen abwenden.

Ob es wohl zum Kampf kommen würde?

Eine Stimme hob sich stets besonders von den anderen ab.

Lucas stöhnte laut. „Oh nein!“

„Was ist, Lucas?“ drängte George. „Nun sag schon, was los ist!“

„Es geht um ein Mädchen“, erwiderte er.

„Worum geht’s?“, wiederholte Joe. „Man versteht ja sein eigenes Wort nicht mehr.“

Lucas drehte sich auf dem Absatz herum und rannte ins Haus. George, Joe und Jack hinterher. Mark folgte.

Im Flur erwischte George den Schwarzen am T-Shirt und hielt ihn fest.

„Sag, was los ist!“

Lucas zitterte am ganzen Leib. „Ein Mädchen.“ Er stotterte. „Die… die… die Tochter des… Häuptlings. Sie hat… sie hat… sich mit… mit einem… einem Zulu eingelassen.“

George riss die Augen auf. „Und deshalb machen die so einen Affentanz?“

Lucas packte George am Kragen des Poloshirts. „Du hast ja keine Ahnung!“ Seine Augen sprühten vor Wut. „Eine Xhosa, die was auf sich hält, lässt sich nicht mit einem Zulu ein! Und dann auch noch als Tochter des Häuptlings!“

Joe grinste erleichtert. „Und ich dachte schon es ist was Ernstes.“

„Du Blödmann!“ Lucas spuckte Gift und Galle. „Das bedeutet vielleicht… Krieg! Hast du gehört, du Scheißkerl? Krieg! Und zwar Krieg zwischen Xhosas und Zulus.“

„Ach du Scheiße!“, entfuhr es George, der mit Joe und Jack wieder nach draußen rannte.

Mark folgte Lucas in die Küche.

„Wie meinst du das, Lucas? Was heißt… Krieg?“

„Wenn die es wirklich ernst meinen. Mister Mark, steht hier bald kein Stein mehr auf dem anderen. Die Zulus schlagen alles kurz und klein.“

Ein Aufschrei aus dem Garten drang herein und Mark rannte zurück.

Mit Entsetzen sah er, wie einige Männer mehrere Reifen anzündeten. Als sie lichterloh brannten, verwandelte sich die ohnehin gespenstische Szene in ein Horrorbild. Schwarzer Rauch stieg über dem Platz auf. Gott sei Dank wehte die Meeresbrise den stinkenden Qualm in Richtung Inland.

Immer lauter und bedrohlicher schallten die Wortfetzen herüber, von denen Mark kein Wort verstand. Mal drang die eine Gruppe nach vorne und die andere wich zurück. Kurze Zeit später war es umgekehrt. Ein ständiges Kräftemessen. Das wilde Stampfen der Füße auf beiden Seiten, ließ immer wieder die Erde beben.

Einige der Burschen schwenkten bedrohlich ihre Fackeln, so dass Funken sprühten. Die Gereiztheit in der Luft war zum Zerreißen angespannt.

Plötzlich erinnerte sich Mark an Maries Worte: *Achte auf den Häuptling*.

Angestrengt hielt er Ausschau. War da jemand vielleicht am Strand? Er konnte nichts erkennen. Alles war finster. Halt! Für einen kurzen Moment glaubte er, ein Aufblitzen auf dem Hügel gegenüber gesehen zu haben. Doch es war schon wieder verschwunden. Vielleicht hatte er sich getäuscht.

Der Tumult auf dem Platz schien ihren Höhepunkt zu erreichen.

Ein lautstarker, scharfer Befehl schallte durch die Nacht. Selbst der laue Windhauch schien für einen Moment den Atem anzuhalten. Totenstille legte sich wie ein unsichtbares Tuch über die Menschenmenge. Wie von Zauberhand. Mark konnte beobachten, wie ein Mann in den Lichtkreis trat und einen langen Stock in die Luft hob. Was der Mann sagte, konnte Mark nicht verstehen. Nach wenigen Sätzen gab es ein paar heftige Erwiderungen, aber letztlich gingen die Gruppen auseinander – allerdings nicht ohne die eine oder andere Drohgebärde.

Jack, George, Joe und Mark kehrten zurück in den Salon.

Langsam drehte Jack sich zu Mark um. „Mein isiXhosa, die Sprache der Xhosas, ist zwar nicht sonderlich gut, aber ich habe verstanden, dass der Xhosa-Häuptling ein Machtwort gesprochen hat."

„Was hat er gesagt?" Marks Stimme zitterte.

„Dass er mit dem Stamm beraten will, was aus seiner Tochter werden soll. Man würde dem jungen Mann, der sie heiraten will, Bescheid geben, wie der Stamm entschieden hätte. Bis dahin sollen sich die Zulus gedulden und in ihre Dörfer zurückkehren."

Jack schüttelte den Kopf. „Sowas habe ich auch noch nicht erlebt."

Wie Mark vorhergesehen hatte, bediente sich Jack alsbald an der Bar und genehmigte sich einen dreifachen Whisky schon vor dem Abendessen.

*

*

*

06. November 2012 – Beijing (China)

Nach einer Zwischenlandung in Moskau war Richard am Abend zuvor in Beijing gelandet.

Pünktlich um 8 Uhr wurde er von Mister Xi-Jiongs Chauffeur abgeholt. Durch die von Smog eingehüllte Stadt fuhr der Mercedes aufs Land. Allmählich wurde die Luft klarer und Richard lehnte sich zurück. Offensichtlich empfing ihn der chinesische *Organisator* in seinem Privathaus.

Nach etwa anderthalb Stunden erreichten sie eine Toreinfahrt, deren schmiedeeiserne Flügel sich wie von Geisterhand geführt öffneten.

Das Anwesen lag etwas erhöht auf einem Hügel und die Limousine hielt vor einem Haus, das mit einem Vorbau im traditionellen, chinesischen Pagodenstil errichtet worden war. Der Innenbereich war modern gestaltet, wenn auch reichlich mit chinesischen Kunstwerken ausgestattet.

Mister Xi-Jiong empfing seinen amerikanischen Kollegen mit einem Lächeln. Wieder fiel Richard auf, dass die Augen unbeteiligt blieben. War das tatsächlich so oder nur eine Eigenart der asiatischen Gesichtszüge?

Er ließ das Teezeremoniell über sich ergehen, das er auf seinen häufigen Reisen durch China kennengelernt hatte. Wie in Beijing zu erwarten war, bevorzugte Mister Xi-Jiong Jasmintee. Auch fehlten die üblichen kleinen Gerichte nicht, die zum Tee gereicht wurden.

„Nun, Richard? Was führt dich zu mir?“

„Ja, Jiong, du kannst dir vorstellen, dass ich die weite Reise nicht unternehme, um mit dir über das Wetter zu plaudern.“

„Ich nehme an, es geht um deine Tochter.“

„Richtig.“

„Hast du sie zur Vernunft bringen können?“

„Leider nein. Sie bleibt bei ihrem Ultimatum. Vierzehn Tage. Dann wird sie ihre eigene Organisation gründen.“

„Das ist sehr bedauerlich, mein Freund.“

„Ja, das ist wohl wahr. Dennoch… es ist insofern ein wenig abgemildert, als dass die neue Organisation zu möglichst gleichen Teilen aus Männern und Frauen bestehen soll.“

Xi-Jiong lächelte. „Deine Tochter ist sehr klug.“

„Sag, alter Freund, könntest du dich unter diesen Umständen dazu durchringen, der Statuten-Änderung zuzustimmen?“

Lange schaute der Chinese aus dem Fenster, bevor er erwiderte. „Ich danke dir für dein Vertrauen, Richard, das du in mich setzt. Ich fühle mich sehr geehrt, dass du diesen weiten Weg gemacht hast, um mich persönlich um meine Meinung zu befragen.“ Er zögerte. „Bedauerlicherweise muss ich dein Anliegen zum jetzigen Zeitpunkt ablehnen.“

„Ja, das ist tatsächlich sehr bedauerlich. Es ist dir sicherlich klar, dass die *Organisation* auseinanderbrechen wird. Louise wird ihre Organisation gründen. Daran besteht kein Zweifel.“

Erneut schwieg Xi-Jiong eine Weile, bevor er meinte: „Sollte es dir gelingen, eine Mehrheit für die Statuten-Änderung zu gewinnen, werde ich mich erneut mit meinen Söhnen beraten. Vielleicht kommen wir dann zu einer anderen Entscheidung als jetzt. Aber… solange du keine eigene Mehrheit hast, bedaure ich sehr – kann ich meine Entscheidung nicht revidieren.“

Eine Zeit lang tauschten Richard und sein Gastgeber Höflichkeiten aus, bevor der Chauffeur ihn zurück ins Hotel brachte.

*

Am späten Nachmittag nahm Richard die Maschine nach Moskau.

Als er in der russischen Hauptstadt aus dem Flieger stieg, empfing ihn Eiseskälte. Obwohl er sich darauf vorbereitet hatte und entsprechende Kleidung trug – Mantel, Fellmütze und Handschuhe – schauderte er. Er hasste Kälte. Nie hätte er in nordischen Gefilden seine Zelte aufgeschlagen. Der New Yorker Winter mit seinen gelegentlichen Blizzards hatte ihm als Kind gereicht. Aber Moskau? Oder Canada? Nie im Leben!

Er tröstete sich damit, dass er nur kurze Zeit in diesen eisigen Temperaturen ausharren musste. Bald schon würde er in Athen landen. Hätte er Louise nicht versprochen, sich um die anderen *Organisatoren* zu bemühen – niemals wäre er freiwillig nach Moskau gereist.

Nie zuvor hatte er russischen Boden betreten. Wozu auch?

Richard wunderte sich nicht, dass er direkt vom Flugzeug aus mit einem dunklen Wagen zu Wladimirs Haus gebracht wurde, obwohl es 3 Uhr in der Frühe war. Der Russe verfügte ganz offensichtlich über entsprechende Kontakte zu den Behörden, die ihm ein solches Vorgehen erlaubten, dachte Richard. *Ja, überall war die Verbindung von der* Organisation *und den jeweiligen Regierungen zu spüren*, dachte Richard. Es konnte ihm nur recht sein.

Als er von dem Russen bereits an der Haustür begrüßt wurde, fiel Richard erneut auf, dass Wladimir dem Klischee entsprach, das man allgemein von russischen Männern hatte: groß, kräftig und laut. Wladimir war immer wie aus dem Ei gepellt. Dennoch… seine Maßanzüge passten irgendwie nicht zu ihm. Auch wenn er stets gepflegt und mit besten Manieren auftrat, wirkte er nie echt; nicht authentisch. In seinem Inneren war er ein Raubein und daran vermochte sein adrettes und modisches Outfit nichts zu ändern.

„Schön, dass du mich besuchen kommst“, grinste der Russe und schüttelte seinem Gast heftig die Hand. „Komm rein und mach‘s dir gemütlich.“

Nachdem er sich aus seinem Mantel geschält, sich Mütze und Handschuhe entledigt hatte, trat er in den großen Salon. Ein riesiger Kamin beherrschte den Raum. Das lodernde Feuer knisterte und Richard ließ sich in den angebotenen Sessel fallen.

„Was willst du trinken?“, fragte Wladimir.

„Wenn du hast, einen Tee.“

„Einen Moment“, sagte der Russe und verließ den Raum. Kurze Zeit später kam er mit einer Hausangestellten zurück, die einen Teewagen vor sich herschob. Ein prächtiger Samowar wurde auf eine antike Anrichte gehievt und alsbald hielt Richard die heiße Teetasse in der Hand.

„Hast du was gegessen?“, wollte Wladimir wissen.

„Ja, Danke.“

„Und? Was kann ich für dich tun?“

„Das kannst du dir denken, oder?“

Wladimir lachte. „Deine Tochter, nicht wahr?“

Richard nickte.

„Ja, die amerikanischen Frauen“, seufzte Wladimir und grinste über das ganze Gesicht. „Sehr schön, aber unberechenbar. Zu viele

Flausen im Kopf." Er stand auf, stocherte im Feuer herum und meinte: „Da lob ich mir meine Manjetschka. Die russischen Frauen wissen, was ein Mann braucht." Er drehte sich um und fuhr mit finsterer Miene fort: „Und sie halten sich daran."

„Kann ich dem entnehmen, dass du deine Meinung nicht änderst?"

„Du meinst die Statuten?" Er schüttelte den Kopf. „Nie und nimmer! Frauen gehören ins Haus. Natürlich sollen sie ab und zu den Mann bei offiziellen Terminen begleiten, aber aktiv werden? Nie, Richard." Erneut schüttelte er den Kopf. „Meine Zustimmung gibt es garantiert nicht."

Richard nahm einen Schluck Tee, bevor er erwiderte: „Auch dann nicht, wenn die *Organisation* deswegen auseinanderbricht?"

Wladimir hatte sich wieder in den Sessel gegenüber gesetzt und beugte sich nun vor. „Dazu muss es erst einmal eine Mehrheit geben. Hast du die?"

„Mach dir nichts vor, Wladimir. Der Auftritt der Frauen war eindeutig. Meine Tochter ist fest entschlossen, eine eigene Organisation zu gründen."

„Ja, eine Weiberclique. Mehr nicht."

„Nein, mein Lieber, es wird eine gemischte Organisation sein. Zur Hälfte Männer und zur Hälfte Frauen."

Trotz des Zwielichts, in das der Raum getaucht war, konnte Richard erkennen, dass seinem Gegenüber die Zornesröte ins Gesicht stieg. „Das ist ja noch schlimmer!"

Richard musste sich ein Grinsen verkneifen. *Ja, eine gemischte Organisation ist nicht so einfach zu verteufeln*, dachte er. „Ich weiß, was du meinst", bestätigte er. „Eine reine Frauenorganisation wäre leichter zu bekämpfen, nicht wahr?"

„Pah! Die hätte ich nicht einmal erwähnt!"

„Aber eine gemischte *Organisation* kann man nicht ignorieren, nicht wahr?"

„Verfluchter Mist!“

Richard zögerte. „Willst du es dir nicht doch nochmal überlegen, alter Freund?“

Erregt sprang der Russe auf. „Ich mach mich doch nicht zum Gespött meiner Freunde! Die erklären mich für verrückt.“ Heftig schüttelte er den Kopf. „Nein, mein Lieber. Das kann ich nicht machen.“

„Dann bricht die *Organisation* auseinander.“

Wladimir fluchte und lief im Zimmer auf und ab. Schließlich blieb er vor Richard stehen. „Kannst du deine Tochter nicht zurückpfeifen? Wenn die bisherige *Organisation* auseinanderbricht und es eine neue gibt, wird sich eine andere, dritte Gruppe zusammenfinden. Ich bin sicher, dass Ibn Tahim und Juan der dritten angehören werden. Und die wird der Weibertruppe mächtig einheizen.“

„Mach dir doch nichts vor“, entgegnete Richard. „Die Zeit der Männerwirtschaft ist vorbei.“

„Bei euch vielleicht“, wehrte der Russe ab. „In unserem Land wird es noch lange dauern, bis die Frauen den Mund aufmachen. Wir ticken anders als ihr.“

„Ich weiß, mein Lieber. Dennoch ist nicht zu übersehen, dass weltweit die Frauen auf die Barrikaden gehen. Oder glaubst du es ist ein Zufall, dass ausgerechnet in den Ländern, in denen der Islam am Ruder ist, so viel Unruhe herrscht? Ich sage dir, der große Umschwung ist in vollem Gang.“

„Das mag sein. Trotzdem werde ich meine Zustimmung zur Statutenänderung nicht geben.“ Er zögerte kurz. „Sag mal, ist deiner Tochter klar, mit wem sie sich anlegt? Ist sie sich bewusst, dass viele unserer Freunde nicht untätig bleiben werden?“

Richard lachte. „Was wollen sie machen? Sie umbringen?“

„Zum Beispiel.“

„Dann müssen sie allerdings eine Menge Leute aus dem Weg räumen. Auch mich. Ich glaube, das fällt auf.“ Richard grinste. „Außerdem… so ganz Unrecht hatte meine Tochter nicht. Sind Frauen tatsächlich eine Gefahr für Männer?“

„Ach, Quatsch!“ Der Russe schüttelte den Kopf. „Darum geht es doch gar nicht!“

„Nein? Sondern?“

„Frauen gehören ins Haus. Sie haben sich um die Kinder und den Haushalt zu kümmern. Basta! Sie haben sich dem Mann unterzuordnen. Der weiß nun einmal besser, wo es lang geht.“

Richard zuckte mit den Schultern. Nein, Wladimir war nicht zu überzeugen. Genau wie er es vorhergesehen hatte.

Eine Weile sprachen sie noch über das laufende Projekt und waren sich einig, dass auch vom Ausgang der *Operation Schwarze Mamba* das Schicksal der *Organisation* abhing.

Als Richard sich erhob und darum bat, zum Hotel gebracht zu werden, wehrte Wladimir heftig ab. „Das kommt überhaupt nicht in Frage! Du bist mein Gast. Du übernachtest selbstverständlich hier.“

Nein, dachte Richard. *Es hat keinen Zweck.* Und warum sollte er länger bleiben als nötig?

„Sag mal, Wladimir, kannst du für mich den Flug, den ich für übermorgen nach Athen gebucht habe, für morgen umbuchen?“

„Kommt gar nicht in Frage! Du nimmst meinen Privatjet. Ich gebe Joannis Bescheid, wann er dich am Flughafen abholen kann. Wann möchtest du los?“

„Am liebsten in einer Stunde.“

„Nein, mein Freund. Du legst dich jetzt wenigstens drei Stunden aufs Ohr. Mein Jet wird um 8 Uhr startklar sein. Okay?“

*

*

*

*06. November 2012 – Dougs Jagdfarm (Südafrika)

Konrad und seine Männer saßen in der Boma und langten ordentlich zu. Doug hatte für ein anständiges Brunch gesorgt, zu dem sich drei der Frauen dazugesellt hatten.

Elly, Sarah und Vera waren zum Strand gefahren, um Mark das Gefühl zu geben, dass sie keinen Tag mehr ausließen, ihm aus der Ferne Gesellschaft zu leisten. Sarah war die treibende Kraft.

Nach dem Brunch und bei frischem Kaffee fasste Konrad den Vortag zusammen.

„Das war ja wohl absolute Spitze, oder?"

„Oh ja. Das war eine Sondervorstellung erster Güte", stimmte Sven zu.

„Also, mir ist das zu glatt gelaufen", ließ sich Friedhelm vernehmen.

„Der Skeptiker kanns nicht lassen", meinte Konrad und grinste. „Wann bist du mal zufrieden?"

„Ich weiß nicht", grunzte Friedhelm. „Aber wenn sowas zu glatt läuft, steckt meist was dahinter."

„Nun ja", schaltete sich Lena ein. „Ich hab die beiden Fuzzis vermisst. Diesen van Guysen und den Fielding."

„Vielleicht sind die ja wieder abgereist", erwiderte Gabi.

„Lass uns doch mal Elly fragen", brummte Konrad.

Sie war umgehend am Apparat.

„Und? Wie sieht's aus?", wollte er wissen.

„Alles okay", hörte er sie. „Warum fragst du?"

„Sind die Obermacker da? Dieser van Guysen und der Fielding?"

„Ja, die hab ich schon gesehen. Wenn auch nur kurz."

„Sonst noch was?"

„Heute ist es ziemlich ruhig. Sie müssen sich wohl erst einmal von gestern erholen."

„Okay, Elly. Bis später."

Er informierte die Truppe.

„Wo waren die beiden gestern?“, hakte Friedhelm mit gerunzelter Stirn nach.

„Ist das wirklich von Bedeutung?“, fragte Lena.

„Na ja.“ Friedhelm zögerte. „Bei einer solchen Operation weiß ich immer gern, wer wo ist und wer gerade was macht. Wenn jemand aus der Reihe tanzt, kann das immer zu Überraschungen führen, die ich nicht besonders mag.“

„Grundsätzlich stimmt das“, bestätigte Konrad. „Nur… übertreib es nicht.“

Lena grinste. „Der Auftritt von Unathi war grandios, findet ihr nicht?“

„Das ist ein schauspielerisches Vollbluttalent. Echt überzeugend“, pflichtete Gabi bei. „Aber die Zulus waren auch nicht schlecht. Wie die stampften, brüllten und ihre Trommeln malträtierten!“

„Und?“, meldete sich Dieter, „Wie war‘s in Southbroom mit Mgwazeni?“

Konrad lachte. „Der hat in Port Edward nur ein bisschen Randale gemacht. Gerade so viel, dass die Polizei mit mehreren Fahrzeugen unterwegs war. Aber in Nzimakwe, etwa 5 km nördlich, hat er richtig aufgeräumt. Bei den Rivalen gab es einige Verletzte.“ Er drehte sich um und griff nach der Zeitung. „Hier, lies selbst.“

„Vierundzwanzig Verletzte! Du meine Güte!“, ächzte Dieter. „Hört sich schlimm an.“

Konrad schüttelte den Kopf. „Alles halb so wild. Aber genug, um die Polizei auf Trab zu halten.“

Gabi gähnte. „Ich bin noch ziemlich müde von gestern.“

„Kein Wunder. Es war ja spät genug.“ Konrad sah sie an. „Warum haust du dich nicht auf‘s Ohr? Wir haben noch eine Hütte. Die rote, am Ende des Weges links, ist frei.“

„Ich komme mit“, rief Lena und folgte Gabi.

„Und was ist mit dir, Marie?“, wollte Konrad wissen.

„Noch eine Hütte habt ihr ja wohl nicht, oder?“

„Das zwar nicht“, erwiderte Konrad, „aber in meiner Hütte das Bett links ist noch unbenutzt. Kannst du gern nehmen. Ich bleibe ohnehin hier. Es ist die grüne Hütte –auch den Weg links.“

„Danke“, gähnte sie und verschwand.

*

Kurze Zeit später klingelte Konrads Handy. Es war Elly.

„Was ist?“, fragte er alarmiert.

„Hier ist soeben ein Hubschrauber gelandet.“

„Waaas? Ein Hubschrauber? Wo?“

„Am Strand. Ein Typ im weißen Anzug ist ausgestiegen. Van Guysen und Fielding haben ihn abgeholt.“

„Okay, Elly. Hast du Fotos gemacht?“

„Was meinst du? Bin ich am Pennen?“

„Sorry. Mach weiter und – vor allen Dingen – nimm um Gottes Willen jetzt ein neues Handy.“

Rasch hatte Konrad seine Truppe informiert.

„Mist!“, fluchte Svenny. „Das gefällt mir nicht.“

„Ach nee!“, grunzte Friedhelm, „jetzt mit einem Mal?“

„Und was machen wir jetzt?“, fragte Dieter.

„Nix.“ Konrad grinste. „Elly hat alles im Griff. Aber wir sollten uns darauf gefasst machen, dass sich jetzt im Haus was tut.“ Er seufzte. „Endlich!“

„Wie… endlich?“ Svenny war irritiert.

„Ich bin ziemlich sicher, dass dieser Typ was zu sagen hat. Ich würde mich nicht wundern, wenn jetzt der oberste Boss eingetrudelt ist. Also hat unser Schauspiel besser funktioniert als gedacht.“ Konrad lehnte sich zufrieden zurück. „Ich bin gespannt, was Elly mitbringt.“

*

*

*

*06. November 2012 – Wild Coast (Südafrika)

Jan van Guysen und Clive Fielding waren den gesamten Vormittag herumgelaufen wie die aufgescheuchten Hühner. Mark beobachtete sie genau und bekam mit, dass sie sich gegenseitig Vorwürfe machten. Es war bis in den Garten hinein zu hören.

Mark hatte zunächst im Computerraum gesessen und den Jungs beim Lösen der Probleme zugesehen. Jerry hatte Sven unter seine Fittiche genommen. Die anderen ließen den Nerd endlich in Ruhe und er konnte alle Fragen stellen, die ihm in den Sinn kamen. Und genau wie Mark vermutet hatte, brachten seine Fragen die anderen dazu, das eigene Denken immer klarer zu strukturieren. Mark konnte Jerry ansehen, dass dieser genau wusste, wie er in den Börsencomputer gelangen konnte. Aber er ließ die Jungs noch selber ausprobieren. *In Jerry schlummert eine Führungskraft*, dachte Mark. *Hoffentlich gelingt es ihm, sein Potenzial zu entwickeln.*

Im Laufe des Vormittags schlenderte Mark in den Garten, um sich eine Zigarette zu gönnen.

Durch das offene Fenster hörte er die beiden Chefs streiten.

*

„Ausgerechnet gestern! Wie konnten wir derart blöd sein?“ Van Guysen hatte seine guten Manieren abgelegt.

„Wir?“, stöhnte Clive Fielding. „Du, mein Lieber. Du wolltest unbedingt ins Casino.“

„Hättest ja nicht mitzugehen brauchen.“

„Du hast mich ganz schön unter Druck gesetzt. Von wegen – es tut sich ja nichts; können uns eine Auszeit nehmen; ein bisschen Abwechslung – blablabla… Und jetzt steppt der Bär!“

„Was hätten wir denn tun können?“

Fielding sagte nichts.

„Eben!“, triumphierte van Guysen. „Es spielte also gar keine Rolle, ob wir hier waren oder nicht.“

„Ob Piet das auch so sieht, wage ich zu bezweifeln.“

„Piet?“

„Ja, Piet! Jack hat ihn gestern Abend angerufen und ihm brühwarm erzählt, was abgegangen ist. Und das in Southbroom hat er ihm heute Morgen auch gleich untergejubelt.“

„Und was hat das mit uns zu tun?“

„Mensch, Jan! *Wir* hätten ihn anrufen müssen – und zwar schon gestern Abend.“

„Scheiße!“, fluchte van Guysen. „Und jetzt?“

„Jetzt ist er auf dem Weg hierher.“

„Waaas? Hierher?“

„Er wird garantiert nachher mit seinem Hubschrauber landen.“

„Dann machen wir besser den Landrover fit.“

„Hat George schon gemacht.“

„Wann will Piet hier sein?“

„Keine Ahnung.“

*

Mark stand auf und schlenderte zur Mauer. Mit dem Fernglas konnte er Sarah erkennen, die mit einer Frau, die er nicht kannte, Beachvolley spielte.

Ihr Anblick tröstete ihn. Ja, sie kam täglich, manchmal mit dieser Frau manchmal auch mit anderen an den Strand. Oh, wie er sich nach ihr sehnte. Wir gern hätte er sie in den Arm genommen, getröstet, einfach nur festgehalten. Obwohl es nur wenige Meter waren, die sie beide trennte, schien es wie eine ferne Galaxis zu sein, die er nicht erreichen konnte.

Plötzlich hörte er das ferne Knattern.

Der Hubschrauber!

Das Knarren der Rotoren wurde immer lauter.

Schließlich machte der Pilot einen Schlenker über dem Meer und landete am Strand.

Mark stand an der Mauer und sah, dass Sarah und ihre Begleiterin auf den Bereich schauten, auf dem der Hubschrauber gelandet war.

Kurze Zeit später hielt der Landrover vor dem Tor. Jack stand bereit und öffnete das Gatter.

Vor dem Haus stieg ein Mann im weißen Maßanzug aus.

Das muss dieser Piet sein, dachte Mark und blieb auf der Liege sitzen.

Der Fremde kam schnurstracks auf ihn zu.

„Sind Sie der Trainer aus Deutschland?“, fragte er. In seiner Stimme schwang Ärger.

„Ja, ich bin Mark Richter“, erwiderte Mark höflich-distanziert. „Und wer sind Sie?“

„Mein Name ist Pieter van der Merwe. Wieso sind Sie nicht im Haus?“

Mark kannte diesen Tonfall nur zu gut. Alle Chefs glaubten, einen Untergebenen vor sich zu haben, wenn Mark ihnen vorgestellt wurde. Aber er hatte gelernt, mit ihnen umzugehen.

„Halten Sie das für professionell? Oder wäre es nicht ein Armutszeugnis für einen Gruppenleiter, wenn er seinen Leuten permanent auf die Finger schaut?“

Mark entging das leichte Zusammenzucken nicht, auch wenn dieser Piet sich gut im Griff hatte. Der Mann im weißen Anzug zuckte mit den Schultern, dreht sich um und blaffte: „Jack! Wo sind Jan und Clive?“

Mit kraftvollen Schritten ging er in Richtung Hauseingang.

„Die Herren erwarten Sie gewiss im Salon.“

„Dann bring uns mal ein paar Kannen Kaffee.“

Entweder hatten die drei im Salon nicht bemerkt, dass das Fenster geöffnet war oder es war ihnen gleichgültig. Mark hörte alles, was gesprochen wurde.

Dieser Piet ließ erst einmal seine ganze Frustration an den beiden aus. Mark vernahm keine Reaktion von Jan oder Clive. Anschließend ließ sich van der Merwe haarklein berichten, was am Vortag geschehen war.

„Könnt ihr Blödmänner nicht mal drei Tage euren Job machen?“, wetterte er. „Muss ich alles allein machen? Seid ihr unfähig? Faul? Oder einfach nur blöd?“

Er konnte sich kaum beruhigen. „Holt mir mal Lucas!“

Kurz darauf hörte Mark. „So, Lucas. Jetzt erzähl du mir mal, was hier gestern passiert ist.“

Nachdem der Schwarze seinen Bericht beendet hatte, wollte Piet wissen: „Was hältst du davon?“

„Nun, Boss, Mister van der Merwe, wenn die Häuptlingstochter wirklich einen Zulu heiraten will, muss der ganze Stamm damit einverstanden sein.“

„Und wenn nicht?“

„Dann könnte es zu einem Krieg kommen zwischen Xhosas und Zulus.“

„Können wir irgendwas tun, Lucas?“

„Nein, Mister van der Merwe. Aber… wenn heute nichts passiert, dann wird bald der Häuptling kommen und die Einwilligung der Nachbarn holen.“

„Einwilligung?“

„Ja, Sir. Nach der Tradition müssen alle Nachbarn ihre Einwilligung zur Hochzeit geben.“

„Okay. Und was ist mit dem, was in Southbroom passiert ist?“

„Wenn ich das richtig verstanden habe, Sir, waren das die üblichen Streitereien zwischen Gangs.“

„Du meinst, das hat nichts mit dem Vorfall von gestern Abend, hier vor der Tür, zu tun?“

„Nein, Sir. Ich glaube nicht.“

„Okay, Lucas. Geh wieder in deine Küche.“

„So, ihr beiden!“ Piet sprach offensichtlich wieder mit Jan und Clive. „Ich bin es satt! In diesem Haus hat es genug Schwierigkeiten gegeben. Du, Clive, siehst zu, dass du dich bis Mitte des Monats schlau gemacht hast und weißt, was du danach hier zu tun hast. Und du, Jan, wirst dieses Haus nicht mehr verlassen. Und zwar bis zu dem Moment, an dem Clive dich ablöst. Verstanden?“

„Ja, Mister van der Merwe. Verstanden.“

„Und was passiert mit Jack?“, fragte Fielding.

„Das ist *dein* Handlanger. Mach, was du willst.“ Nach einer kurzen Pause fuhr der Mann im weißen Anzug fort: „Und jetzt will ich die Jungs kennenlernen.“

Rasch kehrte Mark ins Haus zurück. Er wollte die Hacker auf keinen Fall mit diesem Mann alleinlassen.

Zeitgleich mit Piet erreichte er den Computerraum.

„Hallo, Jungs!“, rief van der Merwe jovial. „Kommt ihr klar?“

Jerry sah ihn von oben bis unten an. „Wer will das wissen?“

Mit ausgestreckter Hand ging er auf Jerry zu. „Ich bin Pieter van der Merwe.“

Jerry rührte sich nicht von der Stelle und übersah die Hand.

„Sind Sie dafür verantwortlich, dass wir hier gegen unseren Willen eingesperrt und festgehalten werden?“

„Aber, aber“, beschwichtigte Piet den Amerikaner. „Wer wird denn so nachtragend sein?“

„Ich zum Beispiel“, entgegnete Jerry. „und ich glaube, die anderen auch.“

„Tja“, meinte der Südafrikaner, „das Leben ist manchmal voller Überraschungen, nicht wahr?“ Er sah Jerry mit gerunzelter Stirn an. „Fehlt es dir an irgendwas? Hast du Grund zur Klage?“

„Komm mir nicht auf diese Tour“, brummte Jerry. „Oder willst du uns auch umbringen?“

„Wie Marvin?“, ergänzte Stephen.

„Das war eine böse Sache.“ Piet nickte. „Aber das ist vorbei. Ihr braucht euch keine Sorgen zu machen. Niemand wird euch umbringen?“

„Tatsächlich?“ Hayato lächelte. „Auch nicht, wenn wir alle deine Wünsche erfüllt haben?“

„Nein“, beharrte Piet, „auch dann nicht.“

„Aber… wir könnten doch plaudern“, warf Wong ein.

Piet lachte laut. „Ja, das könntet ihr, aber das ist nicht wichtig. Das interessiert dann niemanden mehr.“ Er grinste. „Also – je eher ihr fertig seid, desto eher könnt ihr nach Hause.“

„Und denkt daran“, setzte er hinzu, „es wartet ein Batzen Geld auf eurem Konto.“

Er drehte sich um, winkte Jack zu sich und marschierte erneut in den Salon.

„Was sind das für Weiber am Strand?“

„Sir, das sind ein paar harmlose Touristinnen, die hier nur ein wenig Spaß haben wollen.“

„Woher weißt du das?“ van der Merwes Stimme war kalt und schneidend.

Vom Computerraum aus hörte Mark jedes Wort.

„Nun ja… ich meine… Sir…“ Jacks Stammeln nervte den anderen offensichtlich.

„Was stotterst du hier herum?“

„Die kommen… ich meine die spielen hier nur… ich meine… Beach-Volley.“

„Ach! Und du meinst die sind harmlos. Das glaubst du also, was?“ Der Zorn in Piets Stimme war nicht zu überhören. „Und was ist, wenn die nur vorgeschickt sind, um uns auszuspionieren?“

„Jan! Clive! George!“ Piets Stimme donnerte durch das Haus. Die drei Gerufenen beeilten sich. „Holt mir eine von den Frauen her! Ich will mir ihr reden.“

Mark musste sich setzen. Ihm drohten die Beine wegzuknicken.

„He, Mann“, raunzte Jerry. „Was ist los?“

Mark brachte keinen Ton heraus. *Hoffentlich nicht Sarah! Bitte, lieber Gott, nicht Sarah*, war das Einzige, das er denken konnte.

Wenige Minuten später erschienen die Männer mit einer Frau in ihrer Mitte, die Mark nicht kannte.

Piet baute sich vor ihr auf. „Wie heißt du?“

Die Frau schaute ihn an. Ihr fragender Blick wanderte von einem zum anderen. „Ich heiße Vera. Warum? Was ist los? Weshalb zerren Sie mich hierher?“

„Was machst du hier?“, schoss Piet die nächste Frage ab, ohne auf ihre einzugehen.

„Aber… das haben Sie doch gesehen! Wir spielen Beach-Volley, gehen ins Wasser und nehmen Sonnenbäder. Was soll das?“

„Wo wohnst du?“

„He! Was soll das? Wir sind Touristen, die Urlaub machen. Also? Was wollen Sie von uns?“

Piet griff mit einer Hand ihren Unterkiefer und drückte ihn zusammen. „Hör zu… Lady. Wenn ich dich was frage, dann antwortest du gefälligst. Kapiert?“ Er ließ sie los.

„Aua“, jaulte sie auf. „Das tut weh!“

„Also – wo wohnst du?“

„In San Lameer.“

„Warum kommt ihr an diesen Strand. San Lameer hat auch einen Strand. Also?“

„Da sind uns zu viele Menschen. Wir mögen das nicht.“

„Ach ja?“, Piets Stimme klang ärgerlich. „Und wir mögen keine Fremden hier. Seht zu, dass ihr fortkommt. Und lasst euch ja nicht mehr hier blicken.“

Mark hörte, wie Vera zum Tor gebracht wurde und eine unsagbare Last fiel von seinen Schultern. Er hörte noch, wie Piet seinen Adlatus beauftragte, Erkundigungen über die Frauen einzuholen.

*

*

*

**07. November 2012 – Dougs Jagdfarm (Südafrika)*

Noch am Vorabend hatte Doug, der Farmbesitzer, bestätigt, dass der Mann auf dem Foto Pieter van der Merwe war. In den Klatschspalten fanden sich von Zeit zu Zeit Fotos, auf denen er stets von hübschen, jungen Frauen umringt war.

„Jeder in Südafrika kennt dieses Gesicht“, erklärte Doug.

Jetzt wusste Konrad mit Sicherheit, dass dieser van der Merwe, dieser Brite und auch der Amerikaner mit dem Haus an der Küste zu tun hatten. Er gab die Informationen umgehend an Lou weiter.

„Ich bin sicher“, drängte Konrad, „dass diese Finca in Mallorca der Treffpunkt von den Leuten ist, die hinter diesen Entführungen stecken. Ihr geht am besten rein und schaut euch mal um.“

„Da kannst du Gift drauf nehmen“, knurrte der BND-Mann.

Wieder ging ein Prepaid-Handy zu Bruch.

An diesem frühen Morgen weihte Konrad seine Leute über die neueste Entwicklung ein.

Alle waren schockiert über Veras gewaltsame, kurzfristige Entführung.

„Gott sein Dank ist ihr nichts passiert“, ächzte Svenny.

„Ja, ich bin auch froh.“ Konrad nickte. „Damit ist diese Informationsquelle erst einmal versiegt.“

„Die hat uns aber mächtig geholfen“, bestätigte Friedhelm.

Konrad grinste von einem Ohr zum anderen. „Gott sei Dank ist diesem Piet nichts passiert. Wenn Vera gewollt hätte, würde er jetzt die Radieschen von der unteren Seite betrachten. Nein. Ich bin nur erleichtert, dass nicht wirklich was passiert ist.“

„Und jetzt?“, fragte Friedhelm.

„Okay, Jungs! Jetzt kommt der nächste Schritt.“ Konrad grinste erneut. „Heute Abend geht Unathi ins Haus und entschuldigt sich für das, was am Montag passiert ist – von wegen… tut mir leid… junge Leute… Tochter liebt Zulu… und so weiter. Er wird sagen, dass die Stammesältesten ihre Einwilligung zur Hochzeit gegeben hätten, dass aber jetzt – wie es die Tradition verlangt – alle Nachbarn ihre persönliche Zustimmung geben müssten. Er, Unathi, sei verpflichtet, sich diese Zustimmung persönlich von jedem Bewohner innerhalb von zehn Meilen um die Hütte einholen muss." Erneut grinste Konrad. „Und bei diesem Besuch übergibt Unathi eine Information an Mark."

„Und was soll da drin stehen?" Svenny staunte.

„Weiß ich noch nicht genau." Konrad zuckte die Schultern „Wir müssen zuerst die Fotos vom Hausinneren, die Marie und die andern gemacht haben, analysieren. Wenn wir die zusammen mit den Satellitenfotos vergleichen, bekommen wir vielleicht eine Vorstellung, wie das Haus aufgeteilt ist."

„Können wir nicht irgendwie an den Grundriss kommen?" Dieter runzelte die Stirn. „Irgendjemand hat das Haus gebaut, also gibt's auch Pläne."

Konrad griff zum Hörer und bat Lou, ihm die Pläne zu besorgen.

„Du, Friedhelm, kommst mit mir. Wir reden mit Unathi. Dieter und Svenny – ihr seht euch in Port Edward um. Geht im Country Club was trinken und hört mal, was die Leute zu den Kämpfen von Montag erzählen. Vielleicht können wir Mgwazeni noch einmal einsetzen, wenn wir das Haus an der Küste stürmen."

„Was machen die Frauen?" Friedhelm schien besorgt zu sein.

„Wie immer", erwiderte Konrad. „Die tummeln sich am Strand – aber in San Lameer."

„Ist das jetzt nicht gefährlich?"

„Nee. Ich glaube es wäre viel auffälliger, wenn sie nicht erscheinen." Konrad zögerte. „Vielleicht sollten wir…" Er verstummte.

Dieter hakte nach. „Was sollten wir? Sag schon!"

„Vielleicht sollten wir alle zusammen an den Strand vom Mzamba. Sechs Männer und sechs Frauen. Wäre das nicht ein Super-Auftritt? Eine echte Überraschung? Eine Provokation?"

Friedhelm kaute auf seiner Unterlippe. „Könnte Elly vielleicht – zusammen mit einem von uns – sich bis dahin weiter im Gebüsch verstecken und Fotos schießen?"

Konrad stand auf. „Das sollten wir mit den Frauen zusammen beratschlagen, wenn wir zurück sind. Wir können ja auf dem Rückweg bei ihnen vorbeischauen. Aber wenn überhaupt, dann sollten wir bei einem Frauengespann bleiben. Männer würden sofort das Misstrauen wecken.“ Er schüttelte den Kopf. „Nein. Wenn… dann als geballter Auftritt. Als Provokation. Eine Herausforderung!“

*

Unathi freute sich, wie immer, wenn er Friedhelm und Konrad begrüßte.

Nachdem sie in seiner Hütte Platz genommen hatte, fragte der Häuptling: „Wie hat euch unsere Show gefallen?“

„Einfach nur grandios“, sagte Konrad. „Ich war beeindruckt.“

„Ganz große Klasse“, stimmte Friedhelm zu. „Ich wusste gar nicht, welches schauspielerische Talent ihr habt.“

„Ja“, bestätigte Unathi. „Meinen Leuten hat‘s auch richtig Spaß gemacht. Die haben noch bis spät in die Nacht gefeiert. Es waren sogar ein paar von Philanis Leuten dabei. An dieser Geschichte werden unsere Enkel noch ihren Spaß haben.“

„Deshalb wollten wir uns bei dir noch einmal bedanken; für eure tolle Mitarbeit.“

„Jederzeit gern wieder.“ Unathi grinste.

„Nun ja…“ Konrad zögerte. „Wir hätten da noch eine Bitte an dich.“

„Ja?“ Der Häuptling zog die Augenbrauen hoch. „Was kann ich tun?“

Konrad senkte die Stimme. Er hatte mittlerweile begriffen, dass die Schwarzen Geheimnisse liebten. „Könntest du in das Haus gehen und noch einmal dein Kostüm anziehen?“

Konrad sah das Funkeln in Unathis Augen. „Es geht weiter? Was möchtest du? Was soll ich in dem Haus machen?“

Konrad erläuterte seinen Plan.

„Das ist eine sehr gute Idee.“ Unathi war begeistert. „Das ist sogar ein alter Brauch, den aber heute keiner mehr praktiziert. Dann nehme ich unsere Sangoma mit. Vor ihr haben die meisten Leute großen Respekt. Auch wenn viele Weiße unsere Sangomas nicht ernst nehmen, so empfinden sie in ihrer Gegenwart häufig eine Art Unbehagen.“

„Ja, das ist genau das Richtige.“ Konrad nickte. „Aber du solltest sie erst beim zweiten Besuch mitnehmen.“

„Gut. Wann soll denn der erste sein?“

„Geht es heute Abend? Dann könntest du morgen Abend mit der Sangoma hingehen.“

„Also heute Abend große Entschuldigung“, fasste Unathi zusammen. „Und morgen Abend Besuch mit der Sangoma, um von allen den Handschlag für die Zustimmung zur Hochzeit zu bekommen. So richtig?“

„Genauso!“, bestätigte Konrad. „Wenn du dann Mark den Handschlag gibst, drückst du ihm einen Zettel in die Hand. Meinst du das geht?“

„Ist das alles?“

„Ja, das ist alles.“

„Zeig mir ein Foto von Mark.“

Konrad kramte in seiner Tasche, zog ein Foto heraus und gab es Unathi. Friedhelm hatte in der Zwischenzeit sein Mobiltelefon durchsucht und zeigte dem Häuptling ein Foto, das Elly aufgenommen hatte. „So sieht er im Moment aus“, kommentierte er das Bild.

„Dieses Gesicht ist sehr markant“, merkte Unathi an. „Das kann ich mir gut merken.“

Wieder kramte Konrad in seiner Hosentasche. Er zog zwei Fünfhunderterscheine heraus. „Hier sind nochmal tausend Euro, falls du irgendwelche Ausgaben hast.“

Unathi grinste. „Die teile ich mir mit der Sangoma. Also – heute Abend so gegen acht Uhr mache ich meinen Antrittsbesuch im Haus."

„Vergiss dein Ornat nicht, Unathi."

„Bestimmt nicht."

*

*

*

07. November 2012 – Tampa (Florida/USA)

Louise und Dorothy brachten Michael und Helen zum Airstrip und verabschiedeten die beiden.

„Ruf mich bitte an, wenn die Trauung vorbei ist", flüsterte Louise ihrem Bruder beim Abschied ins Ohr.

„Pass gut auf Michael auf", sagte Dorothy mit Tränen in den Augen, als sie Helen umarmte. „Ich wär zu gern dabei."

„Habt ihr einen Fotografen?", wollte Louise noch wissen.

„Ja", rief Michael fröhlich. „Den haben wir. Und sobald ich die Fotos habe, maile ich sie dir, okay?"

Louise und ihre Mutter schauten dem Jet nach, wie er die Startbahn entlang raste, abhob und am Horizont verschwand.

„Ach, Louise", seufzte Dorothy. „Ich kann es kaum fassen, dass Mike unter der Haube ist." Sie hakte sich bei ihrer Tochter unter. „Und was ist mit dir?"

„Mit mir?" Louise sah ihre Mutter erstaunt an. „Muss ich mich jetzt beeilen?"

Dorothy lachte laut auf. „Oh, Schätzchen. So hab ich das nicht gemeint." Sie zögerte kurz. „Ich meine nur… ist das mit Arnie was Ernstes?"

Louise horchte in sich hinein. „Ich bin mir nicht sicher, Mum. Er ist liebenswert, fröhlich, offen und sehr charmant. Ja, er macht mir den Hof und ich bin gern mit ihm zusammen."

„Und? Was hindert dich?"

„Ich weiß nicht, ob ich überhaupt heiraten will. Im Moment sehe ich keinen Grund. Wir haben unseren Spaß, er vertritt in vielen Bereichen dieselbe Meinung wie ich und wir unternehmen eine Menge Dinge gemeinsam."

Dorothy blieb stehen. „Liebst du ihn, Louise?"

Erneut horchte Louise in sich hinein. „Ich weiß es nicht, Mum. Ich weiß nicht, ob das, was ich für ihn empfinde, Liebe ist."

„Du gehst auf die dreißig zu, meine Liebe. Wenn ihr noch Kinder wollt, bleibt dir nicht mehr allzu viel Zeit."

„Ich weiß."

„Komm, Lulu. Lass uns nach Hause fahren und einen guten Kaffee trinken."

Louise blieb abrupt stehen. „Mein Gott! Wann hast du mich zum letzten Mal so genannt? Lulu!"

Dorothy lachte. „Ja, so hat dich Michael genannt, als er die ersten Worte versuchte. Dich hat er jahrelang Lulu gerufen."

„Ja, und du hast das übernommen."

„Dein Vater auch, Schätzchen."

Louise fühlte ihre Traurigkeit aufsteigen. „Ach, Mum. Was ist bloß mit uns passiert?"

„Komm, Louise. Lass uns zu Hause darüber reden."

*

Auf der Terrasse nahm Dorothy die Hand ihrer Tochter in die ihren. „Er hat dich sehr enttäuscht, nicht wahr?"

„Mehr als das. Er hat mir sehr wehgetan, mich tief verletzt."

„Du hast es ihm übel genommen, dass er dich in die Schweiz geschickt hat, nicht wahr?"

Louise sprang auf. „Ja! Das habe ich ihm nie verziehen. Und es war eine verdammte Ungerechtigkeit."

„War es das wirklich?"

„Oh ja! Charles war meine große Liebe. Dad hätte mich nie gewaltsam von ihm trennen – geschweige denn in dieses verdammte Internat stecken dürfen."

„Louise, du warst gerade erst siebzehn."

„Ja und? Warst du nie siebzehn? Hast du nie Träume gehabt?"

„Er wollte dich beschützen, meine Liebe. Du weißt doch, was aus Charles geworden ist."

„Darum geht es nicht. Jedes junge Mädchen verliebt sich unsterblich und muss erleben, wie der Traumprinz sich in einen hässlichen Frosch verwandelt. Es sind genau die Erfahrungen, die ein Mädchen braucht, um zu reifen. Es muss erfahren, wie es sich anfühlt, wenn Träume zerplatzen. Niemand sollte es davor bewahren. Jeder junge Mensch hat Anspruch auf seine eigenen Erfahrungen und kein Vater und keine Mutter haben das Recht, ihm diese Erfahrungen vorzuenthalten."

„Du hast recht, Louise. Ich kann aber auch Richard verstehen. Du warst seine Prinzessin. Er hat dich abgöttisch geliebt und wusste, was für ein Windhund dieser Charles war. Dein Vater wollte dich beschützen, Louise."

„Nein, Mum. Das glaube ich nicht. Er hatte nur Angst, dass er mich nicht mehr unter seine Kontrolle bekommt. Deshalb hat er mich abgeschoben."

„Glaubst du das wirklich?"

„Ja. Ich habe ihn nach meiner Rückkehr sehr genau beobachtet. Er ist berechnend, kontrollierend und… eiskalt. Und er meinte tatsächlich, mich mit der Führung der Drake Oils einlullen zu können. Oh ja! Er hat wirklich geglaubt, er könnte mich genauso kaufen, wie alle seine… seine… Marionetten, mit denen er sich umgeben hat."

„Hasst du ihn?"

Louise dachte nach. „Nein, Mum. Ich hasse ihn nicht, aber… ich verachte ihn. Ich verachte seine Arroganz, seine Mitleidslosigkeit und seine Kälte."

„Das hast du aber lange unterdrückt, Schätzchen.“

Louise ließ sich in den Sessel fallen. „Ja. Es hat mich unbeschreiblich viel Energie gekostet, das alles zu verdrängen. Mehr als zehn Jahre habe ich es in mich hineingefressen. Zehn Jahre! Als ich mit 21 aus der Schweiz zurückkam, habe ich mich mit meinem Studium betäubt. Dann habe ich mich in die Leitung der Drake-Oils verbissen, habe Seminare besucht, um mehr über Mitarbeiterführung und Kommunikation zu erfahren. Es ist mir nie gelungen, darüber hinwegzukommen.“

Louise wischte mit der Hand über ihre Augen. Sie fühlte sich müde und ausgelaugt.

Sie sah ihre Mutter an. „Ich habe mich nie von diesem Schock erholt. Bei jeder neuen Bekanntschaft stand das unsichtbare Monster der gewaltsamen Trennung neben mir. Ich glaube, das ist der Grund, warum ich mich seitdem nie mehr auf eine tiefere Beziehung eingelassen habe. Die Angst, diesen gewaltsamen Trennungsschmerz noch einmal durchleben zu müssen, ohne irgendeinen Einfluss nehmen zu können, hat mich völlig blockiert. Trennungsschmerz ist sicher etwas, das den meisten jungen Mädchen passiert, wenn ihre erste große Liebe zerbricht. Aber bei mir ist sie nicht zerbrochen, sondern wurde von ihm gewaltsam herbeigeführt. Ja, diktiert!“ Sie stockte. „Ich habe mich seelisch und emotional vergewaltigt gefühlt, Mum.“

Louise sah die Bestürzung im Gesicht ihrer Mutter.

„Warum hast du nie mit mir darüber geredet, Schätzchen?“

„Ach, Mum. Hast du ihm damals nicht den Rücken gestärkt?“

„Ehrlich gesagt… ja. Ich habe Charles auch für einen Nichtsnutz gehalten. Aber ich sehe heute, dass es ein Fehler war, nicht offen mit dir darüber zu reden. Weißt du, Louise, manchmal ist es schwierig, als Eltern die richtige Entscheidung zu treffen.“ Sie lächelte. „Pubertierende Kinder können schwierig sein. Und als Eltern hat man keine Erfahrung vorzuweisen. Eltern haben in der Erziehung immer nur eine einzige Chance. Sie wissen nie, ob ihre Entscheidungen richtig oder falsch sind. Man bewegt sich auf ganz dünnem Eis. Eltern müssen schwimmen, ohne zu wissen, ob sie es auch können. Jede Entscheidung kann falsch sein. Das macht es nicht gerade einfach."

„Ja, das verstehe ich, Mum. Ich weiß, wie verbohrt und impulsiv ich war. Ich habe es euch nicht leicht gemacht. Dennoch hättet ihr mit mir reden können und… müssen."

Louise ergriff die Hand ihrer Mutter. „Bei dir bin ich mir sicher, dass du es wirklich gut mit mir gemeint hast. Bei ihm absolut nicht. Nein."

Dorothy legte ihre andere Hand über Louises Hand. „Ich kenne deinen Vater, Schätzchen. Ich weiß, welche Maske er nach außen hin trägt. Kannst du dir vorstellen, dass er ein sehr verletzlicher, empfindsamer und feinfühliger Mann ist? Ein Mann, der zutiefst unsicher ist?"

Louise sah ihre Mutter fassungslos an. „Reden wir von meinem Vater? Von Richard McCormack, dem skrupellosen Geschäftsmann? Oder von jemand anderem?"

„Nein", erwiderte Dorothy. „Wir reden von deinem Vater. Das, was ich in Mallorca gesagt habe, stimmt. Weil ich deinen Vater kenne, weil ich weiß, wie unsicher und sensibel er ist, habe ich ihm in all den Jahren die Unterstützung gegeben, die ich meinte, ihm geben zu müssen. Heute sehe ich, dass das grundfalsch war. Ich habe ihn immer mehr in seine Maske, sein Image laufen lassen. Wenn du so willst, bin ich mit dafür verantwortlich, dass er so wurde wie er heute ist."

Fast unmerklich schüttelte sie den Kopf. „Es ist traurig mitzuerleben, wie Männer einem vermeintlichen Idealbild hinterherlaufen. Sie glauben, immer stark, immer energisch und immer kraftvoll sein zu müssen. Sie verleugnen damit ihre eigene, gefühlvolle, weibliche Seite."

„Ich verstehe."

„Nein, Louise, ich glaube, du verstehst mich noch nicht. Eben weil die meisten Männer ihre eigene, gefühlvolle Seite verleugnen, versuchen sie, sie auch im Außen zu unterdrücken. Indem sie sie im Außen ebenso ablehnen, wie im Innen, meinen sie tatsächlich das Richtige zu tun." Sie seufzte erneut. „Das habe ich gemeint, als ich in Mallorca sagte, *die männliche Identität wird nur aufrecht gehalten durch ihre Zurückstoßung der Frau.*" Sie zögerte. „Deine Generation, Louise, hat sich eine sehr schwierige Aufgabe gestellt. Männer müssen sich mit ihren Gefühlen versöhnen. Sie müssen sie als Bereicherung und nicht länger als Bedrohung ansehen und erleben. Und ihr, Louise, müsst ihnen dabei helfen, eine neue Identität zu finden."

*

*

*

07. November 2012 – Wild Coast (Südafrika)

Mark saß mit den Jungs beim Abendessen, als es klingelte.

Lucas, der gerade neues Brot hereingebracht hatte, stutzte. „Wer kann das sein?", entfuhr es dem Schwarzen. „Das hat es ja noch nie gegeben!"

Die Tür zum Flur stand weit offen.

Mark hörte, wie Jan van Guysen in das Türtelefon schnarrte: „Ja, bitte?"

Die Stimme aus dem Hörer konnte man laut und deutlich vernehmen. „Guten Abend. Ich bin Unathi, Xhosa- Häuptling aus Ebenezer, und möchte den Hausherrn sprechen."

„Einen Moment."

Jan rief Clive hinzu, erklärte ihm den Anruf. Fielding verließ das Haus und kam kurze Zeit später mit dem Schwarzen, der in der Xhosa- Amtstracht erschienen war, zurück.

„Bleiben Sie bitte hier", wies Clive Fielding ihn an und verschwand im Personaltrakt.

Nach wenigen Minuten erschien Piet van der Merwe mit misstrauischem Gesichtsausdruck.

„Was wollen Sie?“, herrschte er den Gast an.

„Guten Abend, Mister…?“

„Piet van der Merwe. Was wollen Sie?“ Ungeduld schwang in der Stimme des Weißen.

Mit weitschweifigen Erklärungen, vielen kleinen Verbeugungen und großer Gestik bat der Häuptling um Vergebung für die Unannehmlichkeiten, die seine Stammesbrüder und die seiner Widersacher am Montagabend vielleicht verursacht hatten.

Sichtlich verärgert drehte sich van der Merwe um und wies Fielding an, sich darum zu kümmern, statt ihn mit derartigen Lappalien zu belästigen.

Lucas, wie Mark mittlerweile wusste, ebenfalls ein Xhosa, war vom Auftritt des Häuptlings sichtlich beeindruckt.

Als Unathi ankündigte, am darauffolgenden Abend erneut zu erscheinen, um die Zustimmung der Nachbarn einzuholen, wehrte Fielding heftig ab: „Es reicht! Bleiben Sie uns vom Leib. Sie haben unser aller Segen. Nur lassen Sie uns jetzt in Ruhe!“

„Mister Clive“, mischte sich Lucas ein. „Das geht nicht! Wir müssen unser Einverständnis geben – und zwar jeder Einzelne. Das ist Brauch. Wenn wir hier weiterhin friedlich leben wollen, dürfen wir uns den Traditionen der Xhosas nicht widersetzen.“

Fielding, mittlerweile sichtlich genervt, machte eine wegwerfende Handbewegung. „Na schön! Morgen Abend um acht Uhr.“

*

*

*

**07 November 2012 – Athen (Griechenland)*

Wladimir hatte Wort gehalten und ihm seinen Privatjet zur Verfügung gestellt. Als Richard ihm die Kosten dafür ersetzen wollte, lehnte der Russe das Ansinnen empört ab.

Die Maschine landete gegen Mittag auf dem Eleftherios-Venizelos-Flughafen. Wladimir hatte seinen griechischen Kollegen informiert und Joannis Mustakios holte Richard persönlich ab. Er war froh, wieder normale Temperaturen zu erleben und warf seinen Mantel in den Kofferraum der Luxuslimousine. Auf dem Weg zu Joannis Anwesen erzählte Richard von seinem Treffen mit Xi-Jiong und Wladimir, erwähnte allerdings die *Organisation* mit keinem Wort. Das Thema wollte er erst ansprechen, wenn er mit Joannis auf dessen Terrasse in der Sonne saß.

Die Fahrt dauerte mehr als anderthalb Stunden. Jeder, der es sich erlauben konnte, wohnte außerhalb der Stadt, die im Sommer immer wieder mit Smog-Alarm zu kämpfen hatte. Die Villa des griechischen *Organisators* befand sich auf einer Anhöhe inmitten eines riesigen Olivenhains mit Blick auf das tiefblaue Mittelmeer.

Es war ein milder Novembertag mit blassblauem Himmel, nur wenigen Wolken und angenehmen 20 Grad Celsius. Ja, das war ganz nach Richards Geschmack.

Auf der Terrasse erwartete die beiden ein hübsch gedeckter Tisch.

Richard musterte seinen Gastgeber. Joannis war ein stämmig gebauter Mann mit gepflegtem Schnauzbart. Graue Strähnen durchzogen seine kurz geschnittenen, dunklen Haare und seinen wachen, dunklen Augen schien nichts zu entgehen.

„Ich freue mich, dass du mich besuchen kommst“, lächelte der Grieche. „Du warst noch nie hier, nicht wahr?“

„Nein, Joannis. Bis Athen habe ich es nie geschafft, Obwohl… ich immer schon Land und Leute kennenlernen wollte. Schließlich gilt Griechenland als die Wiege der Zivilisation. Ihr habt so viel an Historie zu bieten. Aber du weißt ja, wie das ist. Vielleicht nehme ich mir in Zukunft ein wenig mehr Zeit zum Reisen – zum privaten Reisen.“

Mehrere Platten mit Köstlichkeiten wurden serviert – typisch griechische Delikatessen: verschiedene Olivenarten, Tsatsiki, gefüllte

Auberginen, gefüllte Weinblätter, diverse Salate und natürlich Weißbrot. Ausnahmsweise genehmigte Richard sich ein Glas Weißwein.

Nachdem der Tisch abgeräumt war, kam Richard zum Grund seines Besuches.

„Das habe ich mir schon gedacht“, sagte Joannis. „Was haben Xi-Jiong und Wladimir dazu gesagt?“

Richard gab die Meinung der beiden wieder.

„Nun ja“, zögerte der Grieche. „Wir stehen Frauen zwar nicht so ablehnend gegenüber wie die Russen, aber… mir wäre es lieber, wir würden in der *Organisation* alles so belassen, wie es ist.“

Erneut wies Richard auf den wahrscheinlichen Zusammenbruch der *Organisation* hin.

„Ach weißt du, mein Freund“, erwiderte Joannis und lächelte, „ich bin da ganz gelassen und entspannt. Warum soll ich mich heute festlegen, wenn ich nicht weiß, was morgen passiert? Wenn es soweit ist, kann ich mich immer noch entscheiden, oder?“

Ein hochgewachsener, junger Mann erschien auf der Terrasse.

„Entschuldigen Sie bitte, Sir…“

Joannis reagierte gereizt. „Georgios! Ich hab ausdrücklich gesagt, dass ich keine Störung wünsche.“

„Ja, Sir. Mister Giles versucht schon seit heute Vormittag, Sie zu erreichen. Das ist jetzt bestimmt schon sein zwanzigster Anruf. Er sagte, es sei sehr, sehr dringend. Ich kann ihn nicht mehr abwimmeln.“

Ächzend erhob sich der griechische *Organisator* und folgte seinem Butler.

Im Hinausgehen murmelte er ärgerlich: „Ich bin gleich wieder da, Richard.“

Als er zurückkam, brummte er verärgert: „Lester hört mal wieder die Flöhe husten. Er sorgt sich um Piet.“ Richard fühlte den kritischen Blick auf sich ruhen. „Weißt du was, mein Lieber? Du legst dich jetzt sofort hin. Du siehst aus, als würdest du gleich umfallen.“

Richard wollte protestieren, doch Joannis schnitt ihm das Wort ab. „Keine Widerrede! Du legst dich sofort hin und schläfst dich aus. Du bist bleich wie ein griechischer Joghurt.“

Kaum lag Richard auf dem Gästebett, als ihn der Schlaf einholte.

*

*

*

*08. November 2012 – Wild Coast (Südafrika)

Schon bevor das Frühstück serviert wurde, war Mark im Garten. Pieter van der Merwe hatte die Nacht im Haus verbracht und die Stimmung war zum Zerreißen gespannt. Jan und Clive liefen wie auf Zehenspitzen herum und George, Joe und Lucas machten kaum noch den Mund auf.

Das scheint der Oberboss zu sein, dachte Mark. *Er hat also das Ganze zu verantworten.*

Nein, der Mann war ihm durch und durch unsympathisch. Mark hielt ihn für eitel, anmaßend und arrogant. Er gehörte zu denen, die ihre Macht herauskehrten, ihre Leute wie Dreck behandelten und alle Welt wissen ließ, dass er ihnen überlegen war.

Hoffentlich reist er schnell wieder ab, wünschte Mark sich.

Vor allen Dingen, weil um kurz vor 10 Uhr der erste Testlauf stattfinden sollte. Jerry hatte ihm zugesichert, dass er den Börsencomputer in Peking um 16 Uhr Ortszeit lahmlegen würde, also eine Stunde vor Börsenschluss. Um 18 Uhr Ortszeit würde der Computer wieder einwandfrei laufen, das hieß – zu einer Zeit, da die Börse ohnehin geschlossen war. Auf diese Weise würde der Rest der Welt nicht mitbekommen, dass der Rechner wieder normal funktionierte.

Nein, Mark wollte durch die Anwesenheit dieses van der Merwe nicht gestört werden. Wer weiß, was diesem Kerl sonst einfallen würde.

Gerade wollte Mark ins Haus gehen, um zu frühstücken, als Pieter van der Merwe, Jan van Guysen und Clive Fielding herausgestürzt kamen. Ohne ein Wort rannten sie zum Tor, das Jack bereits aufgemacht hatte und sprangen in den Wagen. George brauste mit dem Jeep davon, der hinter einer großen Staubfahne außer Sicht geriet.

Kurze Zeit später hörte Mark, wie der Rotor des Hubschraubers in Gang gesetzt wurde. Nur wenige Minuten später hob der Helikopter vom Boden ab und bretterte mit ohrenbetäubendem Lärm über das Grundstück hinweg in Richtung Inland.

George kam ohne Fahrgäste zum Haus zurück.

„Was ist passiert?“, fragte Mark.

Jack spuckte in den Sand. „Bei der Blenmore Company hat es wohl eine Riesenexplosion gegeben. Man spricht von vielen Toten und Verletzten.“

„Wer ist die… Blenmore Company?“

„Das ist eine von den Firmen, die van der Merwe gehören.“

„Ach deshalb!“ Mark verstand den hastigen Aufbruch.

„Jetzt haben wir wieder unsere Ruhe.“ Jack grinste schief. „Trotzdem müssen wir unseren Job machen.“

„Klar!“ Mark nickte und ging in den Speiseraum.

*

Pünktlich um 09:00 Uhr drückte Jerry auf die Return-Taste seines Keyboards und lehnte sich zurück. „So! In einer Stunde herrscht in Peking ein ziemliches Chaos – zumindest an der Börse.“ Der junge Mann konnte sich ein Grinsen nicht verkneifen.

Die Jungs hüpften in ihre Badehosen und tummelten sich ausgelassen im Pool. Mark saß nachdenklich auf einer Liege und schaute ihnen zu. *Wie werden sie reagieren, wenn sie hören, was als nächstes auf sie wartet?*, fragte er sich besorgt. Er bezweifelte, dass Jerry noch einmal mitmachen würde.

Gedankenverloren erhob sich Mark, schlenderte zur Mauer und schaute auf die Flussmündung.

Ein Lichtblitz zog seine Aufmerksamkeit auf sich. Mit dem Fernglas suchte er die Gegend ab, aus der der Lichtblitz kam. Und dann entdeckte er die Kamera im Gebüsch! Auch wenn die Person, die neben der Kamera hockte, vom dichten Buschwerk gut getarnt wurde, spiegelte sich das Sonnenlicht in der Linse. Mark spürte, wie seine Knie weich wurden. Er musste jetzt unter allen Umständen verhindern, dass einer von den Aufpassern hinzukam. Er ging wieder auf die Liege zu und setzte sich.

Wie war das möglich? Diese Lichtreflexion hatte es doch bisher nicht gegeben.

Plötzlich dämmerte es ihm!

Noch nie waren die Frauen so zeitig am Strand gewesen. Bisher kamen sie erst, wenn die Sonne bereits hoch über dem Meer stand. Meist so gegen 11 Uhr. Aber zu dieser frühen Tageszeit stand die Sonne noch recht tief am Horizont und ihre Strahlen beleuchteten direkt den Hügel gegenüber. Deshalb die Lichtreflexion!

Aber… wo waren die Frauen?

Er hatte niemanden am Strand entdecken können?

*

Kurz vor Mittag rief Mark die Jungs zusammen, um ihnen den Plan für das nächste Ziel zu erläutern. Ihm war mulmig bei dem Gedanken, denn er ahnte, dass es einen Aufschrei der Freaks geben würde. Nun waren die Börsenrechner in Moskau, London, Frankfurt und Tokio an der Reihe.

Kaum dass die Jungs sich im Computerraum versammelt hatten, hörten sie George vom Hauseingang her brüllen: „Bringt sie hier rein!“

Zwei Schwarze hielten eine weiße, junge Frau zwischen sich fest und zogen sie an den Armen ins Haus.

„Was wollen Sie von mir?“, schrie die Frau. „Ich hab nichts getan!“

Einer der Begleiter stieß sie nach vorn, so dass sie bäuchlings auf dem Boden landete. Er warf ihre Tasche verächtlich neben sie. Mühsam rappelte sie sich hoch.

„Was ist Sache?“, wollte Jack wissen.

„Die hier“, einer der Schwarzen zeigte auf die Frau mit den kurz geschnittenen, dunklen Haaren, „hat gegenüber im Gebüsch gesessen und das Haus fotografiert.“

„Stimmt nicht!“, protestierte die Frau. „Ich habe die Vögel beobachtet und fotografiert.“

„Das dürfte leicht festzustellen sein“, grinste George, nahm die Digitalkamera von einem der Schwarzen entgegen und schaute sich die Bilder an.

„Ach ja?“, knurrte George und schlug der Frau mit der Hand ins Gesicht, dass sie erneut ihr Gleichgewicht verlor und auf dem Boden aufschlug. „Auch noch lügen, was?“

Er riss die Tasche an sich, durchstöberte sie hektisch und warf sie ihr wieder zu. Er zögerte kurz. „Bringt sie in eines der Gästezimmer und schließt ab.“

Mark und die Jungs hatten die Szene wortlos verfolgt.

„Kennt ihr die?“, herrschte Jack sie an.

Alle schüttelten den Kopf. „Nein, die kenne ich nicht.“ Mark hatte diese junge Frau noch nie am Strand gesehen.

Jack wandte sich den beiden Farbigen zu. „Und wer seid ihr?“

Einer grinste. „Das ist egal. Jedenfalls hat uns ein Typ, der sich Clive nannte, gut dafür bezahlt, hier die Augen aufzuhalten und jeden, der sich hier herumtreibt, ins Haus zu bringen.“

„Dann seht nach, ob ihr noch jemanden findet. Durchkämmt das ganze Gebiet.“

Jack wandte sich an George. „Wir kümmern uns später um sie. Mal sehen, was sie uns zu erzählen hat.“

Mark erschauderte, als er Georges Grinsen sah.

*

*

*

Teil V – Der Showdown

*Donnerstag, 08. November 2012 – 10:45 Uhr – Wild Coast (Südafrika)

Nachdem die beiden Farbigen verschwunden waren, schritt Mark in den Garten. Er brauchte jetzt unbedingt eine Denkpause. Mit zittrigen Händen zündete er sich eine Zigarette an und setzte sich auf eine der Liegen. Die leichte Brise kräuselte das Poolwasser. Gedankenverloren beobachtete er die Oberfläche, in der sich die Sonne spiegelte.

Was sollte er jetzt unternehmen? Würde die ganze Brutalität von vorne anfangen? Übernahm George jetzt die Position von Bügelfalte?

Noch während er grübelte, hörte er plötzlich ein „Pssst“. Er schaute sich um und entdeckte an einem der Fenster eine Hand. Vorsichtig stand er auf, schlenderte wie absichtslos in Richtung Mauer und sah das Gesicht der Frau, die ins Haus geschleppt worden war. Mark traute sich nicht, näher heranzugehen. Zu groß war die Gefahr, von Jack oder einem der anderen erwischt zu werden. Von weitem fragte er und schaute sich dabei um: „Wer bist du?“

Leise antwortete sie: „Hör zu, Mark. Mach dir keine Sorgen um mich. Wer ist alles im Haus?“

Erneut schaute sich Mark um, bevor er raunte: „Drei weiße Südafrikaner und ein Farbiger. Dann noch die Jungs und ich.“ Sein Blick blieb an der Haustür kleben. „Der dich geohrfeigt hat, will zu dir kommen und dich ausquetschen.“

Überrascht hörte er ihr Kichern. „Na, der wird sich freuen. Mach dir um mich keine Sorgen.“

Jack trat aus der Tür. Mit in den Seiten gestemmten Armen brüllte er: „Was machst du da? Komm rein und kümmere dich gefälligst um die Jungs.“

Mark baute sich vor ihm auf. „Die Jungs sind wieder völlig durch den Wind. Glaubst du, dass diese Brutalität ihnen hilft, sich zu konzentrieren? Lass sie erst einmal wieder mit der neuen Situation umgehen."

„Komm rein!", zischte Jack wütend.

Mark grinste ihn an. „Das würde mich an deiner Stelle auch ärgern. Fremde bestellen, die die Gegend unsicher machen sollen – aber den eigenen Leuten nichts davon sagen."

Jack nickte heftig. „Ja, das ist typisch für die hohen Herren!" Er versuchte nicht, seinen Ärger und seine Frustration zu verbergen.

„Das musst du aber nicht an mir auslassen, Jack", erwiderte Mark. „Und auch nicht an den Jungs." Er zögerte. „Pass lieber auf George auf. Der macht sonst Dummheiten."

Jack sah ihn erstaunt an und grinste. „Meinst du die Kleine?"

Mark musste sich beherrschen. „Ja, Jack. Lass ihn nicht an sie heran. Oder brauchst du noch eine Katastrophe?"

Bevor Jack reagieren konnte, gellte ein markerschütternder Schrei aus dem Zimmer der Fremden. Wie von einem Skorpion gestochen rannte er ins Hausinnere. Mark hinterher. Jack riss die Tür auf und fand George zusammengekrümmt und bewusstlos neben dem Bett der Fremden. Sie saß seelenruhig auf dem Stuhl am Schreibtisch. Unschuldig lächelte sie die beiden an. „Er wollte nicht hören; seine Finger nicht von mir lassen. Mir blieb nichts anderes übrig, als ihn in die Eier zu treten."

Nur mit Mühe konnte Mark ein Grinsen unterdrücken, während Jack sich besorgt über seinen Kumpel beugte. Er tätschelte ihm die Wangen und versuchte, ihn wach zu bekommen. Nach einer Weile begann der am Boden Liegende zu stöhnen und sich auf den Rücken zu drehen.

„Hab ich dir nicht gesagt, du sollst sie in Ruhe lassen?", brüllte Jack ihn an. „Du Blödmann!" Wütend stieß er ihn mit der Faust in die Seite. „Schalte mal dein Gehirn ein, du Schwachkopf!"

Allmählich kam George wieder zu sich und jaulte: „Das wirst du mir büßen, du Schlampe! Verlass dich drauf!“

„Raus! Du Bastard!“, fauchte Jack. Dann drehte er sich zu der Frau um. „Das war nicht besonders klug von dir. Wie heißt du?“

„Pfeif deinen Straßenköter zurück und halte ihn mir vom Leib. Beim nächsten Mal kommt er nicht so glimpflich davon.“

Jack baute sich vor ihr auf und stemmte beide Arme in die Seite. „Wie heißt du?“, wiederholte er.

Die Frau zuckte mit den Schultern. „Nenn mich einfach Mary-Ann.“

„Wo kommst du her?“

Sie grinste ihn an. „Aus San Lameer.“

„Hast du was mit den anderen Frauen zu tun?“

„Sieht so aus“, erwiderte sie. „Die haben mir gesagt, dass es hier viele Vögel zu beobachten gibt.“

Mark sah die Unsicherheit in Jacks Augen.

„Die ist doch völlig harmlos“, mischte er sich ein. „Wie könnt ihr harmlose Touristen kidnappen? Und was machst du, wenn die Polizei nach ihr sucht und von den anderen Frauen erfährt, dass sie hierher wollte?“

„Lady“, brummte Jack, „halte dich besser zurück. Wenn die Bullen kommen, wissen wir von nichts. Kapiert?“

Zu Marks Verwunderung nickte die Frau. „Ja, hab ich verstanden. Ich verhalte mich ruhig.“

Jack stapfte hinaus und Mary-Ann zwinkerte Mark mit einem Auge zu.

Was soll das?, fragte er sich irritiert. *Was hat sie vor?*

*

*

*

***Donnerstag, 08. November 2012 – 06:43 Uhr – Athen (Griechenland)**

Als Richard erwachte, war es dunkel. Er tastete den Nachttisch ab und knipste die kleine Lampe am Bett an. Seine Armbanduhr zeigte 06:43 Uhr. Noch ein wenig schlaftrunken ließ er sich in sein Kissen zurücksinken. Er hatte fünfzehn Stunden geschlafen. Es verwunderte ihn nicht. Immerhin hatte er eine Mammutreise hinter sich gebracht.

Früher hat mir das nichts ausgemacht, dachte er. *Vielleicht ist das so, wenn man auf die sechzig zugeht.* Er richtete sich auf, klopfte das Kissen zurecht und lehnte sich zurück.

Und was hat die Reise gebracht?, fragte er sich.

Xi-Jiong würde, aalglatt wie er immer war, sein Fähnchen nach dem Wind drehen. Wladimir war ein netter Kerl, wenn auch ziemlich ungehobelt. Aber bei ihm wusste Richard, woran er war. Und so, wie er ihn einschätzte, würde er sich der neuen Organisation anschließen, sofern er nur sein Gesicht wahren konnte. Klar, wenn es keine Alternative mehr gab, konnte er seine Meinungsänderung vor seinen Freunden rechtfertigen.

Aber es blieb dabei – beide wollten zuerst die Mehrheit innerhalb der *Organisation*.

Jetzt musste er Joannis bekehren. Wenigstens ein Patt herbeiführen.

Und dann?, fragte er sich. *Ja, dann kommt nur noch Piet in Frage. Alle anderen kann ich vergessen.*

Der Morgen dämmerte. Richard schlüpfte in seinen Jogginganzug und suchte die Küche. Er hatte Durst. Als er die Treppe herabstieg, sah er unter einer der Türen einen Lichtstreifen. Leises Geschirrklappern war zu hören. Nach kurzem Anklopfen betrat er den Raum und fand eine junge Frau vor, die offensichtlich das Frühstück vorbereitete. In gebrochenem Englisch fragte sie. „Sie essen?"

Er schüttelte den Kopf. „Bitte nur Orangensaft und Kaffee."

„Gut. Sie draußen. Ich bringen gleich."

Als er durch die Terrassentür trat, begrüßte ihn die kühle Meeresluft, die er tief einsog. Spontan machte er ein paar Dehnübungen, die seine Lebensgeister wecken sollten. Ja, gestand er sich ein, seit Wochen hatte er sein Fitnessprogramm vernachlässigt. Er fühlte sich nicht sonderlich wohl bei diesem Gedanken und beschloss, nach seiner Rückkehr in Tampa wieder mehr Disziplin an den Tag zu legen.

Die junge Frau stellte das Tablett mit dem Organgensaft und dem Kaffee auf dem Tisch ab, lächelte Richard zu und verschwand wieder im Haus. Während er den frischgepressten Saft in kleinen Schlucken genoss, ließ er den Blick über das Meer gleiten. *Fast wie auf Mallorca*, dachte er und atmete erneut die kühle Morgenluft tief ein. *Hier könnte ich gut und gerne ein paar Tage bleiben*, schoss es ihm durch den Kopf. Ja, er sehnte sich nach einer Pause. Wann hatte er das letzte Mal Urlaub gemacht? Urlaub mit Dorothy? Nur er und sie. Ohne Termine. Ohne Hektik. Ohne Anspannung.

Dorothy!

Bevor er weiter über seine Frau nachdenken konnte, erschien Joannis – ebenfalls im Jogginganzug.

„Guten Morgen, Richard. Hast du gut geschlafen?“

„Und ob!“ Richard erzählte seinem Freund von seinen Gedanken an Urlaub – mit Dorothy.

„Du bist herzlich eingeladen, mein Lieber. Gönn dir einfach mal ein paar Tage.“

Richard überlegte. „Ja, du hast recht. Wenn ich wieder in Tampa bin, werde ich mit Dorothy reden.“ Er zögerte. „Gilt die Einladung auch dann noch, wenn die *Organisation* auseinanderbricht?“

Der Grieche sah ihn an und brach in schallendes Gelächter aus. „Hey, alter Freund. Was hat das mit der *Organisation* zu tun? Wie lange kennen wir uns, Dick? Zehn Jahre? Fünfzehn?“

Richard nickte. „Ja, so in etwa. Ganz bestimmt zehn Jahre.“

„Aber wir kennen uns immer noch nicht wirklich, nicht wahr?“

„Nein“, gestand der Amerikaner. „Du hast recht, Joannis. Wir haben uns nie die Zeit genommen, einander wirklich kennenzulernen. Ich weiß nicht einmal, ob du verheiratet bist.“

Joannis nickte. „Ja, ich bin verheiratet und habe sechs Kinder. Aber auch ich kannte weder deine Frau noch deine Tochter – zumindest nicht vor ihrem Auftritt in Mallorca.“

„Wo sind deine Frau und deine Kinder?“

Bevor der Grieche darauf eingehen konnte, erschien die junge Frau, die Richard in der Küche angetroffen hatte. Sie sagte etwas auf Griechisch, Joannis nickte und stand auf.

„Unser Freund, Lester Giles, ist am Telefon. Ich bin gleich zurück, Richard.“

Joannis kam in Begleitung der Haushälterin zurück, die auf einem großen Teewagen das Frühstück auf die Terrasse schob und alles auf dem Tisch verteilte.

Mittlerweile war die Wärme der Sonne zu spüren und nachdem die Hausangestellte wieder verschwunden war, grinste Joannis von einem Ohr zum anderen.

Er griff zu Messer und Gabel und begann mit seinem Frühstück. Richard tat es ihm gleich.

„Es hat funktioniert!“ Joannis sprach mit vollem Mund. „Die chinesische Börse wurde vorzeitig geschlossen.“

„Gott sei Dank!“ Richard war erleichtert. „Wenigstens das hat funktioniert. Jetzt geht es endlich voran.“

„Ja“ bestätigte Joannis, „aber das war noch nicht alles. Unser Freund Piet hat große Probleme. Seine Firma ist abgebrannt.“

„Wie ist das passiert?“

„Lester meinte, dass wohl Sabotage dahintersteckt.“

„Du meinst Brandstiftung?“

Der Grieche schüttelte den Kopf. „Nein, Dick. Es hat wohl eine Explosion gegeben. Piet vermutet einen Bombenanschlag.“

„Und? Hat er eine Ahnung, wer dahintersteckt?“

„Nun ja…“, Joannis zögerte. „Er ist sich nicht sicher. In der letzten Zeit hat es wohl Unruhen unter den Arbeitern gegeben. Aber der Ärger mit der Supta-Familie könnte auch ein Grund sein.“

Richard schüttelte den Kopf. „Piet hat es nicht leicht.“

„Er ist aber auch ein Dickkopf!“, brauste Joannis auf. „Und ein eitler Pfau! Dass der sich Feinde gemacht hat, kann ich mir sehr gut vorstellen.“

Richard überlegte einen Augenblick. „Und was ist, wenn es mit unserem Projekt zusammenhängt?“

Joannis erschrak. „Mal den Teufel nicht an die Wand! Das wäre eine Katastrophe. Aber… das passt nicht zum Erfolg mit dem Börsenrechner. Oder?“

„Jedenfalls dürfte Piet in Südafrika sein und ich muss meinen Plan ändern.“

Spontan legte der Grieche sein Besteck an die Seite, sprang auf und meinte: „Ich ruf Piet an. Mal hören, was er zu sagen hat.“ Er wartete nicht auf Richards Reaktion und ging entschlossenen Schrittes ins Haus.

Es war ein Fehler, Piet das Projekt zu überantworten, dachte Richard. *Wir hätten es Donovan übertragen sollen.*

*

*

*

Donnerstag 08. November 2012 – 11:58 Uhr – Dougs Jagdfarm (Südafrika)

„Nein! Das darf ja wohl nicht wahr sein!“ Konrad konnte sich kaum beruhigen. „Ich hab doch ausdrücklich gesagt: Keine Ausflüge mehr zum Mzamba!“ Er rannte wie ein Löwe im Käfig hin und her. „Was habt ihr euch dabei gedacht?“ Ärgerlich und besorgt schaute er Vera an. „Die haben sie tatsächlich entführt?“ Er blieb vor ihr stehen. „Und wie bist du davongekommen?“

„Jetzt reg dich ab, Konrad“, erwiderte Vera. „Elly hätte die beiden leicht ausschalten können, aber offenbar wollte sie das nicht.“

Konrad traten fast die Augen aus den Höhlen. „D… du… meinst, sie hat… sie hat das so gewollt?“

Die Frau schüttelte den Kopf. „Gewollt? Nein, das glaube ich nicht. Aber ich bin mir nicht sicher. Vielleicht wollte sie die Situation nicht eskalieren lassen. Vielleicht hätte das Mark gefährdet.“

„Verfluchte Scheiße!“ Erneut rannte Konrad in der Boma auf und ab. „Jetzt müssen wir schnell sein. Verdammt schnell!“ Mit den Händen hinter dem Rücken wanderte er ununterbrochen hin und her. Wieder blieb er vor ihr stehen.

„Mensch, Vera! Ihr habt unseren ganzen Plan kaputtgemacht.“

Er drehte sich zu Friedhelm um. „Wir müssen die Operation spätestens morgen durchziehen. Wir können nicht mehr bis nächste Woche warten. Wer weiß, was die sonst mit Elly machen.“

Er ließ sich auf einen der Stühle fallen und grübelte.

„Dieter, hol mir einen Zettel und einen Stift. Wir werden Mark über Unathi informieren, dass es morgen losgeht.“

„Meinst du, dass Lou das so schnell schafft?“, wollte Svenny wissen.

„Muss er!“, erwiderte Konrad schroff. „Es gibt keine Alternative.“

„Nein!“ Friedhelm war aufgesprungen. „Du wirst jetzt keine übereilte Entscheidung treffen. Wir brauchen den morgigen Tag, um einen neuen Plan in allen Einzelheiten auszuarbeiten. Frühestens am Samstag gehen wir rein. Keinen Tag eher!“

Konrad zögerte einen Moment, nickte und kritzelte ein paar Worte auf den Zettel. Er übergab ihn Friedhelm. „Hier, mach dich auf den Weg. Dann weiß Unathi Bescheid und kann Mark instruieren.“

Friedhelm schaute auf das Papier, nickte ebenfalls und fuhr davon.

Erneut wandte sich Konrad an Vera. „Wieso bist du entkommen?“

„Wir haben den Wagen da geparkt, wo der erste Weg zum Fluss führt; da, wo ihr auch geparkt habt, als das Tamtam mit den Zulus anfing. Ich hatte meine Strandtasche vergessen und bin nochmal zum Auto gegangen. Als ich wieder zurückkam, habe ich gerade noch gesehen, wie zwei Farbige sie aus dem Gebüsch zerrten.“

„Waren sie bewaffnet?“

„Nein, Konrad… zumindest konnte ich nichts sehen. Deshalb glaube ich auch, dass sie absichtlich mitgegangen ist. Du weißt genau, dass sie mit zwei Männern ganz leicht fertig wird.“ Sie zögerte. „Zumal die beiden nicht sonderlich groß oder kräftig waren.“

„Wo ist die Ausrüstung?“

„Sie haben nur die Kamera mitgenommen. Alles andere ist unter den Büschen liegengeblieben. Ich hab nur noch zugesehen, dass ich so schnell wie möglich hierherkam.“

Konrad kramte sein Handy aus der Hosentasche und wählte. „Lou? Wir haben ein Problem.“ Er berichtete von Ellys Entführung. „Wir marschieren am Samstag rein.“

„Was?“ Lou war empört. „Das ist zu früh. Das schaffe ich nicht! Können wir nicht bis Mittwoch warten? Ich kriege erst am Montag die Architektenpläne vom Haus. Kannst du nicht wenigstens bis Dienstag warten?“

„Nein! Samstag um genau 12 Uhr. Keine Sekunde länger!“

„So ein Mist!“, fluchte Lou. „Ich versteh dich ja, Konrad. Elly ist dir wichtig und du willst keine Zeit verlieren. Nur, jetzt dürfen wir nicht die Nerven verlieren und unüberlegt aus Emotionen heraus handeln. Gib mir wenigstens noch bis Sonntag. Wenigstens einen Tag mehr. Ich seh zu, was ich machen kann.“

„Ruf mich spätestens um 18 Uhr heute Abend an. Danach fahren wir zum Haus. Unathi wird um 20 Uhr dort aufkreuzen. Du irrst, wenn du glaubst, dass ich unüberlegt handeln könnte. Weißt du, Lou, du musst aus deinem Kästchendenken raus. Alles genau planen und dann strikt danach handeln.“ Er zögerte. „Du kannst ja gern weiter auf den optimalen Moment warten“, setzte er hinzu. „Ich jedenfalls, bin spätestens am Samstag im Haus und hole Elly und Mark da raus. Ob mit dir oder ohne dich!“

„Alles klar, Konrad. Hast du schon gehört?“

„Was?“

„Na, das mit der chinesischen Börse.“

„Ja, habe ich eben in den Nachrichten gehört.“

„Der chinesische Geheimdienst hält sich bedeckt. Sie wollen keine Unterstützung.“

„Das ist mir scheißegal, Lou. Ich kümmere mich um Elly und Mark. Alles andere ist euer Ding.“

Das Handy wurde entsorgt.

„Also“, sagte Konrad und holte tief Luft. „Heute Abend, wenn Unathi im Haus ist, machen wir die elektrische Überbrückung am Zaun und schneiden das Loch hinein. Es muss groß genug sein, dass zwei Leute gleichzeitig durchkriechen können.“

„Wo genau soll das Loch sein?“, erkundigte sich Dieter.

„Auf der Seite, die zum Meer liegt. Wir können uns ungesehen vom Flussufer über die Mündung am Strand entlang ans Haus schleichen. An dieser Seite des Grundstücks sind genügend Bäume und Sträucher, die uns Sichtschutz geben. Auf demselben Weg gehen wir zum Auto zurück. Morgen früh tummeln wir uns alle gemeinsam lautstark am Strand. Mal sehen, wie die Reaktion ausfällt.“

„Was hältst du davon, wenn wir die Jungs von Jimmys Farm mitnehmen?“, fragte Dieter.

„Du meinst Michael, Aaron, Samuel und Charly?“

„Ja, genau die.“

Konrad dachte einen Augenblick nach. „Ja… vielleicht. Aber… ich meine, wir vier und vier Frauen sind zum jetzigen Zeitpunkt richtig. Vielleicht sollten die Jungs von Jimmys Farm als Reserve im Hintergrund bereitstehen. Aber am Samstag müssen sie unbedingt dabeisein. Dann können wir jede Hand gebrauchen.“

„Was ist mit Mgwazeni? Können wir den nicht zum Ablenken einsetzen?“

„Ich werde ihn anrufen, wenn sich Lou gemeldet hat.“

„Das heißt“, fasste Dieter zusammen, „Vera, Gabi, Lena, Marie, Konrad, Friedhelm, Svenny und ich sind heute Abend verdeckt und morgen provokativ am Strand.“

„Und was ist mit Sarah?“, hakte Vera nach.

„Die bleibt auf jeden Fall in San Lameer.“ Konrad duldete keinen Widerspruch.

„Allein?“

„Nein! Lou wird auf sie aufpassen. Und zwar höchstpersönlich!“ Er grinste.

*

*

*

Donnerstag, 08. November 2012 – 10:24 Uhr – Athen (Griechenland)

Als Joannis auf die Terrasse zurückkehrte, zuckte er mit den Schultern „Piet ist nicht erreichbar. Auch sein Sonderhandy ist auf Mailbox geschaltet. Wir sollten es später noch einmal versuchen.“

„Ja, das sollten wir unbedingt. Aber… mir ist etwas eingefallen. Erinnerst du dich, was Samuel Bernstein gesagt hat? Er hätte noch Verbindungen zum Mossad? Ruf ihn an. Vielleicht kann er was dazu sagen.“

„Das ist gut, Dick. Sehr gut.“

Joannis verschwand erneut im Haus.

Nur kurze Zeit später kam er zurück und sein Gesichtsausdruck verhieß nichts Gutes.

„Du hattest recht, Richard“, seufzte er. „Der Mossad steckt dahinter. Die haben rausgekriegt, dass die Blenmore Company den iranischen Erzfeind mit Uran versorgt hat.“

„Ach du Scheiße!“, fluchte Richard, eine Eigenart, die er höchst selten an den Tag legte. „Das ist kein Zufall, Joannis.“

Der Gedanke, dass das Projekt ‚Schwarze Mamba‘ auf der Kippe stand, versetzte ihn in Aufruhr. Er erhob sich und ging zum Terrassenende. Seine Hände umklammerten das Geländer und er knurrte: „Es war ein verdammter Fehler, Piet mit dem Projekt zu betrauen.“

Joannis stellte sich neben ihn. „Nutzt nichts, Richard. Jetzt ist es zu spät.“

„Verfluchte Scheiße!“ Richard schlug mit der Faust auf das Geländer. „Und was machen wir jetzt?“

„Meinst du nicht, dass die *Organisation* darüber befinden sollte?“

„Du hast recht“, stöhnte Richard. „Ich mach den großen Rundruf und hör mal, was die anderen dazu sagen.“

Joannis grinste. „Na was wohl? Die machen sofort alle den großen Rückzieher. Mit einem Misserfolg wollen sie nichts zu tun haben. Du kennst das doch, oder? Wenn’s drauf ankommt, verkriechen sich die Herren der *Organisation* genauso wie die so genannten Realpolitiker. Sie tauchen ab und wollen mit nichts zu tun haben.“

„Und wer soll die Scherben beseitigen?“

„Das wird an Piet hängenbleiben.“ Joannis zögerte. „Und wahrscheinlich an dir, mein Freund.“

Ausgerechnet Piet, dachte Richard. *Der soll doch die letzte Stimme für die Statutenänderung sein. Vielleicht ist er für einen Deal zu haben*, schoss es ihm durch den Kopf. *Ich helfe ihm bei der Scherbenbeseitigung und er stimmt für die Änderung. Ob er sich darauf einlässt?*

*

*

*

*Donnerstag 08. November 2012
– 17:12 Uhr – Dougs Jagdfarm (Südafrika)

„Ja?“, knurrte Konrad ins Handy.

„Pass, auf, Konny“, hörte er Lous Stimme. „Der CIA wird am Samstagmittag mit mehreren Booten vor der Mündung des Mzamba rumkurven.“

„Bist du verrückt?!“ Konrad war auf den Beinen.

„He! Langsam! Hör erst mal zu! Die Boote liegen im Moment in Port Edward. Für die kurze Strecke bis zur Flussmündung brauchen die höchstens zehn bis fünfzehn Minuten. Sie werden also erst einmal unsichtbar bleiben.“

„Wozu der Aufwand? Die sollen bleiben wo sie sind!“

„Konrad, hör zu! Es ist nur für alle Fälle. Die haben größere Waffen an Bord – falls die gebraucht werden.“

„Was? Müssen wieder mal ein paar überalterte Waffen entsorgt werden? Bei meiner Aktion? Du tickst wohl nicht mehr sauber! Wenn die unsere Aktion behindern oder sich einmischen, mache ich die höchstpersönlich kalt – und zwar jeden Einzelnen. Das schwör ich dir!“

„He! Halblang! Die wissen Bescheid. Die kommen euch nicht in die Quere. Erst wenn Elly, Mark und die Jungs in Sicherheit sind, dürfen sie aktiv werden. Das wissen die ganz genau.“

„Trotzdem, Lou. Das passt mir nicht! Ich trau denen nicht die Bohne!“

„Damit musst du jetzt leben, mein Lieber. Die Jungs vom MI 6 sind im Casino Hotel und können in wenigen Minuten ebenfalls vor Ort sein.“

„Oh nein!“ Konrad stöhnte laut auf. „Noch so’n paar Ar… Aufschneider. Jetzt erzähl mir nur noch, wo der Mossad ist.“

„Die kannst du beruhigt vergessen. Die sind im Moment anderweitig beschäftigt. Ganz im Norden. Fast an der Grenze nach Zimbabwe.“

„Auch die vier auf Jimmys Farm?“

„Nein. Die sind noch da. Warum?“

„Gott sein Dank. Die brauchen wir am Samstag hier. Aber… darum kümmere ich mich selbst.“

Er entsorgte das Handy und rief seine Crew zusammen.

„Okay. Es kann losgehen. Wir fahren mit zwei Landrovern. Packt alles wie besprochen in den einen und die Funkgeräte in den anderen Wagen. Wir müssen uns ranhalten. Unathi wird pünktlich sein und wir müssen die Zeit nutzen. Solange er im Haus ist, sind alle abgelenkt.“

*

Um 18:35 Uhr trafen sie an der Stelle ein, an der auch Vera zuvor geparkt hatte. Dieter huschte geduckt zum Eingangsbereich des Hauses und versteckte sich im Gebüsch gegenüber von der Toreinfahrt. Er würde Bescheid geben, wenn Unathi eintraf.

Konrad, Svenny und Friedhelm schleppten die Taschen mit den Werkzeugen zum Strand und warteten auf Dieters Signal. Die grellen Scheinwerfer, die den Garten bis in den letzten Winkel ausleuchteten, reichten vollkommen aus, um die Geräte, die sie für ihre Aktion brauchten, bereitzulegen. Friedhelm kroch zunächst nach rechts und dann nach links, um zu sehen, wo der Stromkontakt den Zaun mit Energie versorgte.

„Das ist ganz einfach“, flüsterte er. „Wir können nur hoffen, dass die Anlage nicht mit anderen Quellen vernetzt ist.“

„Was dann?“ Konrad wollte auf alles vorbereitet sein.

„Dann geht für einen Moment alles anderes mit aus.“

„Okay. Legt schon einmal die Drähte hin, dann geht es schneller.“

„Mach dir keinen Kopf“, meinte Friedhelm. „Ist dir noch nicht aufgefallen, dass die Stromversorgung in Afrika häufig von kleinen Aussetzern begleitet wird? Das fällt keinem auf. Das halten die für völlig normal.“

Svenny verlegte das Kabel von einer Seite des Gartens zur anderen, löste die Isolierung an den Enden und setzte Klammern an. Er würde auf der linken Seite ansetzen und Friedhelm zeitgleich auf der rechten.

Es knackte leise im Funkgerät und Konrad hörte Dieter flüstern. „Sie kommen."

„Okay", raunte Konrad zurück. „Bleib auf deiner Position. Wenn was Ungewöhnliches passiert, sag Bescheid."

„Roger!"

Konrad schaute auf seine Uhr. Um genau 19:15 Uhr gab er das Signal.

Svenny und Friedhelm hakten das Kabel ein und für einen kurzen Augenblick wurde es stockfinster. Doch schon im nächsten Augenblick ging alles Licht wieder an und Konrad begann, den Zaun zwischen den beiden Kontaktstellen durchzuschneiden. In wenigen Minuten war der Zaun durchtrennt und Friedhelm befestigte das lose Stück provisorisch mit zwei dünnen Drähten. Ein oberflächlicher Betrachter würde nichts von dem Loch im Zaun ahnen.

„Dieter?", flüsterte Konrad, „wir sind fertig und gehen zum Auto zurück. Du bleibst noch, bis Unathi weg ist. Dann kommst du auch."

Als von Dieter keine Antwort kam, wiederholte Konrad seine Ansage. Nachdem erneut keine Rückmeldung erfolgte, war er alarmiert. „Friedhelm, Svenny – ihr geht zum Auto. Ich schau nach, was mit Dieter los ist. Hier! Nehmt das Funkgerät mit und bleibt auf Empfang."

Ohne zu warten, kroch Konrad bis zum Ende des Zauns, kletterte die sandige Anhöhe hinauf, kämpfte sich durch das dichte Gebüsch und fand Dieter bewusstlos unter einem Strauch – das Funkgerät daneben. Er steckte das Walkie-Talkie in seine Tasche und zog den Kumpel hinunter an den Strand. Auf keinen Fall durften die Hausbewohner etwas mitbekommen.

„Svenny?", zischte Konrad ins Funkgerät.

„Ja?“

„Komm zurück. Dieter ist bewusstlos. Wir müssen ihn zum Auto tragen. Du, Friedhelm, nimmst Dieters Platz ein. Ich muss wissen, ob mit Unathi alles in Ordnung ist. Wenn er rauskommt, fange ihn auf dem Weg ab.“

Gemeinsam mit Svenny trugen die Männer den Ohnmächtigen zum Auto. Gerade als sie ihn ins Fahrzeug heben wollten, knackte es im Funkgerät. „Konny?“

„Ja!“

„Hier ist ein Schlangennest.“

„Und?“

„Ich hab eine erwischt und bringe sie später mit.“

„Nein, Friedhelm, sofort! Komm sofort!“

Erneut knackte es. „Unathi kommt gerade raus.“

„Umso besser.“

Es dauerte nur wenige Minuten, bis Konrad auf den Häuptling und die Sangoma traf.

Mit wenigen Worten erklärte Konrad die Situation. Im selben Augenblick kam Friedhelm mit einer der Schlangen angelaufen. Er hatte ihren Kopf abgetrennt. „Ist die giftig?“, sprudelte es aus ihm heraus.

Die Sangoma schüttelte den Kopf. „Nein. Das ist eine Eierschlange. Die sieht zwar aus wie eine Puffotter, ist aber harmlos.“

„Du sprichst unsere Sprache?“ Friedhelm wunderte sich.

Unathi kicherte. „Selbstverständlich! Nur wenn Touristen kommen, machen wir unser Spielchen – der große Häuptling muss die geheimnisvolle Sangoma übersetzen.“

„Friedhelm?“, murmelte es aus dem Funkgerät.

„Was ist?“

„Dieter kommt zu sich.“

Umgehend liefen die vier zum Wagen.

Dieter stöhnte und versuchte, aufzustehen. Auf wackeligen Beinen hielt er sich am Wagen fest. Es dauerte eine Weile, eher er sich erinnerte.

„Die Schlangen!“

Konrad grinste und hielt ihm das tote Exemplar vor die Nase.

Dieter verdrehte die Augen und sackte wortlos in sich zusammen.

*

*

*

Donnerstag, 08. November 2012 – 18:48 Uhr – Wild Coast (Südafrika)

Kurz vor dem Abendessen traf Mark im Salon auf Jack, der sich einen doppelten Aperitif genehmigte.

„Was ist los mit dir, Jack“, fragte er den Schlaksigen.

„Nichts“, brummt der Aufpasser verärgert. „Ich hab mit Mister Fielding gesprochen. Wegen dieser Frau.“

„Und? Was hat er gesagt?“

„Er will am Samstag kommen und selbst mit ihr reden.“

„Das hört sich nicht gut an.“

Verärgert stapfte Jack zur Anrichte und goss sich einen weiteren Drink ein. „Ich kenne ihn zwar nicht gut, aber gut genug, dass ich nicht in der Haut dieser Frau stecken möchte.“

„Warum?“

„Weil dieser Typ Killerblut in seinen Adern fließen hat. Im Gegensatz zu van Guysen. Der ist zwar kalt wie eine Hundeschnauze, aber der bringt keinen um. Aber Fielding? Der hat keine Skrupel, die Frau zu… eliminieren, abzumurksen, zu entsorgen wie einen alten Putzlappen.“

Jack nahm ein weiteres Glas Whiskey mit in den Speiseraum.

Nach dem Abendessen hatten sich alle im Salon versammelt. Man wartete auf Unathi.

Lucas gebärdete sich nervös und konnte kaum stillsitzen. Immer wieder stand er auf und richtete die Flaschen auf der Anrichte neu aus. Als es läutete, zuckte er zusammen. George ließ den Besucher herein.

Unathi trug wieder seine traditionelle Kleidung und hatte eine alte Frau im Schlepptau, die er als Sangoma vorstellte.

„Mach es kurz, Unathi“, knurrte Jack. „Wir wollen nicht zuviel Zeit verlieren.“

„Du solltest sehr vorsichtig sein“, raunzte die Frau. „Unsere Ahnen mögen es gar nicht, wenn man sie unter Zeitdruck setzt.“

Ihr Blick fiel auf Lucas, der ihr fast ängstlich begegnete. „Komm, hilf mir Platz zu schaffen“, ordnete sie an. „Schieb den Tisch an die Seite.“

Lucas beeilte sich, dem Wunsch zu entsprechen.

„Setzt euch in eine Runde“, bat Unathi, „damit ich jeden der Tradition gemäß sehen kann.“

„Schiebt die Sessel in einen Kreis“, brummte Jack. „Je eher wir fertig sind, desto besser.“

George und Joe kamen der Aufforderung nach, doch ihr Gesichtsausruck verriet, dass sie die Zeremonie langweilte und für höchst überflüssig hielten.

Mark beobachtete, wie die alte Frau die beiden abschätzig musterte.

Als die Sessel in der Runde standen und alle ihre Plätze eingenommen hatten, setzte sich die Frau mit gekreuzten Beinen in die Mitte und begann einen eigenartigen Singsang. Sie entnahm einem kleinen Lederbeutel eine Handvoll Knochen, Steine und Federn und warf sie vor sich hin.

Noch nie hatte Mark etwas Vergleichbares erlebt. Die Frau steigerte sich regelrecht in ihren Singsang hinein. Fasziniert beobachtete er, wie sie mit dem Zeigefinger über die Knochen strich, die Steine immer wieder umdrehte und die Lage der Federn beäugte.

Unathi begann, jedem Einzelnen die rechte Hand zu geben. Und während er die Hand in der seinen hielt, legte er seine linke Hand darüber. Dann beugte er sich hinab und flüsterte dem Betreffenden etwas ins Ohr, das Mark nicht hören konnte. Allerdings war bei allen Angesprochenen die Antwort stets die gleiche: „Ja, ich gebe meine Zustimmung."

Als Unathi bei Mark angekommen war, steigerte die Sangoma ihren Singsang noch einmal und zog mit ihrer wilden Gestik die Aufmerksamkeit der Anwesenden auf sich.

Der Häuptling drückte Mark ein Stück Papier in die Hand, umschloss sie mit seiner zweiten Hand und flüsterte ihm ins Ohr: „Auf dem Zettel ist eine wichtige Nachricht für dich. Sag jetzt dasselbe wie die anderen; dass du zustimmst."

„Ja, ich gebe meine Zustimmung", ließ sich Mark vernehmen und Unathi richtete sich in voller Größe auf, so dass Mark einen Moment vor den Blicken der anderen verborgen blieb.

Rasch steckte er den Zettel in seine Hosentasche.

Die Sangoma richtete sich ebenfalls auf. „Ist jetzt alles in Ordnung?", wollte Unathi von ihr wissen.

„Nein", erwiderte die alte Frau mit gerunzelter Stirn. „Es ist noch jemand im Haus."

Jack ließ ein aufgesetztes Lachen hören. „Das stimmt, aber die Dame fühlt sich nicht wohl. Bitte entschuldigt, das hatte ich ganz vergessen."

„Nun", entgegnete der Häuptling, „dann gehen wir zu ihr. Wenn es ihr nicht gut geht, beeilen wir uns."

„Das geht nicht!", mischte sich George ein.

„Willst du Unglück über dieses Haus bringen?" Die Sangoma hatte leise gesprochen.

Mark sah, wie Lucas die Augen weit aufriss. „Das könnt ihr nicht machen!", wehrte der Farbige heftig ab. „Wir kommen in Teufels Küche. Bitte!"

Jacks Augenlider flatterten. „Das Angebot ist sehr freundlich von dir, Unathi, aber ich möchte, dass es ihr bald besser geht. Und da ist Ruhe immer noch die beste Medizin."

Die alte Frau schüttelte den Kopf. „Nein, Mister. So schlecht geht es ihr nicht. Sie kann sehr wohl ihre Zustimmung geben."

„Es geht auch ganz schnell", bekräftigte Unathi.

Jack fühlte sich offensichtlich ertappt. Zornesröte stieg in seinem Gesicht auf. „Wenn ich Nein sage, dann heißt das… Nein!"

Die Sangoma kam mit zusammengezogenen Brauen auf ihn zu und nuschelte: „Das wirst du sehr bitter bereuen, Mister. Unsere Ahnen können sehr, sehr ärgerlich werden und dir eine Menge Scherereien machen."

Sie drehte sich um und stapfte hinaus. Unathi folgte ihr wortlos – bedachte Jack jedoch noch mit einem Blick, dass der Aufpasser zusammenzuckte. Joe sprang auf und rief: „Wartet! Ich mach euch das Tor auf."

Als Mark aufstand, zeterte Jack: „Wo willst du hin?"

„Auf's Klo."

Mark bemerkte den kurzen Wink mit dem Kopf, der George veranlasste, ihn bis zur Toilettentür zu begleiten.

Auf dem WC kramte Mark das Stück Papier hervor und las: „Samstagmittag 12 Uhr holen wir dich, Elly und die Jungs raus." Er zerriss den Zettel in winzige Stücke und spülte sie herunter.

Als er das WC verließ, war George verschwunden und Mark hörte Gemurmel aus dem Computerraum.

Er nahm Jerry an die Seite. „Hör zu. Ich hab gesehen, dass du gerne Avocados isst. Stimmt's?"

„Ja, und?"

„Tu mir einen Gefallen. Sag Lucas, du hättest Hunger auf Avocado und lass dir eine große Portion bringen."

„Was hast du vor?"

„Erzähl ich dir später."

Zehn Minuten später brachte Lucas das Gewünschte und Jerry begann, die Avocado zu vertilgen. Mark nahm sich drei Stücke davon und würgte sie runter.

„Danke, Jerry", sagte er und grinste.

Eine Stunde später krümmte sich Mark vor Schmerzen und ein knallroter Hautausschlag überzog Gesicht, Hals und Arme.

Jack war in heller Aufregung.

Nie hätte ich gedacht, dass mir meine Allergie mal nützen könnte, dachte Mark.

*

*

*

Freitag, 09. November 2012 – 09:34 Uhr – Louis Trichardt (Südafrika)

„Was ist los?", schnappte Pieter van der Merwe in den Hörer.

„Piet? Hier ist Richard. Richard McCormack."

„Ja, hallo, Richard. Was kann ich für dich tun? Ich bin im Moment im Stress."

„Hab ich gehört. Ist es schlimm?"

„Schlimm ist gar kein Ausdruck! Die haben die ganze Mine in die Luft gejagt."

„Hast du eine Ahnung, wer dahinter steckt?"

„Nein, aber ich bin sicher, dass die Gewerkschaft diese Schweinerei ausgeheckt hat!"

„Piet, tu mir einen Gefallen und setz dich hin. Ich hab eine Nachricht für dich, bei der du besser sitzt."

„Mach's nicht so spannend, Richard. Was ist Sache?"

„Es war nicht die Gewerkschaft, mein Lieber. Samuel Bernstein hat bestätigt, dass der Mossad hinter dem Anschlag steckt."

Ganz langsam ließ sich Piet in den Sessel fallen. „Was sagst du? Der Mossad? Aber… warum?" Er konnte kaum glauben, was der

Amerikaner ihm gerade eröffnet hatte. „Der Mossad? Aber… aber… weshalb?“

„Samuel meinte, dass du Uran in eins der Mullah-Länder geliefert hast. Stimmt das?“

„Oh mein Gott!“, stöhnte Piet und fühlte, wie sich sein Brustkorb zusammenzog. „Diese Bastarde!“

„Hör zu, Piet. Ich bin im Moment hier bei Joannis in Athen. Und wir beide, du und ich, hatten uns für nächste Woche in Zürich verbredet. Geht das klar?“

„Oh Mann! Das habe ich glatt vergessen.“

„Kein Wunder, alter Freund. Nur… ich stelle jetzt mal den Lautsprecher an, damit Joannis mithören kann. Ich wollte dich nächste Woche eigentlich fragen, wie du zu der Statutenänderung stehst. Aber nachdem, was du zu bewältigen hast, können wir das genauso gut auch jetzt am Telefon besprechen. Also? Was ist deine Meinung?“

„Na ja.“ Piet zögerte. „So wie ich das sehe, werde ich mich eher neutral verhalten. Ich will niemandem auf die Füße treten.“

„Ach, du denkst an Ibn-Tahim?“

„Zum Beispiel.“

„Wenn der rauskriegt, dass du in den Iran geliefert hast, kannst du die Scheichs als Verbündete ohnehin abschreiben.“

„Richard, es tut mir leid. Ich kann mich damit im Moment nicht beschäftigen. Bis wir uns zusammensetzen und abstimmen, kann ich es mir ja überlegen.“

„Nun ja… ich glaube, wir werden uns früher zusammenfinden müssen, als du denkst.“

„Und warum?“

„Ich bin fest davon überzeugt, dass uns durch deine Uran-Lieferung die Geheimdienste auf die Spur gekommen sind. Ich befürchte, wir werden unser Projekt ‚*Schwarze Mamba*‘ abbrechen müssen.“

Im Nu war Piet auf den Beinen und brüllte: „Bist du wahnsinnig? Ausgerechnet jetzt? Jetzt, wo wir mit der chinesischen Börse erfolgreich waren? Das kommt überhaupt nicht in Frage!“

„Dann hast du also die neuesten Nachrichten noch nicht gehört, was?“

„Nein! Dazu hatte ich noch keine Zeit.“

„Das solltest du unbedingt nachholen. Der chinesische Rechner an der Börse läuft wieder einwandfrei.“

„Ich ruf dich gleich zurück“, erwiderte Piet und knallte sein Handy auf den Tisch.

„Fielding!“, brüllte er. „Fielding! Komm sofort her!“

Clive Fielding erschien im Türrahmen zusammen mit Jan van Guysen. „Was gibt's?“

„Kommt rein und macht die Tür zu.“

Piet war außer sich.

„Was macht ihr da unten für einen Mist! Ich höre, dass der chinesische Rechner wieder funktioniert. Könnt ihr mir das erklären?“ Er haute mit der Faust auf den Tisch.

Clive und Jan schauten sich an und zuckten unisono mit den Schultern. „Keine Ahnung, Chef.“

„Was verstehen wir schon von Computern?“, ergänzte Jan. „Aber… gestern Abend haben sie in den Nachrichten gesagt, dass die Börse geschlossen ist. Ich versteh das nicht.“

„Hört zu, ihr dämlichen Versager. Morgen kommt der Experte, der feststellt, ob und wie die Mine wieder hergestellt werden kann. Aber am Samstag fliegen wir alle zusammen an die Küste. Und dann räumen wir auf – aber richtig! Klar?“

„Ja, Chef. Um wieviel Uhr sollen wir am Flugplatz sein?“

„Spätestens um neun.“

Nachdem Jan und Clive den Raum verlassen hatten, griff Piet zum Handy und rief Richard zurück.

„Also, mein Freund. Ich fliege am Samstag selbst an die Küste und sehe zu, dass der Plan eingehalten wird. Ich garantiere dir – das kriege ich wieder in Ordnung. Also, mein lieber Richard, warte mit dem Abbruch des Projektes wenigstens noch bis Sonntag. Dann dürfte unser Plan wieder auf Erfolgskurs sein. Kannst du noch so lange warten?“

Bevor Richard antworten konnte, setzte er hastig hinzu: „Ach ja… und das mit den Statuten… Ja, eigentlich sollten wir die ändern. Also gut! Du kannst mit meiner Stimme rechnen. Okay?“

*

*

*

Freitag, 09. November 2012 – 10:23 Uhr – Athen (Griechenland)

Richard legte sein Handy auf den Tisch und grinste Joannis an. „Damit hätten wir eine Patt-Situation für die Statutenänderung. Sieben zu sieben. Du kannst bezeugen, dass Piet dafür ist, nicht wahr?“

„Ja, Richard, das kann ich“, bestätigte Joannis. „Aber eine Mehrheit hast du immer noch nicht.“

„Nun – wir werden sehen. Auf jeden Fall treffen wir uns am Donnerstag auf Mallorca. Dann sind die vierzehn Tage um und wir haben eine Entscheidung zu treffen.“

„Also, am 15.11. um 12 Uhr in der Finca.“

„Ja. Ich rufe noch schnell die anderen an, damit sie Bescheid wissen. Könntest du für mich in der Zwischenzeit den nächsten Flug nach Tampa buchen?“

„Geht klar, mein Lieber. Und damit du nicht umsteigen musst, buche ich den nächsten Direktflug egal von wo und mein Pilot bringt dich dahin. Einverstanden?“

„Das ist furchtbar nett von dir, Joannis. Danke.“ Er zögerte kurz. „Was ist mir dir? Wie stehst du zu der Statutenänderung?“

Das, mein Lieber, erfährst du bei unserem Treffen am 15. Bis dahin habe ich eine Entscheidung gefällt."

*

*

*

Freitag, 09. November 2012
– 10:24 Uhr – San Lameer (Südafrika)

Konrad und Sven fuhren mit den Landrovern bis zur Einfahrt der Ferienanlage, an der die vier Frauen bereits auf sie warteten. Rasch waren die wenigen Utensilien eingeladen, als die Fahrt zur Küste begann.

„Ist Lou da?", fragte Konrad.

„Oh ja", grinste Vera. „Er ist mit Sarah an den Pool gegangen."

„Das wird ihm nicht schmecken", erwiderte Konrad und grinste. „Lou ist der Typ, der lieber plant, organisiert und aktiv ist. Leute bewachen ist absolut nicht sein Ding."

Dieses Mal fuhren sie wieder an die Stelle, an der Elly bevorzugt parkte – so nah an den Strand wie möglich. Als alle versammelt waren, sagte Konrad: „Ich möchte euch noch über etwas informieren. Bisher habe ich Robert von uns fern gehalten, aber…"

„Moment!", unterbrach ihn Friedhelm. „Robert? *Unser* Robert?"

„Ja, mein Lieber", erwiderte Konrad, „*unser* Robert. Er ist bis jetzt im Hintergrund geblieben. Niemand weiß, dass er auch hier ist. Vor allen Dingen sollte Lou nichts davon wissen. Robert ist an der Stelle, an der Elly die Fotos gemacht hat. Mit einem Fernglas beobachtet er das Haus und gibt uns über Funkgerät Nachricht, wenn sich etwas tut."

„Warum hast du uns nichts gesagt?", hakte Dieter nach. „Traust du uns nicht?"

„Unsinn!", empörte sich Konrad. „Ich wollte ihn nur soweit wie möglich aus der Schusslinie halten. Seine Frau, Lara, ist im achten

Monat schwanger. Ich will nicht, dass das Kind ohne Vater aufwächst. Robert bleibt im Hintergrund.“

Wieder bauten die Frauen das Netz auf und begannen mit dem Beach-Volley. Schon bald ging es am Strand recht lautstark zu.

Es dauerte nicht lange, bis an der Gartenmauer des Hauses vier Gestalten auftauchten, die mit Ferngläsern das Terrain absuchten. Robert konnte, gut getarnt, die Gesichter unterscheiden. Von den Fotos, die Konrad ihm gezeigt hatte, erkannte er die vier als Jack, Joe, George und Lucas.

Konrad hörte über den eingebauten Lautsprecher in seiner Sonnenbrille Roberts Beobachtung und ließ sich berichten, dass das Quartett recht aufgeregt gestikulierte.

„Die mögen den Anblick wohl nicht“, knurrte Konrad und grinste vor sich hin.

„Stimmt“, erwiderte Robert. „Ich bin gespannt, ob die uns die farbigen Aufpasser der Umgebung auf den Hals hetzen.“

Konrad warf den Ball absichtlich außerhalb des Spielfeldes und bückte sich. „Friedhelm kommt gleich zu dir, Robert. Ich will keine unliebsamen Überraschungen für dich.“ Nach kurzem Zögern, während er sich den Sand von den Unterschenkeln klopfte, fuhr er fort. „Hast du Ellys Kamera auf den Bildschirm bekommen?“

„Leider nicht“, hörte er seinen Kollegen und Freund. „Vielleicht hat sie die Brille nicht auf oder sie ist ihr abhandengekommen.“

„Versuch es weiter. Sie müsste uns jetzt hören. Laut genug sind wir ja.“

„Okay, ich versuch‘s weiter.“

*

Kaum dass Elly den Lärm am Strand vernommen hatte, stürmten Jack und George in ihr Zimmer.

„Wag‘ es nicht, auch nur einen Mucks von dir zu geben“, knurrte Jack drohend.

George drängte sich an ihm vorbei, stemmte die Fäuste in die Seiten und raunzte: „Wenn du nur einen einzigen, klitzekleinen Fehler machst, mach‘ ich dich platt. Denk‘ dran – ich hab‘ noch ein Hühnchen mir dir zu rupfen.“

Elly setzte sich im Bett auf und stützte sich auf ihre Ellbogen.

„Ich brauche meine Handtasche.“

„Wozu?“, bellte Jack.

„Da sind mein Lippenstift, meine Taschentücher, mein Parfum und meine Brille drin. Du kannst ja alles rausnehmen, was deiner nach Meinung gefährlich aussieht.“

Jack zeigte George mit einem Kopfschwenk an, dass er die Handtasche holen sollte. Mit unwilligem Grunzen drehte sich der Angesprochene um und trottete davon.

Kurz darauf inspizierte Jack das Innenleben der Tasche, entnahm Nagelfeile und Nagelschere und warf Elly den Behälter aus schwarzem Leder zu.

„Du weißt Bescheid! Keinen Mucks!“

Jack und George verließen Ellys Zimmer und schlossen sorgfältig die Tür hinter sich ab.

Mit einem Ruck saß Elly aufrecht, griff nach der Brille, schob den kaum sichtbaren Bügel an die Seite und setzte die Brille auf.

„Konrad? Hörst du mich?“, flüsterte sie.

Es dauerte eine Weile und sie wiederholte ihre Frage mehrfach.

Endlich hörte sie: „Hallo Elly. Hier ist Robert. Bist du okay?“

„Ja. Kannst du sehen, was hier im Raum ist?“

„Und ob!“

„Gut. Ich geh jetzt ans Fenster. Dann kannst du den Garten überschauen.“

„Prima. Dann können wir die Lage noch besser einschätzen.“

Während sie zum Fenster schlenderte, murmelte sie: „Ich zeichne gleich eine Skizze vom Inneren des Hauses, soweit ich das bisher übersehen konnte. Dann wisst ihr, wo der Salon, die Küche, der Computerraum und die Gästezimmer sind.“

Sie ließ den Blick durch den Garten schweifen. „Hast du alles?“

„Im Prinzip ja. Schau noch einmal rundherum, jetzt von links nach rechts, damit ich auch ganz sicher bin.“

Nach einem kurzen Augenblick hörte sie Friedhelms Stimme.

„Du, Elly, Pass auf. Wir holen euch am Samstagmittag um 12 Uhr raus. Mark weiß Bescheid. Ich bin sicher, dass er die Jungs informiert.“

„Alles klar“, wisperte Elly. „Ich schalte die Brille auf Stand-by. Dann könnt ihr zwar alles sehen und hören, aber ihr könnt nicht gehört werden.“

„Okay!“

Bevor sie mit der Skizze des Hauses aus ihrer Erinnerung beginnen konnte, rasselte der Schlüssel im Schloss und Jack brachte ihr ein Tablett mit dem Mittagessen.

„Sag mal“, fragte Elly mit Unschuldsmiene und aufgesetztem Lächeln, „Hast du nicht was zu Lesen für mich? Mir ist sterbenslangweilig.“ Sie sah an sich herab. „Ein paar Klamotten könnte ich auch gebrauchen. Ich will nicht noch einmal mit George aneinander geraten.“

„Mach dir keine Sorgen, Baby. Spätestens morgen ist hier sowieso Schluss mit lustig.“

„Ach ja?“ Elly zog eine Braue hoch, als sie Jacks Grinsen sah.

„Und ob! Morgen kommt unser höchster Boss. Und glaub mir – der räumt hier auf.“ Wieder grinste er. „Da möchte ich nicht in deiner Haut stecken.“ Sein unangenehmes Lachen erfüllte den Raum. „Morgen wirst du dir nichts sehnlicher wünschen als Langeweile.“

Das Klappern der Schlüssel zeigte, dass die Tür wieder abgeschlossen wurde.

Umgehend setzte sie sich an den Schreibtisch, nahm ein einzelnes Blatt aus der Schublade und zeichnete eine Skizze. Erneut betätigte sie den Bügel an der Brille. „Kannst du die Skizze erkennen, Robert?“

„Klar und deutlich. Hab’s gespeichert.“

„Okay.“

Sie zerriss das Blatt, spülte die Papierfetzen in der Toilette hinunter und stellte den Lautsprecher an ihrer Brille erneut auf Stand-by.

In aller Seelenruhe verspeiste sie das Mittagessen und genoss das eisgekühlte Wasser.

*

Konrad und seine Mannschaft saßen in einer Runde am Strand, während Robert und Friedhelm das Haus im Auge behielten.

„Hört genau zu“, sagte Konrad. „Ein Teil von uns fährt jetzt zurück nach San Lameer und wartet auf weitere Anweisungen. Robert, Dieter, Svenny und ich bleiben hier. Wir werden Elly jetzt keinen Augenblick mehr aus den Augen lassen. Du, Friedhelm, bleibst bei den Frauen im Hotel und informierst die Jungs auf Jimmys Farm. Sie sollen sofort nach San Lameer kommen und auf ihren Einsatz warten. Sven, du fährst mit zurück und kommst dann wieder hierher. Ich will den Wagen hier haben. Aber du parkst am ersten Abzweig. Ich will nicht, dass die den Wagen sehen.“

Er schaute in die Runde. „Noch Fragen?“

„Was hast du vor?“, wollte Sven wissen.

„Wir wissen, dass morgen der Oberboss kommt. Und wir wissen, dass das dieser Pieter van der Merwe ist. Der kommt garantiert mit seinen beiden Abfangjägern – diesem Clive Fielding und diesem Jan van Guysen. Wenn ich alles richtig verstanden habe, sind die drei Lackaffen informiert, dass es einen Zugriff durch die Farbigen gegeben hat. Wetten, dass die richtig sauer sind? Ich bin sicher, sie werden ihren ganzen Frust an Elly auslassen.“

„Aber nur, wenn wir es zulassen“, grunzte Friedhelm.

„Okay. Was hast du vor?“, wiederholte Sven.

„Na… reingehen!“ Dieter schaute seinen Kollegen erstaunt an. „Was sonst?“

„Arschloch!“ Sven grinste. „Ist sogar bei mir angekommen. Aber… was dann? Wie wollen wir vorgehen? Und zwar konkret?“

Mit wenigen Worten erläuterte Konrad seinen Plan.

„Wer genau was macht und in welcher Reihenfolge jeder seinen Teil beiträgt, sage ich euch morgen früh um genau acht Uhr. Wir treffen uns bei Unathi – und zwar alle. Auch die Jungs von Jimmys Farm. Und auch Lou und Sarah. Um Mitternacht wird Robert durch Dieter ersetzt und Svenny durch einen der Jungs von Jimmys Farm. Um 7 Uhr morgen früh kehrt Robert an seinen Platz in den Büschen zurück und wird von einem anderen aus Jimmys Truppe unterstützt. Dieter wird sich auf's Ohr hauen und kommt erst um zwölf. Alle anderen sind topfit. Klar?“

Dieter protestierte. „Wovon träumst du nachts?“ Er grinste. „Glaubst du allen Ernstes, ich lass mir die Show entgehen? Den Höhepunkt der Vorstellung?“ Er schüttelte den Kopf. „Das glaubst du doch wohl selbst nicht.“

*

*

*

Freitag, 09. November 2012
– 11:28 Uhr – Wild Coast (Südafrika)

„Oh, Mister Mark“, zeterte Lucas, „Sie brauchen einen Arzt!“

„Ja“, krächzte Mark. „Den brauche ich wirklich.“ Betont langsam, unter Stöhnen und mit schmerzverzerrtem Gesicht versuchte Mark, sich aufzurichten. Ächzend ließ er sich auf's Kissen zurückfallen. „Oh Lucas! Hilf mir bitte. Bitte!“

Das Entsetzen in Lucas weit aufgerissenen Augen zeigte Mark, dass der Farbige weder ein noch aus wusste. Er tat ihm fast schon leid. „Meinst du, du könntest einen Arzt auftreiben?“

Lucas schüttelte heftig den Kopf. „Oh, Mister Mark. Das wird Jack nie erlauben. Niemals!“

Mark bekam einen Hustenanfall, von dem er sich nur allmählich zu erholen schien. „Lucas“, keuchte er, „kannst du nicht… ich meine… habt ihr nicht auch einen Medizinmann? Hier? Ich meine… im Kraal? Bei Unathi?“ Wieder wurde Mark von einem Hustenanfall überrollt. „Oh, Lucas. Bitte! Du musst was unternehmen. Oder willst du, dass ich krepiere?“ Als müsste er seine letzen Kräfte sammeln, richtete sich Mark halb im Bett auf und röchelte: „Vielleicht habe ich ja eine ansteckende Krankheit, an der am Ende alle hier sterben müssen. Aber vielleicht ist das auch der Fluch der Ahnen, vor dem die Sangoma gewarnt hat.“

„Ich versuch’s, Mister Mark.“ Der Xhosa drehte sich auf dem Absatz um und rannte hinaus.

Zufrieden ließ sich Mark ins Kissen sinken. Er war sicher, dass Jack bald aufkreuzen würde und übte fleißig Stöhnen, Röcheln, Husten und Keuchen.

Er brauchte nicht lange zu warten, bis Jack eintrat.

„Hilf mir, Jack. Hilf mir, hochzukommen“, flehte Mark.

„Nee, nee. Ich halte schön Abstand. Ich will mich nicht anstecken. Das verstehst du doch, oder?“

„Willst du mich hier verrecken lassen? Ich dachte, du wärst anders als Bügelfalte. Ich hätte es wissen müssen!“

„Was hättest du wissen müssen?“

„Dass du genauso brutal und unmenschlich bist, wie dieser… dieser…“

Jack schnitt ihm das Wort ab. „He! Langsam! Lucas hat mir gesagt, dass du einen Arzt brauchst. Stimmt das?“

Mark schlug ganz langsam die Decke an die Seite. „Schau mich doch mal an! Meinst du, ich hätte mir die roten Pusteln aufgemalt?“ Ein Hustenanfall unterbrach ihn. „Ich habe Fieber, Schmerzen und tierisches Jucken. Ich brauche einen Arzt – und zwar ganz schnell!“

„Geht nicht. Das weißt du. Wir müssen bis morgen warten. Dann kommt der Boss. Und der entscheidet dann, was mit dir passiert."

„Und wenn ich dann nicht mehr lebe? Was ist, wenn ihr euch alle schon angesteckt habt?" Mark jammerte. „Hol doch wenigstens einen Medizinmann. Dagegen kann doch dein Boss nichts einzuwenden haben. Bitte, Jack!"

Jack kaute auf seiner Unterlippe und Mark konnte ‚sehen', wie es im Oberstübchen des Weißen ratterte. Wieder stöhnte er auf und krümmte sich. Ein herzerweichendes Wimmern unterstrich seine Pein.

„Ist ja gut!" Jack kapitulierte. „Lucas holt den Medizinmann aus dem Kraal. Vielleicht kann er dir helfen." Leise zog er die Tür hinter sich zu.

Nur wenige Augenblicke später klopfte es an seine Tür.

„Ja?", hauchte Mark. „Was ist?" Der Hustenanfall war perfekt.

Jerry steckte den Kopf durch den Türspalt. „He, Alter. Was ist los mit dir?"

„Komm rein", krächzte Mark.

Die Tür fiel ins Schloss. „Willst du mich anstecken?"

Mark grinste. „Komm her. Ich stecke dich nicht an. Diesen Ausschlag, den Husten und das schwere Atmen bekomme ich immer, wenn ich Avocados esse."

„Ach so!" Jerry grinste. „Deshalb!"

„Ja. Deshalb. Hör zu, Jerry. Was ich dir jetzt sage, musst du unter allen Umständen für dich behalten. Zumindest im Moment noch."

Der junge Mann zog einen Stuhl ans Bett. „Ich höre."

„Morgen kommen Leute, die uns befreien werden. Darauf müssen wir uns vorbereiten. Kapiert?"

Jerrys Augen weiteten sich. „Morgen? Befreit? Wie soll das denn funktionieren? Kommt die Kavallerie?"

Nach einem weiteren Hustenanfall flüsterte Mark: „Sprich leise. Ich will nicht, dass jemand hört, was ich dir zu sagen habe. Pass auf!“

*

*

*

Freitag, 09. November 2012
– 14:46 Uhr – Unathis Kraal (Wild Coast)

Burschen wie Lucas waren Unathi bestens bekannt. Diese bedauernswerten Geschöpfe hatten den südafrikanischen Machtwechsel durch Mandela nicht für sich nutzen können. Zu tief saß der Minderwertigkeitsstachel in ihren Seelen. Nein, diesen Jungs war das Ja-Sagen, die Unterwürfigkeit und die Fügsamkeit zu lange eingetrichtert worden. So wie diesem Lucas.

Er empfing seinen Gast im Kraal.

„Was kann ich für dich tun, Lucas?“ Unathi hatte sich in seinen Ornat geworfen. Er wusste, wie er mit den Lucassen in seinem Land umgehen musste. „Brauchst du Hilfe?“

„Ja, Unathi.“ Der Farbige war stehengeblieben.

„Setz dich, mein Lieber“, forderte ihn der Häuptling auf. „Bevor ich auf dein Anliegen eingehen kann, sag mir, was machst du in diesem Haus? Bei diesen miesen Typen?“

Lucas schaute zu Boden. „Bitte, Unathi, frag mich nicht.“

„Doch, Lucas! Ich will wissen, wo deine Xhosa Seele geblieben ist? Wo ist der Stolz deines Stammes? Der Glaube an unsere Stärken? Das Vertrauen auf unsere Ahnen?“

Der Besucher hielt seinen Kopf gesenkt, schüttelte den Kopf und flüsterte: „Da wo ich herkomme, war der Stolz unserer Familie schon lange gebrochen. Glauben an meine Stärke habe ich nie kennengelernt und unsere Ahnen? Die haben mich im Stich gelassen. Nein, Unathi. Da wo ich geboren wurde, waren Prügel, Verachtung, Verhöhnung und Hass meine täglichen Mahlzeiten.“

„Aber… das ist doch vorbei!"

„Nein. Es wird nie vorbei sein. Vielleicht in drei, vier oder fünf Generationen. Aber für mich ist es zu spät, Unathi."

„Es ist nie zu spät!" Unathi war zornig aufgesprungen. „Nie! Hörst du?"

„Gib dir keine Mühe, Häuptling. Ich brauche deine Hilfe nicht für mich, sondern für einen Weißen. Erinnerst du dich an Mark? Den du gestern um Zustimmung zur Hochzeit gebeten hast?"

„Ja, natürlich." Unathi setzte sich wieder. „Was ist mit ihm?"

„Er ist krank. Sehr krank. Und mein Boss will keinen Arzt holen. Deshalb bin ich hier. Kannst du… ich meine… kann dein Medizinmann… wäre es möglich, dass der Medizinmann mal nach Mark schaut? Vielleicht kann er ihm ja helfen."

Unathi strich über seinen Bart. Seine Gedanken überschlugen sich. *Was hat das zu bedeuten? Soll ich das ohne Konrad entscheiden? Kann ich das überhaupt? Welche Folgen hat das?*

Er erhob sich, straffte seine Schultern und sagte. „Sag deinem Boss, dass unsere Sangoma auch unsere Medizinfrau ist. Und wenn sie kommen soll, dann nur in meiner Begleitung."

Auch Lucas war aufgestanden. „Kannst du… ähem… könnt ihr sofort mitkommen?"

„Nein." Unathi schüttelte den Kopf. „Wir werden in zwei Stunden bei euch sein. Hast du vergessen, dass sich eine Sangoma erst auf ihre Aufgabe als Heilerin einstimmen muss? Die Ahnen befragen muss?"

Er wendete sich ab und wiederholte im Hinausgehen: „Also – in zwei Stunden."

Lucas verließ das Dorf.

In seinem Haus griff Unathi zum Mobiltelefon, das er von Konrad bekommen hatte und drückte auf Wahlwiederholung – genau wie Friedhelm es ihm erklärt hatte. Konrad war sofort am Hörer und Unathi informierte ihn detailliert über sein Gespräch mit Lucas.

„Danke, Unathi“, hörte er Konrad am Ende seines Berichtes antworten. „Das war großartig. Ich komme sofort rüber zu euch.“

„Dann bis gleich.“

*

*

*

Freitag, 09. November 2012
– 17:00 Uhr – Wild Coast (Südafrika)

Joe hatte das Tor bereits geöffnet, als Unathi mit der Sangoma erschien.

„Kommt rein“, knurrte Joe. „Ihr werdet erwartet.“

Sorgfältig verschloss er das Eingangstor wieder und trabte hinter den beiden Farbigen her. Erst im Flur holte er sie ein. „Hier lang!“ Er streckte seinen Arm aus und zeigte auf eine Glastür, die nach links führte. „Dritte Tür.“ Joe ließ die beiden stehen und verschwand. Lucas stürmte aus der Küche. „Danke, Unathi. Danke, Sangoma. Danke, dass ihr gekommen seid.“

„Schon gut“, winkte der Häuptling ab. „Sag deinem Boss Bescheid. Er soll dabei sein, wenn wir mit dem Kranken sprechen.“

„Das geht nicht.“ Lucas schüttelte den Kopf. „Er will damit nichts zu tun haben. Ich soll auf euch… ich meine, ich soll euch helfen.“

„Ganz wie du willst.“

„Kommt mit.“ Lucas führte die beiden bis zu Marks Zimmer, drehte den Schlüssel und ließ sie ein. „Ich warte hier“, beeilte er sich zu sagen, bevor er die Tür von außen wieder zuzog.

Die Sangoma war umgehend an Marks Bett und griff nach seiner Hand. „Was ist? Wo tut’s weh?“

Mark stöhnte auf, drehte sich auf die Seite und grinste. „Gut, dass ihr da seid. Ich brauche jetzt dringend eure Hilfe.“

„Moment mal.“ Unathis runzelte die Stirn. „Du bist gar nicht krank?“

„Doch, doch!“ Mark schlug die Decke an die Seite. „Schaut euch mal die Flecken und Pusteln an. Die sind keine Täuschung. Und sie jucken, dass ich die Wände raufgehen könnte!“

Unathi wendete sich an die Sangoma. „Mach dein Ding. Fang mit deinem Singsang an, sonst werden die da draußen misstrauisch.“

Umgehend setzte sich die Frau auf den Boden und begann ihr Ritual, in das sie sich, wie immer, hineinsteigerte. Unathi setzte sich auf den Stuhl und beugte sich vor. „Was ist los?“, wollte er von Mark wissen.

„Ich habe eine Allergie gegen Avocados. Nachdem ich deine Nachricht bekommen habe, konnte ich Jerry überreden, nach Avos für sich zu fragen. Davon habe ich drei kleine Stücke genascht und prompt die Symptome bekommen, die ich haben wollte.“

„Okay“, erwiderte Unathi. „Das war sehr klug. Ich habe mit Konrad gesprochen, der meinte…“

„Wer ist Konrad?“

Mit wenigen Sätzen schilderte der Häuptling die Zusammenhänge.

„Und die junge Frau von nebenan ist eine von ihnen?“ Mark konnte es kaum glauben.

„Ja. Und ich soll dafür sorgen, dass sie bei dir am Bett sitzt und Wadenwickel macht. Morgen Mittag um punkt 12 Uhr, wird das Haus gestürmt. Dann müsst ihr bereit sein. Ihr müsst genau das tun, was Konrad mir aufgetragen hat.“

„Weiß dieser Konrad, dass morgen der Oberboss hier auftaucht? Dieser Pieter van der Merwe?“

„Ja. Das weiß er. Er wünscht sich nichts sehnlicher, als diesen Kerl zu erwischen.“

Es klopfte heftig an der Tür.

„Hey! Unathi! Was ist jetzt angesagt?“

„Komm ruhig rein“, erwiderte der Häuptling, während sich Mark umgehend ins Kissen zurücksinken ließ.

Jack trat ein, blieb jedoch an der Tür stehen. „Und? Wie sieht's aus? Könnt ihr mir was sagen?"

Die Sangoma erhob sich. „Was habt ihr ihm gegeben? Mit welchem Gift wollt ihr ihn töten?"

„Wir? Ihn töten?" Ungläubig sah Jack die Frau an. „Sag mal, spinnst du jetzt völlig? Unser Boss hat viel Geld investiert, damit der hier einen guten Job macht. Und du glaubst, wir wollten ihn aus dem Weg räumen? Du hast ja wohl nicht mehr alle Tassen im Schrank! Sag mir lieber, was mit ihm los ist."

Die Sangoma schaute ihn grimmig an. „Hohes Fieber, schlimmer Husten und ein hässlicher Ausschlag. Also, wenn du mich fragst, sieht es nach einer ganz, ganz schlimmen Infektion aus."

„Ist die ansteckend?"

Die Frau zögerte. „Ausschließen kann ich das nicht."

„Und was sollen wir jetzt tun?"

„Nun… ich empfehle… Wadenwickel gegen das Fieber, eine Kräutersalbe gegen den Ausschlag und einen Agavensaft gegen den Husten. Es wäre gut, wenn ihn jemand rund um die Uhr betreut. Jemand der bei ihm bleibt. Er sollte auf jeden Fall im Bett bleiben und erst wieder zu Kräften kommen."

„Und wie kommen wir an die Salbe und den Saft?"

Unathi mischte sich ein. „Bis morgen um 10 Uhr hat unsere liebe Sangoma beides zubereitet. Wenn du jemanden schickst, der die Medizin abholt, soll er um 10 Uhr bei uns sein."

„Na gut. Ich kümmere mich darum."

„Schön."

Gerade als Jack den Raum verlassen wollte, räusperte sich Unathi. Der Weiße drehte sich um. „Ist sonst noch was?"

„Ja. Die Bezahlung."

„Ach so – ja… Was wird die Medizin kosten?"

„Unser Hausbesuch kostet dich 200 Rand. … Je Person. Die Medizin 350."

Jack kramte in seiner Tasche, zog einige Scheine heraus, zählte sie und drückte sie Unathi in die Hand. „Hier sind 1.000 Rand. Das reicht also.“

Wortlos drehte er sich um und verließ das Zimmer.“

Der Häuptling beugte sich noch einmal über Mark. „Denk dran. Morgen um genau 12 Uhr.“

„Warte!“ Mark richtete sich auf. „Was soll ich denn morgen um 12 Uhr tun? Du hast mir noch nicht gesagt, was Konrad dir aufgetragen hat.“

„Das wird Elly dir erklären.“

Mark war genervt. „Wer ist das denn jetzt schon wieder?“

„Na, die junge Frau von nebenan.“

„Nee. Die heißt Mary-Ann.“

„Ach, tatsächlich?“ Unathi zog die Brauen hoch und nahm die Sangoma an den Arm. Mit einem Winken und einem breiten Grinsen verließen sowohl er als auch die Frau das Zimmer.“

*

*

*

Freitag, 09. November 2012
– 18:30 Uhr – Athen (Griechenland)

„Auf Wiedersehen, mein Freund“, sagte Richard. „Und vielen Dank, dass du mir deine Maschine und den Piloten für den Flug nach München überlässt.“

„Schon gut, Richard. Du würdest das gleiche für mich tun, oder? Außerdem war der Flug von München der einzige, der am Abend startet. Du weißt ja, dass die Flüge über den großen Teich meist gegen Mittag abheben.“

Der Amerikaner umarmte seinen griechischen Kollegen. „Trotzdem… Danke.“ Er sprang die wenigen Stufen zur Tür der King-Air hoch, drehte sich noch einmal um und rief: „Und ich rechne mit deiner Stimme auf Mallorca.“ Er winkte und die hübsche Flugbegleiterin schloss hinter ihm die Tür.

Kurz nach dem Start servierte die Stewardess eine erlesene Mahlzeit: Gambas, Kaviar, Hummerschwänze. Als sie den Champagner einschenkte, lächelte sie ihn an. „Mit einem ganz herzlichen Gruß von Mister Mustakios. Ich soll Ihnen ausrichten, dass Sie am 15. mit seiner Stimme rechnen können.“

Richard hielt kurz inne, erhob sein Glas und erwiderte: „Na dann! Auf Joannis Mustakios.“

Nach dem Essen, lehnte er sich zurück und ließ seinen Gedanken freien Lauf.

Er hatte tatsächlich das sein Ziel erreicht: die Mehrheit für die Änderung der Statuten. Damit war das Schicksal der *Organisation* besiegelt. Selbst wenn sich Ibn-Tahim, Mr. Smith und Juan Gonzales verabschiedeten und gewiss auch Samuel Bernstein seinen Hut nahm, so blieben die Grundstrukturen der *Organisation* erhalten.

Xi-Jiong und Wladimir würden dabei bleiben.

Vielleicht sollte ich mal mit José in Brasilien sprechen, dachte Richard. *Der würde einen Luftsprung machen, wenn er Juans Platz einnehmen könnte. Und ein Deutscher an unserem Tisch wäre eine ganz entschiedene Bereicherung.*

Er lächelte in sich hinein. *Wieso mache ich mir darüber noch Gedanken? Soll sich Louise doch darum kümmern.*

Ja, er hatte sich entschieden, nach der Sitzung am 15., seiner Tochter die Nachfolge zu übergeben. Sollte sie sehen, wie sie die Plätze verteilte. Sollte sie sehen, wie mühsam es war, die verschiedenen Mentalitäten unter einen Hut zu bekommen.

Aber… wer weiß? Vielleicht brachten weibliche Mitglieder mehr Ruhe in die *Organisation.*

Nach der Landung in München blieben ihm 20 Minuten für den Check-in mit der Alpha-Air nach Tampa.

Alles ging reibungslos über die Bühne und die Maschine hob pünktlich vom Franz-Josef-Strauß Flughafen ab. Die meisten Plätze in der Ersten Klasse waren leer und Richard war froh, sich ausstrecken zu können. Er holte sich die Genehmigung des Captains, sein Mobiltelefon benutzen zu dürfen und plauderte eine Weile mit Dorothy und Louise. Natürlich waren beide überglücklich, dass er eine Mehrheit für die Statutenänderung gewinnen konnte. Louise fragte nach allen Details. Sie wollte sämtliche Einzelheiten wissen. Richard gab erschöpfende Auskunft. Und als er Dorothy von dem geplanten Urlaub in Griechenland erzählte, konnte sie kaum glauben, dass er es tatsächlich ernst meinte.

Zufrieden lächelte er und bat das Kabinenpersonal, seinen Sitz in ein Bett umzubauen. Er war rasch eingeschlafen.

*

*

*

Samstag, 10. November 2012
– 00:35 Uhr – Tampa (Florida)

Ein wenig übermüdet verließ Richard McCormack als Erster die Maschine. Pass- und Zollbeamte winkten ihn durch. Jeder Beamte in Tampa kannte den Rothaarigen und hütete sich, ihn aufzuhalten oder gar zu kontrollieren.

Sein Gepäck erschien als erstes auf dem Band und ein Mitarbeiter der Alpha-Air kümmerte sich persönlich um die Koffer.

Zielstrebig steuerte Richard den Ausgang an, in Erwartung, dass sein Chauffeur auf dem für ihn reservierten Parkplatz gegenüber vom Flughafengebäude abfahrbereit wartete.

„Richard!“

Er wirbelte herum. „Dotty! Was für eine Überraschung!“

Sie umarmte ihn. „Schön, dass du wieder da bist.“

„Was machst du hier? Um diese Uhrzeit? Ich wähnte dich im Bett.“

„Nein, Dick. Diesmal wollte ich dich selbst abholen.“ Sie zögerte. „Jetzt, wo ich weiß, dass du dich von den Geschäften zurückziehen und mit mir zusammen auf Reisen gehen willst, wollte ich dich überraschen.“

Er sah sie an. „Na, die Überraschung ist dir gelungen.“

Sie hakte sich bei ihm unter und gemeinsam schlenderten sie in Richtung Parkplatz.

Völlig in ihr Gespräch vertieft, bemerkten sie den Wagen nicht, der mit ausgeschalteten Scheinwerfern auf sie zuraste. Das Dröhnen eines startenden Jets übertönte alle Geräusche.

*

*

*

Samstag, 10. November 2012
– 07:00 Uhr – Unathis Kraal (Südafrika)

„Guten Morgen, Unathi“, begrüßte Konrad den Häuptling. „Oh ja“, erwiderte der Chef des Kraals. „Es ist tatsächlich ein guter Morgen. Heute heben wir ein Schlangennest aus, nicht wahr?“

„Du sagst es.“ Konrad lachte. „Wenn ich mich nicht irre, ist die Schwarze Mamba die gefährlichste in der Gegend, oder?“

Unathi überlegte kurz. „Na ja… Puffotter und Boomslang sind nicht weniger giftig, aber die Mamba ist von allen die Aggressivste.“

Die Gruppe um Konrad hatte sich um das Feuer in der Boma gesetzt und Unathi begrüßte sie. Konrad ließ seinen Blick über die Runde der Frauen und Männer schweifen.

Hoffentlich sind wir heute Abend immer noch vollständig, dachte er.

Rasch schüttelte er den Gedanken ab und kam zur Sache. „Also, Leute. Heute ist der große Tag und es ist wichtig, dass jeder weiß, was er zu tun hat. Lou, du verschanzt dich mit deinen Leuten auf dem Hügel auf der anderen Seite des Mzamba. Da, wo Elly und Vera die Aufnahmen gemacht haben. Wenn wir das Haus gestürmt haben, seid ihr diejenigen, die jedem, der versucht zu entkommen, den Weg abschneidet. Wir lassen keinen von diesen Ratten ungeschoren.“. Er wendete sich an die Mossad-Leute. „Ihr nehmt eure Plätze in den Sträuchern ein, die gegenüber vom Eingangstor stehen.“

„Passt auf!“ Dieter konnte sich die Bemerkung nicht verkneifen. „Da ist ein Schlangennest. Aber es sollen nur harmlose Eierschlangen sein.“

„Wir sind an Schlangen gewöhnt“, brummte Aaron. „Vergiss nicht, halb Israel ist Wüste.“

Friedhelm meldete sich. „Wäre es nicht besser, sie würden von der Seeseite einsteigen? Wenn sie das Tor anrühren, geht die Alarmanlage los. Wenn sie auch durch das Loch im Zaun kriechen, kriegt niemand im Haus was davon mit.“

„Dann wird's aber ziemlich eng in den Büschen am Strand. Ich bin überzeugt, dass Aaron und seine Jungs blitzschnell vom Tor zum Haus kommen.“

„Und was ist, wenn einer von den Vieren Panik kriegt und Geiseln nimmt?“ Friedhelm ließ nicht locker.

Konrad dachte einen Augenblick nach. „Okay, Friedhelm. Ich will nicht weiter darüber argumentieren. Ich schiebe alle anderen Bedenken an die Seite. Dann müssen wir den Strandabschnitt teilen. Wir nehmen die linke, Aaron und seine Leute die rechte Seite.“

„Aaron – ihr geht als Erste rein und kümmert euch um die Aufpasser. Ihr habt die Fotos studiert. Jack, George, Joe und Lucas müssen ausgeschaltet werden.“

„Moment!“ Unathi mischte sich ein. „Um Lucas braucht ihr euch nicht zu kümmern. Der kommt um 10 Uhr hier vorbei, um die Medikamente für Mark abzuholen. Ich habe aber andere Pläne mit ihm. Er wird nicht mehr ins Haus zurückkehren. Um ihn braucht ihr euch also nicht mehr zu kümmern.“

„Umso besser!“ Konrad grinste. „“Dann sind es also nur noch drei: Jack, George und Joe. Sobald ihr die festgesetzt habt, kommen wir rein und kümmern uns um Elly, Mark und die Jungs. Wir kommen von der linken Seeseite rein. Robert bleibt in Deckung und berichtet uns laufend, was er durch Ellys Brille mitbekommt. Wir sind ja alle über die Earphones miteinander vernetzt."

Konrad richtete sich auf. „Noch Fragen?"

„Ja", antwortete Friedhelm. „Was ist mit van der Merwe und seinen beiden Wachhunden?"

„Das ist der nächste Punkt, Friedhelm. Wir wissen nicht, wann die am Haus eintreffen. Wir wissen zwar, *dass* sie kommen, aber eben nicht *wann*."

Vera meldete sich. „Warum holen wir die Jungs nicht sofort raus? Warum warten?"

„Nun ja…", Lou zögerte. „Weißt du, Vera, wenn wir nicht warten, bis der dicke Fisch an der Angel hängt, können wir nie sicher sein, ob unsere Vermutungen stimmen. Wir brauchen Beweise, meine Liebe. Und wenn van der Merwe im Haus niemanden erreicht, riecht er den Braten und taucht gar nicht auf. Nein, Vera. Das können wir nicht riskieren."

„Dafür setzt ihr das Leben von Elly, Mark und den Jungs aufs Spiel?"

„Du weißt, wie gefährlich unser Job ist", entgegnete Lou. „Elly ebenfalls. Wenn der Mossad seinen Job anständig macht, ist die Gefahr für Elly, Mark und die Jungs sehr gering."

Dein Wort in Gottes Ohr, dachte Konrad.

„Ganz egal, wann, wie und ob van der Merwe aufkreuzt. Um spätestens Punkt 12 Uhr gehen wir rein. Überprüft noch einmal alle eure Lieblinge. Waffen mit Ladehemmung können wir nicht gebrauchen."

„Noch was", fügte Konrad hinzu. „Ich gebe die Kommandos. Ist das klar? Das gilt auch für dich, Lou."

„Und was mache ich in dieser Zeit?" Sarahs Gesichtsausdruck verriet ihre Anspannung.

„Du bleibst hier, bei Unathi. Er hat einen Empfänger und kann die ganze Aktion mitverfolgen. Wenn alles vorbei ist, bringt er dich zum Haus.“

„Versprochen?“ Sarah wollte Gewissheit.

„Ja, Sarah, versprochen.“

*

*

*

*Samstag, 10. November 2012 – 08:30 Uhr – Haus an der Wild Coast (Südafrika)

„Fühlst du dich gut?“ Elly grinste. „Der Ausschlag scheint sich zu bessern und dein Husten ist auch nicht mehr so schlimm.“

„Meinst du, ich sollte noch mal von den Avos naschen? Nicht dass die die Medikamente nicht mehr abholen.“

„Nee, Mark. Lass mal. Bis heute Mittag müsste es noch reichen.“

Er lehnte sich zurück.

Was für eine Nacht, schoss es ihm durch den Kopf.

Jack hatte eine Liege in Marks Zimmer aufstellen lassen, damit Elly sich ab und zu ausruhen konnte. *Stattdessen haben wir die ganze Nacht geredet,* rekapitulierte Mark. *Hätte mir jemand diese haarsträubende Geschichte vor drei Monaten prophezeit, ich hätte ihn umgehend in die Geschlossene einweisen lassen.*

Ellys Schilderung von Marks Ausschlag und Husten hatte dafür gesorgt, dass keiner von den vier Handlangern das Zimmer betrat. Ihre Beschreibung und ihre Betonung der Ansteckungsgefahr hatte das erreicht, was sie wollte: in Ruhe gelassen werden.

Ein leises Klopfen an der Tür.

„Ja?“ Ellys Stimme klang genervt.

„Das Frühstück, Miss. Ich stelle das Tablett ab. Sie können es selbst reinholen.“

„Okay.“

Der Schlüssel wurde gedreht und Elly übernahm das Servierbrett.

„Miss, ich muss wieder abschließen."

„Ja und?"

„In einer halben Stunde fahre ich zum Xhosa-Dorf und hole die Medizin für Mister Mark."

„Ja, das ist in Ordnung."

„Nun… wenn sie dann was brauchen… ich meine, dann ist nur noch George da."

„Oh! Ich verstehe. Dann bring uns lieber noch ein paar Flaschen Wasser, bevor du losfährst, Lucas."

Nach wenigen Minuten hatte Lucas das Gewünschte gebracht und die Tür wieder abgeschlossen.

Noch während des Frühstücks knackte es in ihrer Brille. „Elly? Hörst du mich?"

Sie verschob den Bügel und Mark konnte alles mithören. „Ja, Konrad. Klar und deutlich."

„Wie geht's dir. Bist du okay?"

Sie kicherte. „Uns geht's prächtig. Ich durfte Mark die ganze Nacht mit Wadenwickeln quälen. Keiner wollte den Job übernehmen. Jack hat mich abkommandiert, die Ansteckungsgefahr von ihnen abzuhalten."

„Kann Mark uns hören?"

„Ja, kann er."

„Gut! Hört zu…" Konrad fasste den Plan, der in Unathis Kraal besprochen wurde, zusammen. „Eure Aufgabe", fuhr er fort, „besteht darin, dass die Jungs wissen müssen, wie sie sich beim ersten Angriff durch den Mossad verhalten sollen."

„Hab ich verstanden. Was sollen sie tun?"

„Sie sollen sich ab 10:30 im Computerraum aufhalten. Sie sollen so tun, als wäre mit der Hardware was nicht in Ordnung. Das gibt ihnen die Chance, die PCs in einem Kreis anzuordnen. Nur ein Durchlass sollte offenbleiben. Sobald sie den ersten Krach hören, sollen sie unter den Tisch kriechen und die Lücke mit PCs schließen.

Mark soll Jerry rufen lassen, um zu hören, wie es mit der Arbeit vorangeht. Diesen Vorwand – von wegen *das Projekt muss weitergehen* – werden die Ratten schlucken."

„Verstanden!"

„Und was sollen wir tun?", wollte Mark wissen.

„Elly – du legst deine Brille so auf den Tisch, dass wir auf jeden Fall sehen und hören können, was in eurem Zimmer passiert. Lass sie nicht auf, sonst geht sie vielleicht zu Boden. Du, Mark, bleibst im Bett und stöhnst anständig, wenn sich irgendjemand von den Brüdern zeigt." Er zögerte. „Ist Lucas schon unterwegs?"

„Er wollte gegen neun Uhr losfahren."

„Gut. Dann sind also nur noch Jack, George und Joe im Haus."

„Und worauf wartet ihr dann noch?"

Konrad musste Farbe bekennen, auch wenn ihm Lous Ziel nicht behagte.

„Ich verstehe", sagte Elly. „Man will den großen Fisch."

„Ja, meine Liebe. So ist es. Und… irgendwie kann ich es auch verstehen. Wer weiß… vielleicht geht sonst das Ganze in kurzer Zeit von vorne los."

„Konrad?" Elly wechselte das Thema. „Ich frage mich, wieso haben diese Leute, die so brillant dieses Projekt geplant haben, derartige Nieten hier vor Ort? Auf der einen Seite geben sie ein Vermögen aus, die Hacker und Mark aus allen Ecken des Globus hierher zu transportieren. Auf der anderen Seite versäumen sie die einfachsten Vorkehrungen. Das passt doch nicht zusammen."

„Das habe ich mich auch schon x-Mal gefragt. Und ich hab nur eine Erklärung gefunden: die totale Selbstüberschätzung, eine eingebildete Sicherheit, dass sie hier alles unter Kontrolle haben. Was sollte schon in einem einsamen Haus an einem einsamen Strand passieren? In einem Gebiet von Südafrika, wo sich Hund und Katze Gute Nacht sagen?"

„Aber… das ist Dummheit pur!"

Konrad lachte „Selbstüberschätzung, meine Liebe, ist immer ein Zeichen von Dummheit."

*

*

*

Samstag, 10. November 2012
– 09:00 Uhr – Airport Louis Trichardt (Südafrika)

Pünktlich um 9 Uhr hob die Beechcraft vom Polokwane Airport ab. Die 100 km von Piets Haus bis zum Hangar hatten sie in knapp einer Stunde geschafft. Samstags war die Chance in eine Polizeikontrolle zu geraten, äußerst gering.

Pieter van der Merwe war übermüdet. Er hatte bis 3 Uhr früh mit einem Mitglied der einflussreichen Supta-Familie über den Wiederaufbau der Mine verhandelt. Clive und Jan hatte er beauftragt, sich einen Plan auszudenken, wie das Projekt ‚Schwarze Mamba' gerettet und wieder auf die Ziellinie gebracht werden konnte. Als die Maschine ihre Reisehöhe erreicht hatte, sah er seine Assistenten an.

„Und?", fragte Piet ungeduldig. „Was ist euch eingefallen?"

Clive antwortete zuerst. „Wir sollten jetzt hart durchgreifen. Wir drehen die fremde Lady durch die Mangel und quetschen sie aus. Die wird uns garantiert sagen, für wen sie arbeitet. Dafür werde ich höchstpersönlich sorgen."

„Ja, und dann", nahm Jan den Faden auf, „dann tun wir das, was ich schon von Anfang an gesagt habe. Wir bauen überall im Haus Überwachungskameras und Mikrofone auf."

Unwillig schüttelte Clive den Kopf. „Das ist doch völliger Blödsinn. Die brauchen wir nicht *im* Haus, sondern draußen, *um* das Haus herum. Das Grundstück darf nicht mehr einsehbar sein. Es müssen hohe Sträucher und Bäume her."

„Und wir sollten dafür sorgen, dass niemand mehr an den Strand kann. Von keiner Seite aus." Jan konnte sich nicht verkneifen, hinzuzufügen: „Aber ihr wolltet ja nicht auf mich hören."

„Vor allen Dingen müssen wir uns die Xhosas mit ihren Ziegen und Schafen vom Hals halten“, ergänzte Fielding.

Van der Merwe haute mit der Faust auf seinen Oberschenkel. „Jetzt reicht‘s aber! Ihr habt euch angestellt wie die letzten Anfänger! Wofür hab ich euch eigentlich bezahlt? Ihr solltet dafür sorgen, dass im Haus alles rund und glatt läuft. Und was macht ihr? Setzt einen Psychopathen dahin, der die teuer eingeflogenen Hacker abmurkst.“

„Das solltest du mit Clive klären“, merkte Jan an.

„Wie meinst du das?“ Fielding saß senkrecht.

„Tu nicht so scheinheilig.“ Jan war aufgebracht. „Erzähl Piet lieber, wo du vorgestern Abend und letzten Montagabend gewesen bist.“

Piet beugte sich vor. „Ja, Fielding. Sag mir, wo du warst.“

Clive Fielding winkte ab. Sein Lächeln war verunglückt und seine Augen verengt. „Ach das … ich war nur in der Sunshine Bar. Ein paar Drinks, ein paar hübsche Mädels. Das ist alles.“

„Ach ja?“ Jans Stimme war schneidend. „Und was ist mit Johan Smeets? War das auch jedes Mal ein Zufall, dass du mit ihm in der Ecke gesessen und getuschelt hast?“

Fieldings Augen sprühten regelrecht Funken. „Woher weißt du das?“

„Dann stimmt es also.“ Piet lehnte sich betont langsam zurück. „Johan Smeets. Das schwarze Schaf des Supta-Clans. Der, der alles zu sabotieren versucht, was die Familie mühsam aufbaut. Ausgerechnet der? Was hast du mit dem zu schaffen?“

„Ach… nichts. Rein gar nichts. Purer Zufall.“

Piet erkannte, wie sein bisheriger Vertrauter versuchte, seinen Hals aus der Schlinge zu ziehen. „Dann war das Debakel im Haus an der Wildcoast vielleicht gar kein Zufall? Hast du das gesteuert? Im Auftrag von Johan Smeets?“

„Wo denkst du hin?“ Fielding war empört. „Das würde ich nie, nie, niemals tun!“

„Aber komisch ist es schon." Jan van Guysen hieb in die Kerbe. „Ausgerechnet Johan Smeets. Und ausgerechnet immer dann, wenn an der Küste alles schief läuft."

„Hört zu, ihr Nieten." Van der Merwe hatte es satt und beendete den Disput. „Darüber reden wir, wenn wir heute Abend zurückkommen. Jetzt müssen wir uns auf die nächste Aufgabe konzentrieren. Ich habe den Hubschrauber an den Airstrip vom Golf Hotel bestellt. Er sollte uns schon erwarten, wenn wir landen. Ich will, dass die Jungs und dieser Trainer alles haben, was sie brauchen, um so schnell wie möglich die Börsencomputer lahmzulegen – und zwar dauerhaft. Am Montag kommt ein Informatikstudent von der Witwatersrand Universität und wird sich um die Hacker kümmern. Klaas ist zwar erst im zweiten Semester, aber zumindest sollte er genug wissen, dass ihn die Jungs nicht verarschen können."

„Und warum haben wir das nicht von Anfang an gemacht?", fragte Fielding.

„Ganz einfach", knurrte Piet, „weil unser Freund aus Amerika, Richard McCormack, meinte, dass die echten Hacker selbst ausgebildete Informatiker an der Nase herumführen können, wenn es um Software geht."

„Und was ist, wenn das stimmt?" Jan war misstrauisch.

„Das wissen die Hacker zunächst ja nicht." Clive versuchte offensichtlich, Boden wett zu machen.

„Was ist mit diesem Trainer?" Van der Merwe wandte sich an Clive. „Ist der immer noch krank?"

„Soviel ich weiß, ja. Jack hat die Medizinfrau holen lassen. Ein Arzt war ihm zu gefährlich."

„Na, der scheint wenigstens Spurenelemente von Grips im Kopf zu haben", grinste Jan.

„So! Genug geredet." Van der Merwe zog eine Akte aus seinem Handkoffer. „Ich muss jetzt diesen Bericht studieren. Die Gutachter waren dieses Mal fix. Es geht um einige Millionen, um die Mine wieder fit zu machen. Wir landen um kurz nach elf am Golfplatz. Also sollten wir etwa um halb zwölf am Strand landen. Werden wir abgeholt?"

„Nein", erwiderte Fielding. „Ich will nicht, dass sie sich vorbereiten können. Ich rufe sie vom Golfclub aus an. Dann sind es ja nur noch fünfzehn Minuten. Das reicht."

*

*

*

Samstag, 10. November 2012
– 10:30 Uhr – Haus an der Wildcoast (Südafrika)

Konrad wurde zunehmend ruhiger. Ja, es war immer so gewesen. Je näher der Höhepunkt einer Operation rückte, desto ruhiger wurde er. Er hatte gelernt, kurz vor dem Siedepunkt alle Gefühle beiseite zu schieben. Dann funktionierte er wie ein Schweizer Uhrwerk: präzise, klar, akkurat. Auf den Punkt genau. Alle in der Crew hatten ihre Plätze unbemerkt eingenommen. Das Buschwerk entlang des Mzamba bot ausreichend Deckung.

Über Kopfhörer und Mikrophon standen alle in Kontakt miteinander. Noch einmal wurden die Verbindungen überprüft. Kein Gerät war ausgefallen.

Jetzt hieß es: warten!

*

*

*

Samstag, 10. November 2012
– 10:45 Uhr – Haus an der Wild Coast (Südafrika)

Mark hatte Jack überredet, mit Jerry sprechen zu können. Der junge Amerikaner kam ins Zimmer und ließ sich von Mark und Elly instruieren.

„Ich hab den Jungs noch nichts gesagt", erklärte Jerry. „Ich sag Jack, dass du uns den Tipp gegeben hast, den Fehler mit dem chinesischen Börsencomputer auf der Hardware-Ebene zu suchen. Der hat ohnehin keine Ahnung. Das sollte also kein Problem sein."

„Gut. Du weißt jetzt Bescheid. Beeilt euch. Wer weiß, wann der Boss, diese Oberratte, hier aufkreuzt."

„Mach dir keinen Kopf, Mark. Das hab ich mit den Jungs in ein paar Minuten erledigt. Wenn's losgeht, gehen wir in Deckung."

*

*

*

****Samstag, 10. November 2012***
– 04:50 Uhr – Ortszeit Tampa (Florida)
– 10:50 Uhr – Ortszeit Wildcoast (Südafrika

Louise stand regungslos vor dem Flughafengebäude. Riesige Schweinwerfer tauchten den Unfallort in gleißendes Licht. Das Weiß der Tücher, mit denen die beiden Körper auf dem grauen Asphalt abgedeckt waren, blitzte im chaotischen Flackern vieler roter und blauer Polizeilampen auf. Louise konnte den Blick nicht von den bewegungslosen Körpern abwenden.

Michael und Helen, die mit einer gecharterten Maschine von Las Vegas eingeflogen waren, hielten sich gegenseitig fest.

Wenige Augenblicke später tauchte Arnie auf und Louise sank in seine Arme.

Wie gut, dass es Arnie gab. Dass er da war. Seine Nähe, seine Wärme, sein wortloses Verstehen. Louise fühlte sich wie erstarrt. Taub. Taub am ganzen Körper. Gefühllos in der Seele. Wie in einem Kokon, durch den nichts nach außen drang und der nichts hereinließ.

Ein Uniformierter trat auf die kleine Gruppe zu.

„Entschuldigen Sie bitte. Wir würden jetzt gern… ich meine, der Coroner sagt… wir müssen Ihre Eltern jetzt ins Leichenschauhaus bringen."

Michael nickte und sah Louise hilflos an.

„Ist gut", erwiderte Louise. „Tun Sie Ihre Pflicht, Detective."

Sie riss sich zusammen. „Können Sie uns schon etwas sagen? Ich meine… wie es passiert ist?

„Nein, Madam. Wir stehen noch ganz am Anfang. Aber wir werden alles tun, um den flüchtigen Fahrer zu finden."

„Kann ich… kann ich… meine Eltern noch einmal sehen?"

„Tun Sie sich das nicht an, Ma'am."

Louise straffte ihre Schultern. „Ich will sie noch einmal sehen!"

Der Detective zuckte mit den Schultern und hob das gelbe Flatterband hoch, damit Louise passieren konnte. Arnie blieb an ihrer Seite.

Ein anderer Uniformierter hob die beiden Tücher an. Dorothys Gesicht war nur noch zur Hälfte zu erkennen. Die andere Hälfte war zerschmettert. Richard musste sich instinktiv vor seine Frau geschoben haben, denn sein Hinterkopf war zertrümmert. Rechts und links quoll die Gehirnmasse aus dem geborstenen Schädel. Der Schreck war in seinem Gesicht eingraviert.

Wie betäubt erhob sich Louise und schleppte sich an Arnies Arm zu seinem Auto.

Helen und Michael stiegen in den Fond ein und die Fahrt ging ohne ein einziges Wort zum Haus der McCormacks.

Noch immer wie betäubt, ließ sich Louise auf die Couch fallen.

Arnie füllte vier Gläser mit Cognac.

„Hier! Trinkt erst mal. Das wird uns allen helfen."

„Ich nicht", wehrte Helen ab. „Das bekommt dem Baby nicht."

„Bist du in Ordnung, mein Schatz?" Michael schien aus seiner Starre herauszufinden.

„Ja, soweit." Helen lehnte ihren Kopf an Michaels Schulter. „Oh, Michael. Wer macht sowas?"

Arnie sah auf Louise. „Soll ich den Arzt rufen? Vielleicht solltest du ein Beruhigungsmittel einnehmen. Du stehst unter Schock, meine Liebe."

Er setzte sich neben sie und legte seinen Arm um ihre Schultern.

„Nein, Danke, Arnie. Das ist lieb von dir. Aber ich will keine Pillen oder sowas. Gib mir noch einen doppelten Cognac. Das hilft mir mehr."

Arnie füllte die drei Gläser erneut und Louise kippte den Inhalt hinunter.

Sie stand auf und ging zum Fenster. Dort stand sie eine Weile still. Als sie sich wieder herumdrehte, bebte ihre Stimme: „Diesen… diesen… Scheißkerl, diesen Mörder jage ich bis ans Ende der Welt. Und wenn es das Letzte ist, das ich in diesem Leben noch vollbringe."

*

*

*

Samstag, 10. November 2012
– 11:30 Uhr – Haus an der Wild Coast (Südafrika)

Clive Fielding hatte, wie geplant, Jack vom Flugplatz am Golfplatz angerufen. Als der Hubschrauber am Strand landete, wartete Jack bereits mit dem Landrover. Piet setzte sich neben ihn. Fielding, van Guysen und der Pilot quetschten sich auf die Rückbank.

Im Nu waren sie im Haus und Piet steuerte mit festen Schritten den Salon an.

„Wo sind Joe und Lucas?", bellte er.

„Joe ist in der Küche, Sir. Lucas… nun ja… er ist zum Xhosa-Dorf, um die Medizin für Mark zu besorgen."

„Wann ist er gefahren?", schaltete sich Fielding ein.

„So gegen neun."

„Müsste er nicht längs zurück sein?"

„Ach, wissen Sie, er fährt immer ziemlich langsam."

„Mit dieser Schluderei ist es jetzt ein für alle Mal vorbei!" Fielding brüllte ihn an. „Und jetzt will ich diese Schlampe sehen. Wo ist sie?"

„Die Frau ist bei Mark im Zimmer. Wir wissen ja immer noch nicht, ob sein Ausschlag ansteckend ist.“

„Das ist mir jetzt ziemlich egal. Hol sie her! Und zwar auf der Stelle!“

„Ich will mich aber nicht anstecken“, jaulte Jack.

„Na gut! Dann gehe ich eben zu ihr!“

Fielding drehte sich auf dem Absatz um und stürmte den Gang hinunter. Jan folgte ihm auf den Fersen.

Clive drehte den Schlüssel herum und platzte ins Zimmer.

Mark lag im Bett und stöhnte, hustete und röchelte.

Elly tauchte ein Tuch in die Waschschüssel und erneuerte gerade den Wadenwickel.

„Komm her, du Weibsbild!“

Fielding packte Elly am Arm und wirbelte sie herum.

In diesem Augenblick kam Piet van der Merwe dazu.

Er holte weit aus und schlug Elly mit der Rückhand auf die Wange. Ellys Kopf flog zur Seite, sie ließ sich fallen und machte eine Rolle seitwärts. Im nächsten Augenblick schlug van der Merwe gegen Fielding. Elly hatte ihm die Beine weggetreten.

*

Konrad, der die Szene über Laptop mit angesehen hatte, gab das Kommando. „Los! Stürmen!“

Samuel, Aaron, Charly und Michael pirschten sich geschickt und rasend schnell durch die Lücke im Zaun. Konrad, Friedhelm, Dieter und Vera direkt dahinter. Konrad raunte Dieter zu: „Hoffentlich ist Michael diesmal wirklich das Bollwerk.“

Im Haus fanden die Israelis Joe in der Küche und Jack und George im Salon. Alle drei waren mit kurzen Handkantenschlägen ins Land der Träume geschickt worden. Konrad und seine Crew schlichen behende durch den Flur in Richtung Marks Zimmer.

*

Beim ersten Laut verkrochen sich die Hacker – wie abgesprochen – unter dem Tisch und verschanzten sich hinter den PCs, die sie wie eine Festung um sich errichtet hatten. Über das Mikro rief Samuel Verstärkung von Lous Leuten. Die vier Israelis schleusten die Jungs im Eiltempo nach draußen, wo sie von BND-Leuten durch das Loch im Zaun in Sicherheit gebracht wurden.

*

Konrad schaute vorsichtig um die Ecke und sah, wie Fielding eine Waffe zog.

„So, du Miststück. Jetzt ist es besser, du bleibst liegen, wo du bist."

Elly rührte sich nicht.

Ganz langsam ging Fielding auf sie zu.

„So wie du dich bewegst, bist du keine normale Touristin. Also?", Fieldings Stimme war eiskalt und scharf. „Wer bist du?"

Er stand noch etwa einen Meter vor Elly. Blitzschnell schnellte ihr Fuß hoch und sie traf das Handgelenk mit der Pistole.

Ein Schuss löste sich.

Mark schrie auf.

Jan van Guysen war hinter Elly gesprintet und setzte sein Messer an ihre Kehle.

„Ganz ruhig, Baby. Wenn du dich jetzt bewegst, lernt dein hübscher Hals mein stets geschärftes Buschmesser näher kennen."

Konrad zischte: „Jetzt wird's wohl etwas schwierig, meine Herren."

Van der Merwe wirbelte herum. „Raus!", brüllte er. „Wenn ihr nicht sofort verschwindet, geht die Kleine über den Jordan. Macht, dass ihr wegkommt. Aber schnell!"

„Ist ja gut." Konrad beschwichtigte den Mann im weißen Anzug.

Er drehte sich nicht um. „Ihr habt's gehört, Leute. Wir gehen jetzt rückwärts raus."

„So ist recht!“ Van der Merwe ließ sein hässliches Lachen hören. „Geht von meinem Grundstück runter. Alle! Ihr wollt doch nicht, dass eurem Täubchen die Stimmbänder durchgeschnitten werden, oder?“

Konrad wusste – jetzt hieß es, die Nerven zu behalten.

Mit seinen Leuten kehrte er zum Loch im Zaun zurück und kroch hindurch zum Strand.

„Aaron, Samuel, Charly und Michael – ihr bleibt in Deckung. Für alle Fälle. Lou? Sind die Jungs in Sicherheit?“

„Roger!“

„Dann lasst euch sehen. Lass die Brut euch sehen. Alle!“

„Roger. Du, Konrad?“

„Was!“

„Wir haben ein Maschinengewehr dabei und der CIA hält auf dem Boot die Rakete bereit.“

„Aber es wird erst gefeuert, wenn Elly in Sicherheit ist. Klar?“

„Roger.“

„Leider ist nicht genug Zeit, um den Helikopter zu manipulieren“, merkte Friedhelm an.

„Denk an Elly“, war alles, was Konrad erwiderte.

Wenige Minuten später, brauste der Landrover an den Hubschrauber.

Noch immer hielt van Guysen Elly eisern im Griff und das Messer an ihre Kehle.

Nacheinander stiegen der Pilot, van der Merwe und Fielding in den Hubschrauber ein. Zuletzt stand van Guysen auf dem eisernen Standfuß des Helikopters. „Bist du soweit?“ fragte er den Piloten. „Dann gib Gas!“

Das Pfeifen der Rotorblätter wurde immer lauter und Sandwolken hüllten Elly ein.

In dem Augenblick, in dem der Pilot den Hubschrauber hochzog und zwei Meter über dem Boden schwebte, gab van Guysen Elly einen Stoß. Geistesgegenwärtig rollte sie sich umgehend unter einen Strauch am Hügel.

Innerhalb von Sekunden war der Helikopter etwa fünfzig Meter hoch und in Richtung offenes Meer abgezogen. Die gesamte Truppe auf dem Boden feuerte aus ihren Waffen, was das Zeug hielt. Doch die Entfernung war für die kleinen Schusswaffen zu groß.

Im Augenwinkel sah Konrad, dass Lou in ein Walkie-Talkie sprach.

Der Pilot drehte eine Kurve über dem offenen Meer, um noch mehr Höhe zu gewinnen. Dann drehte er ab in Richtung Golfplatz. Bis er wieder an die Küstenlinie gelangte, würde er eine Höhe erreicht haben, die ihn sicher zu seinem Ziel brachte.

In diesem Augenblick war ein leises Zischen zu hören, ein Geräusch, das Konrad zunächst nicht einzuordnen wusste. Es wurde zunehmend lauter. Die Rakete! Im nächsten Augenblick explodierte der Hubschrauber mit einem ohrenbetäubenden Knall. Die brennenden Einzelteile fielen nacheinander ins Meer. Jeder am Strand war wie betäubt.

„Konrad!“, tönte es in seinem Ohr.

„Ja, Vera?“

„Ich bin bei Mark. Er ist schwer verwundet. Ich hab‘ schon einen Druckverband angelegt. Aber wir brauchen so schnell wie möglich einen Arzt. Wenn es jetzt nicht schnell geht, stirbt er uns unter der Hand.“

„Hast du gehört, Lou?“, schnarrte Konrad ins Mikrofon.

„Der Rettungsflieger ist schon unterwegs. Er ist vor zehn Minuten in Southbroom gestartet. Ein Arzt ist auch an Bord. Er müsste jeden Augenblick hier sein.“

*

Elly war unter dem Gebüsch wieder hervorgerollt.

„Konny? Ich glaub‘ ich hab‘ mir den Knöchel verknackst.“

„Lou? Ist im Rettungsflieger Platz für zwei? Elly ist auch verletzt. Ich will, dass die beiden so schnell wie möglich nach Durban ins Hospital gebracht werden.“

„Ist alles vorbereitet, Konrad.“

„Noch was, Lou. Wir haben Sarah versprochen, sie zu holen, wenn alles vorbei ist.“

„Sie müsste in etwa zehn Minuten eintreffen.“

Weil Mark bewusstlos war und der Rettungsflieger nur eine Person auf der Liege transportieren konnte, mussten Elly und Sarah mit dem zweiten Hubschrauber nach Durban geflogen werden.

*

*

*

Samstag, 10. November 2012
– 11:30 Uhr – Ortszeit Tampa (Florida)
– 17:30 Uhr – Ortszeit Durban (Südafrika

Obwohl Louise kaum geschlafen hatte, saß sie am Schreibtisch ihres Vaters. Sie ließ ihren Blick über den wundervoll angelegten Garten gleiten. Die Yacht am Anlegesteg schaukelte leise im Wind. Louise dachte an die Fahrt, die sie mit ihrem Vater vor ein paar Wochen gemacht hatte. Damals, als sie ihm zum ersten Mal klar gemacht hatte, dass sie die Nachfolge in der *Organisation* antreten wollte. War das wirklich erst drei Wochen her? Es schien ihr wie ein ganzes Leben.

Und nun war er tot.

Warum?, schrie es in ihr auf.

Sie stand auf und ging zum Fenster. Wieder blieb ihr Blick an der Yacht, der Dotty I, hängen. *Ich muss raus*, schoss es ihr durch den Kopf. Sie klopfte an Arnies Tür und wartete ein ‚*herein*‘ gar nicht erst ab. „Arnie. Bitte… komm mit mir. Ich muss jetzt hier raus. Raus an die Luft. Raus auf’s Wasser. Bitte, Arnie, komm‘ mit. Ich möchte jetzt nicht allein sein. Ich warte am Steg.“

Mit einem Sprung war er aus dem Bett, streifte sich Jeans und Pullover über, schlüpfte in seine Sportschuhe und war in wenigen Minuten am Steg.

Er löste die Leinen, Louise startete den Motor und sie stoben davon, die Gischt am Bug vor sich hertreibend.

Erst als Louise den Motor an der Stelle drosselte, an der sie zuletzt mit ihrem Vater gehalten hatte, konnte sie innerlich loslassen. Arnie drehte den Schlüssel und der Motor erstarb. Er nahm sie in den Arm und Louise konnte endlich ihren Tränen freien Lauf lassen.

*

Mit zittrigen Händen saß Sarah auf dem harten Plastikstuhl vor dem Operationssaal.

Elly wurde gerade im Rollstuhl hereingeschoben. Sie hatte einen Gips am rechten Fuß und griff nach Sarahs Händen.

„Was ist bei dir festgestellt worden?“ Sarah schaute Elly fragend an.

„Nur ein Bruch im Sprunggelenk. Nix Schlimmes.“

Sie sah, dass Sarah Mühe hatte, sich zu beherrschen.

„Hey, Schätzchen, mach nicht so ein trauriges Gesicht. Er wird es schaffen, ganz bestimmt.“

„Ich habe solch eine Angst, Elly.“

„Ja, das kann ich mir gut vorstellen. Aber geh‘ jetzt mal davon aus, dass alles gut wird. Denk an euer Kind. Du darfst dich jetzt nicht hängenlassen. Das ist gar nicht gut für ein Ungeborenes.“

„Ich weiß, aber ich werde erst aufatmen, wenn ich weiß, dass Mark wieder ganz gesund wird.“

Bevor Elly reagieren konnte, trat der Arzt in seinem grünen OP-Kittel in den Wartebereich.

„Frau Birgen?“

„Ja?“ Sarah sprang auf.

„Die OP ist gut verlaufen. Wir müssen allerdings noch 24 Stunden Geduld haben. Er ist zwar stabil, aber noch nicht über dem Berg.“

„Kann ich zu ihm?“

„Das lässt sich machen, aber er ist noch bewusstlos.“

„Das ist mir egal. Ich will nur bei ihm sein.“

„Geh nur, Sarah.“ Elly ermunterte sie. „Konrad holt mich gleich ab. Und Lou wird sich um dich kümmern. Er sollte in etwa einer halben Stunde hier sein.“

*

In ungewöhnlich kurzer Zeit, waren alle Hacker in ihre Heimatländer zurückgekehrt. Nur Jerry bestand darauf, so lange in Durban zu bleiben, bis er wusste, ob Mark überlebte.

Er war im selben Hotel untergebracht worden, in dem auch Konrad, Elly und die anderen von der Gruppe wohnten. Seine Eltern waren auf dem Weg nach Durban. Sie wollten ihrem Sohn zur Seite stehen.

Der CIA hatte Jerry versichert, dass sie für sämtliche Kosten aufkommen würden, solange er bereit war, nach einer Erholungspause, sämtliche Details seines Erlebnisses – von der Entführung bis zur Befreiung – zu Protokoll zu bringen.

*

*

*

Montag, 12. November 2012
– 09:30 Uhr – Ortszeit Tampa (Florida)
– 15:30 Uhr – Ortszeit Durban (Südafrika

Die beiden Herren in Zivil nahmen auf der Couch Platz.

„Darf ich Ihnen einen Kaffee anbieten?“ Louise war die perfekte Gastgeberin.

„Ja, Danke. Gern.“

Nachdem der Kaffee serviert war, lehnte sich Louise zurück.

„Nun ja, Ma’am. Wir haben jetzt sämtliche Zeugenaussagen aufgenommen und die Ergebnisse der Spurensicherung ausgewertet.

Offiziell wird der Tod Ihrer Eltern als Unfall mit Fahrerflucht deklariert werden. Inoffiziell gehen wir von vorsätzlichem Mord aus."

Louise nickte. „So etwas habe ich mir schon gedacht."

„Ach ja?" Der ältere Detective wunderte sich. „Wieso?"

„Mein Vater war ein zum Teil bewunderter und zum Teil verhasster Mann. In seiner Position ist das fast schon normal, oder?"

Die beiden Ermittler nickten.

„Ich kann Ihnen keine Details aus dem Berufs- oder Privatleben meiner Eltern erzählen, aber das war kein Unfall. Mein Vater war in ein heikles Projekt eingebunden, bei dem er sich sicher nicht nur Freunde gemacht hat." Sie zögerte. „Einzelheiten kann ich Ihnen nicht sagen. Dafür weiß ich zu wenig. Noch! Mein Bruder und ich werden uns erst langsam einarbeiten müssen."

„Sie können uns also gar nichts sagen?"

„Tut mir leid, meine Herren. Leider nicht."

Sie verabschiedete die Ermittler.

Sie nahm der Hörer ab und rief ihren Bruder an. „Hör zu, Michael, wir müssen über unsere Strategie sprechen."

„Welche Strategie?"

„Na, wie wir am Donnerstag vorgehen wollen."

„Du willst nach Mallorca?"

„Na, was denkst du denn?"

*

Ein leises Stöhnen riss Sarah aus dem Schlaf. Sie war tatsächlich auf dem Sessel eingedöst.

„Mark?"

Er drehte den Kopf. Seine Lider flatterten.

Der Schlauch in seinem Mund hinderte ihn am Sprechen.

Umgehend drückte Sarah auf den roten Kopf am Bett und wenige Augenblicke später stürzte der Arzt herein.

Sofort fühlte er den Puls, grinste und meinte: „Na, dann! Jetzt, Frau Birgen, ist er über dem Berg. Jetzt müssen wir nur noch prüfen, ob er irgendwelche neuronal bedingte Ausfälle hat.“

„Was heißt das?“ Sarah konnte mit dem Begriff nichts anfangen.

„Sehen Sie, die Kugel ist den Brustkorb gedrungen, hat die Hauptschlagader minimal angekratzt und die Wirbelsäule gestreift. Ihr Verlobter hat ein riesengroßes Glück gehabt, dass er diese Verletzung überlebt hat. Es war haarscharf. Wir müssen jetzt prüfen, ob das Rückenmark verletzt wurde. Taubheit in den Beinen zum Beispiel oder… verminderte Reflexe in den unteren Extremitäten – das müssen wir genau prüfen und messen.“

Mark hatte die Augen geöffnet.

„Wir werden Ihnen den Schlauch gleich entfernen, Herr Richter. In ein paar Minuten sind Sie davon erlöst.“

Er rief die Schwester, schickte Sarah in den Vorraum und entfernte den Tubus.

„Ja, so ist besser.“ Mark krächzte erbärmlich.

„Na, dann schicke ich Ihnen wieder Ihre Verlobte rein. Sie haben sich gewiss einiges zu erzählen.“

Tränenüberströmt betrat Sarah den Raum, in dem Mark an vielen Apparaten, Monitoren und Displays angeschlossen war. Vorsichtig nahm sie seine Hand und drückte ihm einen Kuss in die Handinnenfläche.

„Hey“, krächzte er. „Ich bin wieder da. Und ich habe noch einiges mit dir vor, mein Schatz. Also – kein Grund für Traurigkeit.“

„Das sind Freudentränen, keine von Traurigkeit, Mark.“

Er ließ sich von ihr erzählen, was genau passiert war. Am Ende fügte sie hinzu: „Ja… und ich habe noch eine ganz große Neuigkeit für dich.“

„Noch eine?“, krächzte er.

„Ja, aber eine wunder- wunderschöne.“

„Ja?“

„Du wirst Vater.“

Für einen Augenblick war Mark sprachlos. Sarah lachte, denn in seinen Augen entdeckte sie Verblüffung, Unglaube und Verwirrung zugleich. Es dauerte eine Weile, ehe er sich von der Überraschung erholt hatte. Er schaute an die Decke und schien nachzudenken. Dann drehte er seinen Kopf. „Ich will, dass wir sofort heiraten.“

„Ja, wenn wir zurück in Deutschland sind.“

„Nein, Sarah. Ich will es hier und sofort! Sag Konrad, dass ich ihn unbedingt sprechen muss.“

*

*

*

Donnerstag, 15. November 2012
– 10:30 Uhr – Ortszeit Mallorca (Spanien)
– 10:30 Uhr – Ortszeit Durban (Südafrika

Michael und Louise inspizierten den großen Raum in der Finca, wo – wie immer – das Treffen der *Organisation* stattfinden würde. Alles war perfekt vorbereitet. Louise hatte schnell herausgefunden, wen ihr Vater mit den Vorarbeiten betraut hatte. Sie würde dieses Vorgehen beibehalten. Es hatte sich als gut funktionierend bewährt.

Sie öffnete die Terrassentür und ging mit Michael nach draußen.

„Ist alles klar?“, fragte sie ihren Bruder.

„Ja, natürlich. Ich mache die Eröffnung, teile allen das Ergebnis von Richards Reise mit, stelle es zur Abstimmung – mit Joannis als Zeuge für Piets Votum – und lasse dann laut bestätigen. Danach übernimmst du den Vorsitz.“

„Vergiss nicht, dass ein dreimaliges ‚Hai‘ laut gesprochen wird. Nur dann ist die Abstimmung für alle bindend.“

„Keine Sorge, das vergesse ich nicht.“

„Du musst Xi-Jiong erinnern, was er Vater zugesagt hat.“

„Aber nur für den Fall, dass er es *vergisst*.“

*

Der Termin im Krankenhaus war auf 11 Uhr festgelegt.

Mark war in ein normales Zimmer verlegt worden. Bei den Untersuchungen hatten sich keine neuronalen Ausfälle gezeigt. Er durfte zwar noch nicht aufstehen – außer für den Toilettengang – aber er hatte es sich nicht nehmen lassen, ein weißes Smokinghemd und eine silberfarbene Fliege anzuziehen.

Sarah sah in ihrem kurzen, weißen Spitzenkleid einfach hinreißend aus, fand Mark. Jetzt fehlten nur noch der Botschafter und Unathi. Auf den Xhosa-Häuptling und die Sangoma wollte er auf gar keinen Fall verzichten.

Jerry und seine Eltern waren ebenfalls anwesend.

Konrad, Elly und die Crew aus Deutschland war vollständig erschienen. Alle in dunklen Anzügen.

Kurz vor der Trauung gab es noch eine besondere Überraschung: Eine kleine Gruppe von Xhosas war gekommen, um als Chor die Musik zu ersetzen, die üblicherweise gespielt würde. Nie würde Mark diesen Tag vergessen.

Doch als dann auch noch sein bester Freund Nils im Rollstuhl hereingeschoben wurde, verlor Mark die Fassung. Tränen kullerten auf sein blütenweißes Hemd.

Nach der Trauung gab es ein Büffet für die Gäste und Nils zog sich mit Mark in eine Ecke zurück.

„Hör zu, mein Freund“, sagte Nils. „Du weißt, dass ich dir und Sarah von ganzem Herzen alles Gute wünsche. Ich wünsche für euch beide, dass ihr glücklich werdet. Ich wünsche euch auch, dass ihr ein Dutzend Kinder in die Welt setzt. Und ich schwöre dir, dass ich deine Frau niemals anbaggern werde. Ich bin der loyalste Freund, den du dir vorstellen kannst. Ich liebe Sarah so sehr, dass mir ihr Glück mit dir wichtiger ist, als mein Wunsch, mit ihr zusammen zu sein. Du musst mir nur eines versprechen: Solltest du ihrer je überdrüssig werden, lass sie los. Ich werde sie mit offenen Armen aufnehmen. Versprichst du mir das?“

Wieder glänzten Marks Augen und er hatte erneut Mühe, die Tränen zurückzuhalten.

„Ich gebe dir mein Wort, Nils."

Mehr konnte er nicht sagen.

*

*

*

Donnerstag, 15. November 2012
– 12:00 Uhr – Ortszeit Mallorca (Spanien)

„Meine Herren", eröffnete Michael das Treffen der *Organisation*. „Ich weiß nicht, ob Sie alle informiert sind. Deshalb möchte ich Ihnen folgendes mitteilen: Letzten Samstag wurden meine Eltern Richard und Dorothy McCormack Opfer eines Mordanschlags. Offiziell wurde ihr Tod als Folge eines Unfalls mit Fahrerflucht deklariert. Aber wir wissen, dass es Mord war. Mehr möchte ich an dieser Stelle nicht sagen. Aber nach dem offiziellen Teil dieses Meetings, habe ich noch etwas dazu zu sagen."

Lester Giles räusperte sich und stand auf. „Mein lieber Michael, wir alle sind zutiefst schockiert über den Tod deiner Eltern. Und ich möchte stellvertretend für alle Anwesenden unser tiefes Bedauern ausdrücken. Unser Mitgefühl für dich und deine Familie ist dir sicher. Wenn es etwas gibt, was wir tun können, lass es uns wissen." Er zögerte kurz. „An dieser Stelle möchte ich auch unseres südafrikanischen Freundes, Pieter van der Merwe, gedenken, der bei einem tragischen Hubschrauberabsturz ums Leben kam.

„Danke, Lester. Meine Herren – dann wollen wir essen."

*

Bei Kaffee, Cognac und Zigarre eröffnete Michael den offiziellen Teil des Treffens.

„Wie Ihnen bekannt sein dürfte, hat mein Vater, kurz bevor er ermordet wurde, eine weite Rundreise auf sich genommen, um mit jedem von Ihnen persönlich zu besprechen, wie Sie zu der Statutenänderung stehen."

„Tut mir leid", meldete sich Ibn-Tahim. „Bei mir war er nicht."

„Ich weiß. Auch Juan Gonzales, Mr. Smith und Mr. Bernstein wurden nicht aufgesucht. Mein Vater ging davon aus, dass Sie der Änderung ohnehin nicht zustimmen würden."

„Das ist absolut korrekt", bestätigte Juan.

Samuel Bernstein nickte. „Ja, Richard kannte uns alle nur zu gut."

„Nun", fuhr Michael fort, „es ging darum, eine einfache Mehrheit für die Abstimmung zu bekommen. Ich lese Ihnen jetzt vor, was mein Vater uns vor seinem Abflug aus Deutschland telefonisch übermittelte. Für die Statutenänderung haben sich ausgesprochen – Lester Giles, Gunnar Olssen, Piet van der Merwe, Chris Williams, Ben Allister, Donovan Stratford, Joannis Mustakios und Richard McCormack. Bei 14 Mitgliedern und 8 Ja-Stimmen ist die einfache Mehrheit gegeben. Wie mein Vater ausführte, haben Sie, Mr. Xi-Jiong zugesagt, dass Sie Ihre Zustimmung geben, wenn eine Mehrheit vorhanden ist."

Der Chinese lächelte. „Das ist richtig."

„Wann hat Richard mit Piet gesprochen?", wollte Wladimir wissen.

„Er hat mit ihm von meinem Apparat aus telefoniert", mischte sich Joannis ein. „Ich war Zeuge, als Piet seine Zustimmung gab. Piet war einverstanden, dass Richard den Lautsprecher einschaltete."

„Gibt es sonst noch Wortmeldungen?"

Allgemeines Kopfschütteln.

„Dann komme ich jetzt zur Abstimmung", kündigte Michael an. „Wer dafür ist, bitte ich um sein Handzeichen." Wie erwartet, hoben die, die mündlich zugestimmt hatten, ihre Hand. „Danke. Jetzt bitte das Handzeichen von denen, die dagegen sind." Bis auf Wladimir hoben die restlichen Mitglieder die Hand.

„Nun die Enthaltungen."

Wladimir war der Einzige, der sich der Stimme enthielt.

„Dann stelle ich fest, dass die Statuten wie folgt geändert werden: Ab sofort ist es erlaubt, dass auch Töchter die Nachfolge in der *Organisation* antreten, sofern sie Erstgeborene ihrer Vorgänger sind."

„Ich bitte um Ihre verbale Zustimmung."

Das dreifache ‚Hai' tönte durch den Raum.

Konsequenterweise erhoben sich Ibn-Tahim, Mr. Smith, Mr. Gonzales und Mr. Bernstein. „Wir verabschieden uns hiermit", sagte Juan Gonzales. „Wir können es nicht mit unserem Gewissen vereinbaren, das jetzt auch Frauen das Sagen haben sollen."

„Das respektiere ich, meine Herren", sagte Michael, „aber ich möchte Sie bitten, noch einen kleinen Moment zu warten. Wie ich schon sagte, habe ich zum Tod meiner Eltern noch etwas zu sagen."

Alle setzten sich wieder hin.

„Dafür möchte ich meine Schwester dazu bitten."

Ibn-Tahim erhob sich augenblicklich, als Louise den Raum betrat.

„Stecken Sie etwa hinter dem Mordanschlag auf meine Eltern?" Louise sah den Araber direkt an. „Oder warum wollen Sie diese Ungeheuerlichkeit, die dem Wortführer Ihrer *Organisation* angetan wurde, offensichtlich ungesühnt lassen?"

Bevor er reagieren konnte, sprach Louise weiter.

„Mein Bruder und ich sind der Auffassung, dass dieser Mord nicht von einem Irren begangen wurde. Nein. Wir glauben, dass einer von Ihnen, einer aus der *Organisation* dahinter steckt."

Es war totenstill im Raum.

„Als Wortführerin der neuen *Organisation*, schwöre ich hier und jetzt, vor Ihnen allen, dass ich nicht eher Ruhe geben werde, bis ich den Mörder und die Hintermänner aufgestöbert und zur Verantwortung gezogen habe. Ich werde keine Kosten und keine Mühen scheuen, bis dieser Schwur erfüllt ist."

Wortlos verließen die Nein-Sager zum letzten Mal das gemietete Haus der *Organisation* auf Mallorca.

**Montag, 19. November 2012*

– 20:00 Uhr – Ortszeit Durban (Südafrika)

Die offizielle Pressekonferenz der Diplomaten war vorbei. Der Tenor lautete: Eine Gruppe Krimineller habe Piet van der Merwe getötet und die Mine der Blenmore Company in die Luft gesprengt. Die kriminelle Gruppe habe versucht, die südafrikanische Regierung zu erpressen. Die entführten jungen Leute wurden als Geiseln genommen. Beim Versuch, das Lösegeld zu übergeben und die Geiseln zu befreien, wurde van der Merwe bedauerlicherweise getötet. Pieter van der Merwe sei ein Märtyrer, der für sein Land gestorben sei.

Die Diplomaten aller beteiligten Nationen hatten sich auf diese Version geeinigt und die Geheimdienste beauftragt, die Opfer entsprechend zu instruieren. Gegen eine sehr hohe Entschädigung hatten alle den „Deal“ unterschrieben.

*

Als Jerry Marks Zimmer betrat, fand er ihn lesend im Bett vor.

Mark ließ die Zeitung sinken. “Hallo, Jerry. Wie schön, dass du mich besuchst. Hast du dich erholt?“

Jerry zog den Besucherstuhl ans Bett. „Ich hab ja nichts abgekriegt. Wie sieht's bei dir aus?“

Mark grinste. „Prächtig, mein Lieber. Hast du auch die *Entschädigung* bekommen?“

„Oh ja. Ich hab mich zwar schwer getan, aber letztlich haben meine Eltern mich überzeugt.“

„Und wann geht es nach Hause?“, wollte Mark wissen.

„Morgen. Wir nehmen einen frühen Flug nach Johannesburg und dann mittags weiter nach New York. Da bleiben wir ein paar Tage bei Freunden, bevor wir nach Hause, nach L.A. fliegen.“

„Ich werde dich vermissen, White-Hat.“

Jerry lachte. „Ich dich auch, Trainer.“

Jerry umarmte Mark. „Bleiben wir in Kontakt? Ich will wissen, ob es ein Mädchen oder ein Junge wird.“

„Klar! Meine E-Mail hast du ja."

„Ja, auch deine Adresse und deine sonstigen Daten." Jerry griff nach Marks Hand. „Wann fliegst du zurück?"

„Übermorgen. Lou hat eine Sondermaschine geordert. Am Mittwochabend geht's los. Vorsichtshalber werde ich direkt nach der Landung in die Uniklinik nach Frankfurt gebracht. Da soll ich noch einmal gründlich durchgecheckt werden."

Die beiden umarmten sich erneut.

„Pass auf dich auf, mein Freund", rief Mark.

„Du auch." Jerry zog hinter sich die Tür zu.

*

*

*

Donnerstag, 22. November 2012
– 07:15 Uhr – Ortszeit Frankfurt (Deutschland)

„In einer halben Stunde landen wir", sagte Konrad.

Elly nickte. „Dann heißt es Abschied nehmen von der Truppe."

Konrad stand auf. „Hey, Leute. Wenn wir gleich gelandet sind, wollen wir alle so schnell wie möglich nach Hause, nicht wahr?"

Allgemeine Zustimmung.

„Lasst uns deshalb schon jetzt voneinander Abschied nehmen. Ich möchte euch allen danken. Danken, dass ihr euer Leben riskiert habt, Mark und die Jungs zu befreien. Es war ein Auftrag, der schon ein bisschen aus dem Rahmen fiel. Ich möchte euch sagen: Wenn ich noch einmal einen Auftrag von Lou annehmen sollte, möchte ich, dass ihr wieder dabei seid. Ihr seid eine Super-Truppe. Danke euch."

Lou stand auf. „Dann muss ich meinen Senf jetzt auch abgeben. Konrad – du hast einen unglaublich guten Job gemacht. Ich kann mir keinen Besseren vorstellen. Es gab keinen Toten. Die Verletzungen, die einige von uns abgekriegt haben, werden verheilen. Konrad – du bist ein Klassemann."

Die komplette Truppe klatschte Beifall.

Das Anschnallzeichen erschien und alle folgten der Aufforderung.

Konrad huschte noch zu Mark und Sarah.

„Pass auf, Mark. Ich fasse noch einmal zusammen, was wir besprochen haben. Sarah und Nils werden mit einer Sondermaschine nach Köln gebracht und vom Flughafen mit einer Limousine nach Hause chauffiert. Sarah braucht jetzt ganz viel Ruhe."

„Ja, so war es abgemacht", bestätigte Sarah. „Auch, wenn ich damit überhaupt nicht einverstanden bin. Viel lieber würde ich bei Mark bleiben."

„Ja, Schatz, das verstehe ich", erwiderte Mark. „Aber ich bin in zwei Tagen bei dir. Wir wollen nur sichergehen, dass in der Klinik in Südafrika nichts übersehen wurde. Ich werde also ohnehin keine Zeit für dich haben. Nein, Sarah. Fahr mit Nils nach Hause. Er wird auf dich aufpassen. Ich bin erst beruhigt, wenn ich weiß, dass du das tust, was wir besprochen haben."

„Ist ja gut, Mark." Sarah nickte. „So machen wir es. Du sollst dich auch nicht mehr aufregen."

„Nee, Schätzchen, davon habe ich für den Rest meines Lebens genug gehabt."

„Gut!" Konrad fuhr fort. „Du wirst mit dem Krankenwagen in die Uniklinik gebracht. Und damit du nicht allein fahren musst, werden Elly und ich mit unserem Wagen hinter der Ambulanz herfahren. Wir liefern dich ab. Und erst, wenn wir wissen, dass mit dir alles in Ordnung ist, nehmen wir eine Chartermaschine nach Mönchengladbach."

„Ist das wirklich nötig? Wozu der Aufwand?" Mark schüttelte den Kopf.

„Wenn du dem nicht zustimmst", mischte sich Sarah ein, „bleibe ich bei dir."

„Also gut." Mark seufzte. „Ich gebe mich geschlagen."

*

Lou hatte alles so arrangiert, dass die Koffer auf dem Tarmac direkt neben dem Flugzeug ausgeladen wurden. Keiner brauchte in der

Ankunftshalle am Gepäckband warten. Ein Bus brachte die Frauen und Männern des Einsatzes in ein nahegelegenes Hotel, von wo aus sie in die verschiedensten Himmelsrichtungen weiterreisten.

Ebenfalls unmittelbar neben dem Jet warteten der Krankenwagen und eine dunkle Limousine. Sarah und Nils verabschiedeten sich von Mark und wurden zur wartenden Maschine begleitet, die sie nach Köln bringen würde.

Während Mark in die Ambulanz verfrachtet wurde, bestiegen Konrad und Elly den Wagen.

Nachdem auch noch das Gepäck verstaut war, folgte Konrad dem Rettungswagen.

Elly saß auf dem Rücksitz, das Gipsbein auf dem nach vorn geklappten Beifahrersitz.

„Ich kann dir nicht sagen wie froh ich bin, wieder auf deutschem Boden zu sein.“ Elly räkelte sich im gemütlichen Sitz.

„Geht mir auch so“, bestätigte Konrad. Er konzentrierte sich auf die Ambulanz. „Der fährt wie eine gesengte Sau“, bemerkte er. „Ich komme kaum nach.“

„Vielleicht hat der Fahrer eine Freundin, die auf ihn wartet.“ Elly suchte nach einer Erklärung.

„Mag ja sein“, brummte Konrad. „Deshalb muss man doch nicht fahren, als wäre der Teufel hinter einem her.“

Als der Straßenverlauf eine lange Gerade erkennen ließ, gab der Fahrer der Ambulanz richtig Gas. Konrad schaute auf seinen Tacho. „Mensch, der hat mehr als 100 Sachen drauf und wird immer schneller. Spinnt der?“

Noch ehe er den Wagen aufholen konnte, verwandelte sich der Krankenwagen in einen riesigen Feuerball. Konrad hatte große Mühe, den niederprasselnden Trümmern auszuweichen und den eigenen Wagen rechtzeitig zum Stehen zu bringen.

Mit offenem Mund starrten er und Elly auf den brennenden Trümmerhaufen.

Mechanisch griff Konrad zum Handy und wählte Lous Nummer.

Mit wenigen Worten erklärte er stammelnd, was sich gerade zugetragen hatte.

*

*

*

Mai 2014, Köln (Deutschland)

„Komm, Marika, jetzt musst du ganz fest pusten."

Das Mädchen strengte sich an, die einzelne Kerze auf dem Geburtstagskuchen zum Erlöschen zu bringen.

Sarah musste helfen.

Sie nahm ihre Tochter auf den Arm, drückte sie und flüsterte: „Jetzt bist du schon ein Jahr alt. Schau, da ist Papas Foto. Er wäre heute ganz stolz auf dich."

Die Tür ging auf und Nils kam herein. „Habt ihr etwa schon ohne mich angefangen?"

„Daddy!" Es war – außer Mama – das einzige Wort, das Marika deutlich aussprechen konnte.

„Hallo, meine Süße." Nils wirbelte sie in der Luft und die Kleine quiekte vor Vergnügen.

Als er Sarahs Tränen sah, die sich ihren Weg über die Wangen gebahnt hatten, setzte er Marika ab und nahm seine große Liebe in den Arm. „Es ist einer der Tage, an denen du ihn besonders vermisst. Stimmt's?"

Sarah nickte wortlos und umklammerte ihn. „Er fehlt mir so sehr, Nils."

„Ja, ich weiß. Doch du musst jetzt an Marika denken. Das würde Mark auch wollen."

Wieder nickte Sarah. „Und deshalb möchte ich auch, dass wir heiraten, Nils. Ich möchte, dass du Marika adoptierst. Aber… sie behält ihren Nachnamen – Marika Richter."

„Ja, Liebste. Genau so würde Mark es wollen."

„Konrad und Elly, Lou und Vera sind Trauzeugen.“

Nils hielt Sarah um Armeslänge von sich. „Bist du sicher?“

„Oh, ja. Hast du vergessen, was Konrad gesagt hat? Damals? An diesem schrecklichen Tag?“

„Wie könnte ich das je vergessen? Er und Elly werden nicht eher ruhen, bis sie Marks Mörder geschnappt haben. Das hat er geschworen. Und er hat Lou in die Pflicht genommen, ihm in jeder Hinsicht jede Unterstützung zu geben.“

„Kann es also bessere Trauzeugen geben?“

*

*

*

ENDE